U0593973

VOL. 4

JOURNAL OF URBAN MANAGEMENT

城市管理研究

（第四辑）

陆　军◎主　编

纪晓岚　刘广珠◎副主编

中国财经出版传媒集团

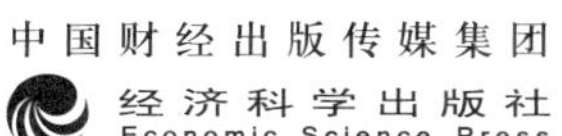

经济科学出版社

Economic Science Press

图书在版编目（CIP）数据

城市管理研究．第四辑/陆军主编．—北京：经济科学出版社，2019.2
ISBN 978－7－5218－0329－7

Ⅰ．①城…　Ⅱ．①陆…　Ⅲ．①城市管理－研究
Ⅳ．①F293

中国版本图书馆 CIP 数据核字（2019）第 038916 号

责任编辑：刘怡斐
责任校对：靳玉环
责任印制：邱　天

城市管理研究
（第四辑）
陆　军　主　编
纪晓岚　刘广珠　副主编
经济科学出版社出版、发行　新华书店经销
社址：北京市海淀区阜成路甲 28 号　邮编：100142
编辑部电话：010－88191348　发行部电话：010－88191522
网址：www.esp.com.cn
电子邮件：esp@esp.com.cn
天猫网店：经济科学出版社旗舰店
网址：http://jjkxcbs.tmall.com
固安华明印业有限公司印装
787×1092　16 开　20.75 印张　500000 字
2019 年 4 月第 1 版　2019 年 4 月第 1 次印刷
ISBN 978－7－5218－0329－7　定价：82.00 元
（图书出现印装问题，本社负责调换。电话：010－88191510）

《城市管理研究》
编委员会

前　言

《城市管理研究》面世以来，由上海华东理工大学出版社连续出版了3辑，在北京大学政府管理学院的大力支持下，以中国区域科学协会为平台，得到了全国高校城市管理专业领域众多专家、学者的鼎力支持，书籍发挥了重要的学科建设效果和获得了很好的社会反响。在此衷心地感谢华东理工大学出版社刘军主任的辛勤努力和付出。为了方便刊物出版编辑过程中的工作联系，《城市管理研究》（第四辑）将由经济科学出版社出版、发行。

在总结前三辑收获与经验的基础上，《城市管理研究》（第四辑）将体现四个方面的新变化：一是增加国家和地方城市管理领域的行政主管部门领导和政府科研机构专家学者的研究与思考，提高研究的时效性和政策引导价值；二是更为广泛地在已经开设城市管理专业的全国高校中采撷优秀研究成果，体现研究的多样性和地域性；三是遵循优中选优的原则，从城市管理专业委员会主办的全国高校大学生城市管理大赛的获奖成果中遴选高水平作品出版，提升研究的大胆创新和开拓意识；四是引进四所重要的高校，形成本刊的分册执行模式，力求凸显不同的主题，增强系列性和研究重点的合理分布。

《城市管理研究》（第四辑）中包含住房和城乡建设部（以下简称住建部）城市管理监督局前副局长王胜军的报告《贯彻落实发展新理念，全力提高城市管理水平》，住建部政策研究中心翟宝辉副主任、朱晓龙副研究员撰写的《拓展和深化现代信息手段应用，助推城市综合管理精细化水平提升》，北京大学陆军、杨浩天撰写的《“权力—权利”视角的中国城市社区多重委托代理关系》，浙江大学张蔚文、卓何佳撰写的《政策扩散视角下的特色小镇发展研究》，中国人民大学杨宏山、周昕宇撰写的《技术驱动、条块整合与城市治理创新——以城市网格化管理为例》，中山大学杨宇泽、叶林撰写的《我国跨域治理发展的演进、局限与路径》，电子科技大学杨菁、雷榴撰写的《城市社区抗逆力及其评价研究的回顾与展望》，沈阳建筑大学笪可宁、彭一峰、郭宝荣撰写的《城市营商环境发展影响路径研究》，华东理工大学纪晓岚、徐建宇撰写的《城市社区社会福利服务供给路径分析》，辽宁师范大学赵维良撰写的《区域竞争优势：内涵、结构及生成模式》。

内容精彩，无法逐一列述，恭请各位读者、专家和朋友们阅读指正。

陆　军

2019年1月

目　　录

专　　稿

理论视野

学科发展与专业建设

实践思考

竞赛获奖作品

组织与交流

CONTENTS

Special Article

Theoretical Field of Vision

Discipline Development and Specialty Construction

Practical Thinking

Award Productions

Organization and Communication

专　　稿

贯彻落实发展新理念 全力提高城市管理水平[①]

王胜军[②]

Implementing the New Concept of Development, Making Every Effort to Improve the Level of Urban Management

Wang Shengjun

城市管理工作事关我国“两个一百年”的奋斗目标和中华民族伟大复兴的“中国梦”；事关新型城镇化健康发展；事关人民群众的获得感、幸福感。在全面建成小康社会的决胜阶段，中央把这项工作交给住建部，住建部作为城市管理的主管部门，承担着管理职责，责任重大、使命光荣。2016 年 10 月，住建部专门设立了城乡管理监督局，负责城市管理工作。一年多来，按照住建部党组的部署，我们坚持以习近平同志重要系列讲话精神和党中央治国理政新理念、新思想、新战略为根本，精心谋划、全力推进城市执法体制改革和城市管理工作，取得了一定的进展。

一、城市管理工作迎来重大历史机遇

中央城市工作会议指出，我国城市发展已经进入新的发展时期，城市管理工作的地位和作用日益凸显。当前城市管理工作属于前所未有的重要机遇期，大有可为。

习近平同志十分关心、重视城市管理工作。党的十八大以来，习近平同志多次做出重要批示，并亲自组织、研究、部署城市管理执法体制改革，指明了城市管理工作的目标和前进的方向。

关于城市管理的地位和作用，习近平同志强调，“城市的竞争力、活力、魅力，离不开高水平管理，抓城市工作一定要抓住城市管理服务这个重点”。

---

① 此文根据王胜军在 2017 年 9 月 23 日中国城市管理学科发展年会所做的主旨报告整理，经过笔者审阅，同意发表。

② 王胜军：曾任中华人民共和国住房和城乡建设部城市管理局副局长，现任《中国建设报》报社社长。

关于城市管理的基本理念，习近平同志强调“坚持以人民为中心的发展理念，坚持人民城市为人民”。

关于推进城市执法体制改革，习近平同志讲到“要以城市管理现代化为指向，坚持以人为本、源头治理、权责一致、协调创新的原则，理顺管理惩治，提高执法水平，完善城市管理，构建权责清晰、服务为先、管理优化、执法规范、安全有序的城市管理体制，让城市成为人民更加美好生活的有力依托”。

关于推动城市管理走向城市治理，习近平同志强调“加强和创新社会治理关键在体制创新，核心是人”“社会治理的重心必须落到城乡社区，深化拓展网格化管理，尽可能地把资源、服务、管理放到基层，使基层有职、有权、有物，更好地为群众提供精准、有效的服务和管理”“要加强城市常态化管理，聚焦群众反映强调的突出问题，狠抓城市管理顽症、难题，鼓励企业和市民通过各种方式参与城市建设管理，真正实现城市共治、共管、共建、共享”“加强精细化管理，构建超大城市的有效治理体系”。

2018 年两会期间，习近平同志在上海代表团讲道，“上海这种超大城市管理应该像绣花一样精细[①]”。他要求全面贯彻依法治国方针，依法规定建设管理城市，构建城市治理体系和治理能力现代化，用科学的态度、先进的理念、专业的知识去建设和管理城市。

第一，习近平同志的关心和支持是从事城市管理最大的机遇，也是激励我们奋发有为的最大动力。

习近平同志对城市管理的地位和作用、理念和重点体制、机制，甚至下移执法中心，网格化管理等都讲得非常细，这是做好城市管理工作最大的机遇，也是根本的指导思想。

第二，党中央、国务院连续作出重要部署。在 2013 年、2015 年，中央连续召开中央城镇化工作会议精神，中央城市工作会议。2015 年、2016 年又连续颁布相关文件。其中，有专门就城市执法体制改革和改进城市管理机构专门的部署，还有《关于进一步加强城市规划建设管理的若干意见》。在短短的几年时间里召开两次重要的会议，颁布两次重要的文件，对中国城市管理工作、目标、指导思想、原则、主要任务作出部署，为做好城市管理工作创造很好的条件。

第三，广大人民群众对城市美好生活充满新期待。在生活和居住水平提高以后，人民群众已经不再仅仅关心“屋内的事情”，当然，还有很多居民还有待解决住房问题，但是，确实有很多城市居民越来越关心所居住的社区，关心城市的建设、发展、管理，参与的意识越来越强。他们期望自己所在的社区，生活的城

---

① 央广网．习近平同志两会时刻——城市管理应该像绣花一样精细．2017－3－5.

市更加安全、有序、干净、便利、和谐，希望生活更加幸福、美好。他们的这些愿望一定会有助于形成强大的正能量，为破解城市发展中的矛盾，推动城市管理走向城市治理，实现共管、共治、共建、共享提供不竭的动力。

第四，地方党委和政府有管好城市的强烈愿望。中国已经进入城镇化快速发展的中后期。城市发展方式逐步转变，社会结构多元，群众利益诉求复杂、多样，城市发展的着力点发生明显的变化。在这样一个阶段，地方党委和政府越来越重视城市管理工作，特别是政府的书记、市长们把城市管理工作摆在了突出的位置，着力提升城市管理和服务，创造秩序井然、充满美感的城市环境，建设和谐、宜居的现代化城市。

第五，改进城市管理具备一定的工作基础。这些年，虽然在国家层面没有城市管理的主管部门，但是地方各级政府还是十分重视城市管理工作的，为此做了大量的工作。初步建立了城市管理工作体制，通过改革在城市设立管理部门的基础上，明确了国家层面，省级层面的城市管理主管部门，明晰了各级城市管理部门的职责。另外，形成了全行业40多万人组成的城市管理执法队伍，还有现代信息技术发展和数字化城市管理平台，为提升城市管理效果提供了有力的支撑。特别是，各地在长期的实践中，将中央政府的重大决策部署与本地区的实际情况相结合，探索、创新了理念、机制、方式和方法的措施，制定了大量的地方性法规和标准，并积累了许多宝贵的经验。

二、城市管理执法体制改革取得的进展

城市管理执法体制改革是以习近平同志为核心的党中央，全面深化改革，推进国家治理体系和治理能力现代化，实现城市发展转型，增强人民群众获得感的重大举措。在中国共产党中央全面深化改革委员会（以下简称“深改委”）领导小组第十八次会议上，习近平同志亲自主持、研究、审议了相关文件——改革的部署。住房和城乡建设部党组对这项改革工作高度重视、专题研究、周密部署，为加强组织协调，成立了由中央机构编制委员会办公室和政府法制办公室等16个政府部门组织的部级联席会议，按照中央深改委的督察意见，2017年初，召开了部级联席会议，明确了10个方面，23条整改措施和责任分工。2017年，住建部专门制定了《城市管理执法办法》。全国推行城市管理执法的全过程记录，统一城市管理执法的制式服装和标准、标识，现在各地的城管队伍统一换装，有些城市已经换装到位。会同国家公务员局全面开展城市管理执法人员培训，目前已经培训了17期4000多人。住建部主要负责同志，还有分管负责同志，

主持召开了省级城市管理主管部门，主要负责同志的座谈会，逐项调查重点改革任务。为了推动改革的落地见效，住建部还建立了周报、月报制度，把各省（区、市）的进展情况，按月通报全国各省（区、市）住建厅、城市的主管部门，同时抄报国务院中央深改委，还有省级人民政府，以此推动改革的加快。部级联席会议的成员单位分别带队，在2017年6月份，对16个省（区、市）的48个地、县（县级市）开展了实地专项督察。

各地区、各有关部门认真落实中央决策部署，城市执法体制改革取得了积极的进展，至目前已有27个省（区、市）颁布了改革实施方案，结合实际推进改革。20个省（区、市）建立了省级城市管理工作协调机制，18个省（区、市）整合设立省级城市管理执法机构。在地、县（县级市）方面，580个地级市，850个县级市实现了机构的多头设置，也就是城市管理里面的市容环卫、市政公用、园林绿化以及城市管理执法承担“3+1”的职能管理机构设置，有效地解决了职责不清的问题。87个地级市，430个县级市实现了住建领域协作处罚权的集中形式，即住建领域所有法律、法规、规章制度的协作处罚权全部交由一个部门统一行使，解决了多头执法、重复执法的问题，城市管理人员队伍的整体素质、执法效能明显提高。据初步统计，2017年城市管理的执法事件比2016年同期下降50%以下。229个地级以上城市，639个县级市建立了数字化城市管理平台，这些改革任务的为提升城市管理效能，提供了体制机制法制的技术支持。当然改革还不平衡，大、中、小城市，特别是一些地方县（市）重点任务进展有些方面比较慢。

三、城市管理工作面临的挑战

（一）城市管理工作面临两大问题

城市管理问题很多，但是这些问题是不同层面、不同视角下的。要抓主要矛盾和矛盾的主要方面，城市管理工作哪些问题是最主要的矛盾？综合考虑中央领导关心的问题、社会关注的问题、人民群众反映最强烈的问题，其中，有两个问题最突出。

一个是城市管理执法简单、粗暴。这个问题也是令从事城市执法工作的同志“头疼”的一个问题，也是习近平同志所指出的城市发展当中的几大问题之一。在历史上形成的对城管整体评价不高的情况下，这类问题目前仍时有发生，一些城市管理人员不依法办事、选择性执法，甚至粗暴执法，这些都造成了非常坏的社会影响，不仅损害了群众的利益和政府公信力，而且降低了社会各方面对城管队伍和城管工作的认可度，这个问题如果不解决，城市管理的外部环境，社会对城市管理工作的认识，及对城市管理执行人员的形象也是很难改变的。

另一个是城市环境脏、乱的问题。城市管理和服务水平的评判者是人民群众，评判的标准是群众满意不满意。现在群众对城市工作有很多意见和怨言，大多体现在管理和服务方面。现在城市环境的脏、乱，还有公共服务设施不完善、生活不够便利仍然是很多城市共同面临的问题。有很多城市，特别是很多县级市在这方面的问题非常突出。如果这种状况不改变，城市不是有序的、整洁的、安全的、便利的，那么城市管理工作一定会被广大的市民“一票否决”。

（二）两大问题得不到解决的四大症结

第一，没有把群众的利益放在第一位。一是“见物不见人”，忽视群众的需要，便民、利民的服务不足；二是忽视群众的主体地位；三是缺乏对违法行为背后问题的系统研究和治理。四是规划、建设、管理三大环节统筹不够，很多问题暴露在管理环节，但是根本是在规划和建设环节。

第二，有效的治理体系尚未形成。城市是一个十分复杂的体系，人口众多、思想各异、利益多元、矛盾叠加。只有建立系统的思维，建立有效的治理体系才可能减少和消除各种矛盾和问题，实现发展目标，让城市成为人民美好生活的依托。总体上看，目前有效的治理体系没有形成，包括体制、机制没有理顺。党的核心作用在基层的治理中发挥不够，人民群众的主体地位体现不足，多元共治这种组织结构，工作机制、法制保障，激励约束机制都不完善，这种治理体系的缺失导致了行动效率低，往往是事倍功半，甚至是徒劳无效，这也是为什么习近平同志强调要加强创新社会治理，提高城市治理能力现代化。

第三，城市管理人员队伍的素质、能力总体上还有待提高。一是现阶段城市提质、增效、转变方式的任务繁重，而治理城市发展中的难题“顽症”任务也很重，急需建立一个治理体系，强化系统治理、精细治理、常态与长效的机制。另一个是城市管理工作的内容主要就是发现与制止矛盾去执法，执法就很容易发生冲突，这就要求执法行为严格规范，工作文明。这两个主要的方面都对城市管理的执法者提出很高的要求，但是目前这支队伍四十几万人，正式在编的人员只占总数的一半，而这一半人员的身份也不一样，能力和素质也参差不齐，急待提高。要承担起城市治理的职责，需要大幅度地提高能力和素质。

第四，执法工作缺乏有力的保障。现阶段因为个体利益损害集体利益的违法、违规行为屡见不鲜，应当依法给予制止甚至处罚，要严格、有效地执法就需要健全的法律保障、有明确的执法地位、建立足够的执法权威和必要的执法手段，但是目前我国城市管理缺乏专门的法律、法规，没有《城市管理法》，也没有《城市管理条例》，所涉及的有关行政法规难以满足执法需要，加之司法、公安等方面的保障也需要加强，那么城市管理队伍的执法权威没有真正确立，这就导致在执法当中不被被执法者认可和接受，甚至出现冲突，长期以来有关的法律、法规的规定，市容管理委员会的规定，城市管理的要求不能执行，城市环境一定会脏、乱。

四、为全面提高城市管理水平不懈努力

努力构建现代化城市治理体系，大幅提升城市管理的服务效能，增强人民群众满意度、幸福感，实现城市让人民生活更美好，是城市管理工作努力的目标。要实现这个目标，就必须以习近平同志系列重要讲话精神和党中央治国理政新理念、新思想、新战略，特别是关于城市管理的指示精神为根本依据。习近平同志的指示，是从事城市管理研究和实际城市管理工作的人们，需要反复学习、反复领会，特别是结合工作有的放矢地学习。要强调意识思维、战略思维、辩证思维、创新思维，把中央城市化工作会议，中央城市工作会议精神转化为一个一个具体的行动，转化为一项项有效的制度和措施，抓重点、补短板、强弱项，精准发力，全力提高城市管理水平。

提出四个战略，第一，坚持为人民城市管理，实际就是落实以人民为中心的理念，为人民管理城市，让政府的“有形之手”、市场的“无形之手”和群众的“勤劳之手”握在一起，真正做到共谋、共建、共管、共赢、共享，共同缔造美好的社区，美好的城市。大家注意第一点是共谋而不是共建。第二，坚持法制城管战略，按照习近平同志的要求，贯彻全面依法治国方针，强化依法治市，完善法律、法规，规范执法行为，促进自觉守法。全面增强运动法制思维和法制方式解决顽症难题的能力。第三，是坚持精细城市管理的战略，要改变粗放式的管理方式，加强精细化管理，以社区为单元，横向到边，纵向到底，协商共治，构建精细、常态、有效的城市治理模式。第四，坚持治理城管。城市管理效能水平的提升，一定是理念、机制、体制、模式与技术的有机结合。要加快智慧城市的建设，构建综合性城市管理数据库，加快数字化城市管理向智慧化升级。

按照这四个战略，要着力推进几个方面的工作。第一，我们将全方位推进城市执法体系的改革，按照中央的部署，采取横向对比、典型示范、强化督察、协

调指导等措施，加快推动横向整合管理职责，综合设置机构，纵向下移执法重心，同时建设数字化城市管理平台。第二，将全力推动城市管理和城市治理，这既是习近平同志的要求，也是城市管理工作努力的方向。构建精细、精准、常态、长效的城市治理体系。一是坚持党对城市管理工作的领导，坚持群众的主体地位，健全协商共治的结构，这个方面沈阳市、厦门市等地开展的共同缔造，就是坚持党的领导，突出群众的主体地位，大家一起缔造美好的社区、美好的城市。他们探索出了一条共谋、共建、共管、共享的城市治理之路，提供了可复制、可推广的经验。二是推进城市管理国家立法。三是健全城市管理标准体系，制定综合管理专业技术队伍建设等一系列的标准。四是整合数字化城市管理平台，强化助力城市管理，就是理念、组织结构、法律、标准，构成一个治理体系。第三，将全面推行严格规范工作、文明执法。深入推进强基础、转作风、促形象的专项行动，大力推行“721 工作法”——即采用服务手段解决 70% 的问题，采用管理手段解决 20% 的问题，采用执法手段解决 10% 的问题。加强培训，提高管理和执法人员的素质和履职能力。一个非常重要的措施就是规范执法行为，包括制定执法行为规范，出台协同人员的管理办法，全面实施执法全过程记录，强化执法保障司法衔接。城市管理的执法队员“5 + 2，白 + 黑”，同时提高城市管理人员的薪酬待遇，完善基层执法人员的工资政策及保险制度，完善城市管理执法的公安保障、司法保障，加强监督，严肃处理不依法执法等问题。我们还将着力加强基础研究和理论引领，组织研究城市管理重大的基础性问题、共性问题，关系全局和长远的问题，提出创新性、引领性的意见和建议，用以指导全国城市管理工作。

推进城市管理执法体制改革，改进城市管理工作既是中央的重托，也是人民的期盼，携起手来共谋、共治，努力完成好这项任务，共同缔造更加美好的明天。

理论视野

“权力—权利”视角的中国城市社区多重委托代理关系[①]

陆 军[②] 杨浩天[③]

摘 要：城市社区是一种自上而下建构起来的、实施城市基层行政管理和社会控制的社会治理单元。在社区中，包括基层政府、社区主体组织、居民、社会组织等的不同利益相关者，分别作为国家垂直权力的延伸和社会权利的代表参与社区治理。本文在“权力—权利”互动的视角下，结合利益相关者理论和委托代理理论，分析社区治理主体利益诉求及其相关关系，提出构建中国城市社区网络化治理结构。

关键词：城市社区 治理结构 “权力—权利” 利益相关者

Multi – Principal – Agent Relations in Chinese Urban Communities from the Perspective of Power – Right

Lu Jun Yang Haotian

Abstract: Urban community is a top-down social governance unit that implements urban grassroots administration and social control. In the community, different stakeholders, including governments, community organizations, residents and social organizations, participate in community governance as the extension of the state's vertical power and representatives of social rights. From the perspective of “power-right” interaction, this paper combines stakeholder theory and principal-agent theory to analyze the demands of the main bodies of community governance and their relations, in order to construct the network governance structure of urban communities in China.

Key words: urban community, governance structure, “power-right”, stakeholders

---

① 本文系国家社科基金重大专项课题“中国城市精细化管理：体制机制、运营模式与实施保障研究”（17VZL019）的阶段性成果；住房与城乡建设部项目“中国超大特大城市治理与精细化研究”的阶段成果。

② 陆军：北京大学政府管理学院教授、博士生导师、副院长，中国区域科学协会城市管理专业委员会主任、全国城市管理专业教育指导委员会主任。

③ 杨浩天：北京大学政府管理学院区域经济学博士研究生。

作为城市的基层单元，在社区中，政府、居委会、居民、社会组织、物业公司等主体相互交织，作用机制错综复杂。那么，这些主体在社区中应该以何种方式组织、参与社区治理，这就是社区治理结构的构建。本文以“国家权力”与“社会权利”良性互动的视角，运用利益相关者理论、委托代理理论，探析各社区主体的角色定位及其相互关系，以及并构建网络化的社区治理结构，以使得社区各主体充分参与到社区治理过程中。

一、“权力—权利”视角下的社区治理

（一）国家“垂直权力”与社会“水平权利”

“权力—权利”是透视社区治理结构的重要视角。权力的出现和执行都是依赖于强制力的保障。权力是自上而下对其约束范围内的所有公民实施整体性的控制。政权是权力的性质；主权是权力的地位；国家享有权力；公民是国家权力的作用对象。权利主要从法理学角度，指主体依法享有的“做”或者“不做”一定事情的价值选择可能性，强调各类主体之间地位均等。在权利的实际运作过程中，需要来自政权统治者的权力的保护和认可。[①]

权力和权利体现了国家与社会之间的相互关系。总体上，随着国家治理能力现代化和公民自治能力的提升，公民权利不断壮大，政府权力则在市场机制成熟时，不断地缩小。[②] 国家治理的理想状态是“善治”，作为“善治”核心的多元共治有两个维度：一是，治理是政府、市场、社会协调共治的系统化运作；二是，治理是政府、市场、社会各归其位、各尽其责，良性的双向互动。权力和权利关系的变革的标志，是国家权力逐步从属于社会权利。

（二）西方国家社区权力与权利的关系模式

1. 美国：强社会权利下的公民自治

美国的城市社区治理模式是一种以社区自治为主、各方广泛参与的“强权利”模式，强调社区及居民的自我管理、自我发展，具有民主化、组织化、多元

---

① 付春华．社区多元共治模式中主体的“权利”与“权力”研究［J］．兰州工业学院学报，2016，23（5）：114－116.

② 申明昱．经济法主体权利（权力）的界定［J］．商，2013（10）：184－185.

化的特征。政府指导并提供资金，以社区委员会、社区主任、社区工作者、社区居民、非营利组织、志愿者等为社区治理主体，负责具体事务的运营与实施。其主要特征包括：首先，政府制定鼓励和支持社区组织发展的政策，并和社区治理主体间建立合作关系，以税收减免引导私企参与社区建设。其次，非营利组织是美国社区治理和提供公共服务的中流砥柱，形成了一个包括传统社区服务机构（慈善组织为主）、支持型社区组织（承担就业培训、创业支持等其他支持型服务）、社区邻里组织（满足社区居民基本需要的组织）庞大的系统。最后，社区企业为社区提供融资工具、咨询服务、资本支持等，支持社区少数族裔、妇女等弱势群体。①

2. 英国：宽容权力下的强社会权利

英国的社区治理得益于政府宽容的支持政策。各类社区组织、民间组织、志愿者团体与英国政府多渠道、多方位地合作，联合提供和改善公共服务。首先，英国政府颁布了《慈善法》（*Charities Act*）和《政府与志愿及社区组织合作框架协议》（COMPACT），提出了政府鼓励和支持民间慈善事业的法定框架，给出了社会组织募捐的法律依据，奠定了社会公益事业的制度基础，以促进政府部门与民间公益组织建立合作伙伴关系。其次，政府大力扶持社会组织发展。英国内政部社区司负责推动以社区为基础的民间公益活动与志愿活动，通过政府采购及委托经营等方式与民间公益组织签订公共服务协议，并监督和评估协议的执行情况；公民再造司负责推动各级政府开展新公民教育及积极推动建立与发展各种形式的公民组织；慈善司主要负责推动慈善法的修改及推进改革与完善民间组织监督体系。最后，慈善组织协会和慈善管理委员会监管社会组织，克服社会组织间缺乏联系和合作的问题，将对社区居民的救助和帮助纳入工作体系，负责社会组织的登记注册、审查监督并委托第三方组织进行评估。②

3. 新加坡：强国家权力下的基层组织法团化

新加坡的社区治理采取国家强权力控制下的治理模式，经由人民协会控制基层组织网络，将国家意志贯彻至社区治理中。其主要特征包括：第一，基层组织的国家联合化，新加坡社区的基层组织为数众多，组织网络严密，纷繁复杂。基层组织纳入人民行动党成立的人民协会的管理范围。第二，国家通过立法将人民协会确立为国家基层组织的合法代表，使基层组织联合团体获得了合法化与排他性，成为基层组织国家化的典型模式。第三，人民协会管理基层组织有严格的管理制度，基层组织的委员由人民协会主席或副主席委任；人民协会为主要的基层

① 邹丽琼．美国城市社区治理及其启示［J］．北京城市学院学报，2009（1）：59－63.

② 曾映明，查竞春，何少东．英国的社区治理［J］．特区实践与理论，2010（2）：52－55.

组织提供80%的基础设施费用和50%的日常经费支持。相应地，基层组织及其联合团体将为协助实现国家意图。

总体上，新加坡社区居民对于基层组织的参与度较低，国家通过基层组织自上而下进行管理，一些社会问题因缺乏自下而上的参与机制被长期掩盖。[①]

（三）我国城市社区权力与权利的关系发展

以“权力和权利”的关系视角，可以将中国社区治理区分为国家强权、合作共治和社区强权三种结构化的发展模式。

1. 单位制传统与国家强“权力”

改革开放前，中国实行单位制社区治理模式。单位是国家的代表，从整体上支配着整个社会政治、经济和生活领域，扮演着“全能”的角色。[②] 改革开放后，即使传统单位制迅速解体，但在路径依赖的影响下，社区治理模式仍以国家“强权力”为主导。

在国家权力主导下，社区被视为城市基层管理单位，通过社区建设加强基层管理。[③] 国家通过行政系统的指令性来完善和强化基层“条”“块”行政组织，在行政社区中重建政治权威的合法性，强化国家“基础性权力”。从政府管理的立场出发，制定社区发展规划，完善社区组织和制度建设，加强基层社区服务，是一种典型的全能政府管理模式。[④] 由此，形成了“重建政治权威”“基层政权建设”等基层社会行政管理取向的社区治理模式。

2. “权利意识萌发”与合作共治模式

伴随改革深化和利益格局的不断多元化，公民“权利”意识萌发，开始挑战“基层社会管理”的一系列内在缺陷。社区治理模式逐渐向合作共治模式过渡。

在社区合作共治模式下，政府管理和社区自治是一个持续的双向互动过程。[⑤] 一方面，社区居民的资源与服务需求越来越需要政府和市场组织提供；另一方面，社区的公共事务也需要由多个相关组织参与决策和执行。[⑥] 这一目标的实现

---

① 王新松. 国家法团主义：新加坡基层组织与社区治理的理论启示［J］. 清华大学学报（哲学社会科学版），2015（2）：48－58.

② 高克平. 华东理工大学奉贤校区图文信息中心［J］. 上海高校图书情报工作研究，2011（3）：2.

③ 杨敏. 作为国家治理单元的社区——对城市社区建设运动过程中居民社区参与和社区认知的个案研究［J］. 社会学研究，2007（4）：137－164.

④ 杭军. 加强基层组织建设，从源头化解社会矛盾［J］. 决策，2012（9）：101－102.

⑤ 高瑜. 公共服务下社区：我国城市基层社会管理体制创新的路径选择［J］. 中共南昌市委党校学报，2013（3）：51－55.

⑥ 何海兵. 我国城市基层社会管理体制的变迁：从单位制、街居制到社区制［J］. 管理世界，2003（6）：52－62.

路径是转变政府职能和培育社区自治。这是一种政府与社会共同合作的实践模式，分别演化出"行动策略模式""微观互动场景模式""组织权力关系"等社区合作共治模式。

3. 强"权利"与社区自治

随着公民"权利"意识的进一步觉醒，社区治理最终走向民主自治模式，国家"权力"不再直接干预社区自治活动。

在社区民主自治模式下，社区治理的主要目标即是寻找某种内在的团结机制，重建地域单元的生活共同体。社区成为在政府领导下，由普通市民构建的具有一定自由活动空间、相对独立于国家、具有一定自主性的"自组织空间"。在日常生活实践中，社区治理应激发居民社区参与的积极性，提高居民的社区认知，通过自发组织和志愿者行动充分满足每个人基本的社会服务需求。城市社区将被建设成为一个正在形成的、与国家相分离的公共领域和市民社会（何海兵，2003）。

二、社区利益相关者的委托代理分析

（一）社区利益相关者

利益相关者理论（stakeholder theory）是在英、美等长期奉行外部控制型公司制模式的国家中发展起来的。[①] 关于利益相关者的概念，最具代表性的是 R. E. 弗里曼（R. E. Freeman）[②] 认为"利益相关者是一个组织中能够影响目标实现或者受到目标实现过程影响的人"，这意味着，对组织造成直接、间接影响的对象都是利益相关者。[③] 在划分利益相关者类型时，多使用多维细分法和 R. K. 米切尔（R. K. Mitchell）评分法。R. K. 米切尔[④]以合法性（拥有法律、道德赋予的企业索取权）、权力性（拥有影响企业决策的地位、能力、手段）、紧急性（拥有立即引起决策者关注的能力）三大属性为基础，根据利益相关者满足其中几项属

---

① 贾生华，陈宏辉. 利益相关者的界定方法述评［J］. 外国经济与管理，2002（5）：13－18.

② R. E. Freeman，Strategic Management：A Stakholder Approach［J］. Journal of Management Studies，1984（2）.

③ 徐延辉，龚紫钰. 城市社区利益相关者：内涵、角色与功能［J］. 湖南师范大学社会科学学报，2014（2）：104－111.

④ R. K. Mitchell，D. J. Wood，Toward a theory of stakholder identifications and salience：defininf the principle of who and what really counts［J］. The Academy of Management Review，1997（22）.

性来确定其类型。还有学者认为，企业利益相关者应拥有企业所有权，既包括股东、债权人等对公司利益有要求权的人，也包括直接或间接受到公司决策影响的任何人，由他们共享企业所有权。①②

利益相关者理论在发展中被延伸至城市治理领域，城市中的利益相关者就是在城市规划、管理过程中，由于重大利益影响而以一种或多种方式参与其中的人、团体和组织③。进而，利益相关者理论也被广泛应用于社区治理研究领域。徐延辉、龚紫钰（2014）认为，城市社区利益相关者是指那些能够影响城市社区发展目标的实现，并且能被社区实现目标的过程影响的任何个人和群体。按照这个定义，中国城市社区的利益相关者包括政府、社区组织、社区居民、辖区单位、社区非营利组织等。④

根据 R. K. 米切尔的利益相关者评分法，可将社区利益相关者分为三层（见图 1）：第一层是核心层，包括确定型利益相关者，是社区活动的行动主体、中坚力量；第二层是支持层，包括预期型利益相关者，为社区发展提供资源支持；第三层是扩展层，包括潜在型利益相关者，有选择性地参与社区事务。

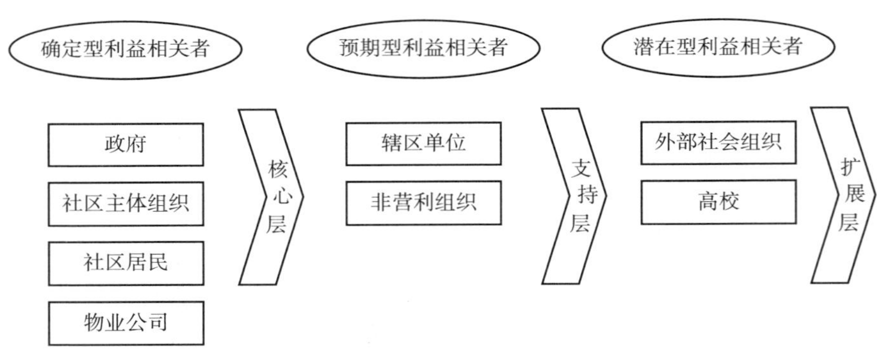

图 1　社区利益相关者关系

资料来源：笔者整理。

核心层包括政府、社区主体组织、居民及物业公司，是与社区发展关系最为密切的利益相关者。第一，政府在社区的运作过程中居于主导地位。政府为社区

① M. M. Blair, Ownership & Control; Rethinking Corporate Governance for the 21 Century, The Brooking Institution, 1995.

② M. M. Blair, For whom should corporations be run?: An economic rationale for stakeholder management [J]. Long Range Planning, 1998 (2).

③ 王佃利．城市治理体系及其分析维度［J］．中国行政管理，2008（12）：73－77.

④ 徐延辉，龚紫钰．城市社区利益相关者：内涵、角色与功能［J］．湖南师范大学社会科学学报，2014（2）：104－111.

发展制定相关政策；为社区提供公共资源和服务；通过直接配置或规章制度引导资源向社区集聚；政府还对社区自治进行宏观指导。第二，社区主体组织在社区中发挥着领导核心的作用。社区主体组织包括社区党组织和社区居民委员会。社区主体组织是社区自治的组织者、推动者和实践者；是党和政府联系社区居民群众的桥梁，协助基层政府工作；是社区居民利益的维护者，组织相关监督活动。第三，社区居民对社区的形成和发展具有实质性作用。居民加入社区居民组织，参与社区决策；加入社区志愿者队伍，服务社区居民；加入社区文体类组织，拓展交流渠道；承担公共责任，成为社区公共服务的提供者之一；参与公共政策听证活动，成为社区监督者。第四，物业公司被赋予了社区物业实质管理者的身份。这种特殊的居住区管理模式实质上是单位制度的拟制与延续，它超越了对"物"的管理范围，演化为对人和社会的管理工具。物业公司负责管理了水、电、气、暖等小区生活资源，通过保安来维护安全。①

支持层是指社区所辖企业、事业单位与社区非营利组织，他们既对社区发展有所预期又能利用自身资源推动社区发展。辖区单位包括社区范围内的行政单位和企事业单位，如学校、医院、派出所等。辖区单位在完善社区基础设施，拓宽社区服务内容、活跃社区文化、优化社区环境等方面发挥着重要作用。社区非营利组织是指独立于政府之外，处于政府和社区成员之间的，以联系和动员社区成员参与社会活动、支持社会发展为主要目标的社区层面的各类非营利组织。社区非营利组织的根本目标是维护社区公共利益的最大化。②

扩展层包括其他社区、外部组织等，这些主体虽在社区外部，但对社区发展具有巨大的潜在影响力。外部社会组织是指社会团体、民办非企业单位和基金会等非营利性组织，他们在解决一些社会问题上具有优势。这些社会组织关注社区弱势群体的独特需求，为弱势群体提供各方面援助，缓解社区由于人力、财力、物力等各方面限制而无法满足相关弱势群体需求的困境。高等学校最大的优势资源是拥有各类受过高等教育的人才，他们通过成立志愿者队伍进驻社区，丰富社区文化生活；实行大学生社区挂职锻炼，充实社区工作者队伍；高校教师还为社区管理者开展培训，提升社区工作者专业能力。

---

① 陈鹏．城市社区治理：基本模式及其治理绩效——以四个商品房社区为例［J］．社会学研究，2016（3）：125－151.

② 徐延辉，龚紫钰．城市社区利益相关者：内涵、角色与功能［J］．湖南师范大学社会科学学报，2014（2）：104－111.

（二）社区利益相关者委托代理关系

在此，运用委托代理理论，分析社区利益相关者中各主体之间的委托代理关系。委托代理理论是20世纪60年代末兴起的经济学理论，最早用于模拟股东和职业经理人之间的行为关系。（赵蜀蓉，陈绍刚，王少卓，2014）[①]；M. 史宾斯和R. 泽克豪森（M. Spence & R. Zeckhauser，1971）[②]；S. A. 罗斯（S. A. Ross，1973）[③]。此后，J. A. 莫里斯（J. A. Mirrless，1976）[④]、S. J. 格罗斯曼（S. J. Grossman，1983）[⑤] 和W. P. 罗杰森（W. P. Rogerson，1985）[⑥] 等对模型进行了推广。B. 霍姆斯特姆、P. 米尔格罗姆和D. 弗登伯格（B. Holmstrom，P. Milgrom & D. Fudenberg，1990）[⑦] 还构建了政府官员为代理人的参数化模型。

委托代理理论本质上是一种契约理论，其基本内容是：委托人聘用代理人完成工作，代理人比委托人拥有有关此项工作的更多信息（信息不对称），委托人可能无法观测到代理人工作的努力水平，而代理人也知道委托人无法确定其努力工作的程度，因此代理人可能为了自身的效用最大化而采取机会主义行为，损害委托人利益。作为一种契约理论，委托代理关系得以成立的前提包括：第一，所有权与经营权分离，代理合约建立在自由选择和产权明晰化的基础之上；[⑧] 第二，委托人和代理人在根本利益上是一致的，[⑨] 但两者在具体效用目标上存在冲突；第三，存在风险、不确定性和信息不对称，[⑩] 在具体的经营活动中是存在市场风险的，委托人必须给代理人一定的经营自主权。在社会分工日益专门化的形势下，委托代理关系同样适用于公共管理领域。委托代理机制本身涉及资源利益分配、授权、分权以及权力的监督等问题，社区治理同样可以放在委托代理机制下

---

① 赵蜀蓉，陈绍刚，王少卓．委托代理理论及其在行政管理中的应用研究述评［J］．中国行政管理，2014（12）．

② M. Spence，R. Zeckhauser，Insurance，Information，and Individual Action［J］．American Economic Review，1971（2）．

③ S. A. Ross，The Economic Theory of Agency：The Principal's Problem［J］．American Economic Review，1973（2）．

④ J. A. Mirrlees，The Optimal Structure of Incentives and Authority within an Organization［J］．Bell Journal of Economics，1976（1）．

⑤ S. J. Grossman，O. D. Hart，An Analysis of the Principal – Agent Problem［J］．Econometrica，1983（1）．

⑥ W. P. Rogerson，The First – Order Approach to Principal – Agent Problems［J］．Econometrica，1983（6）．

⑦ D. Fudenberg，B. Holmstrom，P. Milgrom，Short-term contracts and long-term agency relationships［J］．Journal of Economic Theory，1990（1）．

⑧ 李政，邱德荣．风险投资中的委托代理关系分析［J］．科教导刊，2011（14）：156 – 157.

⑨ 李红琨．村级财务委托代理制度创新研究［J］．中国农业会计，2013（1）：14 – 15.

⑩ 刘珈宁．浅谈现代企业管理中代理问题［J］．理论界，2012（7）：201.

进行研究。[①]

1. 政府、社区居委会与居民

基层政府与社区之间的委托关系较为模糊。街道办事处为代表的城市基层政府与社区居委会之间是长期的领导与被领导关系，未真正形成委托代理模式。

理论上，居民是社区居委会权力的初始委托人，作为居民利益的代理人应该为居民提供最优质的公共产品和公共服务，[②] 并接受居民的监督。但社区居委会在很大程度上向政府负责，把社区居民作为管理对象，所提供的公共产品和公共服务无论从数量上还是质量上，都难以达到预期的代理效果，偏离社区福利最大化目标（见图2）。

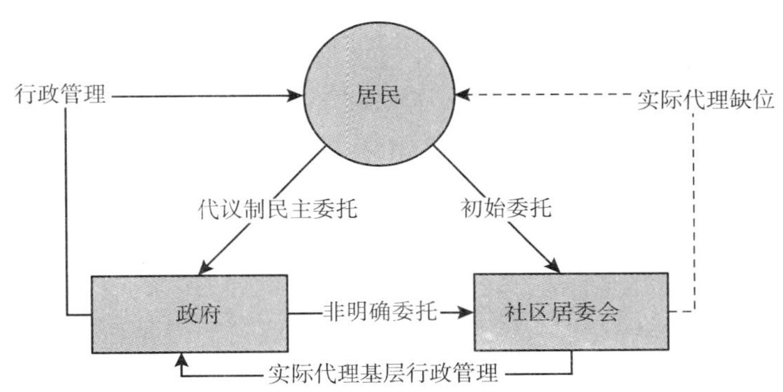

图2 政府、社区居委会、居民委托代理关系

资料来源：笔者整理。

2. 业主委员会、物业公司与居民

业主大会是小区物业管理的最高权力机构，其常设机构是业主委员会[③]，主要职责是召集业主大会并执行其决议、聘用、监督、解聘物业管理企业、必要时代表业主进行维权。业主大会和业主委员会的所有决定需告知居委会，并听取居委会建议。物业公司与社区居民之间是一种经济委托代理关系，是建立在法律和经济平等基础上的商品交换关系。业主支付费用获得服务，并通过业主委员会来集中业主的权利并约束物业公司（见图3）。

① 张会霞．城市社区政府与社区组织之间的新型互动关系［J］．中国集体经济，2007（4）：244－246.

② 杜怡梅．和谐社会视域下的精神共同体与社区的关系［J］．理论与改革，2013（5）：146－148.

③ 业主大会章程［EB/OL］．http：//www. law － lib. com/fzdt/newshtml/65/20110225111140. htm. 2010－2－28/20180706.

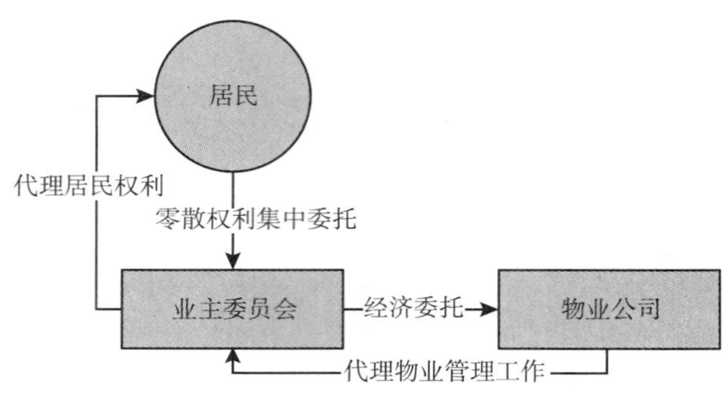

图 3　业主委员会、物业公司、居民委托代理关系

资料来源：笔者整理。

3. 社区居委会、业主委员会、物业公司

居委会、业主委员会和物业公司是城市社区的三大基本组织（见图 4），分别与基层政权、房屋产权和市场自治权相关，体制上分属于行政、社会和市场，它们有各自不同的行为逻辑。居委会聚焦于处理居民社会关系，追求社会效应；业主委员会聚焦改善居民生活环境，寻求社区居民认同；物业公司聚焦社区物理环境，目的在于获取经济利益。居委会更倾向于完成政府所交办的事务，维持与政府的良好关系，以获取更多的经济资源和政策支持。但是，居委会权力有限，需借助物业管理公司资源。业主委员会代表业主利益，其权力来源于社区居民认同，有独立的发展空间。物业管理公司受制于业主委员会，因而倾向于靠拢居委会，希望借助居委会的行政力量来影响其他社区组织的行为并处理物业管理事务。

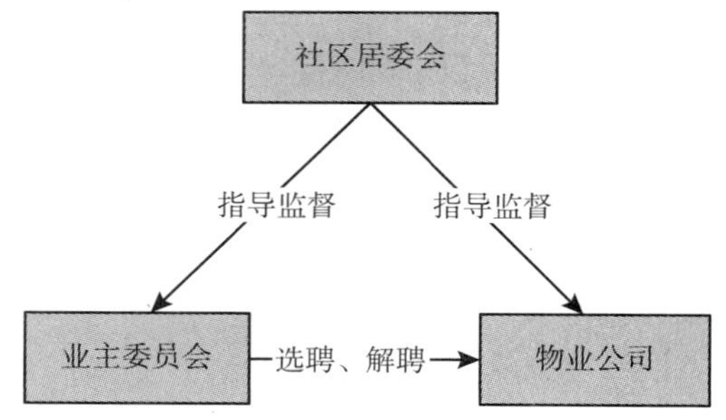

图 4　社区居委会、业主委员会、物业公司关系

资料来源：笔者整理。

（三）社区多重委托代理网络

以上三组关系展现了社区核心层利益相关者的委托代理关系，从中可以清晰地关注到社区居民是社区权力的根本来源，再将权力不同程度地让渡于政府、社区主体组织、业主委员会以及物业公司。社区居民是社区最基础的委托人，构成了社区多重委托代理关系的出发点。社区四大核心层利益相关者，实则为政府、市场、社会三部门博弈在社区层面的载体，以此为出发点，社区多重委托代理关系总结如下：在代议制民主制度下，居民与政府形成了第一重委托代理关系，居民将自己的权利委托给政府，以提高资源配置效率。最初，政府作为全能型的政府，将包含居民委托权利在内的大部分资源都掌握在自己手中，对国家社会事务无事不管、无事不包。然而，随着全能政府配置资源的效率下降，政府将一部分权力下放给社区主体组织，政府与社区主体组织之间形成了第二重委托代理关系，由此，居民与社区主体组织之间也形成了间接的委托代理关系。同时，社区居委会委员是由居民选举产生的，所以也应对居民负责，形成了第三重委托代理关系。虽然第二重委托代理关系与第三重委托代理关系在权利的根本来源上都是社区居民，但在实际运行过程中，政府部门对社区主体组织的约束更为强烈，由此，第二重委托代理关系的强度大于第三重委托代理关系，在居民权利与上级政府指导意见发生冲突时，社区主体组织往往以上级政府行政命令为工作重心。第一重、第二重、第三重委托代理关系可被称为行政代理，这是在非市场因素选择下的委托代理关系，而社区层面的代理结构不仅存在于行政系统中，还存在于经济系统中。通常，社区主体组织受限于人员、经费等客观条件，无法完成所有公共产品和公共服务的提供，由此会采用政府购买等方式与企业、非营利组织等进行合作，形成第四重委托代理关系。如自负盈亏的物业公司与居民之间存在经济代理，居民雇佣物业公司对社区物业与日常运行进行管理，但不是由零散的居民自行选择物业公司，这个权力集中于业主委员会，业主委员会代表居民选择聘用物业公司，由此，居民与业主委员会之间形成了第五重委托代理关系，在此基础上，业主委员会与物业公司之间形成了第六重委托代理关系。

至此，已将社区支持层利益相关者之间的委托代理关系梳理清楚了，按照行政委托和经济委托的区分，社区涉及的治理主体可分为两个部分，一是以“政府—社区主体组织（居委会、党支部）”为核心的社区管理主体，代表着国家“垂直权力”；二是以“社区主体组织—业主委员会—物业公司—营利性公司—社区非营利组织”为核心的社区自治主体，代表社会的“水平权利”。完整的社区多重委托代理关系网络（见图5）。

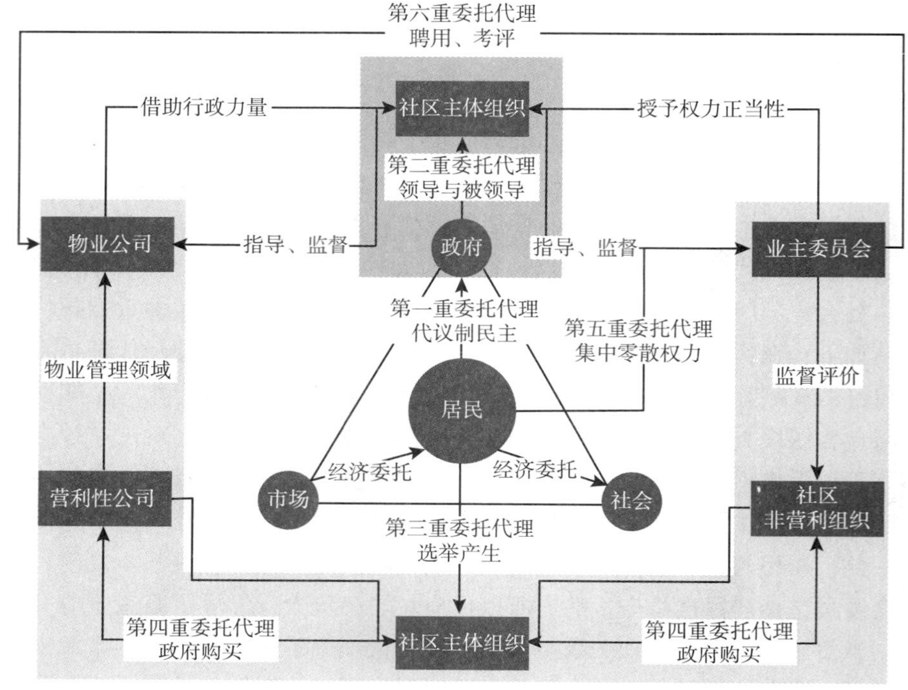

图5　社区多重委托代理关系网络

注：浅色阴影部分表示社区“权利主体”；深色阴影部分表示社区“权力主体”。
资料来源：笔者整理。

三、构建“权力—权利”良性互动的网络化社区治理结构

基于社区多重委托代理关系，在社会转型期的“权力—权利”视角下，社区治理的核心任务是构建一个充分激励社区利益相关者，实现让每一位社区居民充分参与治理过程的社区治理结构。

（一）“权力—权利”良性互动的基本要求

国家强“权力”领导下的基层社会管理模式把社区治理当作政府的行政工作，忽视居民的社会参与；社会强“权利”主导下的社区民主自治模式则过度强调社会要素的核心作用，推动社区居民参与，但对政府提供基本公共服务的职能重视不足。过度强调任何一方都不符合我国当前发展阶段的内在要求。“国家权

力”和“社会权利”良性互动下的社区合作共治模式是值得倡导的社区治理模式，[①] 这要求社区治理模式从国家垂直权力向社会水平权利过渡，形成一张“横纵交织”的网络体系，保证社区各利益相关者均能有效参与社区治理。“权力—权利”良性互动的积极意义在于：第一，确保国家“权力”体系运转高效。政府建立大部门制以强化合作，并保证彼此的政策目标连续一致，促进政策执行手段相互强化，推进合作治理行动。在管理理念上强调纵向权力整合、同级部门协作、区域合作，以及公私整合；在宏观上重点解决公共服务供需不匹配的问题，微观上采取网络组织模式，通过授权和注重结果而非过程的绩效考核导向，实现公共管理和公共利益、社会资源的融合。[②] 第二，整合形成社会“权利”网络。在社区内部各类组织之间形成良性互动网络，主动培育社区组织，提高社区组织化水平，整合分散的社区结构，实现社会生活共同体的理想目标。通过整合“权利”网络使得社区个体由分散走向联合，也是集中行使社区“权利”的准备条件。第三，建立“权力—权利”合作关系。现实中，政府和社会无法单独面对和根治某些社会问题，需要建立“权力—权利”合作关系来解决。通过政府、居民、社会组织之间的整合运作与分工，社区各治理主体之间的功能得以最大化地发挥。

（二）构建网络化社区治理结构

在形成“权力—权利”良性互动关系的前提下，构建网络化社区治理结构，关键在于三个方面：一是独立于社区主体组织，设置社区服务站对接基层政府，实现基层政府（街道办事处）和社区主体组织等行政委托代理关系的重新整合；二是理顺社区内各利益相关者的多重委托代理关系，推动社区公共服务职能的分工、合作、共治；三是在网络化治理下，实现政府“垂直权力”和社区多主体“水平权利”的链接。

1. 成立社区服务站，延伸政府垂直权力

成立社区综合服务平台承担政府行政管理事务延伸到社区部分的末梢任务，完成居民日常所需的各类服务保障事项，是缓解社区主体组织工作压力的必然选择。初步整合后，再通过其他社区主体组织的合理分工，明确社区党组织和社区居委会的独立功能与职责边界，按照“职责明确、分工合理、优势互补、协调联动”的原则进行组织。社区党组织侧重推动发展、服务群众、凝聚人心、促进和

① 董治佑．整体性治理视角下的整体性社区构建［J］．华中师范大学研究生学报，2018（1）：37－41.

② 叶璇．整体性治理国内外研究综述［J］．当代经济，2012（6）：110－112.

谐；社区居委会侧重组织居民开展民主自治，维护居民合法权益和社区共同利益为。

2. 明确居委会职能，整合社区水平权利

在社区党组织的领导下，在社区居委会的组织协调下，包括业主委员会、物业公司、非营利组织等在内的社区利益相关者，形成社区自治综合体，社区居委会作为领导者、监督者、促成者，进行社区多主体水平权利的整合。

第一，社区主体组织承担服务对接职能。社区主体组织要在专业社会组织与居民之间，专业社会组织与社区社会组织之间负责组织服务对接功能。通过为社会组织提供居民信息，反映社区居民的实际需求，实现社会组织的服务与社区居民的有效对接。进一步促使居民与社区社会组织对社区居民委员会的认同，巩固社区居民委员会自治合法性地位。

第二，社区主体组织承担管理与监督职能。监督社区社会组织，如地方政府向社会组织购买服务时，社区居民委员会作为中间机构，全程监督项目的执行。社区居民委员会角色功能定位上也应由协助政府、服务个体居民向社区社会组织孵化、服务、监督职能转化，加强“政府—社区居民委员会—社会组织”的联动效应，提高社区服务的数量与质量。

第三，社区主体组织承担协商参与、矛盾协调职能。社区居民委员会应通过民主协商参与等形式，协调社区矛盾纠纷，为居民提供活动场地、宣传、支持，服务、孵化、引导社区社会组织的发展，取得社区居民的信任与认同，利用社区社会组织的组织载体来管理与服务社区。

3. 建设支持型社区组织网络

整合支持型社区组织，有助于集中资源满足社区居民个性化的各类需求。探索建立社会组织服务园，整合聚集实体性公益组织，借助互联网媒体，通过建立社区服务呼叫网络平台，将企业、政府部门、居民和各类社会组织有机联系起来，丰富社区公共服务。具体说来，社会组织网络平台的搭建，应重点培育和发展各类专业性的社会服务机构，尤其是跨社区的、去单位化、去行政化、自治性的社会服务机构，吸纳社会组织参与社区治理，充分发挥其在提供服务、协调利益、化解矛盾、反映诉求方面的积极作用。

（三）小结

基于“权力—权利”良性互动形成的网络化社区治理结构，是政府打破“自上而下”传统行政性工作模式，缔造新型社区管理及服务体系，以社区为平台，以各类社会工作机构为载体，实现社区、社团（社会组织）、社会工作者

“三社联动”是构建“党—居—站—社”四位一体的社区治理结构的有效途径。其中，社区党组织“总揽全局、协调各方”，居于社区治理核心地位；社区居委会剥离街道交办的大量行政事务后，集中推进基层群众自治，实行自我管理、自我教育和自我服务；社区服务站是街道办事处行政服务中心延伸到社区的公共服务平台，履行提供公共管理和服务的行政职能；其余各类社区组织提供以服务性、公益性、互助性为主的社会化、专业化服务，从而实现资源共享的社区建设责任，参与、协同社区管理和服务（见图6）。

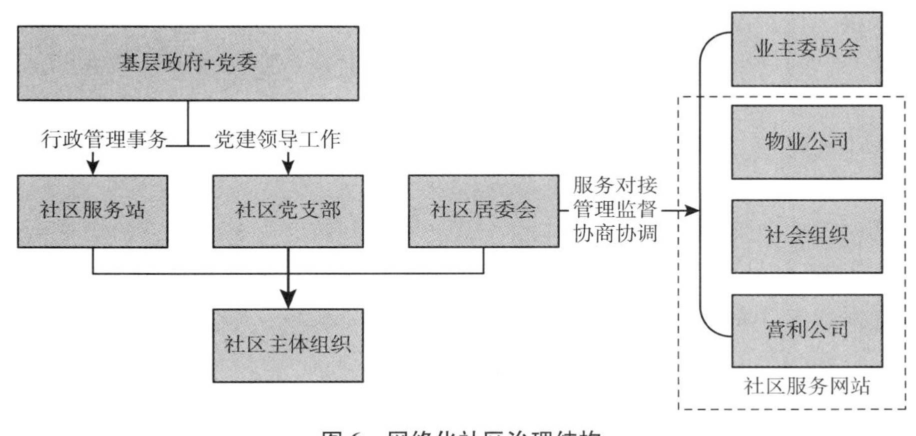

图6 网络化社区治理结构

资料来源：笔者整理。

通过优化社区治理体制机制，理顺政府、社区、机构、居民之间的关系，实现资源优势互补，是社会进行再组织化和实现服务性社区治理的必然途径。

四、社区治理网络构建的激励机制

社区多重委托代理机制的核心是多元主体参与，在社区碎片化的背景下，如何激发居民、社会组织、营利性企业参与社区治理，就成为关系到网络化社区治理体系构建成功与否的关键。

（一）激发民众积极参与城市治理活力

激发民众的“主人翁”精神，使其积极参与城市治理过程，通过以下四种方式。

第一，建立源头参与机制。形成民众参与制定公共政策的制度性保障，使其能够参与城市公共政策的制定，把民众利益体现在政策制定的全过程，努力解决群体性、普遍性问题。探索建立政府与民众自治组织联席会议制度，定期相互通报情况，反映群众意见和需求。

第二，建立民众诉求表达机制。发挥好各级信访室、维权站等机构的作用，完善人民代表大会代表、政协委员联系制度，完善市长热线等机制，使得民众投诉有门、信访有路，保证其通过正常渠道和合法方式表达意愿，探索建立了解民众需求的工作机制，及时了解民情心意，力争在政策层面解决问题。

第三，建立矛盾化解机制。一是努力从源头上减少社会矛盾的产生，宣传党的政策，减少不和谐因素；二是加强民众力量的整合引导，发挥社会组织城市治理过程中的缓冲、中介和协同作用；三是完善人民调解、行政调解、司法调解联动的工作体系，建立调处矛盾纠纷的综合平台。

第四，建立维权服务保障机制。牢固树立党和政府服务意识，始终把为人民服务作为首要宗旨，把民众是否满意作为基本准绳，维护好民众权益，扩大对民众保障覆盖面，做到“哪里的民众受到侵害哪里就有维权的机制”。①

（二）培育社会组织参与城市协同治理

社会组织在城市治理过程中必须有所担当、有所作为，只有社会组织获得深入持续发展，才有可能使社会成员自愿参与、自我组织、自我治理成为可能。但是现阶段社会组织在法律体系、制度建设、监督管理上还存在缺位或错位，加之自身内部的因素，公信力受到影响。因此，培育社会组织参与城市协同治理，要做到以下三个方面。

第一，建立和完善社会组织的政策法规。尽快制定和出台一部全面规范社会组织的纲领性法律，明确社会组织的性质地位、角色功能、范围方式。同时，修改和完善现行有关社会组织的相关法规，根据社会组织的不同性质、特点和活动方式，分类规范和管理。在处理社会组织和政府关系时，明确其相互独立、业务上互助合作、共同发展的伙伴关系，政府适时地推出优惠政策，扶持社会组织的发展。②

第二，改革和创新社会组织的监督管理体制。我国对社会组织的管理主要还

---

① 王淑玲．人民团体要积极参与社会管理创新［J］．领导之友，2012（3）：19－20.

② 马海韵，张晓阳．非政府组织参与公共危机治理的研究［J］．南京工业大学学报（社会科学版），2012（2）：77－84.

是实行双重管理，应简化社会组织的登记管理，加强社会组织动态过程的监督。首先，强调政府对社会组织进行依法监督的职责，政府不干预社会组织的合法行为，但负有对社会组织进行监督和管理的职责。其次，政府有关职能部门应加强对社会组织进行常规督查，规范社会组织的日常行为。最后，发挥社会舆论的监督力量。发挥社会舆论、新闻媒体的作用，将社会组织置于网络化、多形式的监督之下。

第三，培育和提升社会组织能力建设。要强化社会组织能力建设，首先，要明确社会组织社区治理主体地位，确保社会组织能够独立行使政府让渡于社会组织的权力，使其在人事、财务等方面有更大的自主权。其次，要建立适合社会组织发展的内部治理结构。应在社会组织内部建立适合其发展的一系列规章制度和组织结构，使社会组织逐步实现自治。最后，积极拓宽社会组织的参政议政渠道。通过合法的参政议政，充分表达合法的组织利益诉求。

（三）鼓励营利企业参与城市协同治理

第一，完善立法，赋予企业一定程度的社会责任义务。在立法上，需要进一步完善企业社会责任的相关法律法规，将有关企业社会责任的要求转化为具有可操作性的法律，从而赋予企业参与社区治理的责任。

第二，严格执法，完善企业参与社区治理的激励奖惩机制。在激励方面，首先，政府可以定期开展"优秀企业公民"一类的评选活动，鼓励企业积极参与社区治理。其次，政府可以制订企业参与社区治理，履行社会责任的标准，并积极开展认证。对于那些通过认证的企业，政府可以给予一定支持。最后，基层政府可以制订一些优惠政策，对那些主动改善员工条件、保护社区环境、积极参与社区慈善活动的企业给予一定的优惠。在惩戒方面，基层政府应严格执法，对企业参与社区治理，履行社区社会责任的行为，进行定期的评估。约束企业行为，引导企业积极履行社会责任。

第三，强化舆论监督，构建多主体、多层次的监督体系。社区是企业赖以生存和发展的外部环境，充分发挥消费者协会、工会等社会群体组织及舆论监督的作用，形成多层次、多渠道的监督体系。

参考文献

[1] 付春华．社区多元共治模式中主体的"权利"与"权力"研究［J］．兰州工业学院学报，2016（5）：114－116.

[2] 申明昱．经济法主体权利（权力）的界定［J］．商，2013（10）：184－185.

［3］邹丽琼．美国城市社区治理及其启示［J］．北京城市学院学报，2009（1）：59－63.

［4］曾映明，查竞春，何少东．英国的社区治理［J］．特区实践与理论，2010（2）：52－55.

［5］王新松．国家法团主义：新加坡基层组织与社区治理的理论启示［J］．清华大学学报（哲学社会科学版），2015（2）：48－58.

［6］高克平．华东理工大学奉贤校区图文信息中心［J］．上海高校图书情报工作研究，2011（3）：2.

［7］杨敏．作为国家治理单元的社区——对城市社区建设运动过程中居民社区参与和社区认知的个案研究［J］．社会学研究，2007（4）：137－164.

［8］杭军．加强基层组织建设，从源头化解社会矛盾［J］．决策，2012（9）：101－102.

［9］高瑜．公共服务下社区：我国城市基层社会管理体制创新的路径选择［J］．中共南昌市委党校学报，2013（3）：51－55.

［10］何海兵．我国城市基层社会管理体制的变迁：从单位制、街居制到社区制［J］．管理世界，2003（6）：52－62.

［11］贾生华，陈宏辉．利益相关者的界定方法述评［J］．外国经济与管理，2002（5）：13－18.

［12］徐延辉，龚紫钰．城市社区利益相关者：内涵、角色与功能［J］．湖南师范大学社会科学学报，2014（2）：104－111.

［13］王佃利．城市治理体系及其分析维度［J］．中国行政管理，2008（12）：73－77.

［14］陈鹏．城市社区治理：基本模式及其治理绩效——以四个商品房社区为例［J］．社会学研究，2016（3）：125－151.

［15］赵蜀蓉，陈绍刚，王少卓．委托代理理论及其在行政管理中的应用研究述评［J］．中国行政管理，2014（12）.

［16］李政，邱德荣．风险投资中的委托代理关系分析［J］．科教导刊，2011（14）：156－157.

［17］李红琨．村级财务委托代理制度创新研究［J］．中国农业会计，2013（1）：14－15.

［18］刘珈宁．浅谈现代企业管理中代理问题［J］．理论界，2012（7）：201.

［19］张会霞．城市社区政府与社区组织之间的新型互动关系［J］．中国集体经济，2007（4）：244－246.

［20］杜怡梅．和谐社会视域下的精神共同体与社区的关系［J］．理论与改革，2013（5）：146－148.

［21］董治佑．整体性治理视角下的整体性社区构建［J］．华中师范大学研究生学报，2018（1）：37－41.

［22］叶璇．整体性治理国内外研究综述［J］．当代经济，2012（6）：110－112.

［23］王淑玲．人民团体要积极参与社会管理创新［J］．领导之友，2012（3）：19－20.

［24］马海韵，张晓阳．非政府组织参与公共危机治理的研究［J］．南京工业大学学报

（社会科学版），2012（2）：77－84.

[25] S. J. Grossman, O. D. Hart, The Costs and Benefits of Ownership: A Theory of Vertical and Lateral Integration [J]. Journal of Political Economy, 1986 (4).

[26] R. E. Freeman, Strategic Management: A Stakholder Approach [J]. Journal of Management Studies, 1984 (2).

[27] M. M. Blair, Ownership & Control; Rethinking Corporate Governance for the 21 Century [J]. The Brooking Institution, 1995.

[28] M. M. Blair, For whom should corporations be run?: An economic rationale for stakeholder management [J]. Long Range Planning, 1998 (2).

[29] R. K. Mitchell, D. J. Wood, Toward a theory of stakholder identifications and salience: defininf the principle of who and what really counts [J]. The Academy of Management Review, 1997 (4).

[30] W. C. Frederick, Business and Society, Corporate Strategy [J]. Public Policy, 1988 (6).

[31] M. Clarkson, A Stakeholder Framework for Analyzing and Evaluating Corporate Social Performance [J]. Academy of Management Review, 1995 (1).

[32] M. Spence, R. Zeckhauser, Insurance, Information, and Individual Action [J]. American Economic Review, 1971 (2).

[33] S. A. Ross, The Economic Theory of Agency: The Principal's Problem [J]. American Economic Review, 1973 (2).

[34] J. A. Mirrlees, The Optimal Structure of Incentives and Authority within an Organization [J]. Bell Journal of Economics, 1976 (1).

[35] S. J. Grossman, O. D. Hart, An Analysis of the Principal – Agent Problem [J]. Econometrica, 1983 (1).

[36] W. P. Rogerson. The First – Order Approach to Principal – Agent Problems [J]. Econometrica, 1985 (6).

[37] D. Fudenberg, B. Holmstrom, P. Milgrom, Short-term contracts and long-term agency relationships [J]. Journal of Economic Theory, 1990 (1).

区域竞争优势：内涵、结构及生成模式[①]

赵维良[②]

摘　要： 随着经济全球化及要素流动日益增强，区域之间的竞争更加激烈，竞争优势成为决定地区经济发展的关键因素。在相关理论基础上界定了区域竞争优势的概念，分析了区域竞争优势资源结构及竞争范围。阐述了区域竞争优势的要素和结构，包括要素条件、需求条件、技术创新、产业集聚、政府和企业家精神，并总结了区域竞争优势的四种生成和发展模式。试图为区域竞争优势研究提供参考，为区域发展实践提供一个有价值的政策工具。

关键词： 区域竞争优势　内涵　结构　生成模式

Regional Competitive Advantage: Connotation, Structure and Generating Model

Zhao Weiliang

Abstract: With the increasing of economic globalization and factor flow, the competition between regions is more intense, and the competitive advantage becomes the key factor of regional economic development. Based on the relevant theory, this paper defines the concept of regional competitive advantage, and analyzes the regional competitive advantage resource structure and competition scope. Then the paper expounds the elements and structure of regional competitive advantage, including factor conditions, demand conditions, technological innovation, industrial agglomeration, government and entrepreneurship. At last it summarizes the four kinds of regional competitive advantages of the generating and development model, trying to provide a reference for the study of regional competitive advantage and offer a valuable policy tool for regional development practice.

Key words: regional competitive advantage, connotation, structure, generating model

---

① 基金项目：国家社科基金后期资助项目（18FJL017）“区域发展中的制度结构及其有效性”。

② 赵维良：辽宁师范大学管理学院副教授、博士；研究方向为区域经济。

经济全球化深化了区域分工，技术进步加速了要素流动，但二者并没有使经济活动的空间分布趋于均衡①。相反，不同的资源、文化及环境等差异，不但形成了相对独立的区域格局，而且使区域独特性和多元化更加突出。企业的空间集聚不只基于资源禀赋，更关注价值链的紧密一体化②。区域间的竞争日益激烈，既比拼“爆发力”也要比拼“耐力”③。

在生产要素不能完全流动且流动成本较大的情况下，传统区域经济理论强调比较优势，认为地区经济发展主要与资源禀赋有关。技术进步提高了要素流动速度，降低了流动成本，传统生产要素在经济发展中的作用逐步下降，而人才、技术、管理及观念等要素的作用逐步上升，而且要素流动性不断增强，单纯由比较优势构成的区域竞争力正在削弱。现代区域经济理论更加强调竞争优势，重点关注专门资源、创新、人才等要素，通过资源开发和整合提高区域竞争优势。

优势产业往往具有明显的区域特征。许多学者通过对区域比较优势、竞争优势及创新系统等进行分析④，发现区域竞争优势越来越源于本土发展潜力。在非均衡发展中，有很多理论和现实经验为区域发展路径选择提供依据，竞争优势无疑是区域发展战略的重要基础。

比较优势是一种潜在的机会，竞争优势才是决定地区发展的充分条件⑤。只有把资源禀赋与创新相结合，推进竞争优势转化，才能提升区域竞争力，实现持续发展。

一、区域发展中的比较优势

比较优势和竞争优势两种理论虽然都属于国际贸易理论，但是，两种理论的自然延伸又都构成一种经济发展理论⑥。

亚当·斯密（Adam Smith）首先提出，不同国家生产商品的绝对优势和交换的合理性。大卫·李嘉图（David Ricardo）将绝对优势发展为比较优势，认为国际贸易的主要动因是劳动生产率差异，初步形成了比较优势理论。

---

① P. Krugman. Geography and trade［M］. Cambridge：MIT Press，1991：24.

② 吴慈生．从区位比较优势到区域竞争优势的演化述评及对经济增长方式的思考［J］. 现代管理.

③ M. Storper. The Regional World：Territonial Development in a Global Economy［M］. The Guilford Press，1997：18.

④ 林平凡．创新驱动实现区域竞争优势重构的路径选择［J］. 广东社会科学，2016（2）：29－37.

⑤ 赵修卫．关于发展区域核心竞争力的探讨［J］. 中国软科学，2001（10）：95－99.

⑥ J. Y. Lin，G. Tan. Policy Burdens，Accountability and Soft Budget Constraint［J］. American Economic Review，1999，89（2）：426－431.

赫克歇尔—俄林[①]从要素禀赋结构差异探寻国际贸易的原因，提出“要素禀赋理论”，指出自由贸易可以使生产要素得到有效配置，并决定区域专业化发展方向。“要素禀赋理论”以生产要素的禀赋、替代、组合和价格的联系代替劳动价值论，并把技术包括在生产要素中，使比较优势理论前进了一大步。

“要素禀赋理论”认为，国际贸易应当在要素禀赋结构相差较大的国家间进行。然而，W. 里昂惕夫（W. Leontief）[②] 发现，美国进口资本密集产品、出口劳动密集产品的状况，与美国的要素禀赋结构不符。P. 克鲁格曼（P. Krugman）用规模经济、外部性等理论对产业内贸易进行了解释[③]。20 世纪中期以来，发达国家间的贸易一直占国际贸易的主要份额，因此，一些学者通过放弃“要素禀赋理论”的部分假设来构建“新贸易理论”，一是放弃规模收益不变的假定，研究规模收益递增对国际贸易的影响；二是放弃生产技术获得具有相同可能性的假定，研究不同国家获得不同技术的可能性对国际贸易的影响。

随着经济发展，比较优势理论受到的挑战越来越多。技术进步使生产要素、资源可以低成本地在地区间流动；自然资源通过技术进步可以被改良、替代，人力资源可以通过“质量”弥补“数量”。静态的比较优势不一定具有竞争优势，这也为竞争优势理论的发展提供了机遇。

区域竞争优势涉及物质和人力资本、创新、制度、竞争组织、产业集群等，用一个合理的框架进行分析，不但为可以区域发展提供理论基础，也能作为一个有价值的政策工具。

二、区域竞争优势的内涵

（一）区域竞争优势的概念

很多学者[④][⑤]将竞争优势理论视为区域竞争力的理论基石。竞争优势理论认为，即使在资源禀赋有限的条件下，仍可通过技术创新、企业效率、有效政府等获得竞争优势。

---

① ［瑞典］B. G. 俄林．地区间贸易和国际贸易［M］．北京：商务印书馆，1986.

② ［美］W. 里昂惕夫．美国经济结构研究：投入产出分析中理论和经验的探索［M］．北京：商务印书馆，1960.

③ P. Krugman. Geography and trade［M］. Cambridge：MIT Press，1991：24.

④ 林本初，冯莹．有关竞争力问题的理论综述［J］．经济学动态，2003（1）：56－59.

⑤ 何添锦．国内外城市竞争力研究综述［J］．经济问题探索，2005（5）：21－24.

E. 张伯伦（E. Chamberlin）在 1939 年提出竞争优势的概念，C. 霍夫和 D. E. 申德尔（C. Hofer & D. E. Schendel）① 将其引入到战略管理中，认为竞争优势是组织通过资源调配获得的市场地位。20 世纪 80 年代，M. 波特（M. Porter）对竞争优势进行系统分析。

M. 波特②在分析企业竞争优势的基础上，对国家竞争优势进行研究③，认为一国或区域经济发展的根本原因是在市场中具有竞争优势，竞争优势与比较优势相互对立，竞争优势理论将取代比较优势理论。有些学者也认为，竞争优势将会取代比较优势，成为贸易理论的基础④。也有些学者认为，竞争优势与比较优势是对立又统一的，只有发挥比较优势，才能形成竞争优势⑤。

魏后凯⑥认为，区域竞争力是区域生存和发展的基础，区域竞争力由比较优势和竞争优势共同决定。比较优势主要与资源的存在有关，竞争优势主要与资源的利用有关。D. J. 布鲁克斯班克和 D. G. 皮克梅尔（D. J. Brooksbank & D. G. Pickernell）认为，区域竞争力是区域间相对居民生活水平的比较，取决于要素的相互强化⑦。I. 图洛克（I. Turok）认为区域竞争力取决于区域资源的优化配置及其利用效率⑧。

从方法论来看，比较优势理论主要基于简单性世界观，而竞争优势理论是基于复杂性世界观；比较优势理论采取的方法是逻辑演绎，竞争优势理论所采取的是关系性思维方式⑨。

M. 波特的研究领域主要集中在微观的企业和中观的产业两个方面，他所指的国家竞争优势主要是企业和产业竞争优势理论的推广，即企业、产业这样的经济系统总和起来就是国家竞争优势。但是，这一简单的向上加总在方法论上存在着明显的谬误，对某个企业或产业适用的竞争优势理论，并不能简单向上加总或向上扩展而成为指导某个国家制定产业政策的依据。

---

① C. Hofer, D. E. Schedule. Strategy Formulation: Analytical Concepts [M]. West Publishing, St Paul, MN, 1978.

② M. E. Porter, Competitive Advantage [M]. New York: The Free Press, 1985: 47.

③ M. E. Porter. The competitive advantage of nations [M]. New York: Free Press, 1990: 12.

④ P. G. Warr. Comparative and Competitive Advantage [J]. Asian - Pacific Economic Literature, 1994 (8): 1 - 14.

⑤ 林毅夫，李永军．比较优势理论与竞争优势理论关系探究［J］．国际商务研究 2008（6）：19 - 22.

⑥ 魏后凯．比较优势、竞争优势与区域发展战略［J］．福建论坛（人文社会科学版）2004（9）：10 - 13.

⑦ D. J. Brooksbank, D. G. Pickernell. Regional competitiveness indicators: A reassessment of method [J]. Local Economy, 1999, 13 (4): 310 - 327.

⑧ I. Turok. Cities, regions and competitiveness [J]. Regional Studies, 2004 (9): 1069.

⑨ 尚涛．比较优势理论、竞争优势理论的世界观与方法论分析［J］．国际经贸探索 2009（3）：4 - 10.

综上所述，区域竞争优势是在持续创新基础上形成区域经济价值链，获得相对于竞争对手的优势地位。其根本目标在于提高全要素生产率，保持区域经济持续增长、增加区域财富。具体来说，区域竞争优势就是在比较优势基础上，通过要素资源的合理利用和创新体现出来的优势，表现为不同地区的要素差别及配置而产生的生产效率方面的差异，进而形成的分工和贸易方面的相对优势。

（二）区域竞争优势的资源结构和范围

1. 竞争优势的资源结构

各种区域发展理论都重视生产要素的作用。比较优势理论尤其强调相对丰富的生产要素可以降低成本，提高竞争力。而竞争优势理论强调资源的利用效率，即区域竞争优势依赖于独特的资源利用结构，既包括传统的生产要素，更需要技术、人才、管理、制度等提高要素利用效率，还需要知识的配合。因此，构成区域竞争优势的资源结构主要包括基础要素、发展能力和知识资本等。

（1）基础要素。要素是区域经济发展的基础，主要由自然禀赋所赋予，如独特的区位、丰富的自然资源、充裕的劳动力等，区域发展的差异性主要源自其发展历史所形成的异质性资源。以要素为基础的竞争优势假定资源是有限流动的，由于要素市场不完全和资源有限流动而使竞争优势具有持久性。区域是资源的特殊集合体，与竞争对手相比，具有资源的独特性和优越性，并能够与外部环境匹配的区域具有竞争优势。

新古典经济学认为，超额利润来自垄断的市场结构。以要素为基础的竞争优势将战略资源视为竞争优势的源泉，但对资源转换不够重视，而转换过程是区域发展的重要条件。

（2）发展能力。区域竞争力就是区域在一定范围内优化配置资源的能力①。具有相似资源的区域，可能具有不同的发展路径和发展速度，其根本原因在于资源使用效率的差异导致竞争优势差异，这种差异的核心就是发展能力。这种基于发展能力的竞争优势难以被模仿，更能为区域带来持续利益。围绕区域发展能力的识别和确定、培育和建立、积累和应用、保护和评价等动态过程，使区域具有持久竞争优势。

发展能力理论认为，竞争优势来源于区域内部运行的高效惯例，其演进的方向可能受路径依赖的影响，制约区域进一步发展。

（3）知识资本。知识和技术一直是解释经济增长的主要因素。阿费里德·马

① 王秉安．区域竞争力理论与实证［M］．北京：航空工业出版社，2000：76.

歇尔曾提出，知识是我们最有力的生产动力①。因此，很多学者认为，一定存在一系列因素导致全要素生产率差异，关键的就在于不同的社会经济区域具有不同的由知识所构建的制度规则②。知识理论认为知识是发展的核心，区域的知识体系对资源和能力有决定作用。由于知识的存量、结构以及认知能力不同，导致区域积累的知识和能力具有差异，并最终决定了区域异质性。知识的形成要经历区域独特资源、学习和技术的积累与整合过程。

约瑟夫·熊彼特（Joseph A. Schumpeter）认为，创新是“建立一种新的生产函数”，区域竞争优势就是关于基础要素、发展能力和知识资本的“新组合”。基础要素是区域发展的基本条件，它是物质基础，发展能力提高资源的利用效率，而知识体系决定和提高发展能力。不同的物质基础、发展能力和知识资本“组合”，决定了区域的异质性。

2. 竞争优势的范围

区域竞争优势的空间范围具有多维属性，包含尺度的过程、演化、动态和社会政治竞争等性质③。区域竞争所涉及的区域既包括介于国家和城市之间的空间范畴，也包括县、区等地方区域。一个地区不可能在所有领域都具备竞争优势，不同的空间范围，竞争优势具有不同的范畴，可以将竞争优势分为区域内竞争优势、邻近区域竞争优势、全球化竞争优势三个层面。

（1）区域内部。竞争主要发生在区域内部，满足本区域对产品和服务的需求，竞争者主要是进入本区域市场的外部供给者。

（2）邻近区域。部分产品和服务参与到邻近区域竞争，与最先进的产品和服务相比没有竞争优势，但在邻近区域可能有一定优势，这种产业仍然可以优先发展。

（3）全球化。即参与全球竞争，需要充分开发区域潜在要素、能力及发展环境。同时，还需要发达的交通、通信和信息网络等依托和支撑，减少区域间空间联系成本。

从区域内到全球化，各个层面的竞争优势具有相同的本质特征，即产业竞争优势是区域竞争优势的根源，同时，产业竞争优势又依赖于区域发展环境，因为发展环境和地理空间是企业选址的关键因素。

① ［英］阿费里德·马歇尔．朱志泰译．经济学原理［M］．北京：商务印书馆，1983：26.

② ［美］斯蒂芬·G. 帕伦特，爱德华·L. 普雷斯科特．苏军译．通向富有的屏障［M］．北京：中国人民大学出版社，2013：67.

③ 李小建，苗长虹．西方经济地理学新进展及其启示［J］．地理学报，2004（增刊）：153－161.

三、区域竞争优势的要素与结构

(一) 关于竞争要素的相关研究

竞争力是区域生存和发展的基础，而竞争力来自竞争优势，区域持续发展需要持久的竞争优势。因此，哪些因素给区域带来了竞争优势？竞争优势的“内在逻辑”是什么？怎样获得持久性的竞争优势？是区域竞争优势研究需要关注的主要问题。

M. 波特认为，区域竞争优势主要取决于要素状况，包括：（1）需求状况；（2）相关产业；（3）辅助产业；（4）企业战略、结构与竞争四要素；还包括机遇和政府作用①。

目前，竞争优势要素研究主要采用 M. 波特的钻石模型，城市和区域竞争力涉及竞争优势要素的研究可以给我们一些参考。20 世纪 80 年代，世界经济论坛（World Economic Forum，WEF）和瑞士洛桑国际管理学院（IMD）将区域竞争力分解为八个方面，2002 年后，更加突出经济系统运行效率，将指标体系调整为经济绩效、政府效率、商务效率和基础条件。D. S. 楚（D. S. Cho）② 将人力要素和物质要素视为竞争力的内在因素，将机会视为外在因素。在不同的发展阶段，各要素的重要性是不同的。D. 韦伯斯特（D. Webster）③ 将城市竞争力概括为经济结构、区域性禀赋、人力资源和制度环境四个方面。经济结构属于“活动”要素，其余属于“地点”要素，“地点”要素能决定“活动”要素发挥作用的空间和方式。

区域经济学中的相关理论，如区位论、集聚理论、核心边缘理论、空间结构理论等对区域竞争研究具有直接贡献④。但更关注从经济地理和生产布局的角度探讨区域经济问题，对资源结构、资源配置能力等解释较弱。

20 世纪 80 年代兴起的新增长理论对区域竞争优势研究也具有重要意义。其主要代表内生增长理论，引入外部效应、不完全竞争及边际收益递增假定，指出

---

① M. E. Porter. The competitive advantage of nations [M]. New York: Free Press, 1990: 12.

② D. S. Cho. A dynamic approach to international competitiveness: The case of Korea [J]. Journal of Far Eastern Business, 1994 (1): 17-36.

③ D. Webster, L. Muller. Urban competitiveness assessment in developing country urban regions: the road forward [R]. Working Paper for Urban Group, INFUD, 2000: 1-76.

④ 王秉安. 区域竞争力理论与实证 [M]. 北京: 航空工业出版社, 2000: 76.

经济增长不依赖资源及外力推动，主要取决于技术进步，技术进步是知识、人力资本、研发投资等的结果。

（二）竞争优势四个维度

1. 要素条件

区域经济发展要素包括一般性要素和专业化要素。一般性要素指对不同地区的发展都有普遍意义的要素，他们广泛地分布在各种领域，如自然资源、气候环境、地理位置、劳动力，以及资本等要素。要素禀赋对区域发展会产生重要影响，但对于区域竞争优势来讲，专业化要素具有更高的效率。专业化要素是对某一行业或某一领域的发展具有独特价值的要素，如独特的资源、区位、人才、科技等。

2. 需求条件

输出基础理论指出区域经济增长取决于其输出产业，输出产业的发展既决定着区域收入水平，也决定着地方性产业的规模和数量[①]。如果一个区域临近消费能力强的区域，或者能够以较低的交易成本，把本地区优势产品输出到消费能力强的区域，就会推动区域经济增长，进而决定本区域产业发展的规模和方向。

3. 技术创新

创新理论使人们从更深层次了解区域竞争的意义[②]。以技术优势为主要内容的区域分工正逐步取代以要素禀赋为主的区域分工，技术作为独立的要素在区域竞争中发挥着关键性作用。在熊彼特之后，创新理论发展为技术创新和制度创新两个分支。区域竞争优势越来越源于本土创新潜力，因此，要通过持续的制度创新，激发技术创新，通过制度创新和技术创新可以为竞争优势提供更大的空间。

4. 产业集聚

经济活动的聚集可以带来规模效益，聚集经济也是城市和区域发展的重要动力。聚集经济对区位选择和经济增长的作用也日益受到重视，克鲁格曼建立了规模报酬递增模型，认为应以经济地理和集聚经济为基础建立贸易理论。M. 波特也认为，产业集群是区域获得竞争优势的基本因素。基于产业集聚的竞争优势是区域由于集聚、创新、竞合等动态因素产生的，其作用更为有效和持久。

---

① D. C. North. Location theory and regional economic growth [J]. Journal of Political Economy, 1955 (3): 43 – 58.

② 樊新生，李小建．中东部地区区域经济竞争力定量比较研究［J］．河南大学学报（社会科学版），2004（3）：95 – 100.

（三）两种驱动力

合理的制度安排能激励经济主体的经营和创新，道格拉斯·C. 诺斯（Douglass. C. North）认为，制度提供了一个社会或一种经济秩序的合作与竞争的关系，其基本功能在于创造秩序、降低市场交易的不确定性[①]；合理的制度安排是保持经济效率的基本前提。

在上述四个维度之外，还存在两种驱动力影响竞争优势。这两种驱动力就是政府和企业家精神。政府可以通过外部政策（正式制度）来影响四个维度中的任何方面，企业家精神从内在心理和行为（非正式制度）影响四个维度，从而影响区域竞争优势。

1. 政府作用

制度经济学理论从区域市场化程度、治理结构、法制环境、行政管理等方面考察竞争优势的形成与强化机制。对于政府而言，过度的产业扶持和自由放任都是不可取的，适当的角色应该是“鼓励改变、促进市场竞争与刺激创新”[②]。欧美及日、韩等国在成为发达国家之前，无不经过一个培养本国竞争优势时期。自然禀赋相差较大，后发区域有意培养竞争优势是必要的。政府可以通过经济政策及管理来影响竞争优势四个维度的任何一个方面，从而影响竞争优势。政府主要是为企业和产业（集群）发展提供和营造制度性环境。

2. 区域企业家精神

D. 钱德勒（D. Chandler）[③] 研究了美、英、德等国发展之后认为，各国企业在规模经济和范围经济上的差异，是一种组织能力或管理模式上的差异。C. K. 普拉哈拉德和 G. 汉莫尔（C. K. Prhaalda & G. Hmael）[④] 认为，企业竞争力是内部存在的独特的、难以模仿的、有价值的核心技术和能力。近年来，企业家精神被越来越多地引入经济发展理论中，把其视为区域经济社会发展的重要变量[⑤]，并充分证实了企业家精神与经济增长之间的联动关系[⑥]。现代区域经济发展中，

---

① ［美］道格拉斯·C. 诺斯．制度、制度变迁与经济绩效［M］．上海：格致出版社，上海三联书店，上海人民出版社，2008：45－52.

② ［美］M. 波特．竞争论［M］．北京：中信出版社，2003：19.

③ ［美］艾尔弗雷德·D. 钱德勒．企业规模经济与范围经济［M］．北京：中国社会科学出版社，1999.

④ C. K. Prahalad，G. Hame. The Core Competence of the Corporation［J］. Harvard Business Review，1993（3）：275－292.

⑤ S. G. Toma，A. M. Grigore，P. Marines. Economic development and entrepreneurship［J］. Procedia Economics and Finance，2014（8）：436－443.

⑥ D. B. Audretsch，Keibach. M. Entrepreneurship capital and economic performance［J］. Regional studies，2004（8）：949－960.

企业家精神作为经济增长的内生因素逐渐被接受①。因此，企业家精神作为地区经济发展中的隐性因子，由个人逐步扩展到企业（组织、公司），又逐渐演化发展到社会层面，无疑对社会经济发展具有重要意义。企业家精神成为促进产业升级、区域治理、城市发展的重要途径。

归纳上述分析，可以梳理得到：一个区域的竞争优势来自丰裕的要素、充足的市场需求、持续的科技创新、高效的产业集聚等维度，以及合理的产业政策、优良的市场环境和人们内在的心理与行为的驱动。

四、区域竞争优势生成与发展模式

经济发展的目标是提高收入水平，而收入的高低取决于生产率水平。传统区域发展重视资源禀赋的作用，并依此形成经济特色。现代区域经济发展中，更加强调技术创新、人力资源开发、产业集群、发展环境优化等区域竞争优势的培育。

经济发展始终处于开放的环境下，区域竞争优势培育和生成是动态的，处于不同发展状态的区域应该采取不同的发展思路和对策。见图1，根据区域竞争优势的资源结构和范围，把不同区域分成四种状态，并依此确定区域竞争优势的生成模式。

（一）启动模式（资源结构较低、竞争范围较小）

经济落后区域面临的主要问题是要素投入约束。因此，要利用相对丰裕的要素形成比较优势，依靠外部市场建立规模经济。充分发挥要素禀赋优势，为具有长远竞争优势的产业积累资本和技术，为技术创新和产业升级奠定基础。

合理发挥政府和市场的作用，地方政府不断完善制度体系，营造良好的营商环境，完善市场机制。同时，将宏观经济决策与当地实际结合，创新适合当地特点的经济政策。优化产业结构，充分利用本区域的资源禀赋和外部条件形成特色的专业市场，获取比较收益。

① 庄子银．创新、企业家活动配置与长期经济增长［J］．经济研究，2007（8）：82－94.

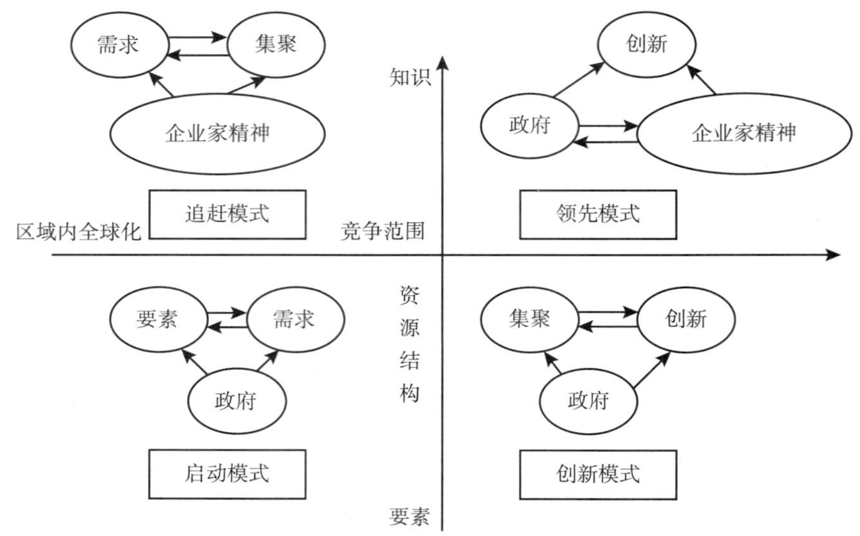

图1　区域竞争优势生成模式

资料来源：笔者整理。

（二）追赶模式（资源结构较高、竞争范围较小）

竞争优势是个动态过程，随着经济发展和市场扩大，建立在资源禀赋上的竞争优势逐步减弱。仅仅依靠从内部演化出现代经济结构的过程是缓慢的，因此，要更好地利用外部经济与后发优势，引进先进的技术和经营管理方式，并迅速地“外溢”到其他产业，是发挥并拓展竞争优势，加快发展的重要举措。

通过要素之间和生产环节之间的整合，建立以专业化分工网络为基础的产业集群，能增强经济增长核心能力。同时，进一步提高区域文化教育水平、科技发展水平、培育区域企业家精神，更好地使区域在复杂的社会环境中获取竞争优势，协调社会经济关系和道德关系。

（三）领先模式（资源结构较高、竞争范围较大）

这个阶段竞争的优势来自全要素生产率提高，既包括运用创新的科学技术高速发展产品生产和服务提供的能力，又包括各个价值链生产率提高。创新不是以简单的线性方式出现，而是不同主体和机构间复杂的相互作用的结果①。

① 杨宏进．薛澜译．经济合作与发展组织——以知识为基础的经济［M］．北京：机械工业出版社，1997.

创新要素的创造依赖一定的环境和制度基础。因此，对于优势区域而言，在充分发挥竞争优势的同时，积极发掘和培育制度、文化和社会关系中有利于强化主体间的相互依赖效应，努力发展新的产业组织形式和模式，有利于实现集体创新①。分析知识的整体运行机制，寻找对区域的价值创造起关键作用的知识，寻找对知识本身的创造、融合和内部交流起重要作用的知识，这是区域竞争优势的内在基础。

（四）创新模式（资源结构较低、竞争范围较大）

产品输出规模较大，但要素水平不高，要积极推动创新。培育和建设完善的创新环境，围绕创新主体的培育，创造出鼓励创新创业的政策措施，以区域创新环境建设带动区域竞争优势的成长。区域创新体系与产业集群存在着地域、结构、功能和目标等多项关联，制定促进产业集群与区域创新体系相融合的发展政策，不断优化区域创新环境。

建设跨区域的创新协作网络，推动地区之间的科技交流与合作，鼓励和引导现有的企业、科研机构、高等学校以及社会各类科技资源之间进行整合，形成各种创新要素的互动，使各方面科技力量相互关联，在不断提高微观主体活力的基础上促进区域创新体系建设和区域竞争优势的形成。

五、结　　语

竞争优势理论以区域生产效率为核心，以比较优势为基础，以竞争优势为主导，区域发展不论在哪个阶段，竞争优势四个维度和两种驱动力都发挥作用，区别在于不同阶段不同层面发挥不同作用。这个有机的系统具有各要素在孤立状态下所没有的新质，而不仅仅是各个部分的简单相加。同时，系统中各要素之间相互作用和影响，构成一个不可分割的整体。

区域经济发展战略和路径的选择要充分利用好比较优势和竞争优势。为了形成高层次的竞争优势，实现快速增长，要充分利用自己的比较优势，进而更好地实现其竞争优势，企业和产业才能够拥有最大的竞争优势，最大限度地创造经济剩余，国家和区域才能够最大限度地积累资本，提升要素禀赋结构。发挥传统的

① 王磊．从交易成本到集体行为——西方区域经济发展理论述评及其对我国的启示［J］．国际城市规划，2011（4）：42－46.

以要素禀赋和比较成本为核心的比较优势，可以为新兴的资本、技术密集型产业积累资本和技术，培养企业家才能，从而为技术创新和产业升级打下基础。比较优势的利用和发挥是个动态的过程，随着经济的发展和市场的扩大，建立在资源禀赋与比较成本基础上的比较优势的作用将逐步减弱。可以通过贸易活动引进先进的技术和经营管理方式，并迅速地“外溢”到其他产业。仅仅依靠从内部演化出现代经济结构的过程是缓慢的，更好地利用外部经济与后发优势，是发挥并拓展比较优势，加快缩小与发达地区的差距的重要举措。

在发挥比较优势的前提下，积极推进制度创新，努力创造高级生产要素，增强自身的竞争优势。科学技术的进步和广泛应用，使知识成为推动经济和生产力发展的重要因素；科技进步和经济全球化的发展，一方面增强了国家和地区间的合作与联系，另一方面也加剧了竞争，并使技术能力和优势成为竞争的主要基础；由此也赋予了市场竞争以新的特征，使得竞争的关口前移，即从以往的最终产品的竞争前移到产品开发甚至科学研究阶段，研发能力和创新能力越来越至关重要。这些新的发展加上国际贸易的扩大，使资源和区位优势的作用相对减弱，高级要素诸如知识、人才、科研开发机构以及信息网络等的作用日渐突出。而高级生产要素的创造依赖一定的环境和制度基础。因此，对于发展中的区域而言，在充分发挥比较优势的同时，积极推进制度创新，努力发展新的产业组织形式和模式，创造高级生产要素，对于提高竞争优势，加快自身发展，具有极为重要的意义。

总之，以比较优势为基础，充分利用比较优势的独立性，逐步积累条件，最终以发展竞争优势为主导，切实提高区域的创新能力，是发展中的区域战略和路径的正确选择。

区域竞争问题既是区域理论研究的前沿，也是我国区域经济发展的现实需要。因此，区域竞争研究急需注重与发展现实相结合，不断加强理论创新，以科学、有效的理论成果解释和指导实践。

参考文献

[1]［美］M. 波特．竞争论［M］．北京：中信出版社，2003：19.

[2]［美］W. 里昂惕夫．美国经济结构研究：投入产出分析中理论和经验的探索［M］．北京：商务印书馆，1960.

[3] 林平凡．创新驱动实现区域竞争优势重构的路径选择［J］．广东社会科学，2016（2）：29－37.

[4] 王磊．从交易成本到集体行为——西方区域经济发展理论述评及其对我国的启示［J］．国际城市规划，2011（4）：42－46.

[5] [英] 阿费里德·马歇尔. 朱志泰译. 经济学原理 [M]. 北京：商务印书馆，1983：26.

[6] [美] 斯蒂芬·G. 帕伦特，爱德华·L. 普雷斯科特. 苏军译. 通向富有的屏障 [M]. 北京：中国人民大学出版社，2013：67.

[7] 林本初，冯莹. 有关竞争力问题的理论综述 [J]. 经济学动态，2003 (1)：56 - 59.

[8] 吴慈生，赵曙明. 从区位比较优势到区域竞争优势的演化述评及对经济增长方式的思考 [J]. 现代管理，2005 (9)：7 - 12.

[9] 樊新生，李小建，中东部地区区域经济竞争力定量比较研究 [J]. 河南大学学报（社会科学版），2004 (3)：95 - 100.

[10] 魏后凯. 比较优势、竞争优势与区域发展战略 [J]. 福建论坛（人文社会科学版）2004 (9)：10 - 13.

[11] 尚涛. 比较优势理论、竞争优势理论的世界观与方法论分析 [J]. 国际经贸探索 2009 (3)：4 - 10.

[12] 庄子银. 创新、企业家活动配置与长期经济增长 [J]. 经济研究，2007 (8)：82 - 94.

[13] 林毅夫，李永军. 比较优势理论与竞争优势理论关系探究 [J]. 国际商务研究，2008 (6)：19 - 22.

[14] 杨宏进. 薛澜译. 经济合作与发展组织——以知识为基础的经济 [M]. 北京：机械工业出版社，1997.

[15] [美] 道格拉斯·C. 诺斯. 制度、制度变迁与经济绩效 [M]. 上海：格致出版社，上海三联书店，上海人民出版社，2008：45 - 52.

[16] 李小建，苗长虹. 西方经济地理学新进展及其启示 [J]. 地理学报，2004 (增刊)：153 - 161.

[17] [瑞典] B. G. 俄林. 地区间贸易和国际贸易 [M]. 北京：商务印书馆，1986.

[18] 何添锦. 国内外城市竞争力研究综述 [J]. 经济问题探索，2005 (5)：21 - 24.

[19] [美] 艾尔弗雷德·D. 钱德勒. 企业规模经济与范围经济 [M]. 北京：中国社会科学出版社，1999.

[20] 王秉安. 区域竞争力理论与实证 [M]. 北京：航空工业出版社，2000：76.

[21] 赵修卫. 关于发展区域核心竞争力的探讨 [J]. 中国软科学，2001 (10)：95 - 99.

[22] C. K. Prahalad, G. Hame. The Core Competence of the Corporation [J]. Harvard Business Review, 1993 (3): 275 - 292.

[23] D. B. Audretsch, M. Keibach. Entrepreneurship capital and economic performance [J]. Regional studies, 2004 (8): 949 - 960.

[24] D. C. North. Location theory and regional economic growth [J]. Journal of Political Economy, 1955 (3): 43 - 58.

[25] D. J. Brooksbank, D. G. Pickernell. Regional competitiveness indicators: A reassessment of method [J]. Local Economy, 1999 (4): 310 - 327.

[26] D. S. Cho. A dynamic approach to international competitiveness: The case of Korea [J]. Journal of Far Eastern Business, 1994 (1): 17 - 36.

[27] D. Webster, L. Muller. Urban competitiveness assessment in developing country urban regions: the road forward [R]. Working Paper for Urban Group, INFUD, 2000: 1 - 76.

[28] I. Turok. Cities, regions and competitiveness [J]. Regional Studies, 2004 (9): 1069.

[29] J. Y. Lin, G. Tan. Policy Burdens, Accountability and Soft Budget Constraint [J]. American Economic Review, 1999 (2): 426 - 431.

[30] M. Storper. The Regional World: Territonial Development in a Global Economy [M]. The Guilford Press, 1997: 18.

[31] P. G. Warr. Comparative and Competitive Advantage [J]. Asian - Pacific Economic Literature, 1994 (8): 1 - 14.

[32] P. Krugman. Geography and trade [M]. Cambridge: MIT Press, 1991: 24.

[33] C. Hofer, D. E. Schedule. Strategy Formulation: Analytical Concepts [M]. West Publishing, St Paul, MN, 1978.

[34] S. G. Toma, A. M. Grigore, P. Marines. Economic development and entrepreneurship [J]. Procedia Economics and Finance, 2014 (8): 436 - 443.

[35] M. E. Porter. The competitive advantage of nations [M]. New York: Free Press, 1990.

[36] M. E. Porter, Competitive Advantage [M]. New York: The Free Press, 1985: 47.

我国跨域治理发展的演进、局限与路径[①]

杨宇泽[②]　叶　林[③]

摘　要：随着中国经济区域一体化的迅猛发展，区域公共问题日益增多，其所具有的“跨界性”使得区域内单个政府无力应对，由此“催生出”对于跨域治理的需求。在我国区域公共管理发展的最新阶段，跨域治理被认为是区域公共管理的最佳选择，是“治理”理论在区域公共事务中的完美运用。然而，基于我国跨域治理理论支持不足、多元主体缺失、传统管理思想根深蒂固以及政策制度与合作机制的支持不足、治理边界不清晰，跨域治理在我国区域事务治理中的应用还存在一定的局限性，需要在进行批判性反思的基础上才能提出跨域治理的路径和愿景。

关键词：跨域治理　区域公共管理　区域治理　合作治理

Cross-boundary Governance in China: Development and Limitation

Yang Yuze　Ye Lin

Abstract: China has witnessed a rapid development of regional economic integration after the reform and opening up. Cross-boundary governance is considered a best model to deal with cross-boundary regional issues. It emphasizes the collaboration among regional government and non-government, non-profit organization of. However, due to China's traditional management thinking, the lack of policy systems and cooperation mechanisms, and unclear governance boundary, the limitations of cooperative governance in regional issues need to be seriously considered. The dynamics among different governments and between government and society must be adjusted for cross-boundary governance to actually work in China.

---

① 基金项目：教育部人文社会科学重点研究基地重大项目“新技术革命与公共治理转型”（16JJD630013）及“中国特色的治理理论构建”（16JJD630012）；中国博士后科学基金第63批面上项目“当代中国政治传播系统调适的实证分析”（2018M631011）。

② 杨宇泽：中山大学政治与公共事务管理学院博士研究生。
③ 叶林：中山大学中国公共管理研究中心、政治与公共事务管理学院教授、博士生导师。

Key words：cross-boundary governance，regional public administration，regional governance，cooperative governance

在全球化和区域一体化加速发展的国际背景下，当代中国也迎来了区域一体化的迅猛发展。改革开放四十年以来，随着国民经济的高速发展，中国形成了珠江三角洲地区、长江三角洲地区、京津冀地区等超大都市群，近期又提出了打造中原城市群、山东半岛城市群、海峡西岸城市群以及北部湾城市群等大型新兴城市群。区域一体化和城市集群发展已经成为我国“十三五”规划中推进城市化健康发展的一项重要政策。但是，纵观中国区域一体化带来的一系列问题，如区域贫富差距拉大、无序开发、恶性竞争、生态环境恶化、区域服务水平差距扩大等都不同程度地损害了区域经济的健康发展以及区域竞争力和抵抗风险能力。20世纪90年代以来，为了化解复杂的区域公共问题，处理区域公共管理事务，国内公共管理学界开始大量关注跨域治理研究。经过二十多年的发展，学者们将区域行政、区域公共管理、区域治理、合作治理、新区域主义等理论应用于我国的区域实践，集中研究了大都市区和城市群治理、区域公共管理制度创新、跨流域治理、政府间竞争合作关系等问题。本文在梳理我国跨域治理发展的基础上，提出对跨域治理理论应用的批判性思维及其适用性的探讨。

一、我国跨域治理的发展演进及模式转型

跨域治理是当前公共管理研究的重要课题，但是学界对相关概念的解读存在一定的差异，因此，在对跨域治理进行深入讨论之前，对相关概念进行一定的界定和厘清很有必要。国内学界对于跨域治理的研究主要根植于区域管理与治理范畴，而我国的区域管理与治理则经历了一个从区域行政管理到区域公共管理，继而发展到区域治理理论的演进路线。① 故本文尝试在此基础上进行进一步的总结和分析，以探讨我国跨域治理的发展演进。

在20世纪90年代之前，我国的区域管理主要采取“区域行政管理”的模式。这种模式是我国市场经济发展初期阶段的必然产物，其初衷是为了通过在一定区域内政府间的相互协作，保证生产要素跨行政区域的流通，满足区域内各地方发展的需要，为区域经济的发展提供合理的制度安排。市场经济具有开放性和

① 陈瑞莲，杨爱平．从区域公共管理到区域治理研究：历史的转型［J］．南开学报（哲学社会科学版），2012（2）．

竞争性的特征，要求生产要素的跨区域自由流通。然而受制于“行政区经济”等因素，不同区域之间的资源流动会受到诸多阻碍，严重影响了经济发展。区域行政管理试图通过调整上下级政府之间的关系、同级政府之间的关系和区域行政与区域经济和区域发展之间的相互关系来解决其中的矛盾。[①] 为了追求本区域的经济社会和谐快速发展，区域内的政府组织通过设定机制将各自的行政决策、管理与执行等权利部分或全部交由同一行政部门来实施。这种区域行政一体化的概念与西方“区域政府”的理念比较吻合，重点强调区域行政决策一体化，区域行政执行一体化，区域行政监督与评估的一体化。[②] 但总的来说这些机制都没有突破政府行政管理的界限。

从 20 世纪 90 年代中期开始，西方公共管理的概念与理论在国内学界得到广泛的传播。这些新型公共管理的理念促进了我国“区域公共管理”模式的形成。例如，在这个时期中新公共管理理论提出了，政府的职能是服务而不是掌舵，公共利益是目标而非副产品，政府需要摆脱原来的“调停者、中介人甚至裁判员”的角色，不同主体为了共同的利益而进行平等、真诚地对话，达成参与式治理（丁煌，2004）[③]。市场经济的发展程度和公共事务本身的层次性和复杂性决定了公共管理主体的多样性，社会中的非政府、非营利组织等更加多元的公共管理部门参与公共事务管理的趋势初现端倪。在这种新型的公共管理模式发展的背景下，区域公共管理通过联合一定区域内的政府与非政府组织，形成较为灵活的区域政策，解决特定区域内的公共问题，实现区域公共利益。[④] 这种模式比仅依靠政府力量进行“区域行政管理”的模式有了较大的进步。

进入 21 世纪以来，治理理论在我国区域公共事务管理中得到了广泛的应用，由此推动了“区域治理”模式的发展，其内容主要指政府、非政府组织、私人部门、公民及其他利益相关者为实现最大化区域公共利益，通过谈判、协商、伙伴关系等方式处理区域公共事务、解决区域公共问题。[⑤] 治理（governance）一词源于拉丁文和古希腊语，原意是控制、引导和操纵。1989 年世界银行在其报告中首次提出“治理危机”以来，治理概念和治理理论开始走进政治学、行政学、社会学的研究视界。有关治理的定义，各学者众说纷纭，其中全球治理委员会（Commission on Global Governance）在《我们的全球关系》（*Our Global Neighborhood*）研究报告中，给出的定义具有很大的权威性与代表性：治理是各种公共

① 陈瑞莲，张紧跟．试论我国区域行政研究［J］．广州大学学报（社会科学版），2002（4）．
② 叶林．新区域主义的兴起与发展：一个综述［J］．公共行政评论，2010（3）．
③ 丁煌．西方行政学说史［M］．武汉：武汉大学出版社．2004：9－413．
④ 陈瑞莲．论区域公共管理的制度创新［J］．中山大学学报（社会科学版），2005（5）．
⑤ 陈瑞莲，杨爱平．从区域公共管理到区域治理研究：历史的转型［J］．南开学报（哲学社会科学版），2012（2）．

的或私人的个人和机构管理其共同事务的诸多方式的总和。它是使互相冲突的或不同的利益得以调和并且采取联合行动的持续过程。这既包括有权迫使人们服从的正式制度和规则，也包括各种人们同意或以为符合其利益的非正式的制度安排。[①]

治理的概念区别于传统上的统治，它更倾向于治理主体的多元化，治理方式的民主化以及协调互动共同管理公共事务的过程。正如詹姆斯·N. 罗西瑙（James N. Rosenau）在《没有政府的治理》（*Governance Without Government*）中所言：治理的意思是指在没有法律效力可借助的情况下办好事情的一种能力，其在实施过程中需要强有力的公众参与。[②] 俞可平在《治理与善治》一书中，将治理描述为官方的或民间的公共管理组织在一个既定的范围内运用公共权威维持秩序，满足公众的需要。与统治不同，治理更强调：（1）主体的多元化；（2）主体间责任界限的模糊性；（3）主体间权利的相互依赖性和互动性；（4）自主自治的网络体系的建立；（5）政府作用范围及方式的重新界定。[③] 将治理理论应用到区域事务中形成的区域治理有三个基本特点：（1）提倡多元主体形成的组织间网络和网络化治理；（2）强调发挥非政府组织与公民的积极参与；（3）注重多元弹性的“协调”方式来解决区域问题。[④]

所谓跨域治理，主要是指两个或两个以上的治理主体（包括政府、企业、非政府组织以及社会公民等），为解决共同面临的棘手问题，彼此合作、共同参与、联合治理公共事务的过程。[⑤] 这里的“域”在狭义上指作为地理空间的区域，在广义上则包括组织的边界以及不同的行动者，如跨部门、跨部门等都可以理解为“跨域”。[⑥] 在当前中国区域治理的语境下，跨域治理更多地指涉跨行政区的治理过程（张成福等，2012），本文所讨论的跨域治理业主要集中于对跨区域公共事务的治理过程。然而，在中国现实中，政府在很大程度上仍然是区域公共事务治理的主导者，其他利益相关主体参与的广度和深度仍然不够，故对于跨域治理的探讨有其必要性，也存在其局限性。下文将针对跨域治理在我国的必要性和局限性展开讨论。

---

① The Commission on Global Governance. Our Global Neighborhood [M]. Oxford University Press, 1995.

② [美] 詹姆斯·N. 罗西瑙. 张胜军，刘小林等译. 没有政府的治理 [M]. 南昌：江西人民出版社，2001.

③ 俞可平. 治理与善治 [M]. 北京：社会科学文献出版社，2000.

④ 陈瑞莲，杨爱平. 从区域公共管理到区域治理研究：历史的转型 [J]. 南开学报（哲学社会科学版），2012 (2).

⑤ 张成福，李昊城，边晓慧. 跨域治理：模式、机制与困境 [J]. 中国行政管理，2012 (3).

⑥ 申剑敏，朱春奎. 跨域治理的概念谱系与研究模型 [J]. 北京行政学院学报，2015 (4).

二、跨域治理在我国发展的必要性

（一）当代跨域公共事务的增多要求突破传统的行政区管理

自人类社会进入后工业时代以来，伴随着通信技术和交通技术的进步，以及经济全球化和区域一体化的发展，人口、资源和信息的跨界流动开始变得日益频繁且密集，由此导致越来越多的公共事务早已突破了传统一时一地的管理边界，其影响开始波及更加广阔的地域。① 其中最为显著的例子便是环境治理，如空气污染治理、水污染治理、垃圾治理等问题均具有强外溢性，并非单一辖区政府所能够妥善解决。②③ 此外，对突发疫情的防控、对恐怖主义的打击以及对大规模自然灾害的救助等公共问题，都迫切需要多个辖域主体之间的协作治理。即便是在经济发展方面，区域的产业结构、投资结构、人口流动以及交通、通信等基础设施的建设等问题，也都需要不同区域之间的统筹协作以实现最优效率。在此背景下，传统以地域为边界的管理方式在治理区域公共事务上显得捉襟见肘（张成福等，2012）④。在许多跨域问题中，单一辖域的政府已经无法独立解决，而市场对区域事务的投入机制不够完善，社会的参与也存在其内生性的不足。因此，对区域公共事务常态化的治理机制要求政府、市场和社会的共同参与，通过跨域治理的方式保证区域公共事务得到及时、有效地治理。

（二）传统基于行政区划的内向型管理方式难以有效解决跨域公共问题

行政区划是国家为了方便管理，基于地域进行单元划分并配置相应机构与人员、赋予相应管理权力的产物。中国的行政区划历史悠久、等级严密，但在进入改革开放以来，中国的行政区划逐渐显现出同区域发展的难以兼容，使得区域发展遭受到了“行政区经济”与“行政区行政”的双重阻碍。“行政区经济”主要

---

① 方雷．地方政府间跨区域合作治理的行政制度供给［J］．理论探讨，2014（1）．

② 汪伟全．空气污染的跨域合作治理研究——以北京地区为例［J］．公共管理学报，2014（1）．

③ 饶常林，黄祖海．论公共事务跨域治理中的行政协调——基于深惠和北基垃圾治理的案例比较［J］．华中师范大学学报（人文社会科学版），2018（3）．

④ 张成福，李昊城，边晓慧．跨域治理：模式、机制与困境［J］．中国行政管理，2012（3）．

强调行政区划对区域经济的行政分割，其具体表现为地方政府对市场的强力渗透，生产要素的跨行政区划流动受阻，行政区内部经济的稳态性，行政中心与经济中心的高度一致性，以及行政区边界经济的衰竭。[①②] 这种模式在促进行政区内部经济发展的同时，也导致了区域发展受阻。“行政区行政”则主要强调行政区划边界对地方政府管理社会公共事务的刚性约束，在这一模式下，政府的行政管理具备极强的封闭性、内向性与机械性，导致各地政府“画地为牢”“各自为政”，严重阻碍了区域公共问题的协作治理。[③④] 此外，伴随着1994年分税制后，地方政府所面临的财权与事权非对称格局，加之地方间激烈的“晋升锦标赛”“晋升资格赛”等强横向竞争的存在，[⑤⑥] 不同行政区之间的冲突与竞争不断加剧，辖域管理日趋内向化与封闭化，这也使得传统基于行政区划的管理体制难以突破自身困境去解决日益普遍的跨域问题。

（三）传统单一主体的管理方式不利于跨域问题的良性解决

传统的观点认为，协调区域发展是政府职能的重要组成部分，是政府运用公共权力，管理区域间公共事务、调整区域间相互关系、回应不同区域的利益诉求、化解区域矛盾，实现区域之间相互配合、协调发展，进而促进整个社会发展。[⑦] 但是，这容易导致政府拥有绝对权威，使区域公共事务的治理陷入“强政府—弱社会”的“泥潭”。另外，也必须对过分强调市场的区域发展模式进行反思，虽然市场经济的发展可以将竞争和合作引入区域治理，使区域地方政府通过充分竞争打破公共服务供给的地域边界，促进当地经济发展和提供高效公共服务。然而受自利动机的驱使，在涉及地方重大经济政治利益冲突时，可能会出现地方保护主义。同时由于缺少统一的高层次权威和约束，在遇到产权划分不明晰的问题时，可能会出现“决而不行”的机会主义或者“搭便车”行为。[⑧] 此外，在进入转型期的中国，社会民间组织要求参与社会管理的呼声越来越高。如果只是沿用过去的传统管理模式，势必会扩大社会矛盾，累积风险。因此，无论是以

---

① 刘君德．中国转型期“行政区经济”现象透视——兼论中国特色人文—经济地理学的发展［J］．经济地理，2006（6）．

② 范今朝．“行政区经济”理论的核心涵义与模型表达［J］．科学经济社会，2018（2）．

③ 陈瑞莲．论区域公共管理的制度创新［J］．中山大学学报（社会科学版），2005（5）．

④ 金太军．从行政区行政到区域公共管理——政府治理形态嬗变的博弈分析［J］．中国社会科学，2007（6）．

⑤ 周黎安．中国地方官员的晋升锦标赛模式研究［J］．经济研究，2007（7）．

⑥ 杨其静，郑楠．地方领导晋升竞争是标尺赛、锦标赛还是资格赛［J］．世界经济，2013（12）．

⑦ 李猛．中国区域非均衡发展的政治学分析［J］．政治学研究，2011（3）．

⑧ 吕丽娜．区域协同治理：地方政府合作困境化解的新思路［J］．学习月刊，2012（4）．

政府为单一主体的管理体制，还是以市场为单一主体的发展模式，均难以有效地解决日益涌现的跨域问题，必须探索出一条新的道路使得政府、市场与社会能够相互沟通、协调与配合，共同促进跨域问题的妥善解决，形成跨域治理。

跨域治理的本质强调多元主体的合作治理。合作治理（cooperative governance）又被称为协作治理，即“走向合作的治理”，是政府为了达成公共利益的目标而与非政府的、非营利的社会组织、私人组织和普通公众开展的意义更为广泛的合作。詹姆斯·N. 罗西瑙（2001）[①] 认为“治理既包括政府机制，同时也包含非正式、非政府的体制，随着治理范围的扩大，各色人等和各类组织得以借助这些机制满足各自的需要”。合作治理意味着传统的公共事务管理模式已经发生了根本性的变革，作为传统的公共事务管理主体的政府组织要重新确定自身与社会组织、公民个体、企业组织、自治社区等的关系。合作治理承认政府权威的价值，但是彻底否认政府对于权威的垄断。因此，有学者断言，走向合作的治理是“治理”概念和理论的“最终”归宿。[②]

G. 斯托克（G. Stoker）曾就合作治理这种治理模式做过详细的阐述。（1）各种不同的政府和社会组织对公共事务的共同参与；（2）不同参与者之间的职责的融合和行为边界的交叉；（3）参与公共事务的不同主体的相互依存；（4）形成一种自我治理的网络；（5）政府不再完全依赖其政治权力和行政手段，而是通过新的技术和工具来完成对公共事务的管理。[③]

三、中国语境下跨域治理的局限性

跨域治理作为一个“舶来品”，在西方语境下已经逐渐实现，并形成了相对成熟的运作体系。我国跨域治理的革新需要超越现有的治理理论视野，突破传统的政府职能与行政管理的框架引领区域合作。但是，我们提出在跨域治理的美好愿景和具体政策之前，必须谨慎地审视在中国语境下，将跨域治理应用在区域公共事务的局限性，避免落入“生搬硬套”的陷阱。跨域治理在中国的发展首先需要解决以下困境。

① ［美］詹姆斯·N. 罗西瑙. 张胜军，刘小林等译. 没有政府的治理［M］. 南昌：江西人民出版社，2001.

② 刘辉. 管治、无政府与合作：治理理论的三种图式［J］. 上海行政学院学报，2012（3）.

③ Gerry Stoker. Governance as theory: five propositions［J］. International Social Science Journal, 1998（50）: 17－28.

（一）理论支持不足

由于资源的稀缺性和组织的相互依赖性，在区域一体化的推进过程中，地方政府、企业团体、非政府组织与公民社会的多方力量与资源的整合，伙伴协作关系的构建，跨域性公共问题与公共议题的有效治理，都离不开系统理论的指导。如何平衡多元利益，在多元主体之间建立相互信任；如何分配治理权力，明确治理责任；如何建立有效的协同组织形式，实现激励相容和参与约束，有效调动各个治理主体的积极性；这些问题都需要详细的回答。西方学界针对跨域治理已形成了较为成熟的概念谱系和研究模型，包括跨域治理的过程模型、跨域治理的结构模型以及跨域治理的整合模型等。[①] 然而，由于我国的跨域治理研究兴起相对较晚，尚处于起步阶段，现有研究多集中在跨域治理的学理性探讨，以及跨域治理视角下的公共管理改革与政府转型等领域，尽管也有少数研究尝试构建跨域治理的系统模型（朱春奎、申剑敏，2015），但总体上学界对于跨域治理的内涵定义、治理主体间的良性互动及其合力的达成、本土化创新及其在区域治理的制度探索、模式总结等领域依旧缺乏系统的理论体系和充分的实证研究，这也导致我国地方公共事务的跨域治理面临着“先天不足”的风险。

（二）传统管理模式根深蒂固

根据我国的政治体制以及尚未发展成熟的公民社会，导致了在区域事务治理中，中央政府与地方政府、政府与非政府组织之间的地位不平等，政府仍然是区域合作的倡导者及主要推动力量。[②] 在区域治理中更侧重于地区微观层面的政策合作，倾向于以“政府”为中心的权力格局，集中于具体问题的单项研究。区域合作治理的理论基础相对薄弱，未能体现出区域合作治理中社会组织的平等参与性以及地方政府与非政府组织之间的区域合作关系。[③] 由于中国的地方政府间存在着诸如“晋升锦标赛”[④] 和“晋升资格赛”[⑤] 等强横向竞争，地方政府官员不得不优先注重本区域内的经济发展和增长，而对于许多区域间的合作项目缺乏激

① 申剑敏，朱春奎．跨域治理的概念谱系与研究模型［J］．北京行政学院学报，2015（4）．
② 汪伟全．空气污染的跨域合作治理研究——以北京地区为例［J］．公共管理学报，2014（1）．
③ 全永波．基于新区域主义视角的区域合作治理探析［J］．中国行政管理，2012（4）．
④ 周黎安．中国地方官员的晋升锦标赛模式研究［J］．经济研究，2007（7）．
⑤ 杨其静，郑楠．地方领导晋升竞争是标尺赛、锦标赛还是资格赛［J］．世界经济，2013（12）．

励。[①] 这种效率优先的合作逻辑，导致区域内城市合作时产生议而不决、决而不行甚至是地方保护、恶性竞争、重复建设、跨界污染等后果，大大地削弱了区域合作的公平性和平等性。

（三）多元主体的缺失

长久以来，我国的政治体制所形成的自上而下的权力结构，在某种程度上使社会的发育比较缓慢。政府组织对跨域治理的观念不够深入，忽视了对治理主体成长的关注和重视，弱化了治理机制本身的融合和协同。由于传统的社会政治结构，使我国的社会组织力量发展起步晚、速度慢、力量弱，尚未形成成熟的多元管理主体，强国家—弱社会的局面短时期内很难改变。在我国区域公共事务治理中，政府组织和企业组织、社会组织之间依然是附属嵌入式的关系，尚未形成政府与社会平等的互动和合作，这无疑也会影响跨域治理理念在现实中的实践效果。[②]

（四）治理边界不清晰

跨域治理的组织结构是建立在信息社会相适应的网络组织之上，呈现出扁平化的组织结构特征，多元参与主体处于一种相互协调、相互补充的状态。作为适合现实需要的制度选择，政府和市场、社会的职能、边界、范围等属性需要依据不同的经济基础和制度环境而变动。特别是在区域公共事务的治理之中，政府与市场、社会的边界经常不可避免地处于动态调整之中。尽管理论上政府与市场、社会的职能边界难有统一标准，具体职能的划分会因地因时而变化，但也必须遵循其基本原则，即凡属政府应当履行的职能，必须由政府履行；凡属社会和市场可自行解决的职能，则必须交由社会和市场完成（徐宇珊，2010）[③]。在现阶段我国跨域治理的实践中，由于政府传统的干预，职能无限延伸，侵蚀了社会自治，导致政府越位、缺位现象较为突出。由于治理边界的不清晰，致使政府组织、市场和社会组织在区域公共事务的治理中整体效率低下，呈现出实质性的“弱政府—弱社会”的现象。

---

① 叶林，赵琦．城市间合作的困境与出路——基于广佛都市圈“断头路”的启示［J］．中国行政管理，2015（9）．

② 王佃利，杨妮．跨域治理在区域发展中的适用性及局限［J］．南开学报（哲学社会科学版），2014（2）．

③ 徐宇珊．政府与社会的职能边界及其在实践中的困惑［J］．中国行政管理，2010（4）．

（五）政策制度与合作机制支持不足

跨域治理的实践需要相应政策制度和合作机制的支持，宏观的政策和合作机制是跨域治理的前提和保障。显然，跨域治理在制度层面上的缺失，不仅仅是制度设计本身存在的固有属性所决定的，在实施过程中也因为制度没有经过反馈、调整而最终导致制度风险（金太军、唐玉青，2011）[①]。当前我国区域治理公共政策体系正在逐步形成，但是许多政策的制定和执行并没有解决实际问题。区域合作多以政府间协议的方式表达，初步建立了由高层联席会议制度、中层协调制度、日常办公制度和部门衔接落实制度的合作协调机制，但是协调的事务通常集中于各地政府的利益直接分配，相关的利益分享和利益补偿机制比较缺乏，导致利益失衡现象普遍发生，区域内发展不平衡，跨域治理合作参与的动力和制度激励不足。[②]

四、区域合作治理在中国的发展路径

只有清楚地认识到跨域治理在我国应用和发展的局限性，才能根据现阶段的实际情况循序渐进地提出跨域治理的发展路径。在提出具体建议之前，最重要的是需要厘清跨域治理中政府与政府之间的关系，并致力于构建政府与社会之间的良性互动。否则，仅仅“碎片化”地设计跨域治理的相关制度和机制都有可能只浮于表面，无法触及跨域治理在我国现实情况下的本质问题。因此，下文将重点通过对这两个问题的探讨，提出跨域治理在中国的发展路径。

（一）在区域事务中建立合理、有效的政府间（府际）关系

我国区域发展政策已经成为国家主导国内经济与社会发展的主要方针之一。[③]近年来，我国将城市群的区域发展战略作为城镇化的主要途径之一，并确立了八大国家级城市群，分别为京津冀城市群、长江中游城市群、成渝城市群、哈长城市群、长江三角洲城市群、中原城市群以及珠江三角洲地区城市群。我国的“十

① 金太军．从行政区行政到区域公共管理——政府治理形态嬗变的博弈分析［J］．中国社会科学，2007（6）．

② 方雷．地方政府间跨区域合作治理的行政制度供给［J］．理论探讨，2014（1）．

③ 杨龙．区域政策：跨域治理的重要工具［J］．国家治理，2015（42）．

三五”规划中明确提出：推动区域协调发展，推进新型城镇化。具体包括“创新区域合作机制，加强区域间、全流域的协调协作”以及“优化城镇化布局和形态”“加快城市群建设发展”等。党的十九大报告中更是重点指出：“实施区域协调发展战略”“强化举措推进西部大开发形成新格局，深化改革加快东北等老工业基地振兴，发挥优势推动中部地区崛起，创新引领率先实现东部地区优化发展，建立更加有效的区域协调发展新机制”。

这些战略确定了在区域政策中中央与地方政府“中央布局，地方行动”的纵向关系，明晰了区域发展的全国战略。在这种战略的执行过程中，跨域合作关系的行动主体从理论上应以地方政府为主角，地方政府间的横向关系是实现跨域治理的实践基础。然而，在我国地方政府间横向关系发展实践中，由于各地区都面临着经济增长和绩效考核的残酷竞争，地方政府在考虑区域发展的时候，通常以本地利益为主导，对于区域的共同利益在很大程度上难以顾及，或者通常仅对能够最大化本地经济利益的政策予以重视。目前学界提出的通过地方政府间的横向关系协调机制来促进地方政府间合作和规范地方政府间竞争的建议，遇到了“瓶颈”和困难，很难从根本上促进地方政府间的互动和协商。

为了突破这种困境，目前在一定程度上较为可行的办法是借助于上级政府或区域合作机构进行调控和指导，以此激励地方政府横向合作的意愿，建立横向合作的机制。例如，在珠江三角洲的区域发展中，以《珠江三角洲地区改革发展规划纲要（2008～2020 年）》（以下简称《规划纲要》）为政策基础，由省级政府对地方政府进行政策指引和绩效考核。从 2009 年《规划纲要》开始实施以来，每年广东省政府办公厅都下达珠江三角洲地区一体化的考核指标，包括年度重点任务、重大项目和基础设施建设一体化、基本公共服务一体化、产业布局一体化、环境保护一体化和城乡规划一体化，五个“一体化”的具体指标。在“一年开好局、四年大发展、十年大跨越”的《规划纲要》实施计划下，将 2009～2012 年“区域一体化”发展细化为 46 个可量化的具体指标，并逐年分解任务。每年对《规划纲要》的九个地市按照指标进行考核和排名。在 2012 年“四年大发展”的阶段过后，广东省政府颁布了《推进珠江三角洲区域一体化工作评价指标及评价办法》，通过细化 60 个指标对珠江三角洲地区各地市的区域一体化完成情况进行考察，每个指标都明确相应负责考核的厅、委等省级部门。每年年末对珠江三角洲地区的九个地市进行综合考评并公布结果排名，成为地方政府考核体系的一个部分。在这种考核和激励体系下，珠江三角洲地区各地方政府将区域一体化的工作摆在重要位置，在区域基础设施、基本公共服务、产业转型等领域取得了较好的发展，成为值得借鉴的模式。

当然必须认识到，珠江三角洲地区的九个地市都隶属于广东省，我国许多其他区域都呈现跨省（区、市）的复杂行政区结构。因此，珠江三角洲地区由省级政府主导区域合作治理的模式并不一定在全国范围内使用。在这种情况下，省（区、市）际区域协调机制（包括合作领导小组、联席会议等形式）需要发挥更大的作用，赋予更大的权力，形成对区域合作治理的有效指导。目前我国的区域间合作更多地采取府际协议或城市联席会等方式，如泛珠江三角洲地区环境府际协议、成都经济区合作联席会等。[①][②] 笔者认为，在必要的时候，可以通过包括国家发展和改革委员会等中央部门对区域合作进行监督和协调。在目前我国中央与地方、地方政府之间的复杂关系条件下，这种“纵向调控”的垂直模式可能成为促进“横向合作”的关键。

（二）在跨域治理中，支持和培养良性的政府与社会（政社）关系

如果说，解决我国跨域治理中的政府间关系可以利用纵—横结合的模式，那么，当前由于我国社会组织和第三部门的发展尚处于初级阶段，参与跨域治理的能力比较有限，支持和培养健康的政府与社会的关系至少需要达到两个前提条件。首先是社会组织和第三部门力量的壮大，以提高其在跨域治理中的能力和地位。政府与非政府部门的合作（或“公私合作”）已经成为跨域治理的关键元素之一。在跨域治理中，许多跨域事务都牵涉相邻区域的居民和社区，包括流域治理、基础设施和经济发展等。这些区域事务的协商和治理过程越来越需要社会组织和第三部门的深入参与。

在跨域治理发展比较成熟的美国，诸如克里夫兰、明尼安纳波利斯等大中型城市都出现了大都市区域范围内的“公民联盟”（citizens league），由数千名个人成员和几百个企业成员组成的对区域事务的联合委员会，当地企业为这种组织提供了丰富的资金支持。针对区域治理的不同议题，这种“公民联盟”都自发成立“专门事务工作小组”，负责与区域内的各地方政府的多方协商，并共同制定区域政策。这种类型的区域社会组织积极地参与到大型水域的环境保护，城际轨道交通和区域财政等区域事务中，成为向区域内的地方政府传达公众意愿、促进公众需求得到保障的有效机制。这种以公民和社区为基础的社会组织和第三部门，从地方居民和企业中获取所需的资金和行动支持，形成与政府的平等对话平台，推动跨域治理中政府与社会良性关系的发展。这种类型组织的发展和壮大，是我国

---

① 锁利铭．面向府际协作的城市群治理：趋势、特征与未来取向［J］．经济社会体制比较，2016（6）．

② 锁利铭，马捷，陈斌．区域环境治理中的双边合作与多边协调——基于2003~2015年泛珠江三角洲地区协议的分析［J］．复旦公共行政评论，2017（1）．

跨域治理发展的重要前提。

由于我国社会组织自身的“造血”能力有限，在区域公共事务中的参与机制还不成熟，需要政府在一定程度上为区域社会组织提供有效的经济和社会资源，使其能充分地参与到跨域治理的决策和执行过程中。区域社会组织的成长有利于推动跨域治理资源的整合和公共治理方式的创新，弥补政府和市场的功能缺陷，必须增强其独立性和自治性，拓宽其跨区域发展的空间。但是，在我国社会组织发展尚不成熟的条件下，需要政府通过合理的制度设计为区域社会组织的生存与发展创造必要条件。比如，跨地区的行业协会在我国的发展已经形成一定规模。根据《国务院办公厅关于加快推进行业协会商会改革和发展的若干意见》的精神指出，“在具有产业、产品和市场优势的经济发达地区和城市，可以将地方性的行业协会依法重组或改造为区域性的行业协会”。但是，由于我国政府的条块管理体制，跨地区的行业协会很难找到单一地区的政府部门作为其监管上级，也很难通过更高级别的政府作为主管部门。[①] 因此，这些协会在各地的发展遇到了制度的瓶颈，亟须打破目前我国对社会组织“分级登记、双重管理”的分管模式，配套跨区域社会组织发展的相关政策法规。[②] 只有这样，才可以避免由于政府部门过分主导所带来的政策僵化，通过区域内多种形式的社会组织的参与实现信息的双向流通、各方利益的协调整合和区域治理的协同发展，最终形成多中心、互动式的跨域治理体系。

在社会力量逐步参与公共事务的前提下，政府对于治理权力的让渡和自身角色的改变是跨域治理取得成功的关键。党的十九大提出，要“打造共建共治共享的社会治理格局”“加强社会治理制度建设，完善党委领导、政府负责、社会协同、公众参与、法治保障的社会治理体制，提高社会治理社会化、法治化、智能化、专业化水平”，强调了“推动社会治理重心向基层下移，发挥社会组织作用，实现政府治理和社会调节、居民自治良性互动”。政府作为治理权力的主要拥有和行使者，需要主动转变观念，树立合作共治、权力共享的新理念，创造公平、平等、开放的合作治理环境和氛围，以确保治理主体对于合作过程的认同和合作结果的执行。政府不再是区域治理的权力中心，原本属于政府的权力和职能向社会和市场转移，政府主要行使监督和协调的功能，从制度和资源上鼓励和支持社会组织发展将大大地增强其参与区域公共事务的能力。当然，这也将带来风险和责任的相应转移，需要健康的政府、市场和社会的关系作为实施的前提和基础。

任何先进的理论在不同国家的运用都离不开基于其本土现实的考量和调整。

① 李荣娟．区域公共治理中的公民社会成长：意义、问题与路径［J］．国家行政学院学报，2010（4）．

② 汪伟全．角色·功能·发展——论区域治理中的公民社会［J］．探索与争鸣，2011（3）．

跨域治理在中国的发展必须与中国的区域发展相适应。跨域治理在我国特定的政治制度、社会发展和传统文化背景下需要具备其特殊性。只有在建立合理、有效的政府间关系和政府与社会关系的大前提下，跨域治理才能在我国取得现实的发展。在我国的现行体制下，新型的跨域治理模式从长期看来需要提倡超越单纯政府干预，以灵活的合作机制和自愿参与为基础。合作治理的实现依赖于各主体之间的伙伴关系、协议和同盟所组成的网络来完成。在现阶段，各级政府作为区域公共管理的主体在较长一段时间内仍将存在，网络化的形成不可能一蹴而就。在这个发展过程中，跨域治理理论需要与我国实践进行有效的对接，构建政府与政府、政府与社会的良性关系，平衡各个治理参与主体的关系，提供市场与社会参与区域公共事务的合理机制，并在区域事务中培养公民和社会的力量。通过这些手段才能促进跨域治理的真正形成，这将是一个循序渐进的过程。

参考文献

[1] 陈瑞莲．论区域公共管理的制度创新 [J]．中山大学学报（社会科学版），2005（5）．

[2] 陈瑞莲，杨爱平．从区域公共管理到区域治理研究：历史的转型 [J]．南开学报（哲学社会科学版），2012（2）．

[3] 陈瑞莲，张紧跟．试论我国区域行政研究 [J]．广州大学学报（社会科学版），2002（4）．

[4] 丁煌．西方行政学说史 [M]．武汉：武汉大学出版社，2004．

[5] 范今朝．“行政区经济”理论的核心涵义与模型表达 [J]．科学经济社会，2018（2）．

[6] 方雷．地方政府间跨区域合作治理的行政制度供给 [J]．理论探讨，2014（1）．

[7] 金太军．从行政区行政到区域公共管理——政府治理形态嬗变的博弈分析 [J]．中国社会科学，2007（6）．

[8] 金太军，唐玉青．区域生态府际合作治理困境及其消解 [J]．南京师大学报（社会科学版），2011（5）．

[9] 李猛．中国区域非均衡发展的政治学分析 [J]．政治学研究，2011（3）．

[10] 李荣娟．区域公共治理中的公民社会成长：意义、问题与路径 [J]．国家行政学院学报，2010（4）．

[11] 刘辉．管治、无政府与合作：治理理论的三种图式 [J]．上海行政学院学报，2012（3）．

[12] 刘君德．中国转型期“行政区经济”现象透视——兼论中国特色人文—经济地理学的发展 [J]．经济地理，2006（6）．

[13] 吕丽娜．区域协同治理：地方政府合作困境化解的新思路 [J]．学习月刊，2012（4）．

[14] 全永波．基于新区域主义视角的区域合作治理探析 [J]．中国行政管理，2012（4）．

[15] 饶常林，黄祖海．论公共事务跨域治理中的行政协调——基于深惠和北基垃圾治理的案例比较［J］．华中师范大学学报（人文社会科学版），2018（3）．

[16] 申剑敏，朱春奎．跨域治理的概念谱系与研究模型［J］．北京行政学院学报，2015（4）．

[17] 锁利铭．面向府际协作的城市群治理：趋势、特征与未来取向［J］．经济社会体制比较，2016（6）．

[18] 锁利铭，马捷，陈斌．区域环境治理中的双边合作与多边协调——基于2003～2015年泛珠江三角洲地区协议的分析［J］．复旦公共行政评论，2017（1）．

[19] 王佃利，杨妮．跨域治理在区域发展中的适用性及局限［J］．南开学报（哲学社会科学版），2014（2）．

[20] 汪伟全．角色·功能·发展——论区域治理中的公民社会［J］．探索与争鸣，2011（3）．

[21] 汪伟全．空气污染的跨域合作治理研究——以北京地区为例［J］．公共管理学报，2014（1）．

[22] 徐宇珊．政府与社会的职能边界及其在实践中的困惑［J］．中国行政管理，2010（4）．

[23] 杨龙．区域政策：跨域治理的重要工具［J］．国家治理，2015（42）．

[24] 杨其静，郑楠．地方领导晋升竞争是标尺赛、锦标赛还是资格赛［J］．世界经济，2013（12）．

[25] 叶林．新区域主义的兴起与发展：一个综述［J］．公共行政评论，2010（3）．

[26] 叶林，赵琦．城市间合作的困境与出路——基于广佛都市圈“断头路”的启示［J］．中国行政管理，2015（9）．

[27] 俞可平．治理与善治［M］．北京：社会科学文献出版社，2000．

[28] ［美］詹姆斯·N．罗西瑙．张胜军，刘小林等译．没有政府的治理［M］．南昌：江西人民出版社，2001．

[29] 张成福，李昊城，边晓慧．跨域治理：模式、机制与困境［J］．中国行政管理，2012（3）．

[30] 周黎安．中国地方官员的晋升锦标赛模式研究［J］．经济研究，2007（7）．

[31] 朱春奎，申剑敏．地方政府跨域治理的ISGPO模型［J］．南开学报（哲学社会科学版），2015（6）．

[32] Gerry Stoker. Governance as theory: five propositions [J]. International Social Science Journal, 1998 (50): 17－28.

[33] The Commission on Global Governance. Our Global Neighborhood [M]. Oxford University Press, 1995.

城市社区抗逆力及其评价研究的回顾与展望[①]

杨 菁[②] 雷 榴[③]

摘 要： 城市社区抗逆力研究是基于对韧性城市治理精准单位的研究，对其的研究主要经历了概念分歧争议、评价进路阶段。通过研究发现：从概念看城市社区抗逆力既是综合性能力——应对能力、适应能力、恢复能力和可持续能力的集合体，又是一个过程和希望达成的结果。评价进路主要从城市社区、城市近郊社区和沿海城市社区三种空间社区抗逆力的评价进行探讨和从城市社区抗逆力动态与动态——因素交互两个方面进行评价过程研究探索，希望本文研究能为城市研究者提供一定的参考价值。

关键词： 城市社区抗逆力　概念　抗逆力评价　空间进路　过程进路

Reviews and Prospects of Urban Community Resilience and its Evaluation

Yang Jing　Lei Liu

Abstract: The study of urban community resilience is based on the research of precise units of ductile urban governance, which has mainly experienced the divergent disputes about concept and some different evaluation approach stages. It is found that the urban community resilience is not only a combination of comprehensive capacity-coping ability, adaptability, resilience and sustainability, but also a process and desired outcome. This paper mainly discusses the resilience of three kinds of spatial communities in urban community, peri-urban community and coastal urban community, and explores the evaluation of community resilience from two accesses, dynamics and dynamic-factor interaction. It is hoped that this study can provide some reference value for urban researchers.

---

① 基金项目：国家哲学社会科学基金项目阶段性成果（18BZZ098）“韧性城市视角下城市社区抗逆力的影响因素与提升对策研究”。

② 杨菁：电子科技大学公共管理学院副院长、教授、硕士研究生导师；研究方向为城市风险治理。

③ 雷榴：电子科技大学公共管理学院硕士研究生；研究方向为城市管理。

Key words：urban community resilience，concepts，resilience evaluation，spatial approach，process approach

世界各国正面临着如恐怖袭击、贫困、自然灾害和气候变化等不同问题的挑战，同时转型时期的中国已经进入了相对“风险社会”中，城市治理正面临着各种风险和威胁。出于对安全和风险治理的需要，建设更具韧性或弹性的城市成为全球共同努力的目标。韧性城市是什么？是城市在受到内外经济、社会、技术等的压力和威胁时能有效应对，并在遭受灾难后城市功能仍正常运行且城市能快速恢复、进行适应和保持可持续性。作为城市治理中的基层单元体——城市社区，是城市在空间上缩影，既是抵抗风险的重要组织系统，也是城市发展的重要贡献者，在安全韧性城市建设中显得尤其重要。那韧性城市建设需要城市社区达到怎样的条件呢？能有强抗压性和恢复适应能力好的城市社区。“韧性”理念即“resilience”的理念，这个英文单词可以译成韧性、弹性、抗逆力等，在城市社区的应用中尤其重视城市社区对压力逆境的应对、抵御，强调吸收、化解压力的能力。在20世纪末，城市社区抗逆力已经广泛开始研究和使用，本文主要从社区抗逆力的概念争议和评价模型发展进行国内外城市社区抗逆力研究进路分析。

一、城市社区抗逆力概念的共识与分歧

（一）社区抗逆力的由来与发展

在风险治理领域的抗逆力研究主要是从生态学的韧性和心理学的抗逆力衍生过来的。

生态学中抗逆力的首次应用是“生态韧性”一词的出现，这是C. S. 霍林[①]（C. S Holling）在《生态学与系统学评述年刊》（*Annual Review of Ecology & Systematics*）期刊上发表的《生态系统的韧性和稳定性》（*Resilience and Stability of Ecological Systems*）一文中所提及的。2004年，霍林和L. H. 冈德森（L. H. Gunderson）在另一篇文章中，通过将生态系统中的韧性用到人类社会系统中，提出

① C. S. Holling. Resilience and Stability of Ecological Systems［J］. Annual Review of Ecology & Systematics，1973（4）：1－23.

的“适应性循环”①，这个模型将社会制度纳入韧性研究范围内。随着城市规划学者、生态学者、环境学者受霍林的启发，将城市系统面对的灾害问题用韧性解释。美国2005年飓风对新奥尔良地区的惨烈破坏和由于飓风导致了其他慢性灾害，使得城市韧性研究作为一项重大议程被广泛提及，这导致对灾害的研究从脆弱性范式转为抗逆力问题中的适应性问题。随着城市风险不确定性增加，不同领域试图从各自角度增加城市韧性研究，希望通过研究使城市从面对风险向更具可持续方向发展，城市社区抗逆力研究就是针对城市微观治理的韧性城市研究部分。

1983年，N. 加梅齐（N. Garmezy）② 在其文章中，将抗逆力应用到心理学中解释儿童面对压力的适应能力，因此开启了个体的研究。他从抗逆力的保护因子和风险因子间互动关系进行分析，提出了行为目标模型并把这个模型分为三大块：补偿型——由于个人能预测出行为，因此在预测到行为会导致消极结果时，就做出发展个人资源和能力的补偿行为来达到补偿目的；挑战型或者说预防型——风险因素带来的积极作用，在个人遇到压力风险时，如果风险在个体风险压力的承受范围之内，风险压力会刺激自我内部保护潜能来预防和抵御风险；免疫型——个体的自我保护因素，抗逆力的免疫水平是逆境和自我能力作用的综合体现，这决定个体在不同环境的适应发展程度③。在这个模型中，人格特质的好坏、家庭支持与否和社会资源支持程度是界定保护性因素的重要点。田国秀在西方抗逆力模型总结中详细陈述了国外学者根据抗逆力点状概念构建的抗逆力层次模型，将个体应对不同压力出现的不同层次抗逆水平分为生存、保护和健康这三个层面不同的策略等级，每个等级都是环境、文化、情景和时机相互作用的结果④。M. 雷特（M. Rutter）⑤ 从保护性机制角度出发，提出了综合环境—个体的抗逆力策略模型。他认为人体与环境间的互动通过个人抗逆力特质表现，互动的效果影响风险压力对个体的影响效果。基于此，他提出了四种应对风险的对策方式，对环境中的风险因子进行减弱，对个人的效能感进行加强，对负面的连锁后果从不同环节削减，形成机会开放性，并且他的这个想法被认为可以概念化社区

---

① L H. Gunderson, C S. Holling. Panarchy: Understanding Transformations in Human and Natural Systems [J]. Ecological Economics, 2004 (4): 488 -491.

② N. Garmezy. Stress, coping, and development in children [J]. Journal of the American Academy of Child & Adolescent Psychiatry, 1983 (1): 153 -155.

③ N. Garmezy. Stress - Resistant Children: The Search for Protective Factors. In J. Stevens (Ed.), Recent Research in Developmental Psychopathology [M]. Oxford, England: Pergamon Press, 1985: 213 -233.

④ 田国秀，邱文静，张妮. 当代西方五种抗逆力模型比较研究 [J]. 华东理工大学学报：社会科学版，2011 (4): 9 -19.

⑤ M. Rutter. Psychosocial resilience and protective mechanisms [J]. Amtrican Journal of Orthopsychiatry, 1987 (3): 316 -331.

层面。1999 年，K. L. 孔普弗（K. L. Kumpfer）在 M. 雷特的基础上提出环境—个体互动模型[①]，将抗逆力过程进行了分解阐述，将环境、个人、互动和产生的结果全部纳入其中，形成完整过程理论模型。在抗逆过程中，个体知觉、为适应环境进行环境再构造、改变环境使之成为保护性环境和主动适应是形成良性抗逆机制的重要操作环节。G. E. 理查森（G. E. Richardson）将抗逆力视为结果，即是一种遭受压力后身心灵平衡状态[②]。他认为，抗逆力是一种支配个人想要获得良好的社群资源从而为这个目标进行的向个人之外的个体、群体寻求帮助行动力。心理学的研究成果主要集中在个体、抗逆力因素分解、抗逆力过程和变量过程综合研究几个阶段。社区抗逆力与个体抗逆力具有很多相似之处，但是由于社区研究受的影响更复杂，因此其研究发展历程慢于个体抗逆力研究。社会抗逆力研究范围比城市社区研究范围更广，城市社区抗逆力研究与社区抗逆力研究的区别只是行政区域意义上社区的划分，像县镇等也是广义上的城市社区范围，因此，这里的城市社区抗逆力采用广义范围的“城市社区”进行研究。

（二）城市社区抗逆力的概念的不同理解

如表 1 所示，社区抗逆力研究历程中，虽然学者们对其定义侧重点不同，但是基本上形成了一定的共识：一是社区抗逆力是一种综合能力——对压力的吸收能力和抵抗能力、对风险的应对能力、社区受灾的恢复能力和通过这些事件形成的让社区具有可持续的能力；二是社区抗逆力是一个过程——风险治理的过程，对负面事件的预防、事件的应对、灾后恢复几个阶段，共同进行的治理；三是社区抗逆力是一种希望达成的能使社区在下次风险抵御中更有竞争力。因此，城市社区抗逆力的概念就是在行政上属于城市的范围内的社区进行社区抗逆力的综合能力、过程研究和城市社区在面临灾害风险的竞争力程度，这既是韧性城市建设城市社区的要求，也是建设城市社区后希望社区能达成的一种状态。

① K. L. Kumpfer. Factors and Processes Contributing to Resilience: The Resilience Framework. In M. D. Glantz & J. L. Johnson 95 (Eds.), Resiliency and Development: Positive Life Adaptations [M]. NewYork: Kluwer Academic, 1999: 179 - 224.

② G. E. Richardson. The metatheory of resilience and resiliency [J]. J. Clin Psychol, 2010 (3): 307 - 321.

表 1　　社区抗逆力的概念界定

提出者	时间（年）	观点	关注点
P. 蒂默曼（P. Timmerman）	1981	社区遭受逆境的抵抗、吸收灾害防止状态发生改变的能力，在灾害后能社区能从功能性紊乱中恢复到正常运行的能力①	抵抗能力、吸收能力、稳定能力、恢复能力
G. A. 托宾（G. A. Tobin）	1999	社区在组织结构上能将灾害影响最小化，且能在灾后快速恢复②	恢复能力
W. N. 阿杰（W. N. Adger）	2000	社区对外来对其基础设施冲击的抵抗能力③	抵抗能力
E. 科尔斯和 P. 巴克尔（E. Coles & P. Buckle）	2004	社区从灾害影响压力中通过成员参与使其恢复到原有状态的速度和能力④	恢复能力
B. J. 佩弗鲍姆等人（B. J. Pfefferbaum et al.）	2007	社区成员采取集体行动来干预克服外部压力的影响以使社区继续发展⑤	干预能力、可持续能力
J. 特威格（J. Twigg）	2007	社区从压力事件中的应对或维持其社区功能的能力⑥	应对能力、稳定能力
F. H. 诺里斯等人（F. H. Norris et al.）	2008	社区受外界干扰后的自适应能力和是社区向更好适应力发展的过程⑦	自适应能力、可持续发展能力，一个过程
联合国国际减灾战略（United Nations International Strategy for Disaster Reduction）	2009	社区受灾后的抵抗、吸收、适应能力，能从灾害事件中迅速恢复，并修复其社区功能⑧	抵抗能力、适应能力、恢复能力、可持续能力，一个过程

① P. Timmerman. Vulnerability. Resilience and the collapse of socieiy: A review of models and possible climatic applications [M]. Toronto, Canada University of Toronto. 1981.

② Tobin, A Graham. Sustainability and community resilience: the holy grail of hazards planning? [J]. Environmental Hazards, 1999 (1): 13-25.

③ W. N. Adger. Social and ecological resilience: are they related? [J]. Progress in Human Geography, 2000 (3): 347-364.

④ Coles E., Buckle P. Developing community resilience as a foundation for effective disaster recovery [J]. Australian Journal of Emergency Management, 2004 (4): 6-15.

⑤ B. J. Pfefferbaum, D. B. Reissman, R. L. Pfferbaum, et al. Building resilience to mass trauma events [M]. Handbook of Injury and Violence Prevention, 2007.

⑥ Twigg J. Characteristics of a disaster-resilient community [J]. Hazard Research Center 2007 (1): 1-36.

⑦ F. H. Norris, S. P. Stevens, B. Pfefferbaum et al. Community resilience as a metaphor, theory, set of capacities, and strategy for disaster readiness [J]. American Journal of Community Psychology, 2008 (41): 127-150.

⑧ UNISDR. Reducing disaster risks through science: issues and actions [J]. blog comments powered by Disqus. Geneva, 2009.

续表

提出者	时间（年）	观点	关注点
S. L. 卡特等人（S. L. Cutter et al. ）	2010	社区受外界压力的后对影响的吸收能力和具体应对、恢复能力①	吸收能力、应对能力、恢复能力
红十字会与红新月会国际联合会（IFRC）	2011	受潜在脆弱性影响或灾害的社区通过预防或准备来减少或应对影响，并能在短时间恢复状态②	预防能力、应对能力、恢复能力
V. 艾哈迈德等人（V. Ahmed et al. ）	2011	社区为减少损失影响，保证社员安全进行的物质、社会经济、文化、心理资源等资源利用以提升社区适应发展的过程③	适应能力，一个过程
朱华桂	2012	社区有效利用各种资源成功适应和应对社会风险，迅速恢复功能，达到过往水平的过程④	适应能力、应对能力、恢复能力、一个过程
R. K. 怀特等人（R. K. White et al. ）	2015	社区动态调整和积极适应不利影响，并在后续阶段社区能呈现出正常状态⑤	适应调整能力、稳定能力
美国联邦应急管理署（FEMA）	2016	社区受灾后能快速恢复正常状态的能力⑥	恢复能力
王冰、张慧等人	2016	危机发生后的自组织、自适应、自我恢复过程⑦	自组织、自适应能力、自我恢复能力，一个过程
彭翀，郭祖源，彭仲仁	2017	社区面对压力时通过其稳定能力、适应能力尽快恢复社区，达成使社区更具抗逆力的结果⑧	稳定能力、适应能力、恢复能力，一个过程和结果

① S. L Cutter，C. G. Burton，C. T. Emrich. Disaster Resilience Indicators for Benchmarking Baseline Conditions［J］. Journal of Homeland Security and Emergency Management，2010（7）.

② IFRC，Characteristics of a Safe and Resilient Community：Community Based Disaster Risk Reduction Study［M］. Geneva，2011.

③ V. Adams，S. R Kaufman，T. Van Hattum，et al. Aging Disaster：Mortality，Vulnerability，and Long－Term Recovery among Katrina Survivors［J］. Medical Anthropology，2011（3）：247－270.

④ 朱华桂．论风险社会中的社区抗逆力问题［J］．南京大学学报（哲学·人文科学·社会科学），2012（5）：47－53.

⑤ R. K. White，W. C. Edwards，A. Farrar et al.. A practical approach to building resilience in America's communities［J］. American Behavioral Scientist，2015（2）：200－219.

⑥ Federal Emergency Management Agency. Draft interagency concept for community resilience indicators and national-level measures［R］. Washington D. C.，2016：11－24.

⑦ 王冰，张惠，张韦．社区弹性概念的界定、内涵及测度［J］．城市问题，2016（6）：75－81.

⑧ 彭翀，郭祖源，彭仲仁．国外社区韧性的理论与实践进展［J］．国际城市规划，2017（4）：60－66.

续表

提出者	时间（年）	观点	关注点
陈玉梅，李康晨	2017	城市承灾能力、自恢复和自适应能力①	承灾能力、自恢复和自适应能力
刘阳	2017	包含应对灾害全过程的综合性能力（灾前准备能力、灾害应对能力和灾后恢复能力）②	灾前准备能力、灾害应对能力、灾后恢复能力，一个过程

资料来源：笔者整理。

二、城市社区抗逆力评价研究的不同进路

学者们对城市社区抗逆力评价分析可以分成两个部分进行进程探索：一是从社区空间进行分析，包括对城市社区、城市近郊社区和沿海城市社区的研究；二是从社区抗逆力过程进行分析，包括城市社区抗逆力的评估动态过程和城市社区抗逆力的动态交互过程研究。

（一）城市社区抗逆力的空间研究进路

1. 城市社区抗逆力评价研究

韧性城市这一研究热点的出现，使学者关注到了城市社区抗逆力。J. 乔林和 R. 肖等人（J. Joerin & R. Shawet et al. ）[③] 认为，现在气候变化对城市的破坏及其次生灾害的影响概率极大，因此需要对城市社区进行研究，以期提高城市社区的抗灾能力。他们通过对印度的钦奈等城市中的 155 个社区进行研究，从 21 个参数和物理、社会、经济、制度和自然环境 5 个因素进行分析，建立行为导向抗逆力评价模型（AORA），把这些用于对提升城市社区抗逆力的行动中，他们研究发现提升社区抗逆力需要进行社区、当地政府、NGO 组织和非政府组织等相关利益方进行共同参与，才能建立一个具有抵抗压力风险的城市社区。韩东松、

① 陈玉梅，李康晨．国外公共管理视角下韧性城市研究进展与实践探析［J］．中国行政管理，2017（1）：137－143.

② 刘阳．社会生态系统理论视角下的灾害抗逆力内涵研究［J］．领导科学论坛，2017（19）：30－32.

③ J. Joerin，R. Shaw，Y. Takeuchi，et al. Action-oriented resilience assessment of communities in Chennai，India［J］. Environmental Hazards，2012（3）：226－241.

曾坚、曹湛在他们的研究中认为，城市社区的防灾预险需要结合现今的智慧城市技术，通过技术应用从社区组织机构、社员和社区所处的物理空间进行城市社区灾前、灾中和灾后的全过程体系建设①。高恩新在《中国行政管理》上发表的文章中提出，城市管理中社区安全的保障不应该是社区被动应灾，而是从城市规划开始，通过城市风险治理就建立一个能和外部进行交互平衡的抗逆社区②。全文通过从城市社区的功能多样性、资源多样性、社区网络和适应性几个方面对城市安全社区构建的分析。

学者们对社区抗逆力的研究大多数是可以针对任何社区抗逆力评价的研究，因此他们的研究评价模型可以应用于城市社区甚至其他普遍社区之中。M. 布诺等人（M. Bruneauet et al.）通过提出社区抗逆力的概念，并对概念进行量化来提升社区抗逆力。他将技术、组织、社会和经济这四个因素建了 4R 模型③，通过降低社区出现巨大影响的概率、事故出现后降低事件风险带来的负面后果、用足智多谋和资源可代替性的手段、缩短社区遭受风险后发恢复时间。社区抗逆力的提升希望达到的状态是社区受到风险的冲击时在社会层面受到极小的社会扰乱，经济层面遭到极小的经济损失，技术层面从医疗系统中得到最大的可利用的设备设施支持、从电力服务系统中得到最大的可利用的供电支持、从输水服务中得到最大的供水服务支持、从当地应急系统中得到最大的可持续性应急设施支持，组织层面得到应急组织或当地医疗机构支持、或当时供电、供水等系统的支持。A. 钱德拉、J. 阿科斯塔和 S. 霍华德等人（A. Chandra，J. Acosta & S. Howard et al.）从公共卫生安全的角度分析国家对卫生安全的重视，由于社区抗逆力被各层级政府作为政策提出，因此他们通过从社区抗逆力对国家卫生安全进行了 8 个杠杆和 5 个核心组件进行社区抗逆力的建设，从经济、环境、基础设施、社会资本进行社区抗逆力建构活动模型（ABCR）④。他们通过社区福祉、教育培训、管理决策、自组织和强社区参与等对社会经济福祉、社员身心健康、社区信息沟通、在资源交换、信任、回应等的社会连结、各组织机构的参与间的影响形成社区的可持续发展。

大卫·艾尔姆斯（David Elms）认为，社区抗逆力需要考虑社区性质，社区抗逆力就是社区和社区周边环境的资源流动和社区维持可持续性需要的资源间的

① 韩东松，曾坚，曹湛．基于智慧技术的弹性社区构建方法与实现路径研究［J］．建筑与文化，2014（7）：76－78.

② 高恩新．防御性、脆弱性与韧性：城市安全管理的三重变奏［J］．中国行政管理，2016（11）.

③ M. Bruneau，S. E. Chang，R. T. Eguchi，et al. A Framework to Quantitatively Assess and Enhance the Seismic Resilience of Communities［J］. Earthquake Spectra，2003（4）.

④ A. Chandra，J. Acosta，S. Howard，et al. Building Community Resilience to Disasters：A Way Forward to Enhance National Health Security［J］. Rand Health Q，2011（1）.

相互作用。其通过对新西兰社区抗逆力的案例研究，从社会、物理、人力、机构和资本分析提出了流动与资源要素模型（FAR）[①]，通过对案例的实地观察和情景假设，将对某个地区的地震观测结果和案例结合，提出的改进社区抗逆力的这个模型。周利敏从社区灾害学范式的转型研究中认为，现在的研究应该从脆弱性转到生态抗逆力中，她从社会、经济、自然和物理四个方面出发，进行城市社区抗逆力的研究。

基于城市社区抗逆力评价进行模型的研究的学者有许多，有通过直接建模进行研究，有通过运用指标模型进行验证。日本京都大学的 R. 肖等人根据社区感知的压力因素、社区需要的恢复能力等建立了气候和灾害抗逆力指数（CDRI）模型。这个模型旨在对社区遭受的事件、抵御压力能力等抗逆力进行定义与想要达成的结果的重要元素分解，主要包含了政府部门或其他组织机构、社会维度、经济维度、生态系统环境维度和建筑设施环境维度进行综合分析，注重灾害准备和应急管理，把社区抗逆力当成一种结果进行分析。S. 卡西姆等人（S. Qasim et al.）通过对巴基斯坦经常面对洪水威胁作为社区抗逆力的压力来源，并综合文献得出其抗逆力指标，从查尔萨达、白沙瓦等三个地方进行 280 户人家的问卷调查得出需要的数据，根据美国联邦应急署（FEMA）提出的从社区、经济、物理和制度因素构成的复合抗逆力指数（CRI）进行综合计算，认为这些地方的社区抗逆力指数很低，需要通过备灾、提升灾害认识和非结构性措施进行相应指标因素的改善。C. 伦施勒等人（C. Renschler et al.）通过提出社区多维度抗逆力评价指标体系（PEOPLES）对社区不同规模的社区抗逆力进行判定和测量，确定了社区功能的七个维度—人口、自然环境、有组织的政府服务、基础设施、经济发展能力、社会文化资本、社区能力[②]。这个模型主要可以用来对规划师或者其他社区管理者、当地政府等利益相关者进行社区抗逆力评估以提升社区抗逆力。F. 托塞罗尼等人（F. Toseroni et al.）通过提出整体社区抗逆力评价方法（HCRAM）[③] 从自然环境、社会、经济、基础设施和制度因素着手来绘制社区抗逆力，通过评估能源和资源消耗来保持社区体统的稳定。他们通过计算抗逆力评分和指数将灾害脆弱性因素和社区应急行动关联起来，进行减少灾害性策略和实施政策影响来保持社区的可持续性。

2. 城市近郊社区抗逆力评价研究

对城市近郊社区来说，居民生活收入主要包括非农业收入与农业收入。因此

① David Elms. Improving community resilience to natural events [J]. Civil Engineering and Environmental Systems, 2015 (1-2): 77-89.

② 刘佳燕，沈毓颖．面向风险治理的社区韧性研究［J］．城市发展研究，2017（12）．

③ F. Toseroni, F. Romagnoli, F. Marincioni. Adapting and Reacting to Measure an Extreme Event: A Methodology to Measure Disaster Community Resilience [J]. Energy Procedia, 2016 (95): 491-498.

气候变化与居民生活发展息息相关，郊区具有离服务区距离较远和各种资源相对短缺的特征，导致郊区受到灾害的影响造成的损失比城市社区的很大。D. 梅贝里、R. 蒲柏和 G. 霍金斯等人（D. Maybery, R. Pope & G. Hodgins et al.）通过研究澳大利亚新南威尔士州、北部河里纳地区等多个近郊社区的 102 名人员进行调查发现，对近郊社区最有利的资本是家庭、公民协会和俱乐部、学校等服务性机构。通过测试居民的个人福利指数发现其符合对社区抗逆力评价模型的相关规定，认为城市近郊社区是具有抗逆力的，并且城市的学校、体育场等开放机构是维系居民关系和加强居民联系的重要场所，基于此尝试建立了社区抗逆力模型（MNR）[①]，通过社会资本（如：运动场所、服务型组织）、服务机构资本（如：医院、学校）、邻里和经济资源（如：雇佣机会）、社区风险（如：经济不利条件、匮乏的物理条件）这四个因素进行评价模型的构建。科菲·阿卡马尼和特洛伊·伊丽莎白·霍尔（Kofi Akamani & Troy Elizabeth Hall）通过对加纳以森林生态为生计的加纳的 209 户人家进行调查，将开展的森林合作管理（CFM）项目作为变革因素进行社区抗逆力调查的切入点[②]，通过调查资本、社区和人口变量作为家庭参与项目的决定性因素，结果发现社区位置、社区的历史性资本会影响社区现有资本和与地方机构的互动关系，这个项目除了对人力资本产生影响外，并不会导致其他资本受到影响，因此认为政府等机构在通过项目建设社区时需要进行其他综合措施的共同作用。

3. 沿海城市社区抗逆力评价研究

学者们对沿海城市社区也进行相应的研究。J. S. 马永加（J. S. Mayunga）基于沿海地区经济发达、人口密度大的特点，认为沿海遭受风险袭击会造成比其他地方更大的物质或心理损失，因此需要特别重视沿海社区的抗灾能力。他基于 W. J. 皮科克等人（W. J. Peacock et al.）的社区灾害抗逆力模型（CDRF），通过研究美国沿海地区如佛罗里达州、德克萨斯 - 墨西哥边境等地区的社区抗逆力测评认为，需要在减灾、备灾、救灾、恢复等阶段从社会、经济和人力资源方面进行社区抗灾能力的衡量是可行可信的[③]。L. S. 彼得森和 P. M. 萨蒙等人（L. S. Peterson & P. M. Salmon et al.）对澳大利亚昆士兰州的阳光海岸社区的抗逆力从

① D. Maybery, R. Pope, G. Hodgins, et al. Resilience and Well - Being of Small Inland Communities: Community Assets as Key Determinants [J]. Rural Society, 2009 (4): 326 - 339.

② K. Akamani, T. E. Hall. Determinants of the process and outcomes of household participation in collaborative forest management in Ghana: A quantitative test of a community resilience model [J]. Journal of Environmental Management, 2015 (147): 1 - 11.

③ J. S. Mayunga. Measuring the Measure: A Multi-dimensional Scale Model to Measure Community Disaster Resilience in the US Gulf Coast Region [M]. Texas A & M University, 2009.

社会、经济、基础设施、制度、资本进行测评①，他们通过对社区的抗灾能力进行纵向评估，认为目前要建设具有强抗逆力的社区仍然具有很大挑战性，通过调整 S. L. 卡特的社区基线抗逆力评估指标模型（BRIC）来适应其所研究的社区。L. 麦克尔达夫等人（L. Mcelduff et al.）通过对爱尔兰岛的沿海社区的社会经济和环境变化进行研究。他们认为社区必须通过变革，才能保持社区的可持续发展，通过社区抗逆力对个人与集体的联系，来构建一个社区再生和抗逆力建设的互补与相互作用关系的八角价值模型（OVM）②。

从社区空间进行社区抗逆力的研究中可以发现，学者们大概从社区网络、社会资本、技术应用、制度、环境等评价因素进行城市社区抗逆力的研究。这些研究主要是从社会资本和脆弱性的角度分别进行的指标分类研究。从资本角度看，要加大社区自身的资源和社区网络建设以提高城市社区抗逆力的有利因素进行社区良好应对；从脆弱性角度看，就是加强社区物理、基础设施等因素，主要是将社区变得更“牢固”。

（二）城市社区抗逆力评价的过程研究进路

1. 城市社区抗逆力动态过程评价

联合国减灾战略中提出了建立国家和社区的抗灾能力，2005 年的《兵库行动框架》（*Hyogo Framework for Action*，HFA）就是针对抗逆力是一个过程提出的。这个框架提出在采取抗逆力行动时需要有五个优先事项③：第一，确保减灾行动是不是地方和国家的优先事项，是否具有强大的实施机构的支持基础，即灾害影响大小；第二，利用所掌握的知识，进行抗灾行动，并进行教育和创新性变革，在社区各个层面进行社区抗逆力和社区安全的教育，即培训教育，增强意识；第三，检查、监督社区的减少潜在风险因子，针对其脆弱性进行重点防范；第四，对风险时间线的每个重要节点进行把控，其源头是重点关注对象。第五，强化备灾措施，为各级主体进行灾害应对提供有效策略。HFA 是针对灾害过程进行分步抗逆，这是通过抗逆过程达到所希望的达成的结果。之后 J. 特威格等的社区灾害抗逆力特征模型（CRDC）、IFRC 的应对灾害风险的社区安全和抗逆力

---

① L. S. Peterson, P. M. Salmon, N. Goode et al. Translation and evaluation of the Baseline Resilience Indicators for Communities on the Sunshine Coast, Queensland Australia [J]. International Journal of Disaster Risk Reduction, 2014 (10): 116 - 126.

② L. Mcelduff, D. Peel, H. Ritchie, et al. The Octagon Values Model: community resilience and coastal regeneration [J]. Urban, Planning and Transport Research, 2016 (1): 1 - 25.

③ HFA. 2005 ~ 2015 年兵库行动纲领：加强国家和社区的抗灾能力 [EB/OL]. http://www.un.org/zh/humanitarian/disaster/hfa.shtml. 2016 - 1 - 18.

框架（CSR）都是基于 HFA 所提，CRDC 主要从知识教育、风险评估、灾害准备、灾害响应、机构治理等进行社区抗逆力每个阶段和进展的监督和评价，对每个主体区域的抗逆力评测有益于社区抗逆力的巩固。CSR 是从政府、抗灾知识的教育宣传、风险鉴定评估、进行风险应对时的社区参与等进行社区抗逆力能力和属性的过程研究。教育可以让社区进行风险防控和受灾的自我保护，社区灾中的应对和参与和灾后建设可以减少未来灾害影响和实现社区可持续发展。

2. 城市社区抗逆力动态因素交互评价

学者们研究发现社区抗逆力不是静态的变量分析，而是需要在一个动态过程中结合因素进行整合性交互研究。美国的 S. L. 卡特提出了基于地点的灾害抗逆力模型（DORP），这个模型①根据动态性从风险灾害发生前的社区状况、风险灾害发生时的事件特征、对风险灾害做出应对后的影响和社区整体系统对灾害的吸收水平四个方面构成了社区抗逆力的循环过程，从社区生态环境抗逆力、社会抗逆力、经济抗逆力、社区资本和物理设施抗逆力等几个方面进行模型分析。同年，F. H. 诺里斯等人（F. H. Norris et al.）建立压力—抗逆力动态模型②，认为社区抗逆力是社区受到干扰性逆境后的连接资源和其他动态属性的适应能力网络。这个网络中主要维度由经济发展、社会资本、社区能力和信息沟通组成，几个要素之间进行相互影响和作用，构成了其模型的网络关系图。他根据时间的推移，对涉及抗逆力起作用的各个部分的分析。风险压力的冲击是模型运行发开，风险的严重程度、持续程度和在无预期时的爆发突击程度决定对社区是否造成重大影响，社区资源的可调动性和缺失程度决定社区是否能抵抗住大灾大难，而社区资源的多样性、可替代性和能否及时调动受社区灾前资源的影响。J. A. 威尔逊（J. A. Wilson）基于社区抗逆力的框架，分析社区抗逆力中有路径依赖现象，他分析这种依赖是锁定效应形成的，社区的结构性、经济性和社会心理性等锁定效应会让社区在进行社区抗逆力提升时遇到严重阻碍，当然，突破路径依赖的困境就是进行社区内生变化的变革，因此他基于此进行从经济、社会、自然环境因素建构出社区适应性框架模型③（SRBF）。L. 麦克尔达夫提出的八角价值模型（OVM）从社会价值、经济价值、治理价值和环境价值进行交互分析。社会价值和环境价值相互影响可以形成社区更新再生状态，这会形成学习、技能知识和生

① S. L. Cutter, L. Barnes, M. Berry, et al. A Place-based Model for Understanding Community Resilience to Natural Disasters [J]. Global Environmental Change, 2008 (4): 598 - 606.

② F. H. Norris, S. P. Stevens, B. Pfefferbaum et al. Community resilience as a metaphor, theory, set of capacities, and strategy for disaster readiness [J]. American Journal of Community Psychology, 2008 (41): 127 - 150.

③ G. A. Wilson. Community resilience: path dependency, lock-in effects and transitional ruptures [J]. Journal of Environmental Planning & Management, 2014 (1): 1 - 26.

物多样性的两个“角”；社会与经济资本的相互作用会形成弹性的状态，这个状态下会出现人际关系和资源公平分配的两个“角”；经济发展与治理的相互影响会出现资源性交叉区域，这个区域依然会形成两个“角”——经济多样性和民间参与；治理与环境价值交互会出现可调和区域，在这个交叉中会出现强领导力和可持续资源利用的两个“角”。因此八角价值模型就是通过各个因素之间的协调和相互影响完成社区资源的互补与抗逆力过程建设。张慧通过对过程因素模型的借鉴建立了从预警响应、灾后恢复和学习适应三个方面过程支撑的社区灾害抗逆力模型①。通过对制度、经济、社会资本、人力资本和物理环境维度的测量，进行以抗逆过程为主的实地调查和访谈，应用扎根理论方法论对社区抗逆力相关因素进行编码，进行相关因素验证。

通过对社区抗逆力评价的过程探索，可以发现，学者们已经开始认识到社区抗逆力是一个过程和所期望达成的社区建设目标。不管从哪个方面进行的研究，都表明了学者认识到了抗逆力具有多面性，在尽可能完善抗逆力的影响因素或评价因素以便进行社区建设时有针对性地进行抗逆力提升。

三、城市社区抗逆力研究的展望

由上文可知，现如今社区由于不同的区域和不同的灾害会有不同的抗逆力水平呈现。从研究学科来看，社区抗逆力研究晚于其他学科，虽然灾害学研究中已有社区抗灾的相关文献，但是社区抗逆力和传统的社区抗灾略有不同。从国内外研究历程来看，国外社区抗逆力的研究要早于中国的研究。国外研究已经形成几个体系—社区抗逆力的概念模型、静态分析评价模型——时间过程评价模型和因素过程整合评价模型，但是国内社区抗逆力的研究从2010年之后才开始出现，虽然对这些体系的每个阶段研究皆有涉及，但是文献甚少。从研究内容看，国内外研究基本上从几个大维度，如社会发展、经济发展、人口、环境、制度等对社区的减灾、社区参与和形成可持续发展的过程进行相应分析，具体的二级指标和三级指标由于不同的分类导致的归类维度不同。城市社区抗逆力可以用学者们对社区抗逆力的研究进行有选择的解释。

城市社区抗逆力研究是韧性城市和社区治理的微观研究，从解析城市社区抗逆力是什么，到希望有具有抗逆性城市社区的存在，探索我们应该怎样建立这样一个城市社区，其中要克服的困难是什么，怎样分阶段、分因素进行建设提升社

① 张慧．城市社区灾害弹性及其影响因素研究［D］．华中科技大学，2016.

区抗逆力，这也是城市社区抗逆力研究的大体研究思路。通过对现有社区抗逆力相关评价模型的把握，分清每个评价模型的研究重点和背景，结合自身研究领域和重点进行参考。

城市社区所处的环境复杂，影响社区发展的因素有很多，将社区置于生态系统中，对相应资源、资本、主体和环境等分析还需要对时间发展的结合研究。因此，在未来的研究中，首先，城市社区抗逆力需要体现出其二维或三维属性，即时空结构或时空结构加组分结构的影响；其次，由于物理和设施属性等一些城市社区不能自组织的因素需要在规划中或在技术方面进行提升，因此在社区抗逆力的研究中需要打破传统观念，通过软实力上的弥补尽量改善；最后，由于抗逆力不是一个领域可以完成建构的因此需要探索各学科和各领域的结合点。

参考文献

[1] 田国秀，邱文静，张妮．当代西方五种抗逆力模型比较研究［J］．华东理工大学学报（社会科学版），20116（4）：9－19.

[2] 朱华桂．论风险社会中的社区抗逆力问题［J］．南京大学学报（哲学・人文科学・社会科学），2012（5）：47－53.

[3] 王冰，张惠，张韦．社区弹性概念的界定、内涵及测度［J］．城市问题，2016（6）：75－81.

[4] 彭翀，郭祖源，彭仲仁．国外社区韧性的理论与实践进展［J］．国际城市规划，2017（4）：60－66.

[5] 陈玉梅，李康晨．国外公共管理视角下韧性城市研究进展与实践探析［J］．中国行政管理，2017（1）：137－143.

[6] 刘阳．社会生态系统理论视角下的灾害抗逆力内涵研究［J］．领导科学论坛，2017（19）：30－32.

[7] 韩东松，曾坚，曹湛．基于智慧技术的弹性社区构建方法与实现路径研究［J］．建筑与文化，2014（7）：76－78.

[8] 高恩新．防御性、脆弱性与韧性：城市安全管理的三重变奏［J］．中国行政管理，2016（11）.

[9] 刘佳燕，沈毓颖．面向风险治理的社区韧性研究［J］．城市发展研究，2017（12）.

[10] HFA. 2005～2015年兵库行动纲领：加强国家和社区的抗灾能力［EB/OL］. http：//www. un. org/zh/humanitarian/disaster/hfa. shtml. 2016－1－18.

[11] 张慧．城市社区灾害弹性及其影响因素研究［D］．华中科技大学，2016.

[12] 席居哲，左志宏．心理韧性研究诸进路［J］．心理科学进展，2012（9）：1426－1447.

[13] 崔鹏，李德智，陈红霞等人．社区韧性研究述评与展望：概念、维度和评价［J］．现代城市研究，2018（10）：119－125.

[14] 刘含赟．社区脆弱性评估与应对研究——基于非传统安全的视角［D］．浙江大学，2013.

[15] 增强社区青少年抗逆力的小组活动项目策划书——以武汉Y社区为例［D］．华中师范大学，2014.

[16] 汪辉，徐蕴雪，卢思琪等人．恢复力、弹性或韧性？——社会—生态系统及其相关研究领域中“Resilience”一词翻译之辨析［J］．国际城市规划，2017（4）：29-39.

[17] C. S. Holling. Resilience and Stability of Ecological Systems [J]. Annual Review of Ecology & Systematics, 1973 (4): 1-23.

[18] L H. Gunderson, C S. Holling. Panarchy: Understanding Transformations in Human and Natural Systems [J]. Ecological Economics, 2004 (4): 488-491.

[19] N. Garmezy. Stress, coping, and development in children [J]. Journal of the American Academy of Child & Adolescent Psychiatry, 1983 (1): 153-155.

[20] N. Garmezy. Stress-Resistant Children: The Search for Protective Factors. In J. Stevens, Recent Research in Developmental Psychopathology [M]. Oxford, England: Pergamon Press, 1985: 213-233.

[21] M. Rutter. Psychosocial resilience and protective mechanisms [J]. Amtrican Journal of Orthopsychiatry, 1987 (3): 316-331.

[22] K. L. Kumpfer. Factors and Processes Contributing to Resilience: The Resilience Framework. In M. D. Glantz & J. L. Johnson 95 (Eds.), Resiliency and Development: Positive Life Adaptations [M] NewYork: Kluwer Academic, 1999: 179-224.

[23] G. E. Richardson. The metatheory of resilience and resiliency [J]. J Clin Psychol, 2010 (3): 307-321.

[24] P. Timmerman. Vulnerability. Resilience and the collapse of socieiy: A review of models and possible climatic applications [M]. Toronto: Canada University of Toronto, 1981.

[25] Tobin, A Graham. Sustainability and community resilience: the holy grail of hazards planning? [J]. Environmental Hazards, 1999 (1): 13-25.

[26] W. N. Adger. Social and ecological resilience: are they related? [J]. Progress in Human Geography, 2000 (3): 347-364.

[27] Coles E, Buckle P. Developing community resilience as a foundation for effective disaster recovery [J]. Australian Journal of Emergency Management, 2004 (4): 6-15.

[28] B. J. Pfefferbaum, D. B. Reissman, R. L. Pfferbaum, et al. Building resilience to mass trauma events [M]. Handbook of Injury and Violence Prevention. 2007.

[29] Twigg J. Characteristics of a disaster-resilient community [J]. Hazard Research Center 2007 (1): 1-36.

[30] F. H. Norris, S. P. Stevens, B. Pfefferbaum et al. Community resilience as a metaphor, theory, set of capacities, and strategy for disaster readiness [J]. American Journal of Community Psychology, 2008 (41): 127-150.

[31] Unisdr. Reducing disaster risks through science: issues and actions [J]. blog comments powered by Disqus. Geneva, 2009.

[32] S. L Cutter, C. G. Burton, C. T. Emrich. Disaster Resilience Indicators for Benchmarking Baseline Conditions [J]. Journal of Homeland Security and Emergency Management, 2010, 7.

[33] Ifrc, Characteristics of a Safe and Resilient Community: Community Based Disaster Risk Reduction Study [M]. Geneva, 2011.

[34] V. Adams, S. R Kaufman, T. Van Hattum, et al. Aging Disaster: Mortality, Vulnerability, and Long – Term Recovery among Katrina Survivors [J]. Medical Anthropology, 2011 (3): 247 – 270.

[35] R. K. White, W. C. Edwards, A. Farrar et al.. A practical approach to building resilience in America's communities [J]. American Behavioral Scientist, 2015 (2): 200 – 219.

[36] Federal Emergency Management Agency. Draft interagency concept for community resilience indicators and national-level measures [R]. Washington D. C., 2016: 11 – 24.

[37] J. Joerin, R. Shaw, Y. Takeuchi, et al. Action-oriented resilience assessment of communities in Chennai, India [J]. Environmental Hazards, 2012 (3): 226 – 241.

[38] M. Bruneau, S. E. Chang, R. T. Eguchi, et al. A Framework to Quantitatively Assess and Enhance the Seismic Resilience of Communities [J]. Earthquake Spectra, 2003 (4).

[39] A. Chandra, J. Acosta, S. Howard, et al. Building Community Resilience to Disasters: A Way Forward to Enhance National Health Security [J]. Rand Health Q, 2011 (1).

[40] David Elms. Improving community resilience to natural events [J]. Civil Engineering and Environmental Systems, 2015 (1 – 2): 77 – 89.

[41] F. Toseroni, F. Romagnoli, F. Marincioni. Adapting and Reacting to Measure an Extreme Event: A Methodology to Measure Disaster Community Resilience [J]. Energy Procedia, 2016 (95): 491 – 498.

[42] D. Maybery, R. Pope, G. Hodgins, et al. Resilience and Well – Being of Small Inland Communities: Community Assets as Key Determinants [J]. Rural Society, 2009 (4): 326 – 339.

[43] K. Akamani, T. E. Hall. Determinants of the process and outcomes of household participation in collaborative forest management in Ghana: A quantitative test of a community resilience model [J]. Journal of Environmental Management, 2015 (147): 1 – 11.

[44] J. S. Mayunga. Measuring the Measure: A Multi-dimensional Scale Model to Measure Community Disaster Resilience in the US Gulf Coast Region [M]. Texas A & M University, 2009.

[45] L. S. Peterson, P. M. Salmon, N. Goode et al. Translation and evaluation of the Baseline Resilience Indicators for Communities on the Sunshine Coast, Queensland Australia [J]. International Journal of Disaster Risk Reduction, 2014 (10): 116 – 126.

[46] L. Mcelduff, D. Peel, H. Ritchie, et al. The Octagon Values Model: community resilience and coastal regeneration [J]. Urban, Planning and Transport Research, 2016 (1): 1 – 25.

[47] S. L. Cutter, L. Barnes, M. Berry, et al. A Place-based Model for Understanding Commu-

nity Resilience to Natural Disasters [J]. Global Environmental Change, 2008 (4): 598 – 606.

[48] F. H. Norris, S. P. Stevens, B. Pfefferbaum et al. Community resilience as a metaphor, theory, set of capacities, and strategy for disaster readiness [J]. American Journal of Community Psychology, 2008 (41): 127 – 150.

[49] G. A. Wilson. Community resilience: path dependency, lock-in effects and transitional ruptures [J]. Journal of Environmental Planning & Management, 2014 (1): 1 – 26.

城市社区社会福利服务供给路径分析

纪晓岚[①] 徐建宇[②]

摘 要：现代城市管理是一个非常复杂的社会系统，城市社会福利是其中的重要内容。而城市社会福利服务社区化是新时期社会福利社会化改革与实践的主要方向。当前社会福利服务面临着传统伦理与现代制度、社会性需求与自我需求、大众化覆盖与专业化服务等矛盾，本文从社会治理的角度，围绕城市社区社会福利服务中权力、竞争和关系三者形成的逻辑与规则，重新厘定政府、社会和市场三者在城市社区社会福利服务体系建设中的治理主体关系，明确政府主导、社会机构介入、社区（居民）主体参与在社会福利服务体系建设中的地位与责任，尝试建立城市社区社会福利服务政府、社会组织、市场和社区四维分析框架，探讨城市社区社会福利服务体系实践的新路径，解决社会福利社区化的外生性现实困境和内生性内涵不足的问题。

关键词：福利服务 社会治理 社区

Analysis on the Supply Path of Social Welfare Service in Urban Communities

Ji Xiaolan Xu Jianyu

Abstract: Modern urban management is a very complex social system, and urban social welfare is an important part of it. The urbanization of urban social welfare services is the main direction of social welfare socialization reform and practice in the new era. At present, social welfare services face the contradiction between traditional ethics and modern institutions, social needs and self-demand, popularization coverage and professional services. From the perspective of social governance, this paper forms the three powers, competitions and relationships in urban community social welfare services. The

---

① 纪晓岚：华东理工大学社会与公共管理学院教授、博士生导师、长江三角洲地区一体化研究中心主任。
② 徐建宇：华东理工大学社会与公共管理学院博士研究生。

logic and rules, redefining the relationship between government, society and market in the construction of social welfare service system in urban communities, and clarifying the government's leadership, social institution involvement, and community (resident) participation in the construction of social welfare service system. Status and responsibility, try to establish a four-dimensional analysis framework for urban community social welfare services government, social organization, market and community, explore the new path of urban community social welfare service system practice, solve the exogenous reality dilemma and endogenous connotation of social welfare community The problem.

Key words: welfare service, social governance, community

一、现实的背景与问题的提出

20 世纪 80 年代，我国社会福利服务面临着国家直接干预负担过重，市场提供社会福利服务的作用受限，社会（主要是企业）参与不足的困境，中央政府与地方政府开始大力推进“社会福利社会化”和适度“普惠型”社会福利格局的建立。中国社会福利改革既与国际福利发展密切相关，又与社会转型过程中对社会福利改革本身要求的国情有着密切的关系。社会福利问题从本质上来讲是社会发展的时代命题，因此在社会结构和社会利益关系不断调整以及政府层面一系列制度性安排发生较大变化的社会背景下，随着社会的发展当前中国社会福利改革的方向是明确的，旨在要形成和谐、多样、到位、共享的惠及民生福祉的社会福利格局。而社会治理创新的目的是要推进社会的和谐发展，提升人民的生活质量，共享改革开放的成果，这与社会福利改革的根本目标是一致的。由此，运用社会治理的理论和方法来研究社会福利服务是具有现实意义的实践价值的。

城市社区福利改革的实质是要完成一个从“身份社区”到“生活社区”变化的过程。[①] 在日本，福利社区化成为新的发展方向。福利社区化是以社区作为发展基本单位，所有的活动以社区为范围，注重住宅和公共服务，社区规划考虑不同人群，不同的需要及不同的问题，社区的建设与发展以建构社区扶持，消除相互间差异，提升生活品质为最终目标。例如在日本琉球岛，由地方自治会建构社区居民参加的地方网络，实施适合居民需要的全面福利。自治会、民生委员、老人会、友爱访问员、妇女会共同组成的社区居民组织，共同分摊和分配服务工作。这些服务包括健康会谈、健康教育、健康指导、家庭访问、饮食照顾、打扫清洗、访视探问、联系接洽机构等等。自治会进行活动设计和开展各项活动计划，并定期召开服务联络会，以适时发现问题调整制度，在执行期间更以交流、

① 刘继同. 从身份社区到生活社区：中国社区福利模式的战略改变［J］. 浙江社会科学，2003（6）.

亲睦为目标，鼓励居民积极参与。

由此可以发现，社区福利运作要回答的根本问题是如何及时地回应社区需求，满足居民的现实需要，提升居民的幸福感。社会福利政策要调整的关键是怎样增强城市社区的福利功能，明确政府、市场和社会三者在社会福利改革中的责任，增强社区在社会福利服务中的自组织能力和作用。当前城市社区社会福利服务存在着非政府组织尚未充分发展、不够成熟，难以担当福利建设的社会主角，过分依赖市场又可能带来贫困问题恶化，边缘群体生存受到威胁，进而影响社会安定。① 政府在社区福利改革中存在着主体性困境，以政府为主导的社会合作化机制难以形成，职能部门介入社区社会福利服务仍存在"缺位"和"越位"的现象，政府强化基本公共服务的能力得不到有效发挥。② 基于问题的分析，本文认为，城市社会福利服务体系的建设只有以社区为依托和平台，政府、市场与社会将资源和政策调整置于其中，围绕权力、竞争和关系逻辑和规则，着重探讨社区福利服务的去机构化、正常化、精细化与社会融合内容，才能有效改革社区社会服务体系。

二、社区社会福利服务体系建设的理念与内涵

简单来说，城市社区社会福利服务建设主要经历了三个阶段：改革开放前，在计划经济体制下，我国实行政府和企业包办社会福利的"一体化"体制，街道工作与社区服务的职责和权限范围比较简单，政治化色彩浓厚；20 世纪 80 ~ 90 年代以来，国家—单位型的城市社会福利模式面临越来越多的压力和诟病，政府民政部门于 20 世纪 80 年代中期提出了"社会福利社会化"的城市福利社会化改革思路。90 年代，国务院颁布了《社会福利业发展规划》，重点论述了"社会福利社会化"的指导思想、发展目标、具体内容和实施步骤等，城市社会福利服务进入制度全面转型时期，由"社区服务"向"社区建设"转型；2000 年，国家民政部再次明确，社会福利社会化的核心内容是实现投资主体的多元化、服务对象的公众化、运行机制的市场化服务队伍的专业化和志愿者队伍相结合。同时颁布了《关于加快社会福利社会化意见》来推进国家福利改革，此后城市社会福利服务向以社区为实施范围，以社会化福利项目为主体，国家、集体和社会共同助力的开放性、社会化的方向转变。因此，城市社会福利改革的历程和方向与多方参与

① 王勇．对我国城市社区福利建设中几个相关问题的探讨［J］．经济问题探索，2006（4）．

② 田北海．社会福利社会化的困境与出路［J］．学习与实践，2008（6）．

的社会治理本身的理念和目标是契合的，以社区为载体的城市社会福利服务体系的运作需要政府、市场、社会和社区自身四种力量的参与、合作和融合，以共同责任为理念核心，形成以街道、居委会、社会组织、社区组织和其他社会力量等多渠道、专业化、职业化的平台，能及时回应社区成员的福利问题，有效满足社区成员的多层次、多元化、多样性的福利需求，能帮助社区居民正常的、有尊严的、有幸福感的社区社会福利服务体系。

正如埃利诺·奥斯特罗姆（Elinor Ostrom）强调的通过批判传统的国家理论和市场理论的局限性，提出多中心的社会治理分析框架，为破解以往理论要么以“利维坦”为唯一方案，要么以私有化为唯一方案的公共事务治理中的单中心逻辑提供了新的路径。[①] 运用多方参与的社会治理视角有助于回答城市社区社会福利服务改革的国家—市场争论，进一步深化社会福利体制改革。城市社区社会福利服务体系是一个复杂的社会系统工程和利益分配体系，是解决公平、正义和效率的制度性安排，是将社区服务与社区建设统一于其中的社会建设。围绕社会治理来推进城市社区社会治理正是在多中心和多元化的社会环境中，寻求政府、市场、社会和社区这四个主要行为体之间因社区共同体发展起来的紧密相互关系，从而理顺集体福利行为、个体行动意义和社会价值以及文化规则来激发社会福利服务体系的整体活力。也就是说，社会治理意义上的城市社区社会福利服务体系在化解社会转型过程中个人利益与公共利益、公共物品和社会福利供给以及国有化和私有化之间矛盾中是一种可选择的实践路径。

基于上述理解，当前社会治理意义下的城市社区社会福利服务体系结构中的制度规则、资金来源、服务项目和提供等以政府为主导，市场化运作、社会力量持续支持和社区精细化服务四者基于共同责任来共同完成，同时社区社会福利对象要实现参与全员化、服务公众化，凸显生活化、共享性和专业化，注重通过社区社会福利服务调节国家、社会、家庭、个人与社区之间的关系。英国学者J. 布兰德肖（J. Bradshaw）认为，如何界定需要是社会政策与福利工作的核心，是福利机构和福利制度运作的基础。[②] 具体而言，在社区社会福利服务体系要真正考虑社区本身的文化特质和居民的自身需求，要重塑社会福利治理文化，增强社区福利服务的自觉性。社会治理层面的城市社区社会福利服务体系其构成大体可分为福利对象、社区福利服务运作中心和社区福利协会（自组织）三部分，其核心是社区福利运作中心，担负着福利服务咨询、管理和持续创新的职责。城市社区福利服务的内容主要以社区居家照顾和社区设施福利服务为主，内含基本服

---

① ［美］埃利诺·奥斯特罗姆．余逊达，陈旭东译．公共事物的治理之道：集体行动制度的演进［M］．上海：上海译文出版社，2012：11－16.

② Bradshaw，J. The Taxonorny of Social Need［J］. New Society，1972：496.

务、医疗保健服务等项目，形成政府权力指导、市场有序介入、社会持续关注和社区积极参与的格局，尤其是建立福利服务利用者与服务提供者、政府与社区、政府与居民之间平等、良性、持续互动合作的机制。

三、建构多元参与城市社区社会福利服务的新格局的路径分析

在当前建构多元参与的城市社区社会福利服务格局对于推进社会福利改革实践，增进社会福利服务的精细化、社会化和生活化，增强社区居民享受社会福利的满足感和幸福感具有重要的意义。

在明确城市社区社会福利服务改革任务的基础上，多元参与社区福利服务的实质是重新调整政府、市场、社会与社区四者之间的关系，提升社区居民的参与感与体验感。从这个意义上来讲，本文将从四个方面来加以讨论分析。

第一，从社会治理创新的方面，要明确社会治理主体，找到创新焦点。福利多元化理论认为福利是国家福利、社会福利和家庭福利的总和。[①] 单独的社会福利安排都不能满足复杂的社会变化，因此要从社会治理参与主体的多元化入手，建立政府、市场、社会和社区共同治理的社会福利服务网络。社会福利依赖政府财政的支持，也需要市场化的一系列策略增加资金支持，依赖社会发展蕴含的公民精神和社区对福利服务项目的实践。这四者在整个社会福利服务网络中应承担起各自相应的责任，形成合理合意的分工，并与其他责任部门或主体相互补充，形成完善的社会治理网络。其中的关键是形成社会福利行为主体发挥功能的制度和政策空间，形成社会福利服务创新机制，凝练参与主体福利服务的社会身份，寻求多元主体福利服务的多种途径。

第二，从社会治理关系的方面，要丰富社会福利服务行为主体之间关系的内涵，界定治理公共空间。对于社会福利治理主体及其之间的关系，多数学者认为应坚持以政府为主导，鼓励并支持市场、社会和社区以及其他力量共同参与其中。当前强调社会治理的初衷是为了实现权力运用的多样化，资源流动与整合的多元化，促进不同福利服务行为及其运作渠道之间的层级互动，摆脱过去单一的权力依赖与不同程度的目标置换。需要注意的是，在处理社会治理行为主体之间的关系时，不仅要明确与区分行为主体层级、主次关系，更要注重界定福利服务

① See Rose, Common Goals but Different Roles: The State's Contribution to The Welfare Mix [A]. In Rose, R & Shiratori, R. (Ed). The welfare State East and West [C]. Oxford University Press, 1986.

治理行为主体之间的行动边界，尤其是界定公共空间（或区域），以此丰富社区福利服务的路径实践选择。在这一公共空间中，不同治理行为主体能进行充分的意见表达、协商，并依托此能建立合乎法理情的利益诉求渠道，降低治理的风险。其中界定福利服务治理公共空间最重要的意义在于满足不同治理行为主体的参与需要，提供彼此不同意见沟通与矛盾处理的缓冲地带，进而体现各自福利服务的意愿，增强社区福利服务的秩序感、自治感和体验感。

第三，从社会治理的风险方面来讲，要尝试建立能恰当处理权力、竞争和关系等逻辑与规则的治理机制，发挥多元行为主体降低社会治理风险的功能性作用。社区社会福利服务体系是一个复杂的系统工程，福利服务对象的多样性、复杂性和社会性使得社区福利服务需要多元性的力量支持，也意味着社区福利服务配套建设承受来自不同层面的压力，处理科层制、市场和社会三方面的关系，福利服务系统按照本身演化的逻辑极有可能形成焦点群体，变成社会性矛盾，冲击正常的社会秩序。从这一意义上来讲，社区福利服务的重点在社区自身，因此当前在推进社区福利服务改革过程中，要注意根据地区经济社会发展的实际确定社区福利服务的需求，采用多种治理机制的有机耦合，提升社区（尤其是社区自组织）在福利服务实践中的地位，将其作为福利服务基层机制设计的重要载体以及社会性福利服务矛盾和压力的“安全阀”之一，探索社区基层社会福利服务的新方式。

第四，从社会治理的内容和载体方面来讲，要重视社区福利服务的文化背景，拓展福利服务项目，福利服务凸显人本性、精细化和社会融合。城市社区社会福利服务管理的效能很大程度上依赖于社区对福利政策的解读和执行力度，取决于社区对福利服务的参与程度。政府、市场、社会和社区在福利服务运作过程中要注意研究社区居民的文化背景，搜集他们的福利需求和要求，建立彼此沟通的渠道，拓展福利服务内容的广度、深度和力度，形成社区福利服务的全景框架。从操作性层面来讲，福利服务体系的实践依托于服务载体的嫁接和运作，尤其是社区与各种社会民间组织等治理主体协作的时候，克服当前社区福利服务在一个较小范围内采取集体行动时力量单薄不集中的问题。在这里要强调的是在社会治理层面探究社区福利服务时要将家庭福利服务体系作为社区福利服务的核心力量，着眼于社区服务帮助居民社会融合的目的，在居住空间服务、家政服务、医疗保健服务、经济生活服务和社会交流服务等方面整合各种资源，将福利服务内容和载体功能外化为政府、市场、社会和社区四者共同介入的集体行动。

四、权力、竞争和关系的互动与福利服务路径创新

基于社会治理不同层面对社区福利服务路径的分析，当政府、市场、社会和社区四者在社区社会福利改革中寻到一个平衡点，社区福利服务将能更好地成为一基本公共服务系统嵌入社会治理体系发挥其社会化的功能性作用。也就是说，在讨论城市社区社会福利服务体系实践路径的基础上，在整个城市社区社会福利服务实践中，进一步围绕不同行为主体演绎的权力、竞争和关系三者进行分析，将沿着社会治理的视角，从福利服务本质和路径本身逻辑与规则层次进行更深入地讨论。

城市社区社会福利服务体系并不仅仅是现实意义上路径的创新，更重要的是制度层面的深化拓展。权力、竞争和关系三种机制之间有着丰富的内涵。以政府为主导的权力机制主要在福利服务过程中以理性设计和权威提供法律、制度和政策的支持，例如，政府颁布关于福利社会化方面的法律、政府运用权力协调不同部门之间的关系等。以市场为主的竞争关系则盘活不同的福利行为主体，提供多样化的资源激发福利服务的内在活力，例如各种福利服务中介参与福利服务、福利服务机构开展市场化的服务等。以关系为主的社会关系网，不仅是将社会、社区与政府、市场联结在一起，更为重要的是将中国礼俗的人情之网纳入福利服务之中，将福利服务的生活化、社会化回归到人与人之间的关系本身，让福利服务在礼俗和社会道德层面受到更多的关注。

同时，权力、竞争和关系三种机制之间有着多样性的互动。城市社区社会福利服务体系中不同行为主体扮演着不一样的角色，对各自的功能性定位也不同。过去我们过分地将权力作为福利服务的核心要素，过多地运用行政化的手段推进社区福利服务体系建设，导致整个福利服务体系政府负担过重，缺乏活力，无法满足福利服务社会化的需求。因此，当前在城市社区社会福利服务体系建设过程中，权力不再居于三种机制的中心地位，而是起着统一方向和协调的作用，尤其是界定不同行为主体的行动边界，最主要的体现就是福利服务去机构化。竞争（主要指的是市场化意义上）正如上文所言，是福利服务体系的活力剂，将权力和关系所承载的各种平台和资源用市场化的手段进行释放，保障福利服务能持续进行。另外，竞争拓展了权力和关系的内涵和外延，也提供了更多的解决福利服务矛盾的市场渠道，吸引更多的社会力量参与福利服务。关系（主要指社会关系）犹如一根“线”将权力和竞争串在一起，在三种机制中发挥着“穿针引线”的作用，关系深刻地嵌入在政府、市场、社会和社区甚至家庭中，关系一方面完

善福利服务的网络，吸纳更多的社会资本，另外关系重新将福利受益对象本身作为福利服务的重要参与者，将更多的社会和自我的情感注入其中，使其有重新审视自己在福利服务体系中的机会。

内含权力、竞争和关系三者逻辑与规则的福利服务机制是夯实和深化城市社区福利服务体系的重要内容，也是深化城市社会治理的重要组成部分。政府、市场、社会和社区正是在三种机制的基础上不断突破情法理的限制，完善社区福利服务的现实路径。当前福利服务改革围绕权力、竞争和关系三者的主要方向是福利服务的去机构化、正常化、精细化和社会融合，让更多的治理行为主体不再囿于过去福利服务的条条框框，去实践福利服务体系运作更多的可能性。

五、结语与讨论

目前国家正在致力于社会福利社会化改革，各级政府在这方面做了大量的工作，而福利服务社区化是有力推进福利社会化工作的重要路径和落脚点。社会治理要求实现社会“善治”的目标与社会福利满足个人生活质量提升需求的目标是一致的。在这里重新界定社区福利服务的理念和内涵，将政府、市场、社会和社区纳入统一的分析框架，明确四者在城市社区社会福利服务体系中的责任和功能，从社会治理创新、社会治理风险等层面对社区福利服务体系路径的创新进行探讨，尤其是将权力、竞争和关系作为解释框架对福利服务体系实践路径进行深入分析，是对社区福利服务实践有益的理论探索。所以基于本文社会治理对城市社区社会福利服务体系的讨论，当前社区社会福利服务体系最重要的任务是改革社会福利运行的体制和机制，重新界定政府、市场、社会和社区在社会福利服务体系中的行动边界，建立全社会共治的社会福利发展新格局，改变过去传统的福利服务理念和方式，大力推进社区福利服务体系去机构化、精细化、生活化和社会融合化，尊重社区居民文化，发展以社会为中心、具有广泛社会参与性、全体社会成员与政府共同负责的社会福利制度，使社会福利更有活力、人民需求得到合理而有效的满足，社会关系和社会秩序更加和谐有序。因此，从社会治理视角来探讨社会福利治理思路，对政府、市场、社会和社区进行考察，能从更全局的角度对社会福利本身以及因劳动力市场的变化、人口老龄化和家庭结构与功能的变迁等造成的社会福利问题进行思考，从而在实践上为解决复杂性和不确定性环境中各种社会福利治理问题提供了方法和路径。但是，社区中自组织自身的功能与定位、民间福利组织如何改变自己的社会福利形象和多方参与社会福利服务的行动边界怎样形成动态机制等问题仍有待于进一步讨论。

参考文献

[1] 范建. 福利多元主义视角下的社区福利 [J]. 华东理工大学学报(社会科学版), 2005(2).

[2] 王思斌. 我国城市社区福利服务的弱可获得性及其发展 [J]. 吉林大学社会科学学报, 2009(1).

[3] 刘晴暄. 日本社区照顾社会化利弊分析 [J]. 福建论坛(人文社会科学版), 2012(5).

[4] 李学斌. 社会福利社会化政策的反思——以养老服务为例 [J]. 社会工作, 2009(5).

[5] 郭安. 关于社区服务的涵义、功能和现有问题及其对策 [J]. 中国劳动关系学院学报, 2011(2).

[6] 成海军. 三十年来中国社会福利改革与转型 [J]. 马克思主义与现实, 2011(1).

[7] 李强, 葛天仁. 社区的碎片化——Y 市社区建设与城市社会治理的实证研究 [J]. 学术界, 2013(12).

[8] 包学雄, 薛小勇. 治理视角下社会福利社会化改革的路径创新 [J]. 经济与社会发展, 2012(2).

[9] 江立华, 王勇. 社区福利建设的理论构架 [J]. 贵州社会科学, 2006(3).

[10] 张一. 文化适应视角下社区福利服务体系创新研究 [J]. 社会科学战线, 2015(5).

[11] 彭华民. 中国政府社会福利责任: 理论范式演变与制度转型创新 [J] 天津社会科学, 2012(6).

[12] 窦玉沛. 中国社会福利的改革与发展 [J]. 社会福利, 2006(10).

[13] 宋士云. 中国社会福利制度的改革与转型 [J]. 河南大学学报(社会科学版), 2010(3).

[14] 韩央迪. 从福利多元主义到福利治理: 福利改革的路径演化 [J]. 国外社会科学, 2012(2).

[15] 张秀兰, 方黎明, 王文君. 城市家庭福利需求压力和社区福利供给体系建设 [J]. 江苏社会科学, 2010(2).

[16] 金炳彻. 从机构福利到社区福利——对国外社会福利服务去机构化实践的考察 [J]. 中国人民大学学报, 2013(2).

[17] 江立华. 论我国城市社区福利的建设及运作机制 [J]. 江汉论坛, 2003(10).

城市营商环境发展影响路径研究[①]

笪可宁[②]　彭一峰[③]　郭宝荣[④]

摘　要：研究以城市营商环境为研究载体，基于政务、经济、社会软环境与基础设施硬环境间互相嵌置的逻辑视角，识别、选取城市营商环境发展主要影响因素，并利用 SEM 模型对各影响因素间关联度进行假设检验，对城市营商环境的影响因素进行了实证分析，确定了关键影响路径，以期为城市营商环境发展提供借鉴参考。结果表明：城市营商环境水平最终取决于主要影响因素之间的相互协同作用情况，其中政务环境、市场环境对城市营商环境产生直接和间接的影响作用，基础设施环境、社会环境对城市营商环境产生直接的影响作用，各因素影响程度依次为政务环境、市场环境、基础设施环境、社会环境。

关键词：营商环境　系统　SEM 模型

Study on Influencing Mechanism of Urban Business Environment Development in China

Da Kening　Peng Yifeng　Guo Baorong

Abstract: Urban business environment is taken as the study carrier. Based on an inter-inserted logical perspective of political, economy, social environment and infrastructure, major influencing factors for urban business environment development are identified and selected. In addition, SEM model is used to make hypothesis testing on correlations among various influencing factors, and empirical analysis is made on influencing factors for urban business environment development, so as to clarify the key influencing path to provide a reference for urban business environment development. The results indicate that: urban business environment level is determined by the mutual coordination among major

①　基金项目：住房和城乡建设部科技计划项目（2016 - R2 - 037）。

②　笪可宁：沈阳建筑大学管理学院教授、博士；研究方向为城市管理与城镇化、区域发展与评价、知识管理与学科建设、养老服务产业发展。

③　彭一峰：沈阳建筑大学管理学院硕士研究生；研究方向为城市管理与城镇化。

④　郭宝荣：沈阳建筑大学商学院讲师；研究方向为城市管理与城镇化。

influencing factors, among which political environment and market environment have direct and indirect influence on urban business environment and infrastructure and social environment have direct influence on it. The degree of influence ranks as the political environment, market environment, infrastructure environment and social environment.

Key words: business environment, system, SEM model

一、引　言

随着全球化竞争日趋激烈，营商环境建设已经成为各主要国家关注的重心①。营商环境可间接反映影响商业活动的基础设施、社会、经济、政治等多方面境况和条件，是各个国家或地区开展交流、合作以及参与全球化竞争的依托，可反映各个国家（地区）的经济“软实力”。2015～2017 年的“放、管、服”改革电视电话会议中，李克强总理均提到了我国在《世界银行营商环境报告》中的排名变化，并以此来衡量国内“放管服”改革的进展，提出“营商环境就是生产力”②。2014～2018 年，世界银行发布的《世界营商环境报告》中，我国营商环境指数排名从全球排名第 96 位升至第 78 位，整体呈上升态势，但与发达国家相比，整体排名中仍然较为落后。一方面，城市作为国家主体参与全球范围下营商环境竞争的重要空间载体，具有辐射带动泛区域合作发展的战略功能，营商环境对所在城市的区域优势、制度优势和合作优势存在显著的正向作用，其优化有利于全面建立高标准贸易规则和制度规范，进一步营造整体国际化营商环境。另一方面，城市对区域社会和经济发展的变化反应更为敏感，通过衡量其营商环境发展水平与影响因素，可间接反映出社会整体的营商环境及其变动。因此，解构我国城市营商环境发展影响路径成为亟待研究和探讨的重要课题。研究选取城市营商环境为研究载体，探析城市营商环境的发展规律，以期识别影响其关键影响因素，进而剖析城市营商环境发展影响机制，最终确定关键发展影响路径。

二、文献综述

近年来，围绕着城市营商环境影响因素的研究方向国内学者取得了一定成

① 董彪，李仁玉．我国法治化国际化营商环境建设研究——基于《营商环境报告》的分析［J］．商业经济研究，2016（13）：141－143.

② 宋林霖，何成祥．优化营商环境视阈下放管服改革的逻辑与推进路径——基于世界银行营商环境指标体系的分析［J］．中国行政管理，2018（4）：67－72.

果。根据研究需要对营商环境理论与营商环境评价方面的成果进行系统梳理。一是营商环境相关理论研究。董志强等学者①基于我国30个大中城市营商环境的经验数据，检验了商事制度软环境对经济发展的显著正向作用；叶宁华等②进一步对政府补贴与企业出口动态之间的关系进行了分析，发现政府补贴对企业出口绩效的正向作用依赖于更完善的营商环境；张季平等③运用结构方程模型从多个维度探析了营商环境作用于制造业与物流业联动发展的内在机理。二是国内具体城市或区域的营商环境综合评价研究。魏淑芬等④通过构建东北地区投资营商环境评估指标体系，对造成东北地区营商环境较差的主要成因进行了详细的研究；杨涛⑤针对山东省、江苏省、浙江省、广东省的营商环境进行综合评价与比较分析，探析了营商环境主要制约因素；卢庆芳等⑥构建了中国本土化城市宜居、宜业、宜商（以下简称“三宜”）动态评价指标体系，并以四川省为例测度四川省各城市的“三宜”环境综合指数与协调度；娄成武等⑦则发现世界银行营商环境评价模式不适用于发展中国家，提出建立基于市场主体感知的营商环境评估框架。

目前对于城市营商环境影响因素研究比较多元化，为下一步研究提供了丰富的借鉴。但是对于营商环境发展影响机制及其各影响因素之间的相关关系研究缺乏深入的分析研究，大多数文献仅探讨某一、二个因素与城市营商环境发展的关系，并且对营商环境影响因素的效应分析较少涉及。因此研究基于综合投资环境理论的基础，通过对营商环境发展主要影响因素进行识别、选取，利用SEM模型对各影响因素间关联度进行假设检验，以期探析营商环境发展的影响路径。

---

① 董志强，魏下海，汤灿晴．制度软环境与经济发展——基于30个大城市营商环境的经验研究［J］．管理世界，2012（4）：9－20．

② 叶宁华，张伯伟．政府补贴和企业出口动态：营商环境的重要性［J］．南开学报（哲学社会科学版），2018（3）：57－67．

③ 张季平，骆温平，刘永亮．营商环境对制造业与物流业联动发展影响研究［J］．管理学刊，2017（5）：25－33．

④ 魏淑艳，孙峰．东北地区投资营商环境评估与优化对策［J］．长白学刊，2017（6）：84－92．

⑤ 杨涛．营商环境评价指标体系构建研究—基于鲁苏浙粤四省的比较分析［J］．商业经济研究，2015（13）：28－31．

⑥ 卢庆芳，彭伟辉．中国城市“宜居、宜业、宜商”评价体系研究——以四川省为例［J］．四川师范大学学报（社会科学版），2018（3）：24－30．

⑦ 娄成武，张国勇．基于市场主体主观感知的营商环境评估框架构建——兼评世界银行营商环境评估模式［J/OL］．当代经济管理，2018（6）：60－68［2018－6－11］．https：//doi.org/10.13253/j.cnki.ddjjgl.2018－6－10．

三、城市营商环境发展影响因素体系构建

（一）理论与逻辑基础

综合投资环境理论认为，城市营商环境的形成是经济、社会、政治领域诸多影响要素以及场所所在时间上各要素以类似随机方式进行互动、碰撞①，产生了决策，并在行动下产生结果，因此营商环境不是封闭的系统，而是一个处于不断运动、变化之中的开放系统，且与复杂科学中钱学森复杂巨系统②的诠释相符合。基于经济、政府、社会软环境与基础设施硬环境相互嵌置的逻辑视角认为，营商环境是企业作为经济活动的基本单位嵌入政府、市场、社会和基础设施系统中所面临的外部条件的总和。研究尝试将基础设施系统单独作为和政务环境字系统、市场环境系统、社会环境系统并列的系统加以研究，构建了政务环境—市场环境—社会环境—基础设施环境综合营商环境系统，该系统由上述四个系统组成，同时包含各系统的协同关系，即系统间的调控、耦合与反馈关系。

（二）城市营商环境概念模型

研究将营商环境定义为一个区域的市场主体所面临的包括政务环境、市场环境、社会环境、基础设施环境等要素构成的综合发展环境，是政府与市场、社会共同提供的一种具有制度特征的特殊公共产品（见图 1）。

如图 1 所示，营商环境概念包括以下几层涵义：第一，制度软环境产生于政府公共部门、市场主体和社会主体的私营部门间社会公共事务管理的持续性活动③，是公共管理活动下形成的一系列约束特定区域内市场主体的行为活动的制度组合。而企业行为与其处于的外部制度条件具有内生性的关系④，政府、市场、社会 3 个子系统是任何企业主体都要面对的外部制度环境。第二，基础设施硬环

① 刘穷志．税收竞争、资本外流与投资环境改善——经济增长与收入公平分配并行路径研究［J］．经济研究，2017（3）：61 –75.

② 颜姜慧，刘金平．基于自组织系统的智慧城市评价体系框架构建［J］．宏观经济研究，2018（1）：121 –128.

③ 娄成武，张国勇．治理视阈下的营商环境：内在逻辑与构建思路［J］．辽宁大学学报（哲学社会科学版），2018（2）：59 –65.

④ 王永钦，杜巨澜，王凯．中国对外直接投资区位选择的决定因素：制度、税负和资源禀赋［J］．经济研究，2014（12）：126 –142.

境是企业主体进行生产活动的依托。企业作为一个开放的生产系统，在某种程度上依赖基础设施硬环境，并从硬环境中获得生产原材料、信息、社会和制度的合法性支持等资源。同时区域内的基础设施硬环境可反映地方政府管理能力与社会服务体系等制度软环境，可知基础设施硬环境发展与制度软环境发展具有高度的契合性，在整体营商环境改善中具体表现：治理主体的基础化、治理机制的合作性、治理方式的开放性和治理目标的协调性。第三，实现政务、市场、社会软环境和基础设施硬环境的协同发展是营商环境的建设目标。各子系统能否构建良性协作机制是营商环境建设的关键所在，与单一子系统的建设相比，营商环境建设强调多元主体基于共同目标参与的协作关系，协作主体在建设中共同行动且地位平等，但不排斥多元主体中存在实际的领导者。

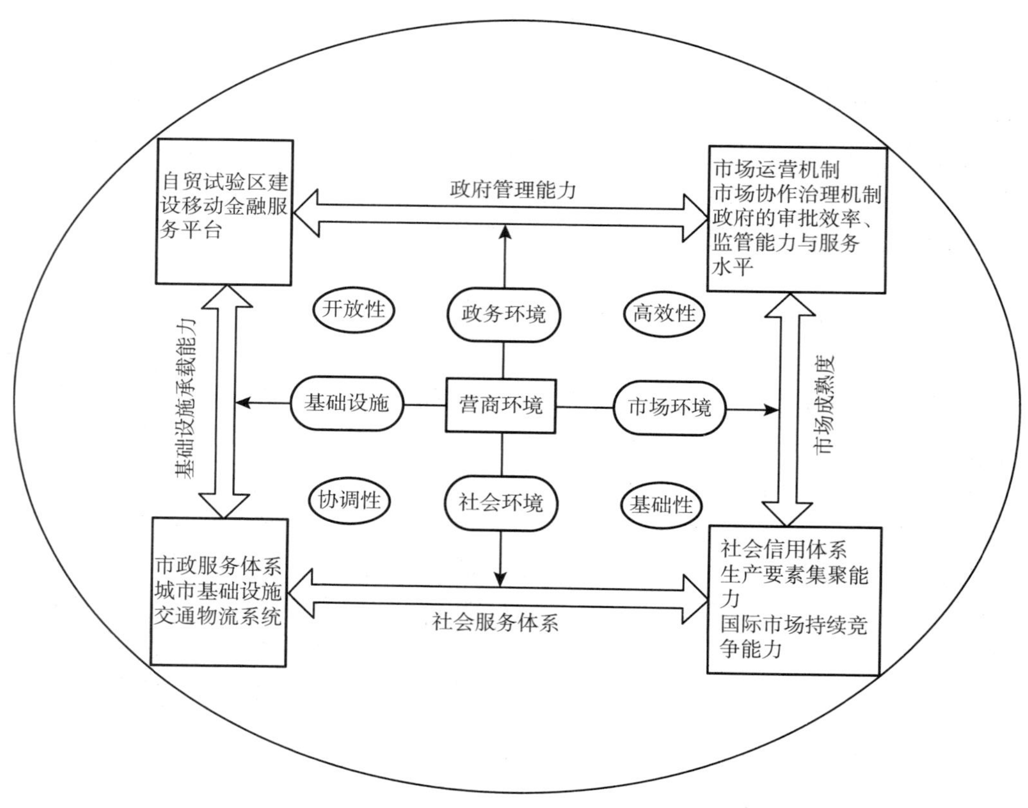

图1　营商环境概念模型

资料来源：笔者整理。

（三）城市营商环境发展影响因素识别

营商环境作为一个系统而言，其发展过程中会受到多方面的因素影响①，研究基于营商环境概念模型，从《中国城市营商环境报告》《世界城市营商环境报告》《机遇之城 2018》等中有关政务环境、市场环境以及基础设施环境的指标出发，邀请了来自东北大学、沈阳建筑大学大学等高校、行业相关专家以及相关部门的政府人员进行了两轮次的德尔菲法（Delphi Method）调查研究，对营商环境发展的关键影响因素进行筛选、识别、选取。研究在第一轮次的营商环境关键影响因素评价结果的基础上，调整影响因素列表，更新调查问卷，进行第二轮次的问卷调查。最后在第二轮次调查问卷结果的基础上，调整已构建的影响因素，从而形成营商环境发展影响因素体系（见表 1）。

表 1　　营商环境发展影响因素体系

潜变量	观测变量	观测变量解释
政务环境 *P*	行政审批效率 *P*1	主要包括创办企业、合同执行与财产登记等方面内容
	劳动纠纷总数 *P*2	以每万名就业人员劳动争议案件受理数作为衡量标准
	财政收支平衡度 *P*3	以地方一般公共预算收入与指出之比为衡量标准
	保护股东权益的能力 *P*4	以独立董事占全部董事的比重作为衡量标准
基础设施 *I*	物流效率 *I*1	以人均货运总量和人均快递业务量为衡量标准
	市政建设投资 *I*2	可反映城市建设规模与建设进度
	移动电话入网数 *I*3	反映城市信息化建设水平与商业发展潜力
社会环境 *S*	社会公平 *S*1	公平竞争的经济环境是实现资源优化配置的重要考量
	城市生产力水平 *S*2	人均地区生产总值可说明城市生产力水平
	地区生产总值名义增长率 *S*3	反映区域经济运行情况与发展潜力
	城市吸纳就业能力 *S*4	体现潜在的劳动力市场与消费市场规模
市场环境 *M*	资本市场参与度 *M*1	该变量选自《中国金融中心指数（CDICFCI）》
	商业运行风险 *M*2	以商业不良贷款率衡量城市商业运行风险
	外贸依存度 *M*3	反映城市对外贸易活动对其经济发展的影响

① 魏下海，董志强，张永璟．营商制度环境为何如此重要？——来自民营企业家“内治外攘”的经验证据［J］．经济科学，2015（2）：105－116.

续表

潜变量	观测变量	观测变量解释
市场环境 *M*	职工平均工资 *M*4	反映了该城市商务成本情况
	上市公司数量 *M*5	通过上市公司数量衡量各城市创业环境
	技术市场规模 *M*6	该变量选自《全国技术市场统计年报》
营商环境 *YSHJ*	中小企业数量 *YSHJ*1	中小企业的数量变化可以间接反映出营商的改善或恶化程度
	社会诚信体系 *YSHJ*2	包括政务诚信、商务诚信、社会诚信和司法公信
	市场成熟度 *YSHJ*3	市场环境、市场主体、市场规模以及市场运行状况的综合发育程度
	*FDI YSHJ*4	*FDI* 受营商环境发展水平的直接、间接影响
	企业出口强度 *YSHJ*5	企业出口强度提高与营商环境优化之间存在显著的"出口学习效应"

资料来源：笔者整理。

四、研究假设、问卷设计与数据收集

（一）研究模型与假设

研究基于营商环境概念模型，借鉴国内外相关文献研究以及专家访谈结果，以政务环境、市场环境、社会环境、基础设施环境为潜变量构建了营商环境发展影响因素结构模型（见图2），并提出研究假设（见表2）。

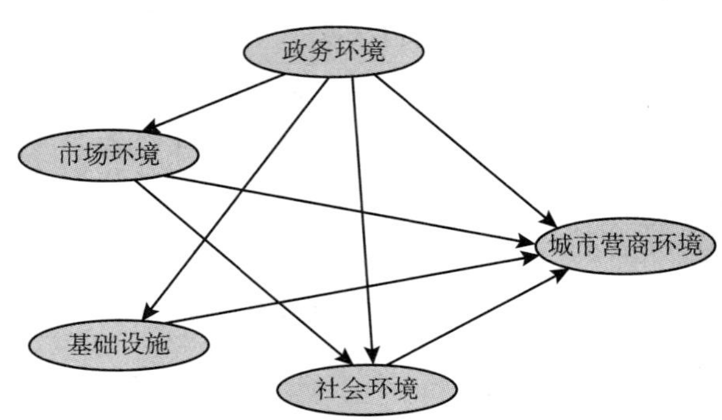

图2　营商环境发展影响因素结构模型

资料来源：笔者整理。

表 2 相关研究假设

初始结构方程模型假设
H1：各影响因素均对营商环境发展水平产生直接影响
H11：政务环境均对营商环境发展水平产生直接影响
H12：市场环境均对营商环境发展水平产生直接影响
H13：社会环境均对营商环境发展水平产生直接影响
H14：基础设施环境均对营商环境发展水平产生直接影响
H2：政务环境对市场环境、基础设施环境、社会环境产生直接影响
H21：政务环境对市场环境产生直接影响
H22：政务环境对社会环境产生直接影响
H23：政务环境对基础设施环境产生直接影响
H3：市场环境对社会环境产生直接影响

资料来源：笔者整理。

（二）问卷设计与研究样本数据收集

研究采用 LIKERT 五级量表形式设计问卷，以期获得不同领域人员对于营商环境各影响因素的重视度，随后结合数据分析确定关键影响路径。为保证题项的一致性，研究通过多种句式阐述问卷中同一题项，以达到最大限度规避调查者的理解偏差的目的①。问卷设计遵循了“文献研究——田野调查——专家交流讨论”的基本范式，从设计调查题项开始到最终定稿历经 2 个月时间，其间进行 2 次小范围问卷预测试，并且对部分受测者访谈以确定各测量维度描述中出现频率最多的关键词。

研究采用实地访谈或电子邮件形式向东北大学、辽宁大学 EMBA 学员及其所在企业员工各累计发放 200 份问卷，其中，行业样本包括服装/纺织/皮革（25%）、仪表仪器/工业自动化（12.5%）、贸易/进出口（25%）、电子技术/半导体/集成电路（12.5%）、机械/设备/重工（12.5%）、快速消费品（25%），并且分别向商务主管部门、高校与研究院所从事相关领域研究的专家发放 50 份问卷。研究累计发放问卷 500 份，共收回 477 份，其中有效回收问卷 342 份。

① 孙德梅，吴丰，陈伟．我国科技安全影响因素实证分析［J］．科技进步与对策，2017（22）：107－114.

五、营商环境发展影响因素结构模型实证检验

SEM 模型依据样本变量的协方差矩阵分析潜变量与观察变量间因果关系，可兼顾因子分析与路径分析的优点，不受路径分析的假设条件限制①。故研究将 SEM 模型应用于营商环境发展影响路径研究，采用基于 ML 的协方差软件 AMOS23.0 评价营商环境概念模型的合理性，并考察变量之间的关系。

（一）数据分析

1. 描述分析

对调查问卷所包含的 22 个题目数据进行描述分析可得表 3。调查数据是否服从正态分布将会对后续分析产生至关重要的影响，当偏度绝对值小于 3，峰度绝对值小于 10 时，表明样本基本上服从正态分布。从表 3 得到各个题目的均值介于 3.33 ~ 4.02 之间，标准偏差在 0.950 ~ 1.307 之间，偏度介于 −1.223 ~ −0.006 之间，峰度介于 −0.933 ~ 1.780 之间，偏度和峰度都满足正态分布的条件，说明这 22 个题目都能够服从正态分布。

表 3　各个题项描述分析

变量	N	最小值	最大值	平均值	标准偏差	偏度	峰度
$P1$	342	1	5	3.41	1.307	−0.373	−0.933
$P2$	342	1	5	3.67	1.281	−0.752	−0.516
$P3$	342	1	5	3.71	1.220	−0.723	−0.362
$P4$	342	1	5	3.73	1.188	−0.649	−0.554
$M1$	342	1	5	3.68	1.050	−0.869	0.488
$M2$	342	1	5	3.77	1.044	−0.845	0.424
$M3$	342	1	5	3.78	1.030	−0.997	0.893
$M4$	342	1	5	3.75	1.052	−0.772	0.328
$M5$	342	1	5	3.75	1.159	−0.812	0.016

① 娄成武，张国勇．基于市场主体主观感知的营商环境评估框架构建——兼评世界银行营商环境评估模式［J/OL］．当代经济管理，2018（6）：60 − 68［2018 − 6 − 11］．https：//doi.org/10.13253/j.cnki.ddjjgl.2018 − 6 − 10.

续表

变量	N	最小值	最大值	平均值	标准偏差	偏度	峰度
M6	342	1	5	4. 02	0. 950	-1. 223	1. 780
I1	342	1	5	3. 69	1. 117	-1. 005	0. 463
I2	342	1	5	3. 68	1. 177	-0. 916	0. 167
I3	342	1	5	3. 72	1. 092	-0. 940	0. 470
S1	342	1	5	3. 69	1. 175	-0. 694	-0. 312
S2	342	1	5	3. 73	1. 197	-0. 671	-0. 295
S3	342	1	5	3. 82	1. 204	-0. 789	-0. 221
S4	342	1	5	3. 70	1. 199	-0. 802	-0. 116
YSHJ1	342	1	5	3. 67	1. 075	-0. 431	-0. 488
YSHJ2	342	1	5	3. 61	1. 201	-0. 436	-0. 793
YSHJ3	342	1	5	3. 57	1. 061	-0. 333	-0. 638
YSHJ4	342	1	5	3. 33	1. 133	-0. 006	-0. 924
YSHJ5	342	1	5	3. 44	1. 126	-0. 330	-0. 614

资料来源：笔者整理。

2. 信度分析

信度分析采用 Cronbach's Alpha 值来检验研究变量在各个测量题项上的一致性。一般认为变量要有良好的信度则 Cronbach's Alpha 系数应不小于 0. 7[①]。调查问卷共有 22 个测量题项，分为五个因素：营商环境、政务环境、市场环境、基础设施环境、社会环境，分别逐一对每个构面进行信度分析，测量结果见表 4。

表 4　　信度分析

变量	题项	CITC	项已删除的 Cronbach's Alpha 值	Cronbach's Alpha
政务环境	P1	0. 621	0. 852	0. 857
	P2	0. 720	0. 809	
	P3	0. 772	0. 788	
	P4	0. 697	0. 819	

① C. KalpaniDissanayake, Jennifer A. Cross. Systematic mechanism for identifying the relative impact of supply chain performance areas on the overall supply chain performance using SCOR model and SEM [J]. International Journal of Production Economics, 2018.

续表

变量	题项	CITC	项已删除的 Cronbach's Alpha 值	Cronbach's Alpha
市场环境	*M*1	0. 800	0. 866	0. 897
	*M*2	0. 766	0. 872	
	*M*3	0. 716	0. 879	
	*M*4	0. 645	0. 890	
	*M*5	0. 704	0. 883	
	*M*6	0. 709	0. 881	
基础设施环境	*I*1	0. 728	0. 713	0. 825
	*I*2	0. 650	0. 794	
	*I*3	0. 671	0. 770	
社会环境	*S*1	0. 624	0. 804	0. 832
	*S*2	0. 661	0. 788	
	*S*3	0. 651	0. 793	
	*S*4	0. 708	0. 767	
营商环境	*YSHJ*1	0. 735	0. 849	0. 880
	*YSHJ*2	0. 700	0. 858	
	*YSHJ*3	0. 707	0. 856	
	*YSHJ*4	0. 708	0. 855	
	*YSHJ*5	0. 718	0. 853	

资料来源：笔者整理。

从表 4 可知，政务环境、市场环境、基础设施环境、社会环境、营商环境的 Cronbach's Alpha 系数分别为 0. 857、0. 897、0. 825、0. 832、0. 880，均大于 0. 7，表明变量具有良好的内部一致性信度。CITC 均大于 0. 5 的标准，表明测量题项符合研究要求。从“删除该题项的 Cronbach's Alpha 值”看，删除任意一题均不会引起 Cronbach's Alpha 值增加，这也同样表明变量具有良好的信度。

3. 验证性因素分析

本次研究的构面共有 5 个维度，分别为政务环境、市场环境、基础设施环境、社会环境、营商环境，共 22 个测量题项，执行验证性因素分析，得到验证性因素分析模型（见图 3）与验证性因素模型拟合度（见表 5）。

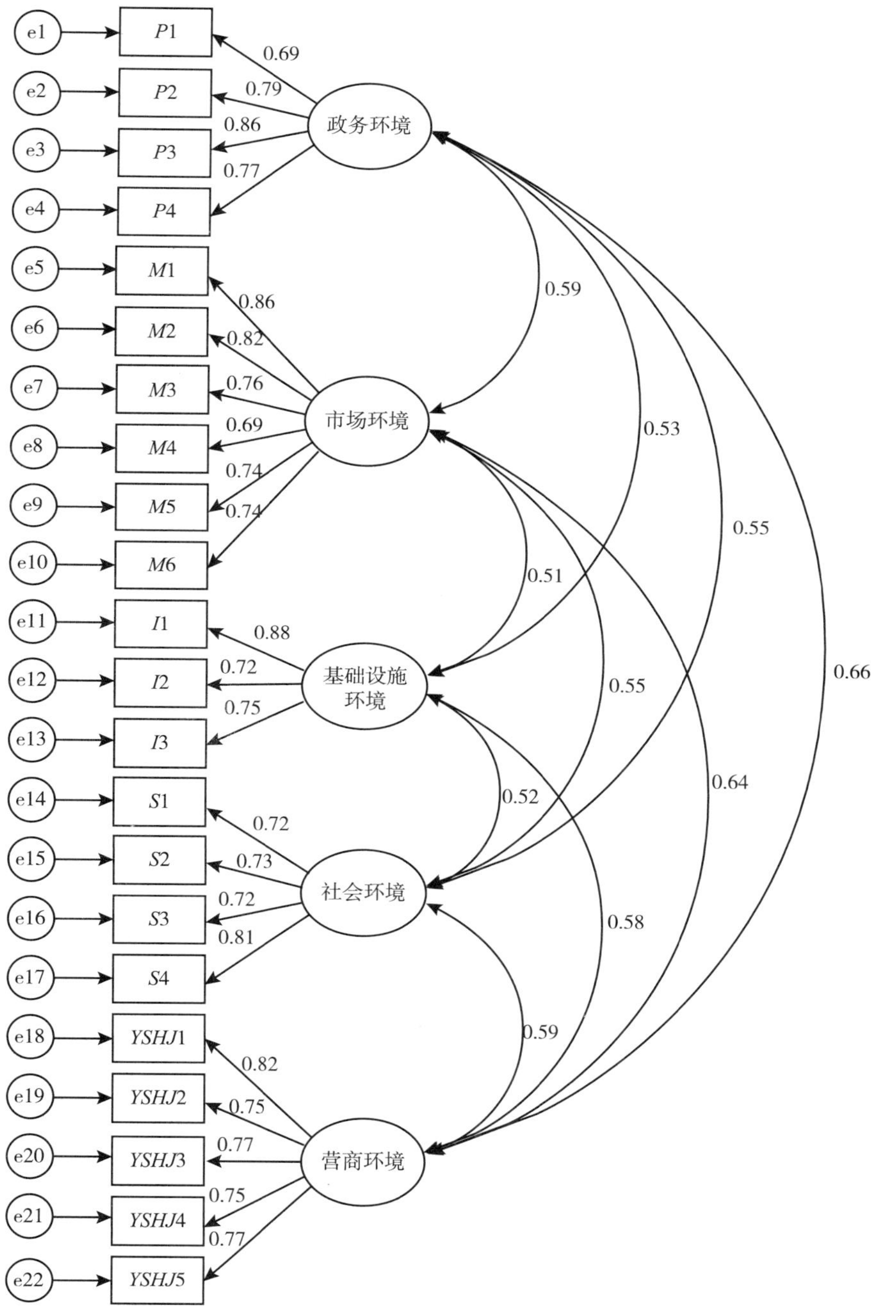

e1 → P1; e2 → P2; e3 → P3; e4 → P4
政务环境 → P1 0.69, P2 0.79, P3 0.86, P4 0.77

e5 → M1; e6 → M2; e7 → M3; e8 → M4; e9 → M5; e10 → M6
市场环境 → M1 0.86, M2 0.82, M3 0.76, M4 0.69, M5 0.74, M6 0.74

e11 → I1; e12 → I2; e13 → I3
基础设施环境 → I1 0.88, I2 0.72, I3 0.75

e14 → S1; e15 → S2; e16 → S3; e17 → S4
社会环境 → S1 0.72, S2 0.73, S3 0.72, S4 0.81

e18 → YSHJ1; e19 → YSHJ2; e20 → YSHJ3; e21 → YSHJ4; e22 → YSHJ5
营商环境 → YSHJ1 0.82, YSHJ2 0.75, YSHJ3 0.77, YSHJ4 0.75, YSHJ5 0.77

0.59 0.53 0.55 0.66 0.51 0.55 0.64 0.52 0.58 0.59

图 3　验证性因素分析模型

资料来源：笔者整理。

表 5　　验证性因素模型拟合度

拟合指标	CMIN/DF	RMSEA	GFI	AGFI	NFI	IFI	TLI	CFI
判断标准	<3	<0.08	>0.9	>0.9	>0.9	>0.9	>0.9	>0.9
模型结果	1.415	0.035	0.932	0.913	0.934	0.980	0.976	0.980
结论	合格	合格	合格	合格	合格	合格	合格	合格

资料来源：笔者整理。

从表5可知CMIN/DF比值为1.415，符合小于3的模型拟合度标准；基准配适指标（NFI）、非基准配适指标（TLI）、配适度指标（GFI）、调整后的配适度（AGFI）、渐增式配适指标（IFI）、比较配适度指标（CFI）均达到大于0.9的模型拟合度要求；平均近似误差均方根（RMSEA）为0.035，符合小于0.08的模型拟合度标准，即研究中验证性因素分析模型的各拟合指标均符合一般判断标准，因此认为该SEM模型对所研究的问题具有良好的适配度与拟合度，可进行下一步验证性因素分析（见表6）。

表 6　　验证性因素分析结果

因素	项目	非标准化负荷	S. E.	C. R.	P	标准化负荷	CR	AVE
政务环境	*P*1	1	—	—	—	0.690	0.861	0.610
	*P*2	1.127	0.086	13.045	***	0.793		
	*P*3	1.167	0.084	13.896	***	0.862		
	*P*4	1.014	0.08	12.708	***	0.769		
市场环境	*M*1	1	—	—	—	0.865	0.899	0.598
	*M*2	0.946	0.05	18.884	***	0.823		
	*M*3	0.864	0.052	16.72	***	0.762		
	*M*4	0.796	0.055	14.399	***	0.687		
	*M*5	0.949	0.059	16.139	***	0.744		
	*M*6	0.778	0.048	16.141	***	0.744		
基础设施环境	*I*1	1	—	—	—	0.881	0.827	0.617
	*I*2	0.858	0.063	13.695	***	0.717		
	*I*3	0.831	0.058	14.321	***	0.749		

续表

因素	项目	非标准化负荷	S. E.	C. R.	P	标准化负荷	CR	AVE
社会环境	*S*1	1	—	—	—	0.719	0.833	0.556
	*S*2	1.038	0.085	12.214	***	0.733		
	*S*3	1.028	0.085	12.04	***	0.721		
	*S*4	1.143	0.087	13.194	***	0.805		
营商环境	*YSHJ*1	1	—	—	—	0.817	0.880	0.595
	*YSHJ*2	1.027	0.068	15.063	***	0.751		
	*YSHJ*3	0.929	0.06	15.531	***	0.769		
	*YSHJ*4	0.962	0.064	14.932	***	0.746		
	*YSHJ*5	0.99	0.063	15.621	***	0.772		

资料来源：笔者整理。

由表6可知，各题标准化因素负荷均大于0.6以上，残差均为正而且显著，显见无违犯估计。各个因素组成信度均大于0.7，平均变异萃取量均大于0.5，均达到收敛效度的标准。

4. 区别效度

区别效度分析可验证不同的两个构面相关在统计意义上的差异性。一般认为，不同构面的题项不具有高度相关性，如果区别效度超过0.85，表示不同的题项的测量内容是相同的，通常会发生在构面的定义如有过度重叠时。研究采用较严谨的AVE法对区别效度进行评估，每个因素AVE开根号须大于各成对变数的相关系数，表示各因素间存在区别效度。各因素AVE开根号均大于对角线外的标准化相关系数，可知研究分析具备区别效度，表7中斜下三角为相关系数。

表7　　区别效度

因素	政务环境	市场环境	基础设施环境	社会环境	营商环境
政务环境	0.781	—	—	—	—
市场环境	0.519**	0.773	—	—	—
基础设施环境	0.447**	0.430**	0.785	—	—
社会环境	0.469**	0.477**	0.423**	0.746	—
营商环境	0.588**	0.563**	0.487**	0.504**	0.771

注：* 表示 $p<0.05$，** 表示 $p<0.01$，加粗黑体字为AVE开根号值，下三角为相关系数。
资料来源：笔者整理。

（二）结构方程模型拟合

应用结构方程模型验证理论模型时，符合标准且较良好的模型配适度是 SEM 分析的必要条件，配适度是研究模型所估算的期望共变异数阵与样本共变异数矩阵一致性程度，配适度越好即代表模型与样本越接近，因此研究应考虑 SEM 模型所提供的重要相关统计指标。研究选取以下指标进行整体模型的配适度的评估：CMIN/DF 的比值、残差均方根（RMR）、CMIN 值、配适度指标（GFI）、调整后的配适度（AGFI）、平均近似误差均方根（RMSEA）、基准配适指标（NFI）、非基准配适指标（TLI）、渐增式配适指标（IFI）、比较配适度指标（CFI）。评价模型与数据拟合程度时要综合考虑各个重要相关统计指标，当绝大多数拟合指标都满足判断标准时可以认为模型与数据拟合程度合格。

研究运用 Amos23.0 以结构方程模型探讨政务环境、市场环境、基础设施环境、社会环境、营商环境之间的关系，得到最终 SEM 模型（见图 4）及模型拟合度（见表 8）。

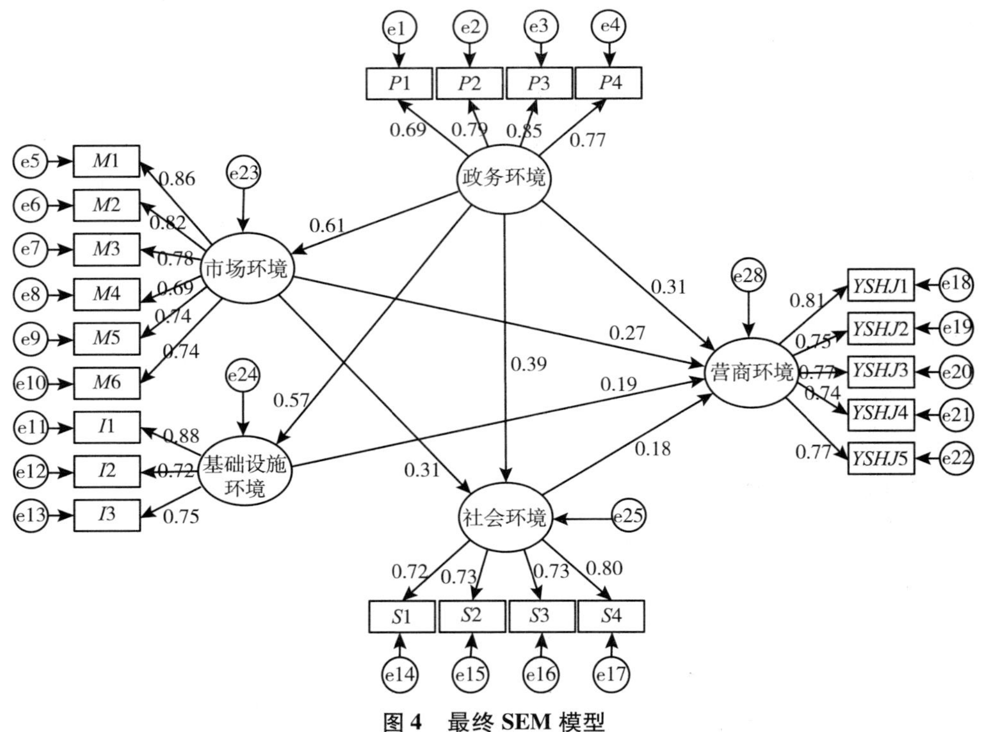

图 4　最终 SEM 模型

资料来源：笔者整理。

表 8　　结构方程模型拟合度

拟合指标	CMIN/DF	RMSEA	GFI	AGFI	NFI	IFI	TLI	CFI
判断标准	<3	<0.08	>0.9	>0.9	>0.9	>0.9	>0.9	>0.9
模型结果	1.554	0.040	0.924	0.904	0.927	0.973	0.969	0.973
结论	合格	合格	合格	合格	合格	合格	合格	合格

资料来源：笔者整理。

从表 8 可知 CMIN/DF 比值为 1.554，符合小于 3 的模型拟合度标准；配适度指标（GFI）、调整后的配适度（AGFI）、基准配适指标（NFI）、非基准配适指标（TLI）、渐增式配适指标（IFI）、比较配适度指标（CFI）均达到大于 0.9 的模型拟合度要求；平均近似误差均方根（RMSEA）为 0.040，符合小于 0.08 的模型拟合度标准。即研究中最终 SEM 模型的各拟合指标均符合一般判断标准，所以可以认为该 SEM 模型对所研究的问题具有良好的适配度与拟合度。

（三）假设检验

由表 9 可以得到，政务环境对市场环境具有显著正向影响作用（$\beta=0.610$，$p<0.01$），假设成立；政务环境对基础设施环境具有显著正向影响作用（$\beta=0.568$，$p<0.01$），假设成立；政务环境对社会环境具有显著正向影响作用（$\beta=0.386$，$p<0.01$），假设成立；市场环境对社会环境具有显著正向影响作用（$\beta=0.310$，$p<0.01$），假设成立；政务环境对营商环境具有显著正向影响作用（$\beta=0.309$，$p<0.01$），假设成立；市场环境对营商环境具有显著正向影响作用（$\beta=0.273$，$p<0.01$），假设成立；基础设施环境对营商环境具有显著正向影响作用（$\beta=0.189$，$p=0.001$），假设成立；社会环境对营商环境具有显著正向影响作用（$\beta=0.177$，$p=0.005$），假设成立。

表 9　　路径系数

路　径	标准化系数	非标准化系数	S. E.	C. R.	P	假设
市场环境←政务环境	0.610	0.616	0.065	9.431	***	成立
基础设施环境←政务环境	0.568	0.620	0.071	8.683	***	成立
社会环境←政务环境	0.386	0.362	0.072	5.006	***	成立
社会环境←市场环境	0.310	0.288	0.067	4.289	***	成立

续表

路 径	标准化系数	非标准化系数	S. E.	C. R.	P	假设
营商环境←政务环境	0. 309	0. 299	0. 077	3. 885	***	成立
营商环境←市场环境	0. 273	0. 261	0. 060	4. 323	***	成立
营商环境←基础设施环境	0. 189	0. 168	0. 053	3. 190	0. 001	成立
营商环境←社会环境	0. 177	0. 183	0. 065	2. 790	0. 005	成立

资料来源：笔者整理。

六、结　　论

（1）政务环境对于城市营商环境产生直接和间接的影响作用，其影响程度是各影响因素中最大的，其影响系数达到0.651。研究结果支持了“制度至关重要”假说[①]，表明良好的政务环境对城市营商环境的发展有显著的促进作用，即使控制市场环境、基础设施和社会环境对营商环境等影响发展的因素，政府环境对城市营商环境的影响仍然显著且正向。研究从定量分析的角度证实了中央与各级地方政府通过财税、商事、行政审批制度改革以优化城市营商环境行为的经济理性。

（2）市场环境对城市营商环境产生直接和间接的影响作用，其影响程度（0. 328）位于第二位。社会基础设施建设对城市营商环境产生直接的影响作用，其影响程度（0. 189）位于第三位，两者对城市营商环境水平的综合影响系数达0. 517，略低于政务环境的影响程度。表明市场环境与基础设施环境同样是城市营商环境发展的关键影响因素。城市营商环境的优化并不局限于政务环境的调整与革新，而是政府、经济、基础设施的相互嵌置式发展。高效的政府服务、公平的市场监管和完备的资源要素可有效降低企业外部环境的不确定性和制度性交易成本，所以塑造公平的市场环境、高效的政府环境、完备的基础设施应该成为城市营商环境优化的目标。

（3）社会环境对城市营商环境产生直接的影响作用，但其影响系数仅为0. 177，其影响程度是各影响因素中最弱的。这可能是由于各城市对于社会环境的关注度较低。随着各城市营商环境的逐渐改善，社会环境将从多个维度对市场环境、政务环境产生较大影响，进而对营商环境的影响相应增大。基于综合投资

① 董志强，魏下海，汤灿晴. 制度软环境与经济发展——基于30个大城市营商环境的经验研究［J］. 管理世界，2012（4）：9－20.

环境理论①，研究尝试提出：投资营商环境不只是单一方面，而是包含多种要素的复杂综合体，不仅包括市场、政府、基础设施等对营商环境影响较大的要素，社会环境也是投资营商环境的一部分，改善投资营商环境要综合考虑其各个组成要素。

综上所述，政务环境、市场环境、社会环境与基础设施环境对于城市营商环境存在不等的影响作用，各影响因素通过直接或间接方式、以单一路径或多路径作用于城市营商环境发展，城市营商环境发展水平最终取决于影响因素间的相互协同，共同作用。

参考文献

[1] 董彪，李仁玉．我国法治化国际化营商环境建设研究——基于《营商环境报告》的分析［J］．商业经济研究，2016（13）：141－143.

[2] 宋林霖，何成祥．优化营商环境视阈下放管服改革的逻辑与推进路径——基于世界银行营商环境指标体系的分析［J］．中国行政管理，2018（4）：67－72.

[3] 董志强，魏下海，汤灿晴．制度软环境与经济发展——基于30个大城市营商环境的经验研究［J］．管理世界，2012（4）：9－20.

[4] 叶宁华，张伯伟．政府补贴和企业出口动态：营商环境的重要性［J］．南开学报（哲学社会科学版），2018（3）：57－67.

[5] 张季平，骆温平，刘永亮．营商环境对制造业与物流业联动发展影响研究［J］．管理学刊，2017（5）：25－33.

[6] 魏淑艳，孙峰．东北地区投资营商环境评估与优化对策［J］．长白学刊，2017（6）：84－92.

[7] 杨涛．营商环境评价指标体系构建研究——基于鲁苏浙粤四省的比较分析［J］．商业经济研究，2015（13）：28－31.

[8] 卢庆芳，彭伟辉．中国城市"宜居、宜业、宜商"评价体系研究——以四川省为例［J］．四川师范大学学报（社会科学版），2018（3）：24－30.

[9] 娄成武，张国勇．基于市场主体主观感知的营商环境评估框架构建——兼评世界银行营商环境评估模式［J/OL］．当代经济管理，2018（6）：60－68［2018－6－11］．https：//doi. org/10. 13253/j. cnki. ddjjgl. 2018－6－10.

[10] 刘穷志．税收竞争、资本外流与投资环境改善——经济增长与收入公平分配并行路径研究［J］．经济研究，2017（3）：61－75.

① Li ping Yan Department of Economy and Management North China Electric Power University Bao Ding, China. Comprehensive Evaluation Model of Foreign Direct Investment Environment Based on The Analytic Hierarchy Process ［A］. IEEE Beijing Section, Beijing University of Technology. Proceedings of 2012 IEEE 3rd International Conference on Emergency Management and Management Sciences（ICEMMS 2012）［C］. IEEE Beijing Section, Beijing University of Technology, 2012：4.

［11］颜姜慧，刘金平．基于自组织系统的智慧城市评价体系框架构建［J］．宏观经济研究，2018（1）：121－128.

［12］娄成武，张国勇．治理视阈下的营商环境：内在逻辑与构建思路［J］．辽宁大学学报（哲学社会科学版），2018（2）：59－65.

［13］王永钦，杜巨澜，王凯．中国对外直接投资区位选择的决定因素：制度、税负和资源禀赋［J］．经济研究，2014（12）：126－142.

［14］魏下海，董志强，张永璟．营商制度环境为何如此重要？——来自民营企业家“内治外攘”的经验证据［J］．经济科学，2015（2）：105－116.

［15］孙德梅，吴丰，陈伟．我国科技安全影响因素实证分析［J］．科技进步与对策，2017（22）：107－114.

［16］C. Kalpani Dissanayake，Jennifer A. Cross. Systematic mechanism for identifying the relative impact of supply chain performance areas on the overall supply chain performance using SCOR model and SEM［J］. International Journal of Production Economics，2018.

［17］Asghar Azizi. Investigating the controllable factors influencing the weight loss of grinding ball using SEM/EDX analysis and RSM model［J］. Engineering Science and Technology，an International Journal，2015（2）.

［18］Li ping Yan Department of Economy and Management North China Electric Power University Bao Ding，China. Comprehensive Evaluation Model of Foreign Direct Investment Environment Based on The Analytic Hierarchy Process［A］. IEEE Beijing Section、Beijing University of Technology. Proceedings of 2012 IEEE 3rd International Conference on Emergency Management and Management-Sciences（ICEMMS 2012）［C］. IEEE Beijing Section、Beijing University of Technology，2012：4.

数字孪生技术在城市管理中的应用

居德华[①]

摘　要：本文提出将工业4.0时代的一项核心技术理念——“数字孪生”应用于城市管理，简述了数字孪生的构建方法和支撑技术，并用已开发的数十个原型系统，说明方法的可行性、普适性和实践价值，包括应用于城市规划和发展定位、地域文化的传承与发展以及创新之城支持等。

关键词：数字孪生　数字孪生城市　知识图谱　万物联网　城市软实力

Digital Twins for Urban Governance

Ju Dehua

Abstract: The digital twin, a core technology in the 4.0 era, is proposed to be applied for urban governance in this paper. A concise description is given about how building related digital twins based on knowledge graphs and Internet of Everything (IoE). Dozens of prototype systems have been developed to demonstrate its feasibility and practical values. The referred application scope includes: urban planning and development positioning, inheritance and evolution of regional culture, support for innovative cities, etc.

Key words: digital twin, digital twin city, knowledge graph, IoE, city soft power

一、数字孪生与数字孪生城市

数字孪生（digital twin）技术，即为物理世界对象在虚拟世界构建一个仿真对照物，被认为是工业4.0时代的一项关键核心技术，也被高德纳公司（Gartner

① 居德华：华东理工大学教授。

Group）连续三年列为 2017～2019 年的前十位战略性技术趋势[①]，是近年高度关注的研究方向。但目前对数字孪生的应用研究主要集中在工业领域，用于构建智慧工厂和智慧产品。

大家已经注意到，国内外最新的一个研讨热点是提出建设所谓的“数字孪生城市”，国外起步于新加坡的虚拟城市计划[②③]，将这一概念作为建设数字城市和新型智慧城市的手段；同时也见开发和推出一些解决方案和软件产品，如 SIM－CI 用数字孪生城市解决城市安全问题[④]，GenView 3D 的决策和 3D 可视化软件[⑤]等，但总体发展趋势似乎还不及后起的国内热。

国内的研讨起步于 2017 年，初始属于概念性的，作为推动新型智慧城市建设的一个具吸引力的手段，到 2018 年可以说已有点紧锣密鼓的态势，以中国信通院为首，迄今已组织过 3 次研讨会[⑥]，一些大型 IT 企业都积极参与其中，包括中国移动公司、中国联通公司、中国电信公司、华为公司、阿里巴巴公司、腾讯公司、百度公司、神州数码公司等，形成“数字经济推进方阵”，已开始具体探讨数字孪生城市的基础理论、实施路径、建设方案等，识别关键攻击点和难点，计划今年共同发布《数字孪生城市建设白皮书》。

此外，几个进展动向也值得注意，如雄安新区和南京市江北新区都已明确提出建设数字孪生城市目标，阿里云发布了建设《城市大脑：探索数字孪生城市》的白皮书[⑦]，华为集团则已明确提出要做智慧城市生态黑土地和打造智慧城市神经系统的目标，为数字孪生提供意图驱动的智简网络，作为华为云同舟共济伙伴的软通动力则开发出基于华为云的智慧城市 APaaS 解决方案等，都是朝数字孪生城市这一重大挑战目标迈出的第一步，具有里程碑式意义。但这一历程还有很长的路要走，因为构建孪生城市从技术角度，要远比构建智慧工厂和产品复杂和困难得多。

---

① Kasey Panetta，Gartner's Top 10 Strategic Technology Trends for 2019，2018，2017，https：//www. gartner. com/smarterwithgartner/gartner－top－10－strategic－technology－trends－for－2019/，https：//www. gartner. com/smarterwithgartner/gartner－top－10－strategic－technology－trends－for－2018/，http：//www. gartner. com/smarterwithgartner/gartners－top－10－technology－trends－2017/.

② Gabey Goh（2015），Building Singapore's ‘digital twin’，https：//www. digitalnewsasia. com/digital－economy/building－singapores－digital－twin.

③ Clayton Moore（2017），The Virtual Singapore project aims to digitize an entire city，https：//www. digitaltrends. com/home/virtual－singapore－project－mapping－out－entire－city－in－3d.

④ SIM－CI（2017），Keeping Our Cities Safe：The Digital Twin City，Whitepaper，https：//www. sim－ci. com/urban－security/digital－twin－cities/.

⑤ GenView（2018），The Digital Twin Cockpit For Smart Cities，http：//www. genview3d. com/smart－city－digital－twin－cockpit.

⑥ 数字孪生城市第三次研讨会在京召开（2018－6－23），http：//www. caict. ac. cn/xwdt/ynxw/201806/t20180625_175807. htm.

⑦ 田丰，杨军（2018），城市大脑：探索“数字孪生城市”，阿里云白皮书［OL］. https：//yq. aliyun. com/articles/609430.

如果能将这一雄心目标窄化一些，仅专注于城市建设的某个方面，如局限在城市的文化和知识资产应用，就会简单容易得多，对此已经不再是纸上谈兵了，我们已拿出可行的实施方案和原型。这也将是本文探讨的重点。

二、数字孪生理念的应用拓宽

数字孪生今天已从概念走向现实，特别随着物联网和云计算技术的迅速发展，在产业和现实生活中的应用将越来越广泛，尽管按照高德纳公司的技术成熟度曲线，物联网的生产率成熟期要到 2019 ~ 2022 年，而跟随其后的数字孪生还要到 2022 年之后，但有趣的是已有人开始议论，数字孪生的理念几乎可应用到每样事物、每个方面甚至每个人（digital twin for everything and everyone），从事物、过程、服务、人物、直到网络，每一方面都可举出意向中的应用①②，用来创新产品和服务，提高生产效率，创造更多商务和社会价值，改善人们的生活。总之，不要轻易说不可能，只是未想到。因此也有专家“鼓吹”，对数字孪生技术不应等待，而应走在技术成熟度曲线的前面。

数字孪生技术的工业应用，可理解为如何利用 IT 技术挖掘工业资产的价值，即通过对物理资产的数字建模，构建一个对应的数字原型，然而探索其潜在应用价值。从资产管理的角度，回观知识与文化领域，人类经过几千年的长足发展，已经积累了极其丰富的知识、文化遗产，如何能有效地利用这些宝贵的资产，充分发挥其潜在价值，已成为一个十分重要的研究课题。

按笔者理解，数字孪生的价值就在于能为原先非智能的物理世界，有目的地引入数据—信息—知识—智慧（DIKW）内容层面，从而可方便融入信息技术，为数字转型时代构建出更多智能产品和智慧工厂。基于这一视角，我们再回头来看文化与知识领域的许多产品和服务本身，原先就自然地隐含着丰富的 DIKW 内容层面，数字出版业的蓬勃发展更提供了许多有利的基础支撑条件，关键是如何能通过有效地组织，将它们突出地展示出来，从而创造出更多有价值的智慧文化和知识产品来，并通过互联网实现大规模快速的传播。因此从某种意义上讲，在文化和知识领域应用数字孪生技术要比工业领域更加简单和方便，开发成本更低。为说明这一理念和论断的可行性及应用价值，在本文提出

---

① Markus Steer（2018），Will There Be A Digital Twin For Everything And Everyone?，https：//www. digitalistmag. com/iot/2018/05/23/will - there - be - digital - twin - for - everything - everyone - 06169041.

② Digitalist Mag（2018），Will There Soon Be A Digital Twin For Everything?，https：//www. vrroom. buzz/vr - news/trends/will - there - soon - be - digital - twin - everything.

了一个构建文化和知识领域数字孪生的普适方法论，并通过已构建的数十个不同类型原型，说明这一方法具备极宽的适用面和重要应用价值，包括许多与城市建设相关的应用。

三、文化资产的数字孪生方法

这一方法可简要概述如下：人类几千年的文明史已积累了极其浩瀚的文化和知识成果，这不应成为一块被动等待发掘的资源，而是采取更积极的态度，通过主动的专业服务，根据需要有针对性地通过网络直接送到需要者的手中。

这是一个目标或问题导向的方法，即根据发展目标或待解决的问题，通过知识需求分析，识别要求的服务资源，它完全依据 RPV 创新理论，即将识别的要求资源 R，通过有目的的分析和组织过程 P，为目标实施创造最大化的应用服务价值 V。

目标导向的资源组织采用基于知识图谱的方法，知识图谱是源自谷歌的一个语义知识表示工具，用于表达知识关联性和智能搜索，近年更成为人工智能技术的一个基石，广泛应用于新知识的发现与挖掘；我们在数字孪生应用中则采用一个逆向策略，把知识图谱用于知识组织，即用于精练表达对解决特定问题的专家知识总结，成为数字孪生的知识建模工具，提供一个完整的知识或文化体系架构描述。知识图谱的优点是其概念的高度抽象性，良好的结构化，便于理解和扩展，借助引入领域本体（专业术语），可灵活应用到各种场合。对使用者而言，相当一张知识地图或图标菜单，能借助简单浏览导航，迅速发现自己的兴趣点，获取要求的知识或文化资源。

对资源的组织连接，依托 4.0 时代的“万物联网”理念，对知识和文化领域，分别借用可适用的“知联网”（internet of knowledge）和“文联网”（internet of contents）技术。通过利用这些未来互联网的连接性威力，配合知识图谱，可实现面向目标的价值资源整合。

由于一个大数字孪生可自然地分解为许多小数字孪生的组合，基于这一标准统一的方法，可方便地利用不同领域专家的专长和积极性，支持分布式的共创，完美地体现了未来“人联网”（internet by and for people）的思路，这是一个支持众创和共享的平台，便于分布协同实施和实时动态演进，主动的“大服务”可由许多志愿贡献的“小服务”链接而成，而且只需简单的互联网链接，无需复杂的软件接口，也方便地体现了未来“务联网”（internet of services）的解决思路。

而对数字对象的展现形式，则没有任何技术限制，可以自由方便地根据对象的性质，选择最佳的多媒体表示形式，包括应用 VR、AR、MR 技术。方法也支持让专业文化工作者成为创作的主体，即不要求懂得任何信息技术，只要求会讲“文化故事”或具备基本写作能力，而这正是他们的专长。

迄今已通过构建 66 个数字孪生原型，说明这一方法的普适性和可行性以及它的实际应用价值，下面介绍的都是与城市发展有关的应用实例。数字孪生说穿了是一门数字转型的技术和方法，之所以可在城市领域找到应用，也因为今天的城市同样存在迫切的数字转型需要。

四、城市规划和城镇化发展定位

当前的中国正面临城镇建设欣欣向荣的大好景象，各地城镇都纷纷推出雄伟的城镇总体规划和战略发展定位，但新时代也需伴随有符合时代感的新思路和新方法，这里一个十分重要应考虑的问题是，如何能抓住机会着力提升城市的形象。

城市形象是一个城市的内在素质、发展水平和文明程度的综合反映，是城市核心竞争力的构成要素，城市形象传播是提升城市软实力的重要途径。良好的城市形象有利增强城市凝聚力与竞争力，提升城市知名度与美誉度，促进城市的对外交流和国际影响力，使城市保持持续、快速、健康发展的潜力和优势。

新媒体具有更高传播效率，更广泛的覆盖面和庞大的受众群体，是塑造和提升城市形象的利器和机遇。为高标准和高质量实现自己的城市目标，扩大持续影响力，一个城镇必须具备高效传播自己形象的能力，而数字孪生正属于这样一类方法，让您能充分整合资源优势，全面展示战略特色。为说明这类应用的价值，我们已构建了多个原型，适合不同类的规模和定位，包括应用到特色小镇建设。

其中，最注目的是为特大城市——上海市《建设全球卓越城市 2017 ~ 2035 总体规划》构建的数字孪生上海市，它相当可用在网上宣传的规划图解版，便于公众对城市发展前景的了解，从而促进更广的支持和共创参与，同时也可用于支持规划的协同实施。

采用数字孪生方法，可将规划的建设目标和愿景，用讲“大故事”的方式，图像化地展现出来，并用丰富的说明性材料，帮助大家更好地理解和认同，激励支持与参与，将这一雄伟目标深深地刻印到每个相关者的头脑和心目中，能将面对的底线约束和新挑战时时放在心中，从而激励更多人的积极探索参与，贡献有创新的突破。尽管规划本身已汇集了众多专家的智慧，是科学发展观的一个集中体现，但借助互联网的公开广泛评论，还有助吸收后来的更多建议创意，推动规划迈向更高境界，这正是互联网的发展策略：“没有最好，只有更好”。

借助云计算平台，这一数字孪生上海市形象，能方便地通过手机送到每个人的手中随时浏览了解，不仅看到已有的成就进展，还有愿景美梦，提高吸引力和激励参与。

同时，这也是一个很好的实施共创平台，基于规划图谱，每位建设者或相关单位也能迅速找到自己的定位和贡献点，认清自己的责任和子目标，通过对实现目标的资源需求分析和整合，找到差距和缺口，通过讲“小故事”的方法，把小目标细化和创造性地实例化出来，即通过构建“小数字孪生”实现的生动的“小服务”，再借助互联网简单连接，汇集成上海市“大数字孪生”整体的“大服务”。

因此，这一网络化的整体框架，也是一个可支持规划群体分布共创的实施方法论，当大家采用统一标准的方法，每一细小实施贡献的加入，只是简单的互联网连接，无需复杂的软件接口。通过数字孪生，城市的建设进展可实时动态地展现出来，让每位参与者享受及时的进展观和获得观。

已经完成的其他相关原型实例还有：服务苏州四个名城建设目标的《古今辉映的历史文化名城》，尽管只是一个粗浅原型，但将苏州市的文化资源优势和发展特色淋漓尽致地表现出来，让许多苏州本地人看后都深受鼓舞，原来他们还有许多“不知道”；其他应用实例还有：《金温江—成都副中心发展定位》《金太仓迈向文化产业时代》和《数字孪生绍兴：大湾区生态旅游胜地》等。基于文联网连接的地方资源优势和特色整合，以及基于知识图谱的发展策略简练阐述，均是数字孪生方法的一个显著特点。

特色小镇建设是当前城镇化建设中关注的一个重头戏，品牌同样是特色小镇的身份和名片，也是特色小镇的独特魅力所在。在培育特色小镇培育过程中，须重视从自身资源禀赋中挖掘“品牌基因”，塑造和构建品牌特征和价值效应，树立和提升品牌形象。众所周知，特色小镇并不是传统意义上的“镇”，而是以特色产业和文化为核心、以创业创新为因子，多种经济元素聚合的一种新的经济形态，是一种全产业链融合、各种创新要素聚合的产业升级和经济转型平台。如何能写好特色小镇这篇大文章和讲清特色故事，有其资源高度整合和多要素融合的特点，迫切要求有新的技术支撑手段，而数字孪生能在这里把“互联网＋”和“文化＋”的特点有效地结合起来，可把特色小镇“小而美、特而强、聚而合、新而活”的特点充分体现出来。

华东理工大学作为《长三角产业特色小镇发展联盟》的平台单位，已为地区的一些典型特色小镇示范点，构建了数字孪生原型，体现“一镇一策”特色，诸如：《文创新场：千年古镇尽从容》《金山枫泾：古镇更新》《智慧余杭：品质之城、美丽之洲》《宁波余姚梁弄镇：红色智慧小镇》《常州新北区孟河镇：中医特色小镇》《合肥肥西三河镇：大湖名城后花园》《金华义乌佛堂镇：千年古镇、画里南江》《南通海门足球小镇》等。

通过实践发现，这一方法还可发现规划的不足方面，推动公众的参与贡献以及计划的改进完善。

五、地域文化的传承与发展

城市文化软实力是城市软实力的重要方面，承载着这个城市的文化理念、文化价值、文化追求和城市精神，文化自觉和文化自信是文化建设的坚实基础和内在动力，是城市社会经济可持续发展的有力支撑。要实现由文化大市到文化强市的华丽转身，必须以文化自觉和文化自信为着力点，切实提升城市的软实力。

对此，国家近年已提出一系列重大战略计划，包括：《实施中华优秀传统文化传承发展工程》《加快构建现代公共文化服务体系》《互联网 + 中华文明三年行动计划》等。当前中华民族正处在走向复兴的伟大时代，需要有凝聚的精神与信念以及解决问题的智慧，新时代新目标要求新思路和新方法。

如何能充分发掘和传承祖先遗留给我们的优秀地域文化，将这些宝贵的文化资产真正转化为推动社会发展的精神动力，借助网络化知识时代来临的历史机遇，以互联网速度和规模加快加大地域文化的传播，实现我们梦寐的“弯道超车”，都是如今城市必须优先考虑的研究课题，而数字孪生方法的提出正当时机。

以上海市为例，有着丰富的海派文化、“红色文化”和“江南文化”的宝贵资源，如何能用好用足，闪亮上海市文化的“金名片”，现在到了需要全面调查研究、主动挖掘、认真总结和整合资源优势的一个关键时刻。

海派文化虽然是阶段性的历史产物，但有着深远的历史渊源，包含很多组成方面，如何能很好地界定和整体性地把握，并不是件易事。对许多人来说，究竟什么是海派文化？它有什么精髓？传承海派文化的价值在哪里？至今还停留在“瞎子摸象”的阶段，因此一些专家强调，要提供大视角认识海派文化和深入挖掘海派文化的内在基因，但这些均需要有效的方法和手段来支持，现代的海派文化也面临着数字转型的迫切需要。

为推动海派文化的传承与发展，通过大胆创新，为海派文化摸索创建了一个数字孪生原型，它包含了海派文化的十五个组成方面，即上海风情、海派文化地图、上海民俗、上海精神、海派文学、海派艺术、海派建筑、海派中医、上海方言、海派武术、海派时尚、海派餐饮、海派创客空间、新海派文化、海派文化、红色印迹，（见图1）还根据《海派文化地图丛书》，及时、动态地反映这一新重要资源内容。

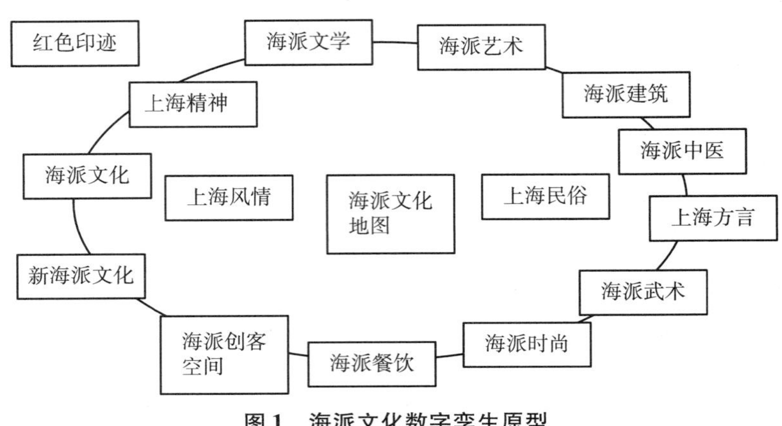

图1　海派文化数字孪生原型

资料来源：笔者整理。

正如已建原型所显示的那样，数字孪生能让原先难以捉摸的海派文化虚概念，变得更加实在和显性化，能大视角和多视角的整体性展示各个组成方面，同时又有丰富的特色内容资源加以衬托和阐述，帮助深入地学习和理解。对文化遗产也不只是简单地拷贝和复原，而要去粗取精、去伪存真，古为今用的创新开发，这也更加符合文化传承工程的要求。能通过各方专家的共创努力，真正地挖掘出海派文化的基因特征和价值精髓。

海派文化研究已积累了丰富的研究成果，每年都举办有海派文化学术研讨会，至今已达十七届，但应当说还未能形成整体感，借助数字转型的大好机遇，构建海派文化数字孪生正适时。但要真实全面反映海派文化的基因和价值所在，还需要研究建立一个能反映海派文化实质、全貌的建模体系框架，这需要研究者的共同努力，这既是发展的需要，也是该时候了，可用“上海记忆，记忆上海”形象地说明了这一工程目标的价值，通过借鉴信息技术为海派文化成果实现阶段性的历史总结，为海派文化构建一个集成的资源内容库和知识库，而知识图谱就是这一库的基础元数据，就像它们已用于表述博物馆一样，可用于表述海派文化，帮助实现“智慧海派文化”，这无疑也是一项具千秋万代意义的基础性工程。

正如许多专家已强调的，对海派文化决不仅停留在中华人民共和国成立前，也不局限在上海市一地，在海派文化研究中，应力求避免"历史定格化"和"核心价值碎片化"的倾向，不断创新，加进符合时代特征的新海派文化要素，既能体现出中西合璧的文化特质，又能坚守中国根底显示独特的核心价值。面对新时期需要有时代感的延伸和创新发展，而从上海市当前的发展定位也有这样的需要和机遇，我赞同一些专家的观点：创造 21 世纪的新海派文化势在必行，上海市也应责无旁贷地挑起中国式城市文艺复兴的重任。

而基于知识图谱的数字孪生方法，具有很强的动态扩展能力，能支持不断的动态创新演进，在这方面也已做了些实践尝试，如对海派话剧的阐述，不再仅局限在介绍老上海的经典海派剧作，而是加进了许多上海话剧界近年探索的许多脍炙人口的新海派作品，诸如《商鞅》《原告证人》《资本论》《活性炭》等，而数字孪生和数字线程技术可以用来真实地刻画这一文化发展历程。

支持地域文化的另两个应用实例是："浙江文化研究工程"和"江苏大运河文化带建设"，前者是习近平同志在浙江省工作期间亲自推动的，原型完全依照浙江省提出的以浙学为核心、展现"今、古、人、文"四个表述方面，再加应用浙江文化地图，通过知识图谱完整地覆盖了浙江文化研究工程的一期研究成果；由于方法是面向建设目标的，因此也可以应用于地域的重大建设工程，不仅文化，就像江苏大运河文化带计划，就表述为四个方面：文化之河、生态之河、开放之河、与经济之河，说明数字孪生几乎可用于表达各个方面。

为能让文物遗产活起来，国家提出了"互联网 + 中华文明"行动计划，而数字孪生正是一个支持实施的普适方法①，为说明其可行性，我们开发了四个数字孪生博物馆原型，分别是：2016 年考古热点"海昏侯遗址发掘"和上海市最新开发的文化景观"思南公馆露天博物馆"，上海之根——"广富林文化遗址公园"，和全国十大考古新发现"上海青龙镇遗址"，它们均属博物馆和文物类型，说明方法具有较高普适性，完全可照葫芦画瓢推广到其他博物馆和考古应用，有可能成为让全国 4692 个博物馆在互联网上展现自身资源特色，从而更"活"起来的参照性方法论。许多馆藏丰富的博物馆，由于受展示空间限制，只能提供部分展示，再依托定期轮换的办法；在新媒体空间，则有可能实现全品和 24 小时的全天展示，在具体实施上，更支持分步走的方法，从部分镜像渐进到全镜像。为表现某一文化主题，数字孪生技术更有可能打破传统馆壁的界限，通过万物联网实现博物馆、图书馆和艺术馆的资源共享。

① 居德华．一个实施互联网 + 中华文明的普适方法论［C］．互联网 + 中华文明学术研讨会，苏州，2017.

数字孪生方法也已应用于为国家和地方（如上海市）构建非物质文化遗产的完整资源图谱，同时，也能为未来发掘提供可扩展的接入点，这些原型还补充了相关的出版研究成果，包括与非遗研究相关的近百本图谱学研究成果。我们也利用文联网的高连接能力，同时标出与非遗对应的国家级生产性保护示范基地和代表性传承人，使非遗的传承与保护更落到实处。

基于文化即服务的理念，构建文化云服务是建设现代公共文化服务体系的一类新方法，目前已建的上海市文化云，主要偏向文化活动的供需对接，而数字孪生更关注文化内容的本身价值，是对上海文化云应用更有意义的补充。为作对比说明，我们以试点的嘉定文化云为蓝本，重构了一个嘉定文化云原型，突出内容为王的理念，重点反映“教化之城、礼乐嘉定”的特色价值。

六、支持创新之城发展

现在全国都在“营造创新生态”和“打造创新高地”，但思路和举措还停留在搞物理园区和传统制造业的一套，同质化倾向明显，为竞争，不得不恶性争夺稀缺的人才资源。为改变这一状况，需要更多地加进数字和网络思维的元素，提倡虚实结合，变“单打独斗”为“合力共创”，通过网络整合各类资源，实现开放创新，建立更完备的公共知识和文化服务体系，推动共享和共赢。本文就是讨论如何能用数字孪生技术，支持知识创新，构建真正健壮的知识和文化生态系统。

中国是个人口大国，要真正转化为一个人才强国，必须为人才发展建设一条“广通道”，因为对中国这样的大国，每个专业的人才需求都将是数以百万计，而现状是大家只能挤考入高校这座“独木桥”，但这远远无法满足产业发展的需要；面对今天飞速发展的技术，许多在岗人员也有知识更新的重大需求，而中国目前还缺乏一个强健的继续教育体制，也不能再仅靠“回炉”来挤高校资源，必须拿出新的解决思路和方案，才能使中国真正成为一个学习型国家。

数字孪生方法也可适用于科技知识领域，如从培养紧缺专业人才角度，可按教育和学习需要，构建对应数字孪生专业，这相当开设一个网上学校的虚拟专业，因为对每个专业人才有恒定知识要求，可根据领域知识体系（BoK），用知识图谱和知联网，通过连接要求的知识资源，建立数字孪生，当展现在云平台上，就能提供所谓的知识云服务，为专业人才培养提供一个开放的广通道，让互联网从早先的信息高速公路，进一步提升为知识高速公路，这类知识云服务，被专家视为“未来的未来”。基于这一思路，我们已尝试建立了众多的领域知识数字孪生原型，包括覆盖 IT 领域的热点新技术，如云计算、物联网、大数据分析等（见表 1）。

表 1　已建的软件开发技术知识数字孪生原型

领域知识体系	制定组织	连接书本资源
软件工程知识体系 SWEBOK v3	IEEE，ACM	3825
项目管理知识体系 PMBOK	PMI 等	655
软件质量知识体系 SQuBOK	JUSE	427
软件测试知识体系 ISO/IEC 29119	ISTQB	927
敏捷开发知识体系 ADBOK	CASDA	506
软件过程改进知识体系 SPIBOK	IISP	722
服务科学管理工程涉及 SSMED	IBM	405
服务计算知识体系	IEEE	610

资料来源：笔者整理。

再以城市治理为例，随着中国城市化进程持续加快，城市治理的复杂性和不确定性日益增加，城市治理的现代化也已成为一个焦点问题，为此国内也已发起组织成立“中国城市治理研究共同体”，并尝试为“城市治理”和“城市病研究”构建过两个知识服务数字孪生原型，收集出版书本资源分别达到 3387 本和 2258 本，充分说明这是一个高知识密集的领域，为保障高素质城市治理人才的培养，有必要通过高端专家的集体努力，借数字孪生为城市治理开发一个资源完整和有科学指导的开放性学习环境。

数字孪生知识也可用于支持重大战略建设目标的知识服务，这方面也已完成几个原型，例如，参照《中国至 2050 年海洋科技发展路线图》和浙江省建立海洋经济强省目标的发展规划，建立的海洋经济知识数字孪生，方案得到浙江省主要领导批示，为舟山新建海洋数字图书馆采纳，提交了一份 120 页发展海洋经济知识体系初步框架，包括：海洋管理、海洋工程和目标产业以及海洋科学三大部分，连接的图书资源 8439 册，其中，印刷书籍 5145 册，电子出版物 3294 册。

再如，为配合两项国家重大战略发展目标：“互联网 +”行动计划和“中国制造 2025”提供要求的知识密集服务，实现完全针对规划要求的知识服务数字孪生原型，分别连接图书资源 10217 册和 6964 册。可见这一方法有极高的灵活性和适应性，能完全根据市场热点需求，敏捷和及时地提供针对性的主动知识服务，由于许多重大项目要求多学科的交叉支持，我们也发现许多知识子域和资源有高度的可复用性，可实现模块化的重用。

上海市的发展正面临一个建设具有全球影响力科创中心的重任，正如韩正同志曾特别强调的：“我们要积极拥抱‘互联网+’”，为促进知识经济时代的重大科技创新，基于数字孪生的健壮知识和文化服务体系，正是个不可缺的核心环节，也是我们建设未来智慧城市的一个重要软基础设施，这是继国家知识基础设施工程后的又一重要台阶，更具针对性地为建设发展提供需要的最后一公里服务。

七、结　语

本文对4.0数字转型时代的一项核心理念和方法，在城市管理与发展领域的应用，进行了一些有意的探讨和尝试，由于符合当代技术发展趋势，同时又有可见的实效价值，故在这里作积极的推介，希望能得到业界的认同，同时也欢迎专家的批评，以使方法更加完善和成熟。

参考文献

[1] 数字孪生城市第三次研讨会在京召开（2018-6-23），http：//www.caict.ac.cn/xwdt/ynxw/201806/t20180625_175807.htm.

[2] 田丰，杨军（2018）.城市大脑：探索“数字孪生城市”，阿里云白皮书［OL］. https：//yq.aliyun.com/articles/609430.

[3] 居德华.一个实施互联网+中华文明的普适方法论［C］.互联网+中华文明学术研讨会，苏州，2017.

[4] Kasey Panetta，Gartner's Top 10 Strategic Technology Trends for 2019，2018，2017，https：//www.gartner.com/smarterwithgartner/gartner-top-10-strategic-technology-trends-for-2019/，https：//www.gartner.com/smarterwithgartner/gartner-top-10-strategic-technology-trends-for-2018/，http：//www.gartner.com/smarterwithgartner/gartners-top-10-technology-trends-2017/.

[5] Gabey Goh（2015），Building Singapore's “digital twin”，https：//www.digitalnewsasia.com/digital-economy/building-singapores-digital-twin.

[6] Clayton Moore（2017），The Virtual Singapore project aims to digitize an entire city，https：//www.digitaltrends.com/home/virtual-singapore-project-mapping-out-entire-city-in-3d.

[7] SIM-CI（2017），Keeping Our Cities Safe：The Digital Twin City，Whitepaper，https：//www.sim-ci.com/urban-security/digital-twin-cities/.

[8] GenView (2018), The Digital Twin Cockpit For Smart Cities, http: //www. genview3d. com/smart – city – digital – twin – cockpit.

[9] Markus Steer (2018), Will There Be A Digital Twin For Everything And Everyone?, https: //www. digitalistmag. com/iot/2018/05/23/will – there – be – digital – twin – for – everything – everyone – 06169041.

[10] Digitalist Mag (2018), Will There Soon Be A Digital Twin For Everything?, https: //www. vrroom. buzz/vr – news/trends/will – there – soon – be – digital – twin – everything.

学科发展与专业建设

改革开放40年城市管理学科建设与发展[①]

刘广珠[②]

摘　要： 我国改革开放40年，城市管理学科从无到有、从小到大，不断发展壮大。1984年，原北京市经济学院在经济学专业开设了城市管理方向。1985年，经原国家教育委员会的批准，正式设立城市管理专业并开始招生。自此，开启了我国城市管理学科建设和发展，城市管理专业的学科建设与发展大体可以分为三个阶段。第一，尝试创办阶段（2000年以前），这一阶段只有首都经济贸易大学，开设城市管理专业。第二，初步探索阶段（2001~2011年），2001年，云南大学率先自主开设城市管理专业，2004年我国教育部把城市管理专业作为高等院校本科专业目录外的招生专业。这一时期共有北京大学、中国人民大学等19所高校开设了城市管理专业。第三，快速发展阶段（2012年以后），党的十八大以来，习近平同志多次做出重要指示，指明了城市管理工作的目标和前进的方向。中央政府相关文件明确指出：鼓励高等学校设置城市管理专业或开设城市管理课程。2012年教育部颁布的《普通高等学校本科专业目录》。在这一背景下，从2012~2017年短短6年的时间，就有47所高校开设城市管理专业。目前全国共有66所高校开设城市管理专业。从地区来看，开设城市管理专业的高校分布在各个地区，其中，华东地区最多，其次是华北和西南地区。从省（区、市）来看，开设城市管理专业的高校分布在24个省（区、市），其中，北京市最多，7所；山东省和云南省，各5所。经过30多年的学科建设和发展，城市管理专业在专业设置和人才培养方面形成了自己的特色和模式。教育部将城市管理专业列在公共管理一级学科下，综合类高校开设城市管理专业最多，财经类高校次之。高校中政府管理学院（包括公共管理学院）开设城市管理专业最多，占了近

---

① 此文曾发表于：刘广珠．改革开放40年城市管理学科建设与发展［J］．城市管理与科技，2018（4）．

② 刘广珠：博士、青岛科技大学经济与管理学院教授；研究方向为城市管理与区域经济。

1/2。全国高校城市管理专业可以概括出政府公共管理模式、区域经济管理模式、城市建设管理模式和城市规划管理模式等四种。城市管理专业人才培养形成了自主培养、国内联合培养、国外联合培养等三种模式，并形成了自己的课程体系。

关键词： 改革开放　城市管理　学科发展　专业设置　课程体系

The Construction and Development of City Management Discipline in the 40 Years of Reform and Opening Up

Liu Guangzhu

Abstract: In the 40 years of reform and opening up, the discipline of city management has stared from scratch and expanded gradually from a small to large scale. In 1984, the former Beijing Institute of Economics set upthe course of city management in the major of economics. In 1985, with the approval of the former National Board of Education, the city management discipline was officially established and the institute began its enrollment. Since then, it has started the construction and development of city management discipline in China, which can be roughly divided into three stages. The first stage was the founding stage before 2000. At this stage, it was only opened by the Capital University of Economics and Business. The second stage was the preliminary exploration stage between 2001 and 2011. In 2001, Yunnan University took the lead in setting up a city management subject. In 2004, the Ministry of Education took the city management as a choice outside the catalog of the undergraduate's recruit majors of colleges and universities. During this period, this major was set up buy19 universities including Peking University, Renmin University of China and so on. The third stage was the rapid development stage after 2012. Since the 18th National Congress of the Communist Party of China, General Secretary Xi has repeatedly issued important instructions in which he pointed out the goals and direction of city management. The Central Document No. 37 clearly states that the colleges and universities are encouraged to set up city management subject or the courses of city management. In 2012, the Ministry of Education announced the Catalog of Undergraduate Majors in Ordinary Colleges and Universities. Under this background, 47 universities have opened city management major in just 6 years from 2012 to 2017. At present, there are 66 colleges and universities nationwide offering this major. From the perspective of the regional distribution, colleges and universities with city management major are located in various regions. Most of them are in East China, followed by North China and Southwest China. From the perspective of provinces and cities, these colleges and universities with the city management major are distributed in 24 provinces and cities. The majority of them is in Beijing with 7, followed by Shandong Province and Yunnan province, each with 5. After more than 30 years' construction and development of this discipline, the city management has formed its own characteristics and models in terms of the setting of discipline and the cultivation of talents. The Ministry of Education put city management major under the first-level discipline of public administration. Thus, this major was mostly opened in comprehensive universities, followed by financial or economic colleges and universities. In universities, this major was mostly set up by the school of government management including the Schools of Public Administration, accounting for nearly 1/2. The city management major of the colleges and universities in China can summarize four management models including the government's public management, regional economy management, urban construction management and urban planning management. The city management has formed three training modes of talents including independent training, domestic training, and domestic and foreign training, and developedits own curriculum system.

Key words: reform and opening up, city management, the development of discipline, the setting of majors, the curriculum system

我国改革开放40年，全国城市化率由1978年的17.9%提高到了2017年的58.52%，每年以高于一个百分点的速度向前发展。快速城市化，亟须科学的城市管理和城市管理人才，在这种背景下，城市管理学科应运而生，专业建设和人才培养迅速发展。

一、城市管理学科发展壮大

1978年，党的十一届三中全会提出，党的工作重点将转移到社会主义现代化建设上来。1978~1983年，我国设市城市由192个上升到281个，城市建设和发展突飞猛进。当时国务院主管城市建设的副总理万里同志指出，为了适应城市发展，提高城市管理水平，建议在高等院校设立城市管理专业。

1980年4月，中共中央对首都城市建设与发展方针做了重要的指示。1983年7月，中共中央、国务院通过《〈北京市城市建设总体规划方案〉的批复》（以下简称《批复》）。为了落实《批复》的指示精神，北京市进行了大规模的调查研究。调查发现，北京市城市问题日趋严重，城市管理急待加强。但北京市和全国高校都未开设这方面的专业，专业城市管理干部没有来源。

在国务院和北京市领导的重视、指导和关怀下，1984年，首都经济贸易大学（原北京经济学院）在经济学专业开设了城市管理方向。1985年，经原国家教育委员会的批准，正式设立城市管理专业并开始招生。自此，城市管理专业是在城市发展的大背景下孕育而生。城市管理专业的学科建设与发展大体可以分为三个阶段，即尝试创办、初步探索和快速发展①。

① 刘广珠．我国高校城市管理专业的历史沿革和现状［J］．城市管理与科技，2016（5）．

（一）尝试创办阶段（2000年以前）

1984~2000年，是城市管理专业的尝试创办阶段。这一阶段只有首都经济贸易大学，开设城市管理专业。

1984年，首都经济贸易大学城市管理专业（方向）设立后，美国、英国等国外多所大学陆续与该专业所在的城市管理系开展合作，该专业的学生毕业后直接分配到政府规划、建设与运行管理机关及一些大型国有市政市容企业等单位，专业发展势头很好。

20世纪80年代末，开始高校的院系调整。这次调整国家高等教育主管部门的虽然没有删去城市管理专业的意图和实际行动，1989年的普通高等学校本科专业目录中仍有城市（经济）管理专业（专业代码：1046），但是受院系调整的影响，1989年，首都经济贸易大学城市管理系被合并到经济系，每年招生的人数基本上都在20人左右，1993年招生29人后便停止招生。直到2001年，我国再没有高校开设城市管理本科专业①。

（二）初步探索阶段（2001~2011年）

2001~2011年，是城市管理专业初步探索阶段。2001年，云南大学率先自主开设城市管理专业，2004年我国教育部把城市管理专业作为高等院校本科专业目录外的招生专业。这一时期共有19所高校开设了城市管理专业，如北京大学、中国人民大学、苏州大学、首都经济贸易大学（重新开设）、浙江农林大学（原浙江省林学院）、华东理工大学、青岛科技大学、南开大学等。还有一些高校开设了城市管理专业方向，如中央财经大学。其间，2004年、2005年和2010年三年开设城市管理专业的院校较多，共有10所。

（三）快速发展阶段（2012年以后）

2012年至今，城市管理专业快速发展阶段。党的十八大以来，习近平同志多次做出重要指示，指明了城市管理工作的目标和前进的方向。如关于城市管理的地位和作用，习近平同志强调，“城市的竞争力、活力、魅力，离不开高水平

---

① 谭善勇．我国城市管理专业30年：回顾、展望与建议，城市管理研究（第1辑）［M］．上海：华东理工大学出版社，2016.

管理，抓城市工作一定要抓住城市管理服务这个重点”。关于城市管理的基本理念，习近平同志强调“坚持以人民为中心的发展理念，坚持人民城市为人民”。关于推动城市管理走向城市治理，习近平同志强调“加强和创新社会治理关键在体制创新，核心是人”。2017 年两会期间，习近平同志在上海代表团讲道，上海市这种超大城市管理应该像绣花一样精细，他要求全面贯彻依法治国方针，依法规定建设管理城市，构建城市治理体系和治理能力现代化，用科学的态度、先进的理念、专业的知识去建设和管理城市。习近平同志的关心和支持，是城市管理发展的最大机遇。中央政府在 2013 年和 2015 年连续召开中央城镇化工作会议和中央城市工作会议。2015 年、2016 年又连续颁布相关文件，其明确指出：鼓励高等学校设置城市管理专业或开设城市管理课程。2012 年教育部公布的《普通高等学校本科专业目录》，将城市管理专业纳入普通高等学校本科专业目录，在公共管理类一级学科下设置城市管理，代码 120405。

在这一背景下，许多高校开始申办开设城市管理专业，从 2012 ~ 2017 年短短 6 年时间就有 47 所高校开设城市管理专业。其中，2012 年 8 所，2013 年 10 所，2014 年 9 所，2015 年 5 所，2016 年 7 所，2017 年 8 所。

二、城市管理专业遍布各个地区

目前全国共有 66 所高校开设城市管理专业，这还不包括开设城市管理方向和城市管理相关的专业。其地域分布，从地区来看，开设城市管理专业的高校分布在各个地区，其中华东地区最多，其次是华北和西南地区（见表 1）。

表 1　我国开设城市管理专业高校的地域分布

序号	地区	开设城市管理专业高校数量（%）
1	华东	17（25.8）
2	华北	15（22.7）
3	西南	15（22.7）
4	华中	9（13.6）
5	华南	4（6.1）
6	西北	4（6.1）
7	东北	2（3.0）

资料来源：笔者整理。

从省（区、市）来看，开设城市管理专业的高校分布在24个省（区、市），其中，北京市最多，7所；山东省和云南省，各5所；浙江省、贵州省、河南省、广西壮族自治区，各4所；天津市、重庆市、山西省、江苏省、湖北省、四川省，各3所；福建省、湖南省、河北省、陕西省，各2所；上海市、辽宁省、吉林省、江西省、安徽省、甘肃省、新疆维吾尔自治区，各1所。

三、专业人才培养形成模式

经过30多年的学科建设和发展，城市管理专业在专业设置和人才培养方面形成了自己的特色和模式。

（一）城市管理专业设置

教育部将城市管理专业列在公共管理一级学科下，综合类高校开设城市管理专业最多，财经类高校次之，这两类高校占了2/3，另外1/3是理工类、师范类和农林类高校。

高校中政府管理学院（包括公共管理学院）开设城市管理专业最多，占了近1/2；经济与管理学院、文法学院（包括法政、社会管理学院）次之，占了1/3；城市建设与管理学院（包括管理学院、城市管理学院）、旅游与规划管理学院（包括旅游、城乡规划管理学院）等再次之。

（二）城市管理学科建设和专业人才培养模式

全国开设城市管理专业的高校都是以自己高校相关专业作为基础和依托，从而形成了自己的城市管理专业特色，综合分析全国高校城市管理专业特点，可以概括出四种模式，即政府公共管理模式、区域经济管理模式、城市建设管理模式和城市规划管理模式（见图1）。

城市管理专业人才培养形成了自主培养、国内联合培养、国外联合培养等三种模式，其中，国内联合培养又可以分为校内联合培养和校外联合培养两种模式（见图2）。

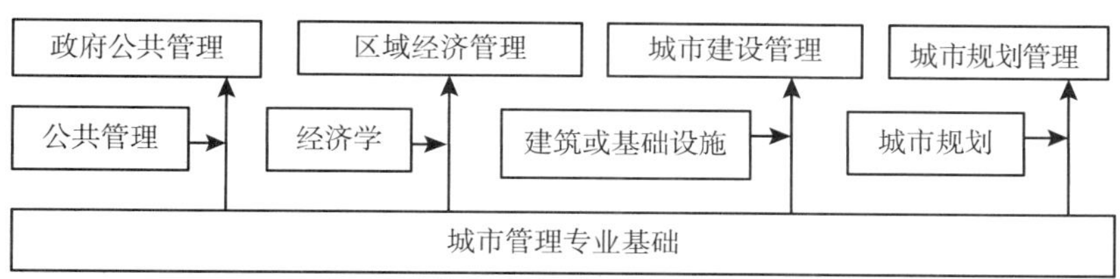

图1　城市管理学科建设四种模式

资料来源：笔者整理。

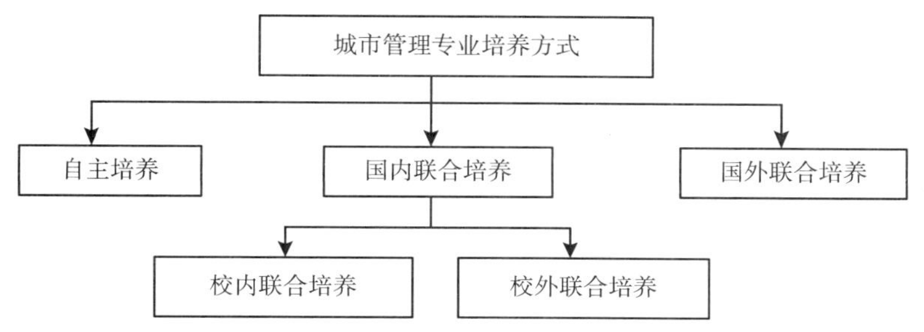

图2　城市管理专业人才培养三种模式

资料来源：笔者整理。

自主培养是指大学生在校学习的四年间，主要在本校按照城市管理专业培养方案学习，大多数学校采取的都是自主培养方式。国内联合培养是指大学生在四年的学习时间里，有一部分时间是和其他专业一起培养或在其他学校学习。校内联合培养主要是指大类招生，入学后一年或两年，按照大类培养，然后再分专业培养。如首都经济贸易大学等高校采取的是校内联合培养方式。校外联合培养。主要是指学生在四年的学习期间，有半年或一年在国内其他高校作为交换生交流学习。如青岛科技大学、浙江财经大学、浙江农林大学等高校采取的是国内联合培养方式。国外联合培养是指学生在四年的学习时间里，有一部分时间是在国外大学学习。如南开大学城市管理专业，入学后前期在国内学习，后期在国外学习。青岛科技大学城市管理专业，学生有半年或一年时间是在国外交流学习。

四、专业课程建设形成体系

城市管理专业从无到有、从少到多，许多高校教学计划经过了近20年的教学实践，经过了2~3次的修订，形成了自己的课程体系。

（一）课程设置体现专业特点

城市管理专业所开设的课程，按照开设的学校数量分析，50% 以上学校开设的课程有 13 门，40% 学校开设的课程有 9 门。50% 以上学校开设的 13 门课程，按照开设学校的数量排序，依次为城市管理学、城市经济学、社区管理、城市社会学、地理信息系统、城市规划管理、社会调查研究方法、城市发展史、公共政策学、管理心理学、政治学原理、城市管理法规和城市数字化管理。40% 的学校开设的课程，按照开设学校的数量排序城市规划原理、公共危机管理、社会保障学、公共人力资源管理、城市地理学、行政法、城市生态学、城市更新与历史文化名城保护和城市工程项目管理①。

从开设学校数量、学分、学时、开设学期和课程性质等方面对 22 门课程进行分析，归纳出城市管理专业的 7 门核心课程，即城市管理学、城市经济学、城市社会学、城市规划管理、社会调查研究方法、公共政策学、政治学原理。

在公共管理一级学科下的行政管理和公共事业管理和城市管理比较接近，城市管理作为和这两个专业并列的二级学科，虽学科相近且具有共同之处，但是必须具有自己的特点和特色，以区别于这两个专业。核心课程应该体现出这些相同和不同的特点。将 7 门城市管理专业核心课程，与行政管理、公共事业管理专业的主要课程比较，7 门课程中有 2 门课程和这两个专业的主要课程一样，一门是社会调查研究方法，一门是公共政策学。一门课和公共事业管理专业的主要课程相同，即政治学原理。另外四门核心课程与行政管理、公共事业管理专业主要课程都不相同，这四门城市管理专业的核心课程作为城市管理专业的特色课程，体现了城市管理专业的特点②。

（二）课程设置体现共性与特点

一般学校城市管理专业开设课程的学分分布为必修课 90 学分左右（其中，公共课、学科基础课、专业基础课各占 30% 左右）、专业限选课 12 学分左右、专业任选课 6 学分左右，其中，专业课近 50 个学分（包括必修的专业基础课、专业限选课和专业任选课）。城市管理专业核心的 7 门课程，学分在 16 ~ 20 分之间。除去 7 门课后，40% 以上学校开设另外的 15 门课程学分在 30 ~ 45 分之间。

①② 刘广珠．全国城市管理专业分布及课程设置分析，城市管理研究（第 1 辑）［M］．上海：华东理工大学出版社，2016.

这两类课程学分之和在46～65分之间，基本可以满足专业课50个学分的要求。城市管理专业的课程设置时，可以首先考虑开设7门核心课程；其次在40%以上学校开设的另外15门课程中间选择；最后结合自己的学校特点和专业特色设置自己学校的特色课程。按照这一体系设置课程既可以体现城市管理专业的共同性，也可以体现各个学校自己办专业的特色。

城市管理学科经过了30多年的发展，形成了一定的规模，中国区域科学协会成立了城市管理专业委员会和教学指导委员会，出版了三辑《城市管理研究》；每年举办一届全国大学生城市管理竞赛，共举办了三届；召开了十届全国城市管理学科建设年会，并举办了华北地区、华东地区、华中地区、西南地区、东北地区城市管理学科建设研讨会和海峡两岸城市管理论坛；同时与国外城市管理学会和大学进行了广泛接触和多方合作。

随着改革开放的深入，城市化率的提高，先进科学技术的出现，对城市管理人才的要求也越来越高，因此城市管理学科任重道远，前途广阔。

参考文献

[1] 刘广珠．我国高校城市管理专业的历史沿革和现状［J］．城市管理与科技，2016(5)．

[2] 谭善勇．我国城市管理专业30年：回顾、展望与建议，城市管理研究（第1辑）［M］．上海：华东理工大学出版社，2016．

[3] 刘广珠．全国城市管理专业分布及课程设置分析，城市管理研究（第1辑）［M］．上海：华东理工大学出版社，2016．

智慧城市管理人才培养与城市管理学科发展研究

王霖琳[1]

摘　要：智慧城市相关人才的缺乏很大程度上阻碍了智慧城市的建设，影响了城市智慧化目标的实现。本文在总结智慧城市发展及智慧城市人才培养现状的基础上重点探讨了智慧城市管理人才培养的重要性，对智慧城市管理人才的类型以及所需的理论知识、培养路径进行了较为系统地解读，并进一步探讨了智慧城市对城市管理学科带来的影响以及城市管理学科对智慧城市管理人才培养的支撑。

关键词：智慧城市　管理人才　培养　城市管理学科

Research on the Talents Training for Smart City Management and Development of Urban Management Discipline

Wang Linlin

Abstract: The lack of professional talents has been serious influenced the construction of smart city, and then affected the realization of city in intelligence. Based on the summarization for current situation of smart city development and talents training, this paper focusedon the talents training for smart city management. All of the types, the theoretical knowledge and the training path for smart city management talents had been analyzed in this paper. And then, this paper further analyzed the influence of smart city development on the urban management discipline, and the support of the urban management discipline to talents training for smart city management. Therefore, itis sincerely expected that this research can have a little help to the development both of smart city and urban management discipline.

Key words: Smart city, Managerial talents, Talents training, Urban management

---

① 王霖琳：首都经济贸易大学城市经济与公共管理学院副教授、城市经济管理系副主任。

智慧城市是在物联网、互联网、云计算、大数据、空间信息技术等新一代信息技术的支撑之下，优化城市规划、改变城市的生产和消费方式，创新政府管理、社会服务方式，最终实现创新、宜居宜业和可持续发展，提升城市的竞争力和吸引力，提升人民的生活品质等城市发展目标。由此可见，智慧城市是信息技术与城市发展的深度融合，需要通过新技术的应用，依靠市民、企业、政府的多方参与，实现城市资源配置的优化，提升经济社会运行的效果和效率。因此，智慧城市的实现不仅需要技术上的创新，更需要人的深度参与。只有当智慧城市涉及的每一个人都具备过硬的知识，并且将知识体系进行融会贯通，才能更好地支撑智慧城市建设。

一、智慧城市发展及人才培养现状

当前，智慧城市战略在世界各国、地区和城市广泛展开，已经成为世界多数国家城市建设的主导方向和核心策略[①]。2018 年 3 月，德勤有限公司发布《超级智慧城市报告》显示，目前全球已启动或在建的智慧城市有 1000 多个，中国在建智慧城市 500 个。而且根据计划，2016～2020 年，我国要培育 100 个新的智慧城市[②]。然而，与如火如荼的智慧城市实践形成鲜明对比的是，在智慧城市的内涵界定、顶层设计等理论探讨层面都还比较薄弱；从公共角度思考、规划以及提供智慧城市知识的创新能力不强[③]；项目运营困难、社会资本参与渠道不畅、市民参与度不够等问题也都有待解决。

智慧城市理论研究不足和实践需求旺盛的差距决定了培养面向智慧城市发展的人才，成为当前智慧城市发展中的重要问题之一。在此问题的探讨方面，许庆瑞等从战略高度指出城市在推进智慧城市建设的过程，主要有两条路径来发展所需的人才战略：（1）从外部集聚人才；（2）内部培养人才。在内部培养方面需要通过具有创新精神的政府的引导和支持，以产、学、研、用、金等多方合作的模式以及建设公共服务平台等进行人才的培养[④]。张晓东等在分析国外智慧城市人才开发的经验基础上，也提出通过建设研究型大学、促进学科交叉和产学研结

---

① 徐振强．智慧城市新思维［M］．北京：中国科学技术出版社，2017.

② 德勤．超级智能城市更高质量的幸福社会［R］．https：//www2. deloitte. com/cn/zh/pages/public－sector/articles/super－smart－city. html，2018.

③ 徐振强．智慧城市新思维［M］．北京：中国科学技术出版社，2017.

④ 许庆瑞，张素平，张军．人才战略和智慧城市的建设［J］．西安电子科技大学学报（社会科学版），2013（2）.

合、以企业带动人才培养等进行智慧城市人才的培养[①]。江静以智慧城市为目标，对通信产业人才培养进行了细致的探讨[②]。邵华对高职院校培养智慧城市人才的对策进行了分析[③]。张俊玲等以智慧城市学院建设为依托探讨了工科学院“新工科”建设的实践[④]。

综合以上内容可以看出，现有研究或从战略高度提出了智慧城市人才培养的方向，或是以培养技术型智慧城市人才为主，而对于智慧城市管理人才的培养路径、知识体系的探讨还很欠缺，因此，本文将重点对智慧城市管理人才培养的知识体系，智慧城市人才培养目标需求下的城市管理学科发展进行一定的探讨，以期对智慧城市人才培养以及城市管理学科建设提供一定的借鉴。

二、智慧城市管理人才知识需求分析

学科和专业意义的智慧城市管理兴起较晚，尚未形成学术规范。在分析智慧城市的内涵、目标及当前发展中存在的问题的基础上，本文把智慧城市管理界定为智慧城市的管理和智慧的城市管理两个层面。所谓智慧城市的管理主要是指运用管理学知识对智慧城市的顶层设计、项目运营等智慧城市建设环节进行系统的分析、组织、协调、控制，从而保障智慧城市建设的顺利开展。智慧的城市管理则是指智慧城市建设过程中以及建设完成后，以智慧化的模式和技能进行的城市运营管理，以提高城市管理的效能。智慧城市管理人才也就是具备如上两个层面工作所需的知识，能够在该领域内进行一定的创新，并最终促使以上管理工作得以完成的人。

在此基础上，本文按照所需知识体系的不同，进一步将智慧城市管理人才划分为了三大类，并分析了三类人才所需的知识体系。

第一类，从事智慧城市顶层设计及管理的人才。这类人才需全面掌握城市科学基础理论知识：能够从系统论的角度审视城市的本质，把城市作为一个复杂巨系统的整体进行分析；能够把握城市发展基本规律，识别每个城市发展阶段的问题及任务；具备从战略高度管理城市的能力，能够对城市长远的发展战略进行分析，解决城市发展目标定位、城市功能培育、城市形象与特色培育等现代城市发

---

① 张晓东，朱占峰．国内外智慧城市建设人才开发的经验借鉴［J］．物联网技术，2013（11）．

② 江静．助力智慧城市建设与发展，探索通信专业人才培养模式［J］．智能建筑与智慧城市，2017（6）．

③ 邵华．宁波高职院校培养智慧城市建设人才的对策研究［J］．科教文汇，2014（4）．

④ 张俊玲，张姝，王希庆．城市型、应用型大学工科学院“新工科”建设的思考与实践探索［J］．北京联合大学学报，2018（2）．

展的关键问题；具备一定的空间思维，能够随着城市和技术的发展改变对城市空间的认知，并进行相应的城市空间结构的布局与调整。

第二类，从事智慧城市建设运营管理的人才。这类人才按照智慧城市建设项目的发展历程，本文又把他们分为三个环节的管理人才。

第一个环节是在智慧城市顶层设计之后，从宏观角度把握整个智慧城市项目运作的人才，这类人才需掌握协同基本理论，具备公共管理知识体系，具备大型公共项目管理经验，能够促进政府与社会的协调运作；

第二个环节是具体负责智慧城市建设项目资本运营管理的人才，这部分人才应熟知经济、市场规律，掌握资本运作、投融资管理知识，能够厘清智慧城市的投融资主体、客体的特点，并进行适当的投融资模式搭建；

第三个环节是为促进智慧城市达到“以人为本”目标，促进智慧城市最终实现的具体实践者。我国智慧城市建设的关键问题之一就是市民参与度不够，智慧城市的市民参与不能仅仅依靠“互联网+”，也应促进面对面的传播，要解决这一问题，笔者认为，应重点从社区工作入手。社区是城市体系中最基础、最活跃的细胞，是城市与社会之间的最有效衔接者，作为面向城市居民提供智慧化服务的智慧城市建设不应缺少社区工作者的参与。因此，这类人才的主要工作就是直接与市民沟通，有效了解市民对智慧城市的需求以及智慧城市实施过程中存在的问题。当前，我国的社区工作者一般要求具备良好的社会学、心理学知识，良好的组织管理、行政管理能力，良好的沟通协调、统计调查能力，同时他们还应熟悉智慧城市的理念架构，能够发现和总结市民对智慧城市的需求和问题，最终促进智慧城市的落地实施。

第三类，能够以智慧化的思路进行城市管理的人才。智慧城市是城市发展的高级阶段，是未来城市发展的高级形态，未来城市的城市管理者必须具备智慧化的城市管理思路，掌握智慧化的城市管理技能，适应智慧化的组织架构体系，实践长效化的智慧城市管理机制，从而最终实现可持续的城市管理智慧化，让智慧城市的效益真正得到发挥，从而完成传统城市向智慧城市的真正过渡。

简单来说，智慧城市管理人才所需知识体系见图1所示。当然，在目前国家体制下，本文所探讨的智慧城市管理人才将会在政府、智慧城市企业、社区等不同组织主体内从事智慧城市管理工作，因此基础的管理学、政府管理、企业管理等知识也应在他们的知识需求范围内，但本文主要聚焦到智慧城市建设及运营层面的知识体系，因此，以上知识内容并没有在图1中单独列出。

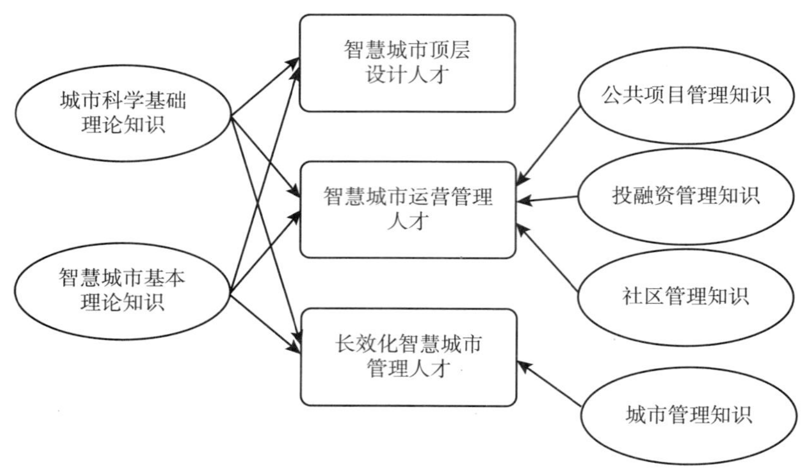

图1　智慧城市管理人才知识体系

资料来源：笔者整理。

三、智慧城市管理人才培养路径分析

以上智慧城市管理人才的培养，既可以通过对现有智慧城市从业者补充城市发展基础理论知识的社会培养路径进行，也可以通过对城市相关专业的高校大学生强化智慧城市相关知识完成。由于笔者在高校工作，所以本文将重点探讨面向高校大学生的智慧城市管理人才的培养路径。

以高校大学生为对象的智慧城市管理人才培养，首先，需要强化城市科学及智慧城市基础理论知识；其次，需要密切把握当前智慧城市发展的实践现状；再次，需要培养学生持续的创新能力。因此，在当前实践基础上，本文总结了一条面向智慧城市管理人才高校培养模式的“学—用—赛”一体化培养路径（见图2）。

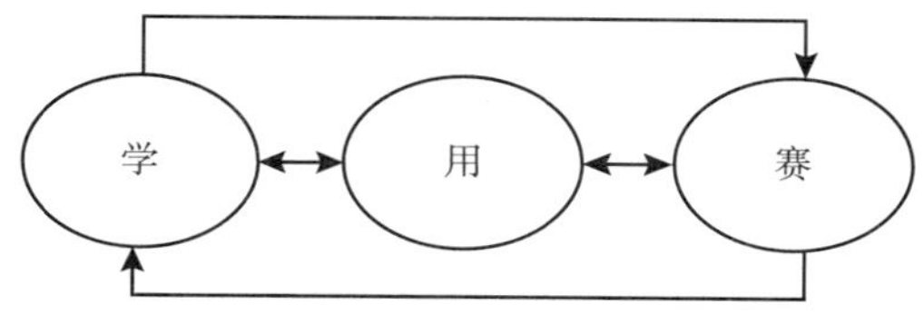

图2　智慧城市管理人才培养路径

资料来源：笔者整理。

其中，“学”指学习基础理论知识。可以通过校内的课堂授课及实验室教学等方式进行城市基础理论知识、智慧城市基础理论、公共项目管理、投融资管理、社区管理、城市管理等理论知识和相关技能的培养；也可以通过引导学生到校外对典型智慧城市案例实地调研、深入智慧城市相关企业、科研单位实习实践等方式强化对智慧城市的体系、架构、意义效果等的知识培养。

“用”指应用，即面向智慧城市的实践应用需求进行培养。这其中又包括两个方面，一是通过案例调研、与企业联合等方式了解智慧城市管理方面存在的问题，了解政府、企业对智慧城市管理技能的需求，按照应用需求展开培养；第二要引导学生根据需求深入开展智慧城市管理方面的创新研究，培养创新能力，积极促进研究成果应用于实践，满足城市创新发展的需求，从而真正实现产－学－研一体化。

“赛”是指通过校内—校际的学科竞赛实现对创新成果的展示及比较。在“用”的环节创新的基础上，通过竞赛进一步提升学生的创新意识、创新水平，进而反哺基础理论的学习和实践应用，也更加保障智慧城市的创新方向；同时通过竞赛增强管理型人才的组织协调能力、沟通交际能力，从而实现对智慧城市管理人才的全面综合培养。

笔者认为，通过以上培养路径，既可以满足智慧城市管理人才基础知识技能的需求，也可以实现对创新型管理人才综合素质的提升，符合当前我国创新型、综合型人才的培养目标。

四、面向智慧城市管理人才培养的城市管理学科发展

从以上智慧城市管理人才培养知识需求框架中可以看出，城市管理学科作为城市研究的传统学科，在城市基本理论知识、复杂系统理论、城市规划管理、城市建设投融资、城市空间科学、城市管理学、城市经济学等方面具有深厚的基础，能够对从事智慧城市管理的顶层设计人才、项目管理人才、智慧化城市管理人才的基础理论知识进行系统的培养，从而增强他们的基础理论水平。

同时，以培养城市管理人才为主的城市管理专业也应在当前的培养方案中增强智慧城市相关知识的教授，实现传统城市学科的智慧创新。智慧城市是信息社会发展背景下未来城市发展的新常态，信息化、智慧化已经对各行各业乃至整个社会管理产生了深远的影响，因此，传统的城市科学理论体系也应当受到挑战，如城市信息化、智慧化对城市空间结构布局的影响；对城市经济产业升级、产业类型划分的影响；对城市管理思路及机制的影响；对城市社会变迁，市民数字鸿

沟导致的新的社会公平问题的影响等；所有以上问题都需要我们以新的视角、新的思路对原有理论基础进行创新。要做到这一点，笔者认为，需要在城市管理人才培养体系中加大智慧城市相关知识的补充。

但是目前，笔者在对国内10余所院校的城市管理专业培养方案对比后发现，多数城市管理专业的课程设置中没有专门包含“智慧城市”关键词的课程，智慧城市相关知识一般在“城市数字化管理”课程中有所体现，可见现有城市管理专业中关于智慧城市的授课内容还太少。而且由于智慧城市本身理论体系不够完善，在智慧城市的教学中内容也不够完整。本文在对以上智慧城市管理人才知识体系总结的基础上，认为城市管理专业应当增设智慧城市课程，智慧城市课程包括智慧城市的概念内涵、智慧城市发展理论基础、智慧城市建设对城市发展的意义、智慧城市的关键支撑技术、智慧城市建设标准及评价、智慧城市项目投融资的模式探讨以及智慧时代的问题及对策等方面展开智慧城市相关内容的研究及教学，从而达到培养智慧型城市管理人才的目的。

五、总　　结

本文主要是对智慧城市管理人才的理论知识学习内容进行了梳理，进而对高校大学生为对象的智慧型城市管理人才培养的路径进行了总结，在此基础上对城市管理学科的发展提出了一点建议，期望能对城市管理专业培养方案的修订及智慧城市相关教学内容的设计提供借鉴。但从以上分析也可以看出，智慧城市管理人才的知识需求具有多元化特征，涉及多个学科、多个门类，智慧城市又是一个实践性很强的领域，同时，鉴于作者自身的知识领域限制，本文在智慧城市管理人才的社会培养模式、企业实践操作等方面的思考还有待深入。

参考文献

[1] 徐振强．智慧城市新思维［M］．北京：中国科学技术出版社，2017.

[2] 德勤．超级智能城市更高质量的幸福社会［R］．https：//www2. deloitte. com/cn/zh/pages/public - sector/articles/super - smart - city. html，2018.

[3] 许庆瑞，张素平，张军．人才战略和智慧城市的建设［J］．西安电子科技大学学报（社会科学版），2013（2）.

[4] 张晓东，朱占峰．国内外智慧城市建设人才开发的经验借鉴［J］．物联网技术，2013（11）.

[5] 江静. 助力智慧城市建设与发展，探索通信专业人才培养模式 [J]. 智能建筑与智慧城市，2017 (6).

[6] 邵华. 宁波高职院校培养智慧城市建设人才的对策研究 [J]. 科教文汇，2014 (4).

[7] 张俊玲，张姝，王希庆. 城市型、应用型大学工科学院“新工科”建设的思考与实践探索 [J]. 北京联合大学学报，2018 (2).

高素质应用型管理人才培养模式探索与实践——以宁波工程学院城市管理专业为例

沈友华[①]　王婉娟[②]

摘　要： 城市管理面临严峻挑战，急需高素质管理人才。本文在梳理学界对于城市管理专业人才培养研究的基础上，主要从协同育人的视角，立足本校办学条件和自身优势，积极开展与政府、企业、行业全方位合作开展合作培育高素质应用型城市管理专业人才，全方位探索符合区域经济社会发展需要的城市管理专业人才培养模式。

关键词： 协同育人　城市管理　人才培养

Exploration and Practice of Training Mode of High－Quality Applied Management Talents：Take the Major of Urban Management in Ningbo University of Technology as Example

Shen Youhua　Wang Wanjuan

Abstract： Urban management faces severe challenges and urgently needs high-quality management talents. On the basis of combing the research on urban management professional talents，this paper mainly focuses on the conditions and characteristics of the school's running conditions from the perspective of collaborative education，sums up the current experience and gains of the urban management professional talent training path with governments，enterprises etc.，and comprehensively explores urban management professional talent training model required the regional economic and social development.

Key words： collaborative education，urban management，talents cultivation

当前我国快速城市化既给城市带来前所未有的发展机遇，也带来了“城市病”。据不完全统计，目前国内有66所高校开设城市管理专业，该专业在发展过

---

① 沈友华：宁波工程学院人文与艺术学院院长、教授；研究方向为教育管理。
② 王婉娟：宁波工程学院人文与艺术学院城市管理教研室主任、讲师；研究方向为城市管理。

程中面临诸多问题，比如专业课程设置不断调整和变化、教材建设相对滞后、实践教学基地建设有待进一步推进等等。作为宁波市唯一一所开设城市管理专业的高校，无论是基于适应城市快速发展的实践需要还是基于学科专业培养人才的理论需要，都有必要积极探索和构建城市管理专业人才培养模式。因此，研究本课题具有重要的实践意义和理论价值。

一、国内外研究现状述评

我国城市管理专业开设较晚，学界总结近几年来城市管理专业的办学经验，从培养方案、人才供求、毕业生就业状况、课程设置等角度对城市管理专业人才培养进行初步探索。钱玉英等（2011）[①] 认为，基于城市管理的现实特点，城市管理专业应培养复合型、应用型人才，为实现培养目标应建立城市管理专业独特的课程体系和有效的实践教学体系。周嘉禾等（2013）[②] 通过对比分析目前我国相关院校城市管理专业的课程设置状况认为，我国高校尚未形成统一的城市管理专业的人才培养目标和模式。王琦（2014）[③] 对 16 所代表性高校城市管理专业人才培养方案进行了文本对比分析，分别从大学类型与学科背景、专业定位与培养目标、课程体系设置、实践教学体系等方面比较了各高校人才培养方案的特点与异同，为我们探索人才培养模式提供了基础资料。徐建平等（2011）[④] 对云南省城市管理专业人才需求状况和毕业生就业状况进行了对比分析，对城市管理专业的人才培养模式进行了反思和探讨。文正祥等（2008）、颜梅艳等（2011）认为，法学类课程在城市管理专业人才培养中具有十分重要的作用，总结我国近 10 年城市管理专业办学经验和城市管理工作的实际需求，认为，各高校城市管理专业人才培养中法律素质的培养比较薄弱，并对其培养途径进行了探讨。吴波等（2012）[⑤] 探讨我国高校目前城市管理专业人才供给规模与培养模式，并预测城市管理专业人才需求取向。宋明爽等（2014）就如何提升城市管理专业办学质量，提出要找准城市管理专业人才培养的目标点、关键点、着力点、结合点和落

① 钱玉英，钱振明. 城市管理专业的人才培养目标与模式［J］. 中国行政管理，2011（12）.

② 周嘉禾等. 城市管理本科专业比较研究［J］. 北方经贸，2013（9）.

③ 王琦. 我国高校城市管理专业人才培养模式的比较研究——基于人才培养方案的文本分析［J］. 湖南商学院学报，2014（3）.

④ 徐建平，马春. 从毕业生就业状况探讨城市管理专业的人才培养模式——以云南大学为例［J］. 黑龙江教育学院学报，2011（7）.

⑤ 吴波. 我国高校城市管理专业人才供求探析［J］. 中国电力教育，2012.

脚点。尹来盛（2015）[①] 认为，要依据专业办学条件、特色，构建“课内与课外，校内与校外”有机结合的实践教学体系，并提出创新教学模式的发展路径。康维波等（2015）[②] 探讨了如何提高城市管理专业教学实习和毕业实习有效性，主张通过学术活动提升学生能力、完善专业实践环节、与城市管理相关部门和机构建立良好合作关系等。戴维·R. 摩根（David R. Morgan）、罗伯特·E. 英格兰（Robert E. England）和约翰·P. 佩利塞罗（John P. Pelissero）等学者在《城市管理学：美国的视角》中分析了现代化城市管理人才的重要性。[③]

二、理论分析

（一）协同育人理念的意义

自从协同创新作为国家创新发展的引领性方向，将高校、政府、企业（社会）联系在一起，深度合作，以协同创新中心具体承接合作任务。随着我国高等教育发展战略自身不断调整，同时外部环境对人才培养要求也发生了变化。协同育人理念基于实践和高校发展需要，在该理念下，学校与学校之间、学校与企业之间、学校与政府之间开展联合培养学生的活动。在育人过程中，有的依托项目，有的依托基地，有的是学校主导，有的是企业主导，也有政府主导，参与主体涉及双方乃至多方，协同育人过程也是多方互动的过程。

协同育人理念有助于提升人才培养的有效性。协同育人机制将高校专业结构与产业结构相结合，产业结构的调整、人才需求等情况变化及时反馈到高校，有助于高校提高专业设置、发展规模等方面与产业结构相匹配程度，及时调整与产业不匹配的专业，根据产业发展趋势合理定位基友专业培养方向、目标和方案，寻找专业发展的空间，设置新的具有发展前景的专业。协同育人理念有助于提升课程设置的针对性，课程群的设置，单科课程的内容设置要遵循知识本身的规律和学生学习规律，同时要及时跟进产业发展的前沿，将产业发展中的经验进行理论加工，反哺到理论课堂中，提升课程的实用性。协同育人理念有助于提升学生

① 尹来盛．卓越行政人才培养下实践教学体系的探索与构建——以新兴的城市管理专业为例［J］．教育教学论坛，2015（24）．

② 康维波等．城市管理专业教学实习和毕业实习有效性研究［J］．社科纵横，2015（8）．

③ ［美］戴维·R. 摩根，罗伯特·E. 英格兰，约翰·P. 佩利塞罗．杨宏山，陈建国等译．城市管理学：美国的视角［M］．北京：中国人民大学出版社，2011．

就业的适应性，在协同育人机制下，实现了理论课堂与实践课堂的联系与互动，学生在实践活动中完成相关理论的学习，激发了学习兴趣，提高学生从事具体实际工作和适应社会发展的能力。

（二）城市管理专业人才培养模式现状分析

城市管理专业是应我国城市化进程而生，发展前景较好，但目前存在诸多问题：一是学科和专业归属问题。城市管理专业属于交叉学科，在学科归属上有的归属于公共管理学，有的归属于规划设计，有的归属于经济学；在院系设置上有的学校归属于公共管理学院，有的归属于经济管理学院。相对复杂的学科和专业归属，主要原因是因为城市管理专业是相对年轻的专业，各学校开设此专业是基于本校既有的师资力量和学科优势。二是专业特色定位问题。各高校基于自身优势创建专业，因此，在人才培养目标和方案上不尽相同，有所侧重，研究型综合性大学致力于培养城市领袖，专业型院校以及地方院校则结合本校实际情况和地区发展特色，致力于培养城市工程师、城市智慧管理及城市基层管理者。三是课程体系建设问题。城市管理专业属于新兴专业，目前开设此专业的高校在传统优势学科基础上，立足培养目标，建设各自课程体系，总体上看管理类课程、政治学类课程属于通识类基础课程，在此基础上有的高校侧重经济类课程，有的高校侧重建筑规划类课程，有的侧重技术类课程。

三、城市管理专业人才培养实践

宁波工程学院地处社会经济发达的宁波市，宁波城市经济发达、文明程度较高，城市发展各类指标居于全国前列，宁波工程学院紧密围绕地方经济社会发展目标，与地方共生共荣，本着为宁波市输送城市管理高级人才的理念，创办了城市管理专业。总结、分析该校城市管理专业人才培养过程和现状，发现从培养目标、师资队伍建设、培养途径等方面贯彻协同育人理念。

（一）建立综合性培养目标

专业培养适应城市现代化管理需要，具有较强的城市管理、社会治理、行政管理、企业管理、调研与数据分析等专业核心能力与相关知识的高素质、创新型、专业化人才，并将这一目标具体化，由不同的课程群支持，具体目标分解见表1。

表1　　专业能力培养目标分解

基础理论知识目标	具备系统的管理学、社会学、行政学、经济学等基本理论和基本知识	管理学、政治学概论、行政管理学、社会学概论、经济学原理等
城市管理能力目标	具备现代城市行政管理的能力和技能	城市管理概论、城市公共政策、城市综合行政执法、公共关系学、智慧城市系统等
城市社会治理能力目标	掌握社会调查的专业技能，对于社会问题能提出初步解决方案	城市社会学、社会调查研究方法、统计学、社会工作等
城市经济分析能力	掌握城市经济运行和发展规律，具备城市经济分析能力	企业管理与市场营销、城市土地与房地产专题、城市经济学等

资料来源：笔者整理。

（二）与多方合作培养人才

现代城市管理是对城市生活各个方面的综合管理，涉及众多领域，对于城市管理专业人才需求的部门和机构较多，且比较分散。对这些人才需求单位的职能、人员的知识结构、对城市管理工作的认知等方面的调研，探索应用型城市管理专业人才培养与城市管理人才需求的“双对接”是培养人才的关键。为此，教学团队与政府尤其是城市管理局、民政局等部门开展多层次、多领域合作，首先，通过建立学生实践基地，建构学生对于本专业的认识模式；其次，专业教师与地方政府开展项目合作，让学生参与到项目研究中，进一步深化对城市管理的认识与熟悉；最后，实行“双导师”制，通过外聘等方式，聘请业界人士担任学生学习导师，包括实习指导、毕业论文指导等具体工作。通过以上方式，逐步掌握城市管理专业人才需求状况。

（三）完善人才培养队伍建设

首先是师资结构。专业教师大多毕业于国内外重点名校，学科背景多元化，来自政治学、公共管理学、社会学、经济学等主要社会科学，大多具有博士学位，在年龄、职称、学历结构上实现了多元化，形成了一支高素质师资队伍。其次是探索城市管理专业人才培养模式，包括以社会需求为导向制定培养方案；构建并完善与城市管理专业定位相匹配的课程群；实施“全员导师制”，建立师生双向评价机制，通过访谈和问卷调查，由学生评判课程满意度，整理、分析相关数据，梳理、总结现存的问题，针对问题提出相应解决方案；在师资队伍建设方面，与开设城市管理专业的其他高校做横向比较，客观评价既有师资力量。推进教学改革，提升教师课堂教学能力；推荐专业教师在相关部门进行挂职锻炼，提升教师社会实践能力和公共政策分析能力，促进课堂教学与社会实践相结合；着力突破实践教学和实践能力培养的薄弱环节。

（四）构建与完善学生能力素质结构

学生对课程体系、教师教学、专业认知实习、社会调研、科研项目等方面的认知和参与，这既是反思现有人才培养模式的基础，也是继续深入探索本专业人才培养的关键。第一，通过专业导论课程建立学生对城市管理专业的认知；第二，通过实践教学环节，强化和巩固理论知识（见表2）；第三，调动学生积极性，参与教师科研项目和全国大学生城市管理竞赛、浙江省统计调查大赛等学科竞赛项目，开阔学生视野，培养学生分析和解决实际问题能力。第四，在学生评价方面，根据学生课堂表现、考试成绩、学生社团活动、学生科研项目、学科竞赛、社会实践等环节综合评定，综合地、科学地评价学生能力。

表2　实践课程

实践课程名称	计划时间
认识实习	2周
业前培训	2周
文献综述	2周
专业实习	2周
专业调查	2周
社区实习	10周

资料来源：笔者整理。

四、城市管理专业人才培养成果

经过本专业近四年来的辛勤耕耘，城市管理专业全体师生的创新实践能力和社会服务能力得到有效提升。

（1）系统性创新能力增强。学校、企业、社会共同参与下的开放式培养让学生的创新意识、创新精神、创新思维、创新方法等形成了系统，学生能自主开展学生科研项目的选题、设计、研究和结题，获国家级立项 3 项、结题 2 项、校级多项。

（2）创新协作水平提高。专业学生能主动发掘其他专业的协作资源，组队参加各类学科竞赛，以城市管理专业学生为负责人牵头组建的跨专业团队斩获国家级一等奖（B 类竞赛）3 项、二等奖 4 项、三等奖 2 项、优秀奖 4 项；省级二等奖 3 项，省级三等奖一项，其中 2016 年获得省统调大赛（A 类）一等奖；校级奖项多项。

（3）理论研究能力提升。依托于学院和本专业的优势资源，宁波市第三轮社会科学研究基地“宁波市基层社会治理研究基地”已经全部完成研究任务，共主持国家级软科学重大招标课题 1 项，国家级软科学项目 1 项，主持省部级课题 14 项，厅市级课题 45 项；出版专著 16 部，其中一级出版社 7 部；发表核心期刊论文 50 余篇，其中一级期刊论文 10 篇；主持横向项目经费约 200 万元，10 余篇政策建议稿被采纳，1 篇被刊发于国家科技部《软科学要报》，4 篇被市级领导批示；获得 8 个厅（市）级及以上奖项，其中，首席专家荣获第十二届、第十三届宁波市哲学社会科学一等奖。2018 年，城市管理专业又申请获批了第四轮宁波市社会科学研究基地即“宁波市基层社会治理研究基地”，基地将立足宁波、放眼全国，整合宁波市高校、研究所、政府部门、社会组织、市场等多元主体进行协同创新，为宁波市创新基层社会治理、改善民生水平咨政建言，为宁波市社会建设和社会治理创特色、提经验、谋新招，建设成为具有地方特色的新型智库。

五、高校开展协同育人的思考

（1）协同育人为高校高素质应用型人才培养的必由之路。长期以来，我国大学资源配置分散，基本上是自成办学体系，基本上是闭门办学，与外界合作交流少。在经济社会转型升级的时代，社会需要大量的复合型、应用型人才。同时高校在人才培养、科学研究、服务社会等方面的功能日显突出。政府、行业、企业等社会用人单位对高素质应用型人才需求与高校在单一主体的传统办学理念和人才培养模式下培养出的人才形成了巨大的矛盾。

高校必须改变传统的人才培养模式，打破高校与其他社会用人单位主体间的体制机制壁垒，实现协同育人，构建高校与政府、企业、科研机构等“政、产、学、研、用”多主体间协同的人才培养模式。

（2）协同育人关键是建立合作共赢的长效机制。协同育人要兼顾高校、政府、企业、行业等各方利益诉求，这样才会实现合作各方共享共赢的体制机制，否则就没有真正的协同育人。对于高校尤其是地方应用型高校，提高应用型人才培养质量，服务区域经济社会发展是高校的根本使命；协同育人可以为企业、行业等提供胜任工作岗位各类专业人才，降低企业的用人成本。高校与相关参与方协同育人要找准契合点，将各方的利益有机统一起来，建立行之有效的协同育人模式，满足合作各方的利益诉求，实现协同各方共赢发展的良好局面。

（3）协同育人应以培养学生综合实践能力为目标。当前，人才培养的质量一定程度上尚不能完全满足社会的需求，传统的人才培养模式毕业生实践动手能力和创新能力往往不能适应工作岗位需求；实践教学是应用能力培养的必要阶段，对创新人才培养具有至关重要的作用。

在协同育人过程中，应紧紧围绕提高学生综合实践能力和创新能力，以培养学生解决问题的能力为导向，协同制定人才培养方案，设置课程体系，使学生的知识、能力和素质综合协调发展。

六、结　　语

审视宁波工程学院城市管理专业人才培养模式，从专业定位、课程体系、实践教学、学生能力素质结构等方面考察，宁波工程学院城市管理专业以协同育人为理念，为了提升人才培养的社会契合度，把社会资源引入人才培养的全过程，结合城市管理专业的社会需求，构建该专业人才培养模式，一定程度上践行了协同育人理念、开展了政府、学校、知名科研院所、行业企业之间的协同，创新了跨界联合培养人才机制。

参考文献

［1］钱玉英，钱振明．城市管理专业的人才培养目标与模式［J］．中国行政管理，2011（12）．

［2］时伟．论大学实践教学体系．［J］．高等教育研究，2013（7）．

［3］尹来盛．卓越行政人才培养下实践教学体系的探索与构建——以新兴的城市管理专业为例［J］．教育教学论坛，2015（24）．

［4］徐建平，马春．从毕业生就业状况探讨城市管理专业的人才培养模式——以云南大学为例［J］．黑龙江教育学院学报，2011（7）．

［5］张本效．对城市管理专业人才培养模式的探索与反思——全国城市管理专业建设研

讨会综述［J］. 北京林业大学学报（社会科学版），2007.

［6］王琦. 我国高校城市管理专业人才培养模式的比较研究——基于人才培养方案的文本分析［J］. 湖南商学院学报，2014（3）.

［7］康维波等. 城市管理专业教学实习和毕业实习有效性研究［J］. 社科纵横，2015（8）.

［8］周嘉禾等. 城市管理本科专业比较研究［J］. 北方经贸，2013（9）.

［9］吴波. 我国高校城市管理专业人才供求探析［J］. 中国电力教育，2012（23）.

［10］［美］戴维·R. 摩根，罗伯特·E. 英格兰，约翰·P. 佩利塞罗. 杨宏山，陈建国等译. 城市管理学：美国的视角［M］. 北京：中国人民大学出版社，2011.

实践思考

技术驱动、条块整合与城市治理创新——以城市网格化管理为例

周昕宇[①]　杨宏山[②]

摘　要： 在快速城市化进程中，我国城市基层治理面临很多现实难题，要求相关行政部门联合起来采取整体行动。城市跨部门治理有技术应用、机制创新、组织整合三种路径。近年来，网格化管理模式将这三种路径应用于城市治理之中，为提升多部门协同运作能力提供了“抓手”。在实践中，一些城市的网格化管理系统过于强调控制导向，对公众需求的回应性及跨部门统筹能力有待提升。改进城市治理有必要推进向街道赋权，优化城市基层治理体系，健全绩效考核机制，促使行政部门提升回应性，建立区级统筹平台，提升统筹协调效率。

关键词： 城市治理　条块关系　网格化管理　技术驱动

Technology Driven, “Tiao/Kuai” Integration and Urban Governance Innovation: In the Case of Urban Grid Management

Zhou Xinyu　Yang Hongshan

Abstract: In the process of fast urbanization, urban grassroots governance in China is facing many practical problems, requiring relevant administrative departments to take joint actions as a whole. There are three paths of urban cross-sectoral governance: technology application, mechanism innovation and organization integration. In recent years, the grid management model has applied these three paths to urban governance, which provides a grasp for improving the capability of multi-sectoral collaborative operation. In practice, grid management systems place too much emphasis on control orientation, and the responsiveness to public needs and the capability of cross-sectoral coordination need to be improved. To improve urban governance, it needs to promote the empowerment for subdistrict agency, to reform the performance evaluation system of public sectors, and to establish a district-level platform for cross-sectoral coordination.

① 周昕宇：中国人民大学公共管理学院博士生。
② 杨宏山：中国人民大学公共管理学院教授、博士生导师、公共财政与公共政策研究所所长。

Key words: urban governance, "Tiao/Kuai" relationship, urban grid management, technology driven

在单一制和中央集权的制度安排下，中国政府间关系呈现出“职责同构”的特征。① 相应的，地方治理形成了“上下对口，左右对齐”的“蜂窝状”结构，这种结构安排有助于各级地方政府快速落实上级决策部署，但是部门间横向行政壁垒较多，难以满足城市公共事务的整体治理需求。如何既发挥“条条”的作用，又推进政府内部各部门之间整合，构建条块协同的跨部门运作机制，是中国城市治理面临的一个难题。

一、城市治理中的条块矛盾

条块关系是中国政府间关系模式的基础，也是地方政府体制中基本的结构性关系。② 所谓“条条”指的是从中央到地方各层级政府业务内容的性质相同的职能部门，是中央政府发挥统辖权、自上而下推行其政策指令意图、在资源和人事安排上统辖各地的主要渠道；“块块”指的是由不同职能部门组合而成的各个层级政府，是处理具体属地问题、提供公共物品、解决地方性冲突的主要力量。③ 中国地方治理实行条块结合，通过纵向和横向两个维度分配权力、资源、责任等，并建立自上而下的调控机制，形成矩阵结构。在这一结构下，中央统辖权与地方治理权之间存在一定的紧张关系，在地方治理层面具体表现为条块矛盾。④

作为国家治理组织体系的重要组成部分，城市治理普遍存在着条块之间的矛盾，城市治理中的条块结构如图 1 所示。在城市基层治理中，条块矛盾表现为一种“常态”的紧张关系，具体体现在两个方面⑤：一方面，“双重从属制”是条块结构的一个基本特点，即地方各级政府的职能部门在纵向上从属于上级职能部门，在横向上从属于本级政府。在这种双重从属制下，地方政府部门既要对本级政府负责，也要对上级部门负责。而“蜂窝状”结构主要通过“条条”运作，上级政府依托“职责同构”体系直接领导下级政府开展工作，同时也可以通过自

① 朱光磊，张志红．“职责同构”批判［J］．北京大学学报（哲学社会科学版），2005（1）：101－112.

② 周振超．条块关系：政府间关系的一种分析视角［J］．齐鲁学刊，2006（3）：144－147.

③ 周雪光．权威体制与有效治理：当代中国国家治理的制度逻辑［J］．开放时代，2011（10）：67－85.

④ 马力宏．论政府管理中的条块关系［J］．政治学研究，1998（4）：68－74.

⑤ 叶敏．城市基层治理的条块协调：正式政治与非正式政治——来自上海的城市管理经验［J］．公共管理学报，2016（2）：128－140.

上而下的途径来监管或指导下级部门，导致地方政府行为在很大程度上受到上级条条掣肘，难以采取统筹协调的一体化行动处理城市公共事务。①

另一方面，“块块”与实行垂直管理的“条条”之间的矛盾在城市基层治理实践中也越来越突出。垂直管理的“条条”是指一些实行纵向一体化领导的特殊部门，其中一些部门常常以服从上级业务主管部门的命令为由，拒绝为地方事务服务。② 而一些地方政府也以垂直管理部门对所管辖事务负责为由，不愿配合垂直管理部门的市场监管和行政执法活动。垂直管理部门与地方政府部门之间的这种各自为政、相互推诿问题，最终导致政府权力碎片化和行政效率损耗，降低了政府的回应能力。③

城市是一个复杂的有机整体，城市治理必须依靠整体观念和整体系统。尤其是近年来随着城市化快速发展，跨部门问题和事务增多，需要相关部门联合起来，采取整体行动。为此，要突破城市治理瓶颈，重点在于探索条块协同的跨部门运作机制，缓解条块矛盾，促使政府内部各个子系统联结起来构成整体性力量，系统地处理复杂多样的城市治理问题。

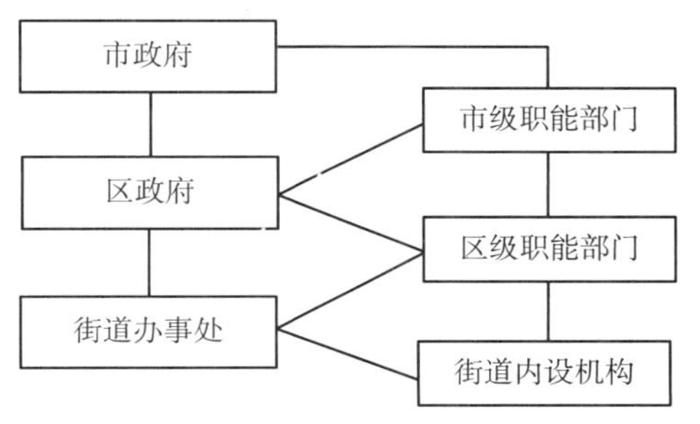

图1　城市治理中的条块结构

资料来源：笔者整理。

二、城市跨部门治理的三种路径

我国在实现快速城市化的同时，由于体制不合理、方式不科学、手段落后，城市治理中的政府职能缺位、信息获取滞后、方式粗放被动、处置效率低下、监

---

① 杨宏山．转型中的城市治理［M］．北京：中国人民大学出版社，2017．

② 孙发锋．从条块分割走向协同治理——垂直管理部门与地方政府关系的调整取向探析［J］．广西社会科学，2011（4）：109－112．

③ 周振超．条块关系：政府间关系的一种分析视角［J］．齐鲁学刊，2006（3）：144－147．

督评价缺乏、长效机制缺失等问题日益显著。[①] 为了改善城市治理状况，近年来，我国一些先锋城市积极探索跨部门治理，引起了学术界广泛关注。从现有研究来看，这些跨部门治理创新可以被归纳为技术应用、机制创新、组织整合三种路径。

（一）技术应用推进跨部门治理

随着城市化的快速发展，中国城市治理和公共服务的压力越来越大，传统治理模式已经难以有效应付，在这种背景下，现代信息技术逐渐被各地政府所青睐并应用于城市跨部门治理之中。斯蒂芬·戈德史密斯（Stephen Goldsmith）等提出，“信息技术可以有助于推倒组织之间的壁垒，赋予政府及其合作伙伴各种工具，以跨越组织界限进行有效的合作”。[②] 现代信息技术尤其是互联网的应用，为政府部门集成问题信息、增进信息共享、提升回应效率等提供了途径和手段。

例如，市政热线应用现代信息通信技术整合多个部门的热线电话，实行“一号对外”，既为市民提供了方便快捷的问题反应渠道，又能快速提供咨询和建议，方便市民了解相关政务信息。[③] 另外，电子政务是近年来很多城市利用互联网技术推进跨部门治理的典型，在集成政府各部门网站和数据库系统、整合共享信息资源的基础上，构建政务门户网站，为居民在线办事提供便利。

（二）机制创新推进跨部门治理

机制创新是在不触及现有组织机构安排的前提下，利用工具性手段促使政府各部门采取协同行动，是一种资源密集度低、权限约束性小、灵活性高的跨部门治理方式。机制创新为政府部门之间及时互通信息、增进交流协商提供了平台和渠道，联席会议和跨部门评价机制是其中的典型代表。

联席会议是平等主体之间为促进协同行动而构建的一种松散型议事决策机制。[④] 这种机制通常在需要协商解决涉及多个政府部门职责的事项时启用，由各

---

① 何军．网格化管理中的公众参与——基于北京市东城区的分析［J］．北京行政学院学报，2009（5）：89－92.

② ［美］斯蒂芬·戈德史密斯，威廉·D. 埃格斯．孙迎春译．网络化治理：公共部门的新形态［M］．北京：北京大学出版社，2008.

③ 石晋昕，杨宏山．整体政府视角的城市治理创新——以市政热线整合为例［J］．北京电子科技学院学报，2017（1）：16－22.

④ 杨宏山．转型中的城市治理［M］．北京：中国人民大学出版社，2017.

部门共同商议并确定工作制度，通过建立横向平级的合作关系，来促使部门之间及时交换信息，对各种意见、利益、矛盾冲突等进行协调，进而推进跨部门工作任务得以落实。① 跨部门评价机制兴起于20世纪90年代一些城市为改进机关作风、提高服务效率，而开展“公众评议政府”“民意测评职能部门”等活动。进入21世纪后，市政绩效评估快速发展起来，通过定期对政府各部门进行绩效考评，发布评价结果，实现跨部门工作监督。

（三）组织整合推进跨部门治理

为了有效地解决城市治理中政府部门职能交叉、权责不明、多头管理等问题，组织整合成为推进跨部门协调的一种重要手段。组织整合是通过调整组织结构或创建组织实体的方式，优化职权在政府内部的分布状况，使一些公共事务由原来的部门间协调转变为部门内部协调，降低协调成本，提高事务处置效率。大部门制、设立议事协调机构、设立跨部门监管机构都是通过组织整合的方式来推进跨部门治理。

大部门制是对职能相近的机构进行合并，由一个大部门统一管理相关公共事务，将行政机构之间的跨部门协作变成大部门内部的一体化运作，减少政策协同的阻力。近年来，北京市、上海市等城市尝试在街道层级推行大部门制改革，注重对“条条”的合并，致力于解决“多头执法”问题。在中国制度环境下，设立议事协调机构也是推进跨部门协调的常用方式，主要是通过建立组织实体，协调相关政府部门专门处理某些特殊的或突发性事项，在实际运作中包括成立各类领导小组、工作组、协调小组、指挥部等多种形式。② 与设立议事协调机构相类似，设立跨部门监管机构是通过建立组织实体，集中并综合行使分散在不同行政部门中的监管权，提高监管力度和效率。

综合以上，城市跨部门治理可通过技术应用、机制创新、组织整合三种路径进行运作。为破解城市治理难题，北京市东城区基于问题导向，率先探索实行城市网格化管理模式，形成综合应用这三种路径推进条块整合的运作机制。

① 朱春奎，毛万磊．议事协调机构、部际联席会议和部门协议：中国政府部门横向协调机制研究［J］．行政论坛，2015（6）：39－44.

② 周望．议事协调机构改革的思考［J］．中共浙江省委党校学报，2011（4）：18－23.

三、网格化管理：城市跨部门治理的实践探索

（一）网格化管理的背景环境

进入20世纪90年代，我国城市化进程快速发展，城市建成区面积快速扩张，环境污染、交通拥堵、机动车乱停放、垃圾渣土乱堆、城市部件缺损不能及时修复等问题也成为城市治理的沉疴痼疾。这些问题的出现固然有城市建设方面的原因，但也有城市管理体制和运行管理方面的原因。[①] 在现行城市管理体制下，条块之间相互埋怨、互不配合、出工不出力、争功诿过，[②] 导致城市运行和监督管理存在许多薄弱环节，主要表现为信息滞后、治理被动、效率低下等[③]。

北京市作为我国首都、超大城市以及政治和文化中心，在21世纪初，更为集中地暴露出城市规模膨胀、外来人口快速增长、各类公共设施庞杂、公共安全隐患增多等一系列城市问题。为了有效地应对城市问题，以更良好的城市环境迎接2008年夏季奥运会，作为首都功能核心区的北京市东城区，率先探索城市跨部门治理新思路、新模式。2004年10月，北京市东城区尝试将技术应用、机制创新、组织整合这三种路径运用于城市治理之中，探索实施网格化城市管理新模式。

（二）网格化管理的构成要素

北京市东城区网格化城市管理系统由单元网格、监督员、信息网络系统、跨部门绩效评估系统、城市管理监督指挥中心等要素组成，它将技术应用、机制创新、组织整合三种路径应用于城市治理，推进跨部门运作。网格化管理系统的运行流程如图2所示。

---

① 程朝晖．我国城市管理的问题及对策［J］．北京市工会干部学院学报，2004（3）：52－57.

② 王喜，范况生，杨华，张超．现代城市管理新模式：城市网格化管理综述［J］．人文地理，2007（3）：116－119.

③ 叶敏．城市基层治理的条块协调：正式政治与非正式政治——来自上海的城市管理经验［J］．公共管理学报，2016（2）：128－140.

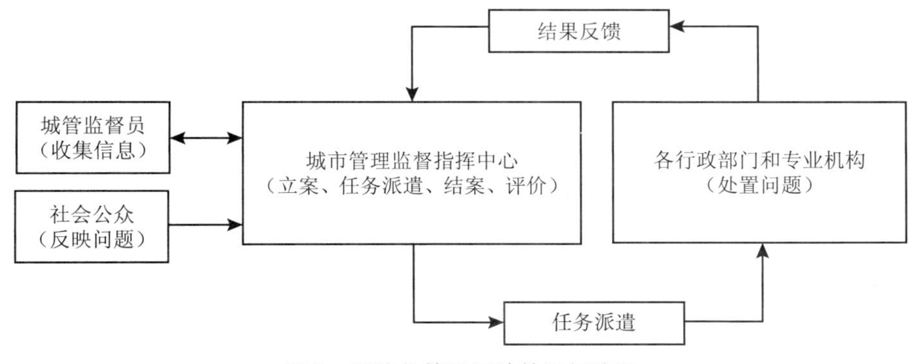

图 2　网格化管理系统的运行流程

资料来源：笔者整理。

单元网格和信息网络系统发挥了技术应用优势。网格化管理把城市区域划分为若干个边界清晰的地域单元，形成一个个无缝拼接的单元网格，每个单元网格都配有监督员，分别对分管的单元网格实施动态监控，及时发现和识别各类问题。针对以往政府部门间信息共享不足、政府回应性差等问题，网格化管理还依托计算机网络和移动通信技术，开发了专门的信息网络系统，不仅提高了信息传递和反馈速度，还整合了分散在各部门中的信息资源，实现信息资源共享和跨部门协调。①

跨部门绩效评估系统发挥了机制创新优势。在传统城市治理模式下，行政执行权与监督权不分，部门既是管理者，又是监督者和评价者，缺少独立的绩效评估机制。面对这种状况，网格化管理基于现代信息平台及其自动统计和报告功能，构建了跨部门绩效评估系统，自动生成客观量化的绩效评估结果，定期评估各部门的绩效情况。

城市管理监督指挥中心发挥了组织整合优势。网格化管理通过设置独立于各部门之外的城市管理监督指挥中心，专门负责问题监督和指挥调度工作，实现了监督权和执行权相分离。城市管理监督指挥中心的设立，既提升了问题集成能力，又有助于统一调度分散在各部门中的管理资源和执法力量及时处置问题。

北京市东城区通过探索网格化管理模式，将技术应用、机制创新、组织整合这三种路径集中应用到城市治理之中，进行跨部门协调，取得了良好的监督服务效果。随后，网格化管理在全国范围内扩散开来。

① 杨宏山．数字化城市管理的制度分析［J］．城市发展研究，2009（1）：109－113.

（三）网格化管理的发展导向

在北京市委、市政府的倡导下，2005 年东城区网格化城市管理经验被推广到北京市城八区，建立市、区两级信息化城市管理系统。为了进一步在全国范围内推广网格化管理，2005 年 7 月，建设部将深圳市、成都市、杭州市等 10 个城市和城区确定为数字化城市管理的第一批试点。截至 2008 年 6 月，全国 25 个省（区、市）的 51 个城市（城区）采用了网格化管理模式。① 网格化管理在全国范围内的扩散过程中，受制度背景、财政约束、政策环境、技术条件等因素影响，逐渐出现了理念变异、内容变异和结果变异。②

目前，网格化管理主要演化出三种不同的发展导向，即服务导向、控制导向、服务与控制并重导向。

服务导向基本上秉承了北京市东城区创新网格化管理的初衷，强调将现代信息技术应用于城市治理中，在不打破原有组织层级关系的基础上，通过设置监督指挥机构，统筹协调条块力量，整合多个市政部门的信息和资源，对网格中的重大事项进行综合处置，为居民提供更加高效、优质的公共服务。

控制导向则是将网格化管理拓展应用于社会治理之中，在其中注入更多控制力量，以信息技术为手段，以监控、维稳为目标，强化各个职能部门对人的控制。控制导向的网格化管理虽然也具备“划格子、定人员、信息化”等形式特征，但是已经与最初的东城区网格化管理模式存在较大偏差。一方面，没有在技术驱动下实现机制创新，各个市政部门依然各自为政、缺乏沟通协调，条块分割严重；另一方面，将行政力量贯穿于社会治理之中压制了社会发展活力，影响了网格化管理的可持续性。③

服务与控制并重导向则是城市政府以技术应用为重点发展网格化管理，在推动技术越来越精密、高端的同时，既保障了政府部门能够及时了解城市居民公共服务需求，推动精细化治理，也使政府部门在掌握大量城市居民信息的基础上，有更多渠道和方式管控社会，行政力量的触角能够延伸到社会生活的方方面面。

---

① 陈红梅. 东城网格化管理系统被全国 51 城市采用［N］. 北京日报，2008-6-2.

② 周志忍，李倩. 政策扩散中的变异及其发生机理研究——基于北京市东城区和 S 市 J 区网格化管理的比较［J］. 上海行政学院学报，2014（3）：36-46.

③ 杨光飞. 行政主导下的社会管理创新：实践观察与政策反思——以网格化管理为例［J］. 黑龙江社会科学，2015（5）：87-91.

四、网格化管理的治理创新

网格化管理是对技术应用、机制创新和组织整合这三种跨部门治理路径的综合运用。利用信息技术提升了政府的问题识别和信息共享能力，推进机制创新为跨部门绩效评估提供了有效抓手，设置监督指挥中心实现了监督权与管理权相分离，这为中国城市治理由黑箱走向透明、由粗放走向精细化提供了可能。[①]

（一）利用信息技术，提升问题识别与信息共享能力

在传统城市治理模式中，政府部门在信息获取上基本处于静止、被动状态，通常是在某一问题积累到一定程度，产生恶劣影响之后，才予以重视并采取应对措施，导致运动式治理常见于城市治理的各项工作中。网格化管理则变被动接收信息为主动搜集信息，以城市管理信息平台为技术支撑，实现了对网格内信息的实时更新和动态监控，提升了公共部门的问题识别能力和事务处置效率。

以往由于政府内部各部门独立掌握信息资源，部门之间“信息壁垒”林立，各部门成为一座座“信息孤岛”。网格化管理则依托城市管理监督指挥中心，通过城市监督员巡逻和市政热线电话等渠道，集成属地中部件、业态、组织、住户、事件等信息，并且与政府职能部门、专业机构、街道办事处、社区居委会等相关方共享这些人、事、物信息资源，将“信息孤岛”联系起来，提升了政府部门的信息共享能力。

（二）构建绩效评估机制，为跨部门运作提供抓手

网格化管理依托现代信息平台及其自动统计和报告功能，构建了城市治理跨部门绩效评估机制。城市管理信息平台可以自动记录并存储相关数据资料，根据政府职能部门、专业机构、街道办事处、社区居委会等主体负责的事务被举报的次数、问题处理率、结案平均时间、尚未结案率等数据，自动生成客观量化的绩效评估结果，各部门绩效状况一目了然。

在现代信息技术驱动下构建的跨部门绩效评估机制，改变了以往城市治理相关部门既当“运动员”又当“裁判员”，而使绩效评估失灵的局面。网格化管理

① 叶裕民，皮定均．数字化城市管理导论［M］．北京：中国人民大学出版社，2009.

中独立的绩效评估机制，能够更加客观地对各个部门和工作人员进行绩效评估，克服了人为定性评价主观性过强的弊端，实现了对部门工作的常态化监督。

（三）设置监督指挥中心，实现监督权与管理权相分离

针对部门权力过分集中，政府部门既当“运动员”又当“裁判员”的状况，网格化管理根据决策、执行、监督制衡分工的理念，设置独立于各部门之外的城市管理监督指挥中心，专门负责问题监督和指挥调度工作，实现了监督权与执行权相分离。

城市管理监督指挥中心既能够对辖区问题进行实时监督，还有权统一调度分散在各部门以及街道办事处的管理资源和执法力量，及时处置问题，推进城市跨部门综合治理。这种将监督权与管理权相分离的组织安排，改善了传统城市治理模式下部分政府部门行政不作为现象，提升了政府的回应能力和问题处置效率。

五、网格化管理模式的局限性

网格化城市管理模式通过技术应用、机制创新、组织整合三种途径推进跨部门治理，具有一定的制度创新性。同时，网格化管理模式也存在一些问题。作为一统体制下的产物，网格化管理具有强烈的行政化属性，它在运行中存在行政“僵化”的体制一些不可抗力的内生性问题。①

（一）注重发挥控制功能，回应公众需求能力有待提升

作为行政管理体制向社会的延伸，网格化管理沿袭了科层化管理的制度惯性，发挥着越来越强的内部控制功能。网格层面接收的任务大部分是来自上级的层层分派，网格代替街道办事处和社区居委会成为新的“兜底层级”。大量自上而下的行政性任务落到网格层面，网格层面的工作人员将大量时间和精力用在了“对上”办公上，有时根本无暇顾及自下而上表达的公共服务需求。

同时，近年来网格化管理为各地政府所追捧，被视为先进技术带来的管控法宝，先后被引入诸多领域。网格化管理作为一种工具创新，逐渐从最初以解决跨部门协调问题、提高公共服务质量为主要目标，转为以“维稳”为主要目标的社

① 孙柏瑛，于扬铭．网格化管理模式再审视［J］．南京社会科学，2015（4）：65－79．

会治理体系的组成部分，并进一步拓展到党建、妇联、工会等工作当中。似乎网格化管理可以解决与党政系统相关的所有问题，着重发挥网格化管理的控制功能，而疏于回应公众需求。①

（二）注重问题立案监督，跨部门统筹能力有待提升

综合利用技术应用、机制创新、组织整合路径，将分散在条块部门中的碎片化权威统筹起来，系统地应对复杂多样的城市治理问题，是创新网格化管理的基本目标。然而，在实施网格化管理之后，碎片化结构依然是掣肘城市治理的重要因素，跨部门统筹协调的效能有限。

具体表现为，网格化管理是在不触及现有行政管理体制改革的背景下开展的，网格不是官僚层级中的一级，网格管理员也不具备行政执法的主体资格，只是充当信息搜集员和反馈员，发挥信息“二传手”的作用，发现问题靠“格内”，解决问题靠“格外”，最终还是靠相关职能部门。作为推进网格化管理的组织实体，城市管理监督指挥中心的权责地位不清晰，更多地发挥收集问题信息、甄别问题、立案监督的作用，而统筹调度相关职能部门、专业机构开展问题处置的权力不足，推进条块协同需要更高层次的权威介入。②

六、结论与讨论

在快速城市化进程中，我国城市基层治理面临复杂多样的现实问题，要求相关行政部门联合起来采取整体行动。为此，缓解城市治理中的条块矛盾，探索条块协同的跨部门运作机制，已经成为推进城市治理体系和治理能力现代化的重要课题。城市跨部门治理具有技术应用、机制创新、组织整合三种运作路径，其中技术应用、机制创新不依赖于顶层设计，城市政府的自主空间较大。而组织整合涉及机构改革，需要得到上级权威的支持和许可。

发端于北京市东城区的网格化管理模式，综合了技术应用、机制创新、组织整合三种路径，力求提升城市治理的回应性、责任性和公共服务绩效。网格化管理通过利用信息技术，提升了问题识别与信息共享能力；通过推进机制创新，为跨部门绩效评价提供了抓手；通过设置监督指挥中心，实现了监督权与管理权相

① 田毅鹏．城市社会管理网格化模式的定位及其未来［J］．学习与探索，2012（2）：28－32.
② 何瑞文．网格化管理的实践困扰［J］．苏州大学学报（哲学社会科学版），2016（1）：16－22.

分离。网格化管理模式也有局限性，有待进一步提升对公众需求的回应能力和跨部门统筹能力。

汲取网格化管理模式的成功经验，检视该模式在运作中存在的问题，未来的跨部门治理有必要在以下三个方面深化改革。

第一，推进向街道赋权，优化城市基层治理体系。在城市基层治理中，街道办事处处于“责大权小”“权责不清”状态，街道不具有行政执法权、行政审批权，在应对复杂难题时往往有心无力，处于进退两难的尴尬境地。要改善这种状况，必须完善城市基层治理体系，推进向街道办事处赋权，赋予其对相关行政部门的统筹协调权、督办权，提升属地管理能力。

第二，改进绩效考核机制，激励行政部门提升回应能力。当前行政部门为应对上级绩效考核压力，而将大量时间和精力用于“对上”负责，有时甚至无暇顾及民众自下而上反映的公共服务需求。为了提升行政部门对社会需求的回应能力，需要改进绩效考核机制，建立任务导向与满意度评估相结合的复合考核体系。在对组织和人员考核中，赋予街道办事处对派驻街道机构及领导人员的考核评价权，激励行政部门积极回应居民需求。

第三，建立区级统筹平台，提升统筹协调效率。为了更好地统筹条块力量实现跨部门治理，需要搭建区级统筹平台，将基层需求、公共问题、部门资源汇集到平台上来。平台根据问题和需求的性质，合理调动资源，排出优先顺序予以回应。同时，平台还能协调条块之间开展沟通交流，采取整体行动。

参考文献

[1] 朱光磊，张志红．“职责同构”批判［J］．北京大学学报（哲学社会科学版），2005（1）：101－112.

[2] 周振超．条块关系：政府间关系的一种分析视角［J］．齐鲁学刊，2006（3）：144－147.

[3] 周雪光．权威体制与有效治理：当代中国国家治理的制度逻辑［J］．开放时代，2011（10）：67－85.

[4] 马力宏．论政府管理中的条块关系［J］．政治学研究，1998（4）：68－74.

[5] 叶敏．城市基层治理的条块协调：正式政治与非正式政治——来自上海的城市管理经验［J］．公共管理学报，2016（2）：128－140.

[6] 杨宏山．转型中的城市治理［M］．北京：中国人民大学出版社，2017.

[7] 孙发锋．从条块分割走向协同治理——垂直管理部门与地方政府关系的调整取向探析［J］．广西社会科学，2011（4）：109－112.

[8] 周振超．条块关系：政府间关系的一种分析视角［J］．齐鲁学刊，2006（3）：144－147.

[9] 何军．网格化管理中的公众参与——基于北京市东城区的分析［J］．北京行政学院学报，2009（5）：89－92.

[10]［美］斯蒂芬·戈德史密斯，威廉·D. 埃格斯．孙迎春译．网络化治理：公共部门的新形态［M］．北京：北京大学出版社，2008.

[11] 石晋昕，杨宏山．整体政府视角的城市治理创新——以市政热线整合为例［J］．北京电子科技学院学报，2017（1）：16－22.

[12] 朱春奎，毛万磊．议事协调机构、部际联席会议和部门协议：中国政府部门横向协调机制研究［J］．行政论坛，2015（6）：39－44.

[13] 周望．议事协调机构改革的思考［J］．中共浙江省委党校学报，2011（4）：18－23.

[14] 程朝晖．我国城市管理的问题及对策［J］．北京市工会干部学院学报，2004（3）：52－57.

[15] 王喜，范况生，杨华，张超．现代城市管理新模式：城市网格化管理综述［J］．人文地理，2007（3）：116－119.

[16] 杨宏山．数字化城市管理的制度分析［J］．城市发展研究，2009（1）：109－113.

[17] 陈红梅．东城网格化管理系统被全国51城市采用［N］．北京日报，2008－6－2.

[18] 周志忍，李倩．政策扩散中的变异及其发生机理研究——基于北京市东城区和S市J区网格化管理的比较［J］．上海行政学院学报，2014（3）：36－46.

[19] 杨光飞．行政主导下的社会管理创新：实践观察与政策反思——以网格化管理为例［J］．黑龙江社会科学，2015（5）：87－91.

[20] 叶裕民，皮定均．数字化城市管理导论［M］．北京：中国人民大学出版社，2009.

[21] 孙柏瑛，于扬铭．网格化管理模式再审视［J］．南京社会科学，2015（4）：65－79.

[22] 田毅鹏．城市社会管理网格化模式的定位及其未来［J］．学习与探索，2012（2）：28－32.

[23] 何瑞文．网格化管理的实践困扰［J］．苏州大学学报（哲学社会科学版），2016（1）：16－22.

拓展和深化现代信息手段应用，助推城市综合管理精细化水平提升

朱晓龙[①]　翟宝辉[②]

摘　要： 城市管理必须实现精细化才能确保城市这个复杂、巨型系统的正常运转。实现精细化管理必然要求将管理贯穿到城市工作的全过程、全天候、全覆盖。现代信息技术具备代替人工实现全过程、全天候、全覆盖管理城市的功能。信息技术在城市管理的运用已经取得较好的效果。面对日益复杂的城市管理，进一步拓展和深化的现代信息技术必将推动城市综合管理精细化水平迈上新台阶。

关键词： 城市综合管理　精细化管理　现代信息技术　数字化城市管理

Expand and Deepen the Application of Modern Information to Promote the Refined Level of Urban Integrated Management

Zhu Xiaolong　Zhai Baohui

Abstract： Urban management must be refined enough to ensure the normal operation of the complex and massive system of cities. Achieving refined management will inevitably require management to run through the entire process of urban operation, in all-day, and full coverage. Modern information technology has the function of replacing the manual operation in the whole process, in all-day, and full coverage in cities to avoid misoperation. The application of information technology ever since in urban management has achieved good effects. Facing the increasingly complexity of urban management, the further expansion and deepening application of modern information technology will certainly push the digital integrated city management to a new level.

Key words： urban integrated management, refined management, modern information technology, digital city management

---

① 朱晓龙：住房和城乡建设部政策研究中心副研究员、博士。

② 翟宝辉：住房和城乡建设部政策研究中心副主任、研究员、博士生导师，享受国务院特殊津贴。

研究城市的正常运转必然涉及四个概念：城市管理、城市治理、城市综合管理、城市精细化管理。城市管理是一个最常用的概念，也是一个最泛化的概念，通常指政府发出的城市规制行为，具有强烈的权力色彩。城市治理是多元主体参加、政府主导的共同行动，具有共治、共享、共谋、共建的社会意义。城市综合管理则强调城市管理相关部门协调一致与社会多元主体共同参与同向发力，是共治、共享、共谋、共建的升级版。城市精细化管理是城市供给侧改革的高级阶段，在全过程、全天候、全覆盖管理城市的基础上强调均等化公共服务与个性化精准服务相结合，提高城市的品位和品质。

2018 年 11 月 6 日，习近平同志在考察上海市浦东新区城市运行综合管理中心时指出，“城市管理搞得好，社会才能稳定、经济才能发展。一流城市要有一流治理。提高城市管理水平，要在科学化、精细化、智能化上下功夫。”“既要善于运用现代科技手段实现智能化，又要通过绣花般的细心、耐心、巧心提高精细化水平，‘绣出’城市的品质、品牌。”现代信息技术在城市管理中的运用大大提升了城市运行效率，降低了城市运行成本和城市管理的交易成本。突飞猛进的信息技术进步，特别是空间位置地理信息技术、工程项目管理信息、各类交易信息形成的大数据，为城市管理的精细化、个性化提供了追寻方向，也奠定了坚实基础。为适应城市精细化管理要求，现行城市运行的各类数字城管平台亟需拓展和深化现代信息技术应用，进一步提升城市管理的覆盖度、深度和反应速度。

一、城市精细化管理由城市的综合管理属性决定

城市是一定数量的人口在一个设施平台上进行各类活动形成的聚合体。① 城市管理自城市产生之时就存在了。所以城市管理涵盖内容丰富，几乎无所不包，但城市管理研究必须明确自己的定位，主次分明才可能纲举目张。② 必须深刻理解习近平同志提出的“城市管理搞得好，社会才能稳定、经济才能发展”的涵义，城市管理要有所为、有所不为，抓住城市基础功能管理和公共空间管理的这个重点，目的是维护城市的正常运转和良好秩序，提高城市的运行效率，维护城市的运行秩序，为经济发展和社会进步提供坚强保障。

城市基础功能是由一套完备的基础支撑系统组成并正常运行来保证的。城市

① 翟宝辉．认识城市管理“四性”特征贯彻管理创新“四原则”［J］．城市管理与科技，2016（2）．

② 朱晓龙，翟宝辉．城市精细化管理—以中山为例［J］．城乡建设，2018（23）．

所处的发展阶段不同，其基础支撑系统组成也有差异。城市产生之初，其基础支撑系统仅包括道路交通，因为，当时的出行方式主要为步行和马车等。随着城市现代化进程的加速，城市的基础支撑系统越来越复杂，且各系统间相互依赖和影响越来越大。现代城市的基础支撑系统包括道路交通、给水排水、电力电信、供气供热、垃圾收运、污水和垃圾处理、公园绿化等，维护这些系统的正常运转是现代城市生存和发展所必需的，一旦得不到保障，城市局部或整体立刻陷入瘫痪，直接影响其上的政治、经济、社会和文化体育活动的正常开展。对城市空间的分析认为，城市空间可细分为专属空间和公共空间，专属空间是自然人和法人经行政许可取得部分使用权的空间，其他城市空间属于公共空间。① 城市居民的住宅空间、单位组织的办公空间即为专属空间，国家法律保护其空间使用权不受侵犯，道路广场、公园绿地等则为公共空间。维护城市基础功能和保障公共空间有序使用的活动就是城市综合管理的内容。精细化管理必须全面面对城市综合管理的所有内容（见图 1）。

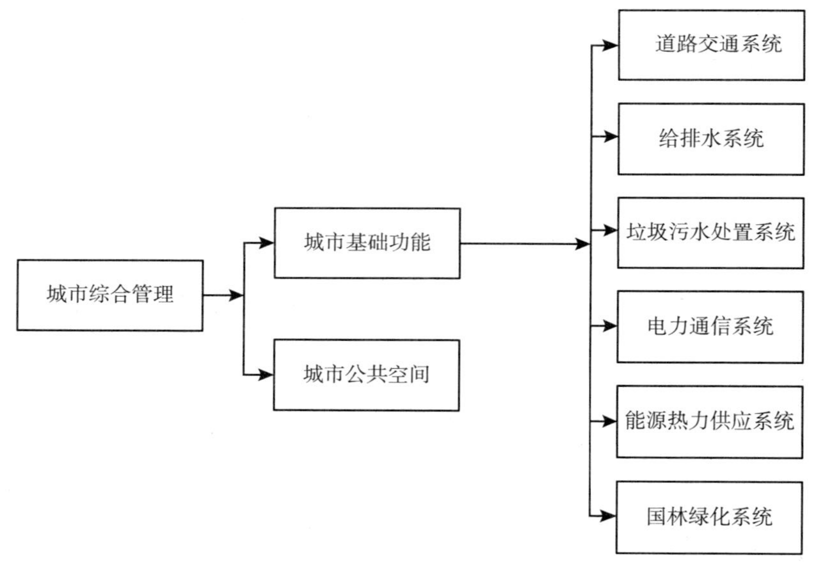

图 1　城市综合管理的基本内涵②

资料来源：笔者整理。

① 翟宝辉．厘清城市管理的概念　构建城市综合管理体制［J］．城市管理与科技，2009（11）．
② 张有坤，翟宝辉．构建城市综合管理的标准化支撑体系［J］．上海城市管理，2014（4）．

二、城市精细化管理以现代信息技术为依托

“高密度、不停歇”是城市的主要特征。城市地上空间高楼林立，人员、车辆川流不息，地下空间各类管道纵横交错，通达四方，城市运转一刻也不能停。因此，确保这样一个复杂巨型系统的正常运转必然要求精细化管理。精细化管理必然要求覆盖到城市系统的全空间、全过程、全天候。[①] 换句话说，精细化管理必须覆盖城市空间的各个区域，既包括中心城区，也包括近郊区，覆盖所有城市建成区，要涵盖所有人群，即“三客：住客、游客、投资客”，必须实现城市规划、建设、管理各环节全统筹，而且要体现在全年的 365 天、每天的每时每刻。

随着城镇化的推进，城市规模的扩展，承担人、物、事运行的平台越来越大越复杂，城市达到最优规模之后，单位土地还将承担更多的经济总量、人流和物流，城市基础功能和公共空间秩序维护工作量必然增大。现代信息技术不仅具备代替人工实现全过程、全天候、全覆盖管理城市的功能，而且可以克服人工可能出现打盹犯困的错误。事实上，信息技术在城市管理的运用已经取得较好的效果，以网格化管理为基础的“数字城管”在全国推广以后，大大提升了城市管理的水平和效率，为维持城市的不间断稳定运转出了大力，更为城市精细化管理奠定了坚实的基础。

北京市东城区在 2004 年首创了网格化管理新模式。这种采用“万米单元网格管理”和“城市部件管理”相结合的方式，将城区划分为一个个网格，使这些网格成为基层管理的基本单元，实现了城市管理空间精细化和管理对象的精准定位。[②] 经过多年实践，借助现代网络信息技术进步，网格化管理模式已经演变成了一套精细、准确、规范的城市综合管理服务系统。例如，北京市朝阳区建立了全模式社会服务管理系统，即借助现代信息技术，通过政府与社区、单位、市民、院校、企业以及其他国内国际机构合作，形成以空间的全覆盖、资源的全整合、业务的全集成和主体的全参与为特征的新型社会服务管理模式。该模式运用网格地图技术和测绘技术，将辖区划分为若干边界清晰的地域单元，形成一个个无缝链接的网格单元，成为区域管理的基础平台。该平台包含了治安、市容环境、交通安全、环保绿化等八大类，以这些数据组成的数据库，以网格为基础，对网格内的人、物、地、事等要素逐一建立和完善社区级数据库和电子图层，实

① 黄江松．对超大城市精细化管理的几点思考［J］．城市管理与科技，2017（12）．
② 孔凡合．基于 360°实景影像移动测绘系统的智慧城市设施管理［J］．测绘通报，2016（7）．

现了城市管理的全过程、全天候、全覆盖。

数字城管在全国推广后正在经历功能跃升，逐步确立城市管理的基础平台地位。各地在继承东城区的管理精髓基础上，又针对本地实际情况做出了新的积极探索，如杭州协同区和社区，向上延伸，形成全市统一平台，上海向下深入，完善社区的各项机制（见表1）。

表1　部分城市数字城管的新探索

北京东城区	数字城管不仅渗透到了文物保护、污染源调查等众多事务管理，还从“管事”到“管人”，如对流动人口的管理：将出租屋纳入数字城管信息系统，由城管监督员上门为流动人口提供相应的服务，并将人口数据信息反馈到相关管理部门
上海浦东新区	各功能区，乃至街道、社区，市政、市容和社区的人口信息分析、整合资源配置、政府与居民的互动等，都已经扩展进入到了数字城管系统。承继北京打破部门的条块分割的精神，上海浦东采取了中心下移和三级平台、四级派单制。将网格化管理中心放到各个功能区域，建设6个功能区域监督（指挥）中心，街道社区再建信息化平台，形成浦东新区、功能区、社区三级平台。然后再增加一级行政效能监察督办，形成四级派单。监督员发现的问题，会先报到社区，由平台中的职能部门处理，解决不了再逐级上报，由上一级单位协调，最后由监察部门督办
深圳	深圳利用互联网信息技术推动公众参与城市管理方面做出了积极的共享。“美丽深圳”公众平台为广大市民提供了一个直接参与城市管理的互动开放政务“O2O”操作平台——市民只要在平台上传问题的现场照片并进行简单描述，就可以将日常中遇到的问题反映到城市管理系统，系统会第一时间将问题派遣到相关责任部门去处置。“美丽深圳”平台已陆续实现、完善“我要爆料”、智能客服、热点活动、公园门票网上购付等功能服务，并形成集热线电话、官方网站、微信公众号、微信城市服务、App应用“五位一体”的公众互动服务平台
杭州	将城市管理的人力资源和物力资源进行了整合，将街面治安监控系统和城管行政执法监控系统等都接入“数字城管”运行系统。杭州将173家相关单位定义为网络单位，每个单位设立终端，由各网络单位派专人负责协调工作。几乎所有涉及杭州管理细枝末节的人、物、事，都成为杭州数字城管的工作范围。同时，在杭州的数字城管指挥中心，还设立了协同平台，由各职能部门派出专人进驻，当发现城市管理问题时，由市领导坐镇现场协调

资料来源：笔者整理。

实践证明，数字城管平台推动了城市管理模式的深刻变革，大大地提升了城市的精细化管理水平。

三、现代信息技术在城市精细化管理应用中的主要障碍

总体来看，数字城管平台起到了提升城市管理水平的应有作用。但距习近平

同志提出的“既要善于运用现代科技手段实现智能化，又要通过绣花般的细心、耐心、巧心提高精细化水平，绣出城市的品质品牌。”还有很大差距，要实现满足城市人民不断提高的需求，任重而道远。

目前，信息化技术在城市管理中的应用主要存在以下三个问题。

一是，城市管理相关数据资源底数不清、不全、不系统。

如前所述，城市精细化管理要求实现三全，即全过程、全天候、全覆盖。在城市空间范围内，地上地下所有人事物都应该纳入视野，管理监测监控要贯穿规划、建设、管理的全生命周期，但由于体制机制等方面的原因，有些要素底数不清，如有些城市到底有多少房屋不清楚，各类空间的利用状态不掌握，有些工程的使用状况无监测，甚至设计寿命都没有档案，更无法校核，运行风险无从判断。有些资料信息不全面，每个相关部门掌握一部分，没有共享机制，平时不通气，出现问题相互推诿，争相推脱责任。有的资料信息不系统，非常情况出现时，部分之和小于整体，不能判断问题所在，正常情况下无法预测未来趋势，各个部分花了不少财力物力，信息资料无法支撑日常工作，更不能适应精细化管理要求。

二是，城市管理信息化建设呈碎片化状态，信息孤岛现象严重。

目前，信息化建设得到各部门的高度重视，智慧城市建设已经提到非常高的位置，但部门化、碎片化现象并没有缓解。可以说在部门信息化建设之初，就形成了一个个信息孤岛的基础，由于各自分散建设，年度实施，各为其主，系统平台不对接，缺乏信息共享的机制，在城市层面没有整合设计，不仅部门信息未能得到充分利用，在此基础上城市整体信息化平台很难搭建，造成巨大浪费。

尽管各地数字城管试图完成这样的整体服务平台架构，但由于各部门信息来源彼此独立、数据格式五花八门、信息平台互相排斥、信息处理难以关联互动、信息运用不能互换共享等信息壁垒和信息堵塞的现象，目前的技术还无法顺畅实现，为了应急需要，各地多采用了虚拟平台互换信息资源的手段，但城市综合管理服务平台应有的实时监测、万物互联、风险研判、及时预警的功能难以实现。

三是，信息化技术应用侧重于政府的日常管理，未能实现深度综合运用，无法支撑城市运行监测。

目前各城市运行的数字城管平台，主要集中于提高城市管理行政执法部门的日常管理效率。既没有延伸到城市管理的各个环节，也没有扩展到城市基础功能和公共空间应该涉及的方方面面。智慧城市建设没有很好地与城市运行系统结合，造成脱离城市运行实际、浮在表面，好听不中用，很多城市只是多了一个智慧城市建设办事机构，很少形成具有复杂、综合、整体关联特点的智慧城市管理平台。

因此，城市管理者在制定相关决策时要掌握尽可能全面的数据，从系统、整体、综合的角度上考虑。而目前的信息平台之间的数据由于不能互联互通，缺乏风险预警功能，运用大数据挖掘和分析各类城市问题仍处在初步的探索过程中，在支撑城市管理的决策方面功能十分有限。此外，总体来看我国当前的城市管理信息化建设都是以自上而下由政府主导，企业作为主力，而公众的参与度极低。精细化管理的根目的是为了满足公众的需求，因而公众参与是实现城市管理精细化的前提条件。如何将公众参与更好地融入城市精细化管理之中是值得深入研究、探讨的问题。

从另一个角度看，即便能够实现城市规划、建设、管理的一体化，各环节也未能实现联动。当前，网格化管理主要实现了城市地上空间的可视化管理，但地下空间各类管道设施在很大程度仍处于监管的盲区；中心城区管的相对较好，但处于近郊的城乡结合部仍然是管理的薄弱环节；主干街道、广场等社会关注度较高的地方管得较好，但小街巷、高架桥下等关注少的地方管理则相对粗放；对当地户籍的人口底数摸得较清楚，但对外来常住人口和流动人口的数量及结构方面的信息还不精准等等。全天候就是要实现对城市的 24 小时，每时每刻实施有效管理。但总体上而言，城市管理白天相对较好，晚上管理则相对薄弱。这些城市管理薄弱环节都为现代互联网信息技术应用提供了广阔的空间。

四、现代信息技术应用在城市精细化管理中的拓展和深化

党的十九大报告指出，要善于运用互联网技术和信息化手段开展工作。城市综合管理也要求进一步拓展和深化现代信息技术的应用，积极运用互联网、大数据、云计算、区块链、卫星定位等现代信息技术，强化智能化管理，掌握城市管理各个领域中巨量复杂的数据，形成完全可靠的数据链，使其成为城市管理状况描述、分析、预警、决策、反馈、控制的基础，从而提升精细化管理的科学化、智能化水平。

1. 加强城市管理基础信息数据收集和数据库建设

实现城市精细化管理需要构建城市综合管理基础信息数据库，即摸清城市底数，数据要满足全面翔实、实时动态的特征。现代信息技术为城市各类数据的精细化搜集提供了机会。一是要加快开发适应精细化管理和应用导向的新增数据库。除了城市地上空间信息，地下空间各类管道信息，甚至公共建筑内部的各元素信息都应纳入数据库，实现数据采集的全覆盖。二是要丰富和完善数据信息搜集手段，综合利用各类监测手段，强化城市运行数据的实时采集和动态录入。目

前已有城市通过倾斜投影等方法探索地下空间，通过地下勘测技术搜集地下管廊等要素的信息。① BIM（建筑信息模型）在工程项目的设计、施工及后期的运营维护等阶段能够提供大量可利用的数据，形成建筑物设计、建造及后期运用管理完整、可实时操作的信息系统。我国目前正在积极探索BIM技术应用，这有利于多维空间信息的采集。

2. 以数字城管平台为基础推动各类专业平台互联互通和智能化

目前基于网格化管理的数字城管模式已在全国推广开来，有效地提高了城市管理的效率，但随着城镇化进程的不断推进，特别是大城市的城市管理复杂化，现行数字城管平台已经不能满足城市精细化管理的需要。一是要深化数字城管平台应用，在现行平台基础上拓展到地下空间，各专业领域和城镇化郊区的网格化应用，同时，积极推动城市管理与城市规划、建设等环节的信息共享和交互，实现城市规建管一体化。二是积极推进各专业领域信息化平台的互联互通。现有各个专业领域的信息化平台是不同部门职能分工的合理产物，但要加强各专业平台的融合对接。三是建设城市综合管理的数据信息心和共享交换平台，以城市综合基础信息数据库与建设为契机，整合归集各类共享数据，实现感知、分析、服务、智慧、监察“五位一体”，逐步形成城市管理的综合性智能平台。

3. 加强现代化信息技术在城市管理领域的深度运用

积极改变传统城市管理中过度依赖人海战术的方式，积极运用物联网、大数据、北斗导航、云计算、区块链等基础信息技术，深化互联感知、智能决策、风险预警等在城市管理中的应用，提升管理精细化水平、效率以及实时响应度。以环境治理、城市建筑管理、地下空间管理等领域为主要切入点，强化现代化信息技术在维护城市日常运行和管理中的支撑作用，积极运用大数据等现代信息手段助推城市管理决策的科学化、智能化。积极研发城市运行管理数字化模型和人工智能应用场景，提升城市精细化管理的预判和应急处置能力。例如，在城市的水务管理领域，除了安装实时感知装置，还可通过应该无人机巡查系统，构建水务重大工程的信息化管理平台，全面提升管理的信息化和智能化水平。同时在现行数字城管平台基础上，引入公众参与平台，对接各类市民服务平台数据，畅通市民参与城市管理渠道，包括对热点问题的上报、投诉建议等，助推精细化管理水平提升。

参考文献

[1] 翟宝辉. 认识城市管理“四性”特征贯彻管理创新“四原则”[J]. 城市管理与科

① 金浩然，翟宝辉. 城市综合管理服务平台的框架探究 [J]. 城市发展研究，2018（8）.

技，2016（2）.

［2］朱晓龙，翟宝辉．城市精细化管理—以中山为例［J］. 城乡建设，2018（23）.

［3］翟宝辉．厘清城市管理的概念　构建城市综合管理体制［J］. 城市管理与科技，2009（11）.

［4］张有坤，翟宝辉．构建城市综合管理的标准化支撑体系［J］. 上海城市管理，2014（4）.

［5］黄江松．对超大城市精细化管理的几点思考［J］. 城市管理与科技，2017（12）.

［6］孔凡合．基于360°实景影像移动测绘系统的智慧城市设施管理［J］. 测绘通报，2016（7）.

［7］金浩然，翟宝辉．城市综合管理服务平台的框架探究［J］. 城市发展研究，2018（8）.

城市社区精细化“微治理”系统构建研究：以上海市徐汇区为例

张 良[①] 秦 雪[②]

摘 要：城市网格化管理从街道下沉至社区，不仅是政府创新社会治理，实现社区精细化治理的有益探索，也是将管理和服务下沉，打通城市社区治理“最后一公里”的有效路径。本文以上海市徐汇区网格化管理实践为例，发现居民区工作站、街镇和区网格化综合管理中心存在以居民区工作站为核心的居民自治微循环，有利拓展了社区居民的自治空间，实现多元主体协同治理；此外，居民自治微循环在实际运行中还存在着组织体系不严密、案件处置能力不足、信息系统和组织体系不匹配等问题，阻碍了城市社区精细化“微治理”的系统建构，认为应该从精简机构、发展扁平化组织和建立“立体式”信息网络加以解决。

关键词：社区网格化管理 微治理 居民自治

Research on the Construction of Fine-grained "Micro-governance" System in Urban Communities: A Case Study of Xuhui District, Shanghai

Zhang Liang Qin Xue

Abstract: Urban grid management from the sinking of the street to the community is not only a useful exploration of the government's innovative social governance, the realization of refined governance of the community, but also an effective way to sink management and services and open up the "last mile" of urban community governance. Taking the practice of grid management in Xuhui District of Shanghai as an example, this paper finds that the residential grid, street town and district grid integrated management center have resident micro-circulations with residents as the core of the residential area, which is beneficial to the expansion of the community residents' autonomy. In addition, the resident autonomy micro-circulation still has problems such as inadequate organizational system, insuffi-

① 张良：华东理工大学社会与公共管理学院教授、MPA 中心主任。
② 秦雪：华东理工大学行政管理系研究生。

cient ability to handle cases, mismatch of information and organizational system, and hinders the fine-grained "micro-governance" of urban communities. The system construction believes that it should be solved by streamlining institutions, developing flat organizations and establishing a "three-dimensional" information network.

Key words: community grid management, micro governance, resident autonomy

网格化管理作为近年来我国城市管理创新的新路径，有效地提高了政府管理的效率，为社区精细化治理提供了良好的基础。社区是城市基层社会治理的基本单元①，承载着社区居民基本的公共服务需求，也是政府践行公共服务职能的主要场域。

城市社会治理存在两个维度，即政府自上而下的管理维度与居民自下而上的自治维度，而城市基层社会秩序则取决于这两个维度的良性互动情况②。从当前的网格化管理实践来看，尽管网格化管理在基层治理中具有提升服务管理精细化水平、推动部门之间协同联动、创新基层维稳机制等管理优势③④，但在实践中未能激发公民自治和参与公共事务治理的积极性⑤，并没有从根本上解决社区自治问题⑥；网格化管理作为一种行政主导的管理模式在运行中与社区居民“自下而上”的自治愿望和权益诉求存在冲突⑦，如政府单向管控的强化，多元参与的缺乏、对社会自治空间的挤压⑧以及城市基层政权“内卷化”⑨，公共服务的触角难以延伸至社区。

一、流程再造：打通城市社区治理的“最后一公里”

自2005年起，上海市在全市范围建立市、区两级城市网格化综合管理中心

---

① 杨敏．作为国家治理单元的社区——对城市社区建设运动过程中居民社区参与和社区认知的个案研究［J］．社会学研究，2007（4）：137－164.

② 井西晓．挑战与变革：从网格化管理到网格化治理——基于城市基层社会管理的变革［J］．理论探索，2013（1）：103.

③ 王名，杨丽．北京市网格化服务管理模式研究［J］．中国行政管理，2012（2）：119－121.

④ 周连根．网格化管理：我国基层维稳的新探索［J］．中州学刊，2013（6）：83－85.

⑤ 孔娜娜．网格中的微自治：城市基层社会治理的新机制［J］．社会主义研究，2015（4）：90－96.

⑥ 胡重明．再组织化与中国社会管理创新——以浙江舟山“网格化管理、组团式服务”为例［J］．公共管理学报，2013（1）：63－70.

⑦ 朱仁显，邬文英．从网格管理到合作共治——转型期我国社区治理模式路径演进分析［J］．厦门大学学报（哲学社会科学版），2014（1）：102－109.

⑧ 姜晓萍，焦艳．从“网格化管理”到“网格化治理”的内涵式提升［J］．理论探讨，2015（6）：139－143.

⑨ 田毅鹏．城市社会管理网格化模式的定位及其未来［J］．学习与探索，2012（2）：28－32.

（以下简称网格管理中心），建立起以信息技术为支撑，由监督员、市级监督平台、区级监督指挥平台、专业部门四个层次构成的网格化管理模式，其控制区域主要是在街面，对于发生在街面的“部件”和“事件”及时发现、快速处置。在这一阶段，网格化管理的触角并没有“进入”或“下沉”到社区（居民区）。

社区治理通常处于社会治理的“末端”，是政府提供公共服务和例行社会治理的“神经末梢”，大量的“部件”和“事件”出现在社区。如果网格化管理的触角不“进入”或“下沉”到社区，那就可以说，城市网格化管理的系统是不完整的。在上海市“创新社会治理，加强基层建设”的大背景下，徐汇区依托现有的居委会组织机构，构建了以区网格管理中心为枢纽，连接13个街镇城市网格化综合管理中心、63个标准化管理网格和312个居民区工作站的“1+13+63+X”体系，将管理和服务的触角延伸至社区，推动政府管理重心下移、资源下沉、权力下放，紧扣社区居民日常关注的住宅小区综合治理、违法搭建等问题，总结划分出“小区管理、党建工作、小区综合整治、平安治理、创全工作、突发事件、居民自治、民生事务、企业服务、其他”10项案件大类；涉及与社区居民息息相关的“群租、小区环境、社区平安、公共文化服务”等84项案件小类、156项案件子类，切实将居民所需所求纳入网格化管理体系，实现了居民需求与公共服务的零距离无缝对接①，真正为居民解决身边的“痛点”，打通社会治理的“神经末梢”。

传统的科层制组织通常以纵向的层级控制和横向的职能分工为其最主要的特征，这种集权和专业化的运作方式在带来效率的同时，也带来了层级过多、职能交叉重叠，部门分割和管理的破碎化，并导致公共服务质量的下降②。当城市网格化管理从街道下沉至社区后，可以充分利用大数据、云计算等先进技术手段，收集、整合与重新配置信息资源，建立数据信息“市区联动、全区共享”“一次采集、多次利用、多方利用”机制，在横向上打破部门、职能的边界，实现信息传递和交换的横向联通与整合；在纵向上依托官僚制组织的层级结构，联动“市—区—街镇—居民区工作站”四级管理体系，确保信息在纵向上的顺利传递，实现信息资源在不同层级机构和职能部门之间的传递交换。

在确保信息资源的优化重组的基础上，设计了处置网格问题的标准化工作流程，即对于日常网格中发现的问题，遵循“发现、立案、派遣、处置、核查、结案”的基本业务环节进行流转。当发现问题时，监督员应立即上报，网格管理中

① 刘中起，郑晓茹，郑兴有，杨秀菊．网格化协同治理：新常态下社会治理精细化的上海实践［J］．上海行政学院学报，2017（2）：60－68.

② 竺乾威．公共服务的流程再造：从“无缝隙政府”到“网格化管理”［J］．公共行政评论，2012（2）：1－21.

心在 1 个工作日内开始受理，如若下发核实属实，则立案并进行派遣，网格管理中心授权并决定承办单位进行处理；如若该问题不在本单位职权范围之内，则承办单位进行退单，由网格管理中心重新确定承办单位，直至最终确定相应的承办单位；在处理完成后，由承办单位将案件的处理过程和结果上报至网格管理中心，并由网格管理中心对案件进行下发核查，确认已处理完成的，则依照流程进行结案；经核查未处理完成的，则进行重新派遣，重复上述工作流程直至成功结案（见图 1）。

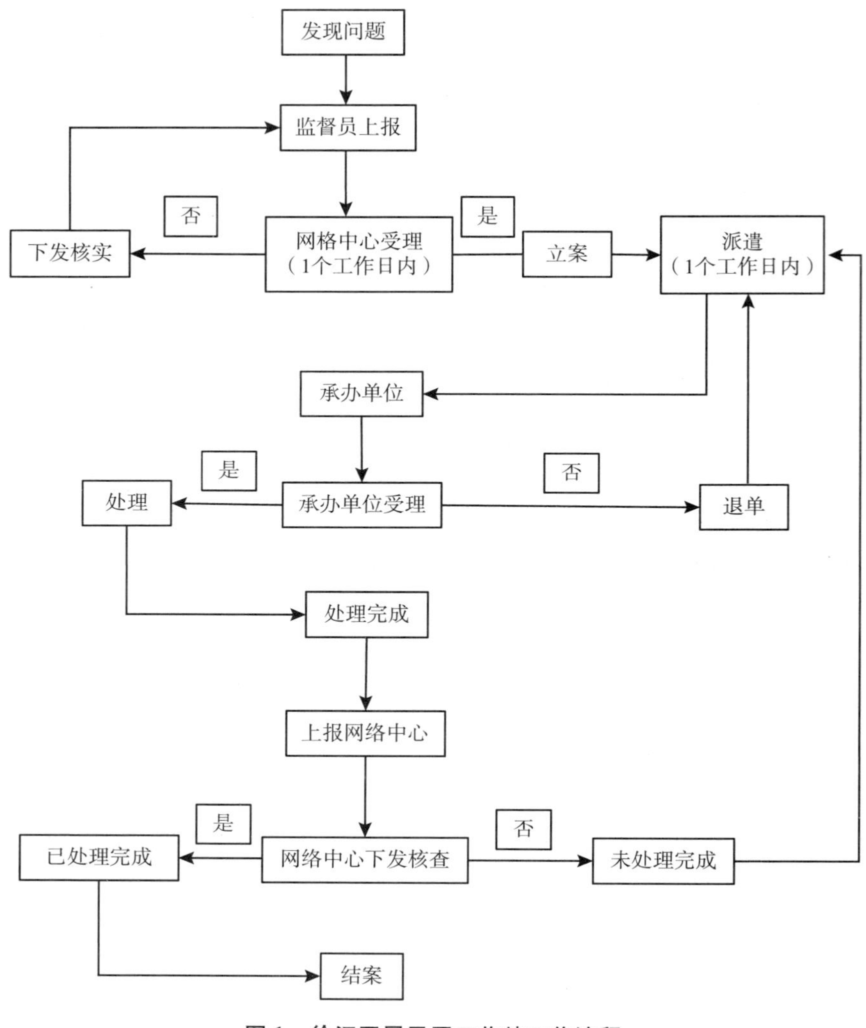

图 1　徐汇区居民区工作站工作流程

资料来源：笔者整理。

居委会"上接街镇政府，下联社区居民"，既是国家政权的代理人，也是社区管理的执行者[①]。徐汇区网格管理中心借助既有的居委会组织机构，利用信息化技术打破了传统的城市管理部门和行政区划空间的界限，在网格化管理中实现发现及时、反应灵敏、处置有方、管理高效和服务到位[②]，为标准化的工作流程制度提供有利技术支撑，实现"横向到边、纵向到底"的无缝隙政府治理模式，解决职能碎片化或重叠及服务缺位的状况，塑造出直接服务社区居民的新的治理形式，匹配入划定的网格以提供全方位的管理和服务[③]，建立起管理全覆盖、无缝隙高效政府。

二、三圈互动：实现城市社区居民自治微循环

"微治理"作为近年来社会治理研究的新术语，学术界对其概念的界定并未达成一致。现有研究对其理解主要分为两类：第一，从权力视角出发，认为微治理是社区以下层面的治理，政府的行政权力没有直接到达[④]，通过缩小治理规模，将社会治理进行垂直延伸和下沉[⑤]，如楼组、居民社团等微单元、微组织的治理[⑥⑦]。第二，从参与主体视角出发，将其视为社会治理精细化实现路径的创新，强调多元主体参与的系统治理[⑧⑨⑩]。本文则选取第二种解释，即通过社区居民的参与和自治达成多元主体协同治理。

徐汇区通过在社区设立居民区工作站，扩大了社区居民自治的空间，建立"小联勤"工作制度、巡查发现制度和工作情况日报告制度，用制度促进社区居民自发发现问题、在社区内解决问题，构建起"居民区工作站""居民区工作

① 张国磊，张新文．制度嵌入、精英下沉与基层社会治理——基于桂南Q市"联镇包村"的个案考察［J］．公共管理学报，2017（4）：44－53.

② 文军．从单一被动到多元联动——中国城市网格化社会管理模式的构建与完善［J］．学习与探索，2012（2）：33－36.

③ 陈剩勇，于兰兰．网络化治理：一种新的公共治理模式［J］．政治学研究，2012（2）：108－119.

④ 谢正富．治理孵化器：社会工作视角下"微治理"实现机制探索——基于襄阳古城15个社区的调查［J］．云南行政学院学报，2016（1）：77－85.

⑤ 李婷婷．城市社区微治理的实践困境及其破解［J］．理论探索，2018（3）：88－96.

⑥ 章荣君．"微治理"：基层社会矛盾源头预防的有效机制——基于常熟市H社区"微治理"的案例分析［J］．理论与改革，2017（4）：51－58.

⑦ 孙璇．社会微治理视野下的社区精英治理机制研究［J］．广州大学学报（社会科学版），2016（12）：59－63.

⑧ 程同顺，魏莉．微治理：城市社区双维治理困境的回应路径［J］．江海学刊，2017（6）：123－131.

⑨ 宁华宗．微治理：社区"开放空间"治理的实践与反思［J］．学习与实践，2014（12）：88－96.

⑩ 尹浩．社区微治理的实践逻辑与价值取向［J］．内蒙古社会科学（汉文版），2017（4）：160－166.

站—街镇”及“居民区工作站—街镇—区”三个自治微循环圈，发挥居民参与治理的作用，实现多元主体协同治理。

（一）居民区工作站：居民区内部自治微循环

徐汇区居民区工作站积极整合居民区内的力量资源，构建了居民区工作站“小联勤”工作流程（见图2），新设“联动处置队伍”和“事务顾问队伍”，其中，“联动处置队伍”由居委会干部、街道联络员、业委会、物业公司、社区民警、志愿者等组成；“事务顾问队伍”由区域共建单位、居民区两新组织、物业经理驿站、业委会主任之家、社区援助律师、其他社区自治组织等组成。

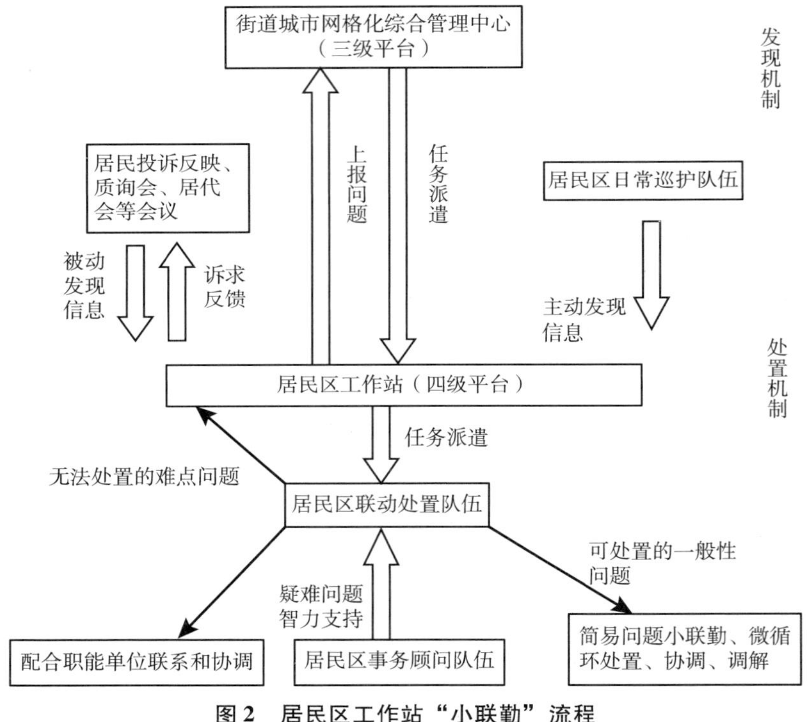

图2　居民区工作站“小联勤”流程

资料来源：笔者整理。

在“小联勤”工作流程中，社区网格问题的发现主要包括三大来源：第一，居民区日常巡查队伍发现。该巡查队伍包含居委会干部、社区社工、社区党员、物业公司、楼组长、志愿者等多元参与主体，每天定时或不定时的在居民小区内进行巡查，对于发现的问题及时上报给居民区工作站并按照相关流程进行处置。第二，接待居民投诉反映。居民区工作站定期或不定期的接收和汇集社区居民相关的投诉，并及时将问题反映至居民区工作站；第三，质询会、居代会等会议反映。两类会议的工作人员将根据日常工作中接触和收集到的居民区网格问题进行汇报，及时反映社区居民身边问题。当居民区工作站在接收到三种不同渠道反映的问题后，将及时录入网格化综合管理信息平台，并根据网格化工作清单进行分类，将任务派遣至居民区联动处置队伍，对于较为复杂的难点问题，在与职能单位联系和协调确定无法处理后，将通过信息管理平台以案件形式及时上报接到上级网格管理中心，由上级网格管理中心按流程进行处理；对于居民区可处置的一般性问题，则派遣至联动处置队伍处理，与此同时，居民区事务顾问队伍可提供智力支持，协助居民区联动处置队伍共同决策处理，并将处置情况及时录入信息平台进行反馈。

居民区工作站通过“小联勤”工作制度成功实现社区居民自治微循环，在发现机制层面，由居民区日常巡护队伍主动发现信息；居民投诉反映、质询会和居代会等会议及时反映问题，减少发现问题的时间，提高工作效率；在处置机制层面，对于可处置的一般性问题，由居民区联动处置队伍进行解决。从发现机制到处置机制的流转过程中，社区居民一直成为治理的主体，通过“小联勤”工作流程自行发现问题，在社区内自行解决一般性问题，构造了居民区内部自治微循环。

（二）居民区—街镇：居民区与街镇互动微循环

街镇作为居民区的直接管理者和政绩评估方，具备对居民区工作站的监督和管理职能。为规范居民区工作站各项工作职责，确保居民区和街镇的信息畅通，及时发现和处置居民区网格问题，徐汇区设立“居民区工作情况日报告制度”（见表1），要求居民区工作站须在每日下午16：30之前将工作情况通过系统上报至街镇网格管理中心，其内容包括居民区小联勤自循环、8小类标准案件、拓展类非标准案件以及“零报告”等。其中，“零报告”项目共分为“日报”、“周报”和“月报”三大类，22小项，而每日上报又细分为“街镇日报告”和“区日报告”（见表2），各居民区工作站须在每日16：00前按照规定的报告内容将“零报告”上报至街镇网格管理中心，网格管理中心必须在1小时内统计出各居民区上报事项，并形成报告发送街道主要领导、分管领导。对于上报发现问题的案件，须在1小时内确认、接案，并派遣至相关处置单位。处置单位按照案件时间限定，进行及时处置。

表 1　　居民区工作站工作情况日报告制度

<table>
<tr><td rowspan="2">居民区工作站</td><td colspan="8">8 小类标准案件</td><td rowspan="2">非标案件</td><td rowspan="2">零报告</td><td rowspan="2">案件总数</td><td rowspan="2">其中自循环</td></tr>
<tr><td>新违法搭建</td><td>群租</td><td>破坏房屋承重结构</td><td>改变房屋使用性质</td><td>违规饲养动物</td><td>占用物业公共部位</td><td>占用公共消防通道</td><td>共用部设置地桩锁</td></tr>
</table>

资料来源：笔者整理。

表 2　　“零报告”项目分类

<table>
<tr><td rowspan="2">日报告</td><td>街镇日报告</td><td>邪教人员、90 岁以上老人日常巡护、无自理能力老人日常巡护、特困老人日常巡护、重残无业生活困难人员日常巡护、高龄独居老人日常巡护、孤老日常巡护、重残无业老人居家养老、失独老人日常巡护</td></tr>
<tr><td>区日报告</td><td>公共部位设置地桩锁、占用物业共用部分、损坏房屋承重结构、擅自改变房屋使用性质、群租整治、正在搭建的违法建筑</td></tr>
<tr><td>周报告</td><td></td><td>重点上访人员、消防设施检查、重大突发事项</td></tr>
<tr><td>月报告</td><td></td><td>精神病人肇事肇祸，刑满释放人员帮教，对管制、刑缓、假释、监外执行人员管理，吸毒人员</td></tr>
</table>

资料来源：笔者整理。

居民区工作站“工作情况日报告”制度和“零报告”制度的执行，主要借助于居民区工作站和街镇之间网格化信息的传递与沟通，对于可处置的一般性案件，居民区工作站利用“小联勤”工作流程自行发现、自行解决，实现社区内的居民自治；而对于居民区工作站无法处置、较为复杂的问题，再由居民区上报至街镇，街镇网格管理中心进行派遣分配，协助居民区解决问题，这种处理问题的工作流程在一定程度上给予了居民区工作站较大的自治空间，使得居民区工作站能够充分发挥解决问题的自主权，构成“居民区—街镇”居民自治中级微循环。

（三）居民区—街镇—区：三级互动微循环

区网格管理中心作为居民自治微循环的最高层级，对于可处置、一般性的案件则给予街镇和居民区工作站较大的自治空间，鼓励二者在职责和能力范围内自行处置，发挥其参与式治理作用，实现多元主体协同治理；而对于街镇和居民区工作站无法处置的案件问题，区网格管理中心再进行重新派遣和协调，按照相应流程进行处理，使得整个案件的发现和处理形成“居民区工作站—街镇—区”三级互动微循环。

2015 年 6 月至 2017 年 6 月区网格管理中心对全区内案件来源渠道的统计分析可知（见表 3），2015 年 6 月至 2016 年 5 月期间，在众多案件来源渠道中，区网格管理中心所收集到的案件来源中有效百分比排在前三位的分别是监督员上报（53.26%）>居民区上报（38.82%）>12345 上报（6.53%），案件来源以监督员上报和居民区工作站上报为主；而 2016 年 6 月至 2017 年 6 月的数据分析显示，案件来源有效百分比最高的为居民区上报，占比 76.66%，比上年增长 37.84%；监督员上报占比为 20.14%，与上年相比下降 33.12%；12345 上报为 2.73%，比上年下降 3.8%。由此可见，在居民区工作站设立的两年内，其逐渐取代其他渠道，成为徐汇区网格案件的主要来源，这表明居民区工作站成为日常网格化管理案件发现的主体，网格化管理的主体逐渐由政府转变为社区居民，管理重心下移，将更多的自治权下放给居民区工作站，使其自行处置问题，并与街镇网格管理中心协同合作，共同处理社区网格问题，构建起“居民区工作站—街镇—区”三层互动微循环，实现社区精细化“微治理”。

表 3　2015 年 6 月至 2017 年 6 月徐汇区网格化管理案件来源统计

案件来源	2015 年 6 月至 2016 年 5 月		2016 年 6 月至 2017 年 6 月	
	频率	有效百分比（%）	频率	有效百分比（%）
110 非警情上报	90	0.03	13	0.00
12319 上报	541	0.19	580	0.04
12345（12319 转派）	8	0.00	59	0.00
12345 上报	18554	6.53	36198	2.73
创全工作	207	0.07	369	0.03
督察员上报	603	0.21	26	0.00
公众投诉	283	0.10	94	0.01
监督员上报	151227	53.26	267453	20.14
居民区上报	110232	38.82	1017997	76.66
民防上报	18	0.01	116	0.01
其他上报	415	0.15	229	0.02
区级督查	2	0.00	755	0.06
热线来电	441	0.16	160	0.01
市级督查	197	0.07	239	0.02
视频上报	3	0.00	9	0.00
斜土热线	2	0.00	—	—
信访上报	6	0.00	2	0.00

续表

案件来源	2015 年 6 月至 2016 年 5 月		2016 年 6 月至 2017 年 6 月	
	频率	有效百分比（%）	频率	有效百分比（%）
专项调查	1123	0.40	1718	0.13
区总值班室	2	0.00	—	—
防汛防台	—	—	1	0.00
历史保护建筑问题	—	—	75	0.01
微上报	—	—	1870	0.14
合计	283954	100.00	1327963	100.00

资料来源：笔者整理。

三、整合匹配：城市社区精细化“微治理”系统深度优化

尽管徐汇区网格化管理系统在打通社区治理“最后一公里”和拓宽居民自治空间层面具有一定的优势性，为城市网格化管理迈向城市精细化治理提供了一定的基础，但就既有的组织机构和信息资源的整合匹配来看，其运行过程中仍有较多的优化提升之处，具体表现在以下三点。

第一，三级自治微循环圈未形成严密的组织体系链接。居民区工作站—街镇—区作为徐汇区居民自治微循环的组成部分，尽管在工作流程和信息传递过程中自成一体，但在实际的组织架构上并未形成稳固的组织体系。街镇作为法定层面的最低层级政府机构，是官僚体制的组成部分，与市、区两级网格管理中心存在隶属关系，便于确保整个科层组织的稳定性和政令的有效传达；而居民区工作站由社区居委会成员和居民构成，在行政层级上并未隶属于市或区网格管理中心，这种较为松散的组织结构和层级关系在某种程度上不利于集权化和政令统一，具有各自为政和相互推诿的潜在风险，妨碍了政府整体管理效率的提升。

第二，区网格管理中心案件处置能力有待提升。一方面，利用既有的组织机构体系整合信息资源，实现了信息在不同层级和职能部门间的传递和沟通，而网格管理中心作为信息搜集和指挥的核心所在，成功建立信息流转平台，与街镇和居民区工作站实现及时的信息互动和交流，能够缩短发现问题的时间，提高管理效率；另一方面，区网格化管理中心在处置具体的网格问题时，更多的是履行派遣承办单位的职责，在依据网格工作清单进行简单划分的基础上，确定并授命下属职能单位进行处理，这与具有丰富处理经验的街镇和居民区工作站相比，区网

格管理中心仅掌握较为基本的案件信息，在信息的准确性、完整性上缺乏较为全面的统计，在针对具体案件的处置上与居民区和街镇相比略有不足，可能会导致其在派遣时决策的失误，因而其案件的具体处置能力有待提升。

第三，存在信息截留和信息失真问题。尽管区网格管理中心在一定程度上实现了信息资源的优化整合，确保信息传递的及时通畅，避免了信息孤岛现象的存在，但从本质上而言，其信息系统与现行的行政组织体系存在不完全兼容和不匹配的问题，具体表现为信息截留和信息失真。一方面，信息系统的运行畅通既需要打破纵向层面的层级阻碍，实现信息传递的一体化，也需要横向层面的广覆盖，实现信息在立体空间交流互动的深度和广度，确保信息的完整性、真实性和多样性；另一方面，现有的官僚体制在纵向上因其过多的层级组织容易造成网格信息的截留和失真，在横向上各职能部门各自为政，缺乏沟通阻碍了信息的横向传播，在一定程度上影响了政府管理效率的提升。纵向层面的层级过多和横向层面的封闭阻隔使得信息系统和行政组织体系并未完全匹配，信息截留和信息失真依然存在。

从管制型政府向服务型政府转变，提高政府管理效率，实现城市精细化治理成为当前政府部门的管理目标和实践宗旨，而信息技术的迅猛发展则为其提供了有利的技术支撑，使得城市精细化治理成为可能。因此，当信息技术作为一种先进手段应用到政府体系时，是选择利用先进的信息技术重新构造出与信息相匹配的新型组织体系，还是借助于现有的组织机构对信息进行重新分配和调节？

徐汇区网格管理中心充分借助既有的区、街镇和居委会组织机构，引入先进的信息技术，进行信息资源重组和优化配置。一方面，出于降低风险和节省成本的考量，选择在既有组织机构的基础上引入信息技术，进行重组优化；另一方面，信息资源本身所具备的快捷性、易流动性和可塑性使得对信息资源的重组分配易于组织机构的新设，减少信息技术应用的阻碍，更好的促使信息技术为管理服务。但与此同时，徐汇区网格管理实践仍然存在着信息系统和组织机构不兼容、不匹配的问题，出现信息截留和信息失真的现象，这说明在引入信息技术的过程中，要注意信息系统和组织机构的匹配与融合，一方面，要通过精简机构、发展扁平化组织来减少政府层级，避免信息截留和信息失真现象的出现；另一方面，运用信息技术联动横向各职能部门，打破各部门职能边界，建构无缝隙服务政府，促进其向服务型政府和精细化治理的转变，通过横向和纵向的信息传递构建立体全方位的信息网络，实现信息系统与组织机构的匹配融合，最终达到“党委领导、政府负责、社会协同、公众参与”的多元治理格局，实现还权于民的“善治”社会。

参考文献

[1] 杨敏．作为国家治理单元的社区——对城市社区建设运动过程中居民社区参与和社区认知的个案研究［J］．社会学研究，2007（4）：137－164.

[2] 井西晓．挑战与变革：从网格化管理到网格化治理——基于城市基层社会管理的变革［J］．理论探索，2013（1）：103.

[3] 王名，杨丽．北京市网格化服务管理模式研究［J］．中国行政管理，2012（2）：119－121.

[4] 周连根．网格化管理：我国基层维稳的新探索［J］．中州学刊，2013（6）：83－85.

[5] 孔娜娜．网格中的微自治：城市基层社会治理的新机制［J］．社会主义研究，2015（4）：90－96.

[6] 胡重明．再组织化与中国社会管理创新——以浙江舟山“网格化管理、组团式服务”为例［J］．公共管理学报，2013（1）：63－70.

[7] 朱仁显，邬文英．从网格管理到合作共治——转型期我国社区治理模式路径演进分析［J］．厦门大学学报（哲学社会科学版），2014（1）：102－109.

[8] 姜晓萍，焦艳．从“网格化管理”到“网格化治理”的内涵式提升［J］．理论探讨，2015（6）：139－143.

[9] 田毅鹏．城市社会管理网格化模式的定位及其未来［J］．学习与探索，2012（2）：28－32.

[10] 刘中起，郑晓茹，郑兴有，杨秀菊．网格化协同治理：新常态下社会治理精细化的上海实践［J］．上海行政学院学报，2017（2）：60－68.

[11] 竺乾威．公共服务的流程再造：从“无缝隙政府”到“网格化管理”［J］．公共行政评论，2012（2）：1－21.

[12] 张国磊，张新文．制度嵌入、精英下沉与基层社会治理——基于桂南Q市“联镇包村”的个案考察［J］．公共管理学报，2017（4）：44－53.

[13] 文军．从单一被动到多元联动——中国城市网格化社会管理模式的构建与完善［J］．学习与探索，2012（2）：33－36.

[14] 陈剩勇，于兰兰．网络化治理：一种新的公共治理模式［J］．政治学研究，2012（2）：108－119.

[15] 谢正富．治理孵化器：社会工作视角下“微治理”实现机制探索——基于襄阳古城15个社区的调查［J］．云南行政学院学报，2016（1）：77－85.

[16] 李婷婷．城市社区微治理的实践困境及其破解［J］．理论探索，2018（3）：88－96.

[17] 章荣君．“微治理”：基层社会矛盾源头预防的有效机制——基于常熟市H社区“微治理”的案例分析［J］．理论与改革，2017（4）：51－58.

[18] 孙璇．社会微治理视野下的社区精英治理机制研究［J］．广州大学学报（社会科学版），2016（12）：59－63.

[19] 程同顺，魏莉．微治理：城市社区双维治理困境的回应路径［J］．江海学刊，2017（6）：123－131.

[20] 宁华宗．微治理：社区“开放空间”治理的实践与反思［J］．学习与实践，2014（12）：88－96.

[21] 尹浩．社区微治理的实践逻辑与价值取向［J］．内蒙古社会科学（汉文版），2017（4）：160－166.

锦州市数字化城市管理评价及对策研究[①]

刘晓伟[②]　韩　颖[③]　杨　雄[④]　包知鹭[⑤]

摘　要：在我国城市化进程加快的当代，以往的管理模式已经不适应我国城市的发展和市民的需求。随着互联网科技的不断发展与进步，成为城市管理新模式产生与发展的契机，数字化城市管理模式应运而生并快速发展。本文通过建立数字化城市管理评价指标体系和评价模型，从法律法规体系等七个方面出发，建立了7个一级指标和28个二级指标，运用AHP－Fuzzy评价方法对锦州市数字化城市管理的现状进行深入的研究分析，针对当前锦州市数字化城市管理中存在的问题提出对策，这对锦州市完善数字化城市管理的建设具有重要意义。

关键词：数字化　城市管理　AHP－Fuzzy　对策建议

Study on Management Evaluation and Countermeasures of Digital City in Jinzhou

Liu Xiaowei　Han Ying　Yang Xiong　Bao Zhilu

Abstract: With the acceleration of China's urbanization process, the previous management model has not adapted to the development of our city and the needs of citizens. With the continuous development and progress of Internet technology, it has become an opportunity for the emergence and development of a new urban management model, and the digitalized urban management model emerges as The Times require. In this paper, through the establishment of evaluation index system and evaluation model of digital urban management, starting from the seven aspects such as legal system, set up the seven primary indexes and 28 secondary indicators, using the AHP－Fuzzy evaluation method to jinzhou city

---

①　基金项目：（1）PPP项目可持续发展能力评价与对策研究（L17BGL038），辽宁省社会科学规划基金项目；（2）基于超效率数据包络模型的辽宁战略新兴产业创新效率测度研究（20170540438），辽宁省科技厅项目。

②　刘晓伟：辽宁工业大学管理学院院长、教授、硕士生导师；主要研究方向为建设工程管理、物流与供应链管理等。

③④⑤　韩颖，杨雄，包知鹭：辽宁工业大学管理学院研究生。

the present situation of the digital city management in-depth research and analysis, in view of the current problems existing in the jinzhou city digital urban management countermeasure is put forward, the jinzhou city to perfect the construction of digital city management is of great significance.

Key words: digital, city management, AHP - Fuzzy, countermeasures

一、绪　　论

信息化和城市化相融合是21世纪中国城市的最大特征，两者的巧妙融合，将是中国城市发展最锦丽的篇章。但随着中国城市化进程快速的发展，以往的城市管理中存在着许多问题，实践已经领先于理论研究，这就要求许多在数字化城市建设之中存在的问题应该在理论上加强研究分析。我们课题组结合锦州市数字化城市管理的建设，分析其数字化城市建设的做法及其面临的问题，通过分析数字化城市管理建设的影响因素，对数字化城市管理的现状进行评价，分析问题、解决问题。我们将锦州市数字化城市管理作为研究对象，深入研究锦州市数字化城市管理运行的现状，对锦州市数字化城市管理中存在问题的原因深入分析和探讨。在学习和借鉴国内外数字化城市管理先进经验的基础上，提出锦州市数字化城市管理的对策建议，从而促进城市健康、可持续发展。

二、国内外数字化城市管理研究概述

（一）国外的研究概述

“数字城市”的概念来源于“数字地球”。在1998年初，时任美国副总统的A. 戈尔（A. Gore）第一次较系统地提出了“数字地球”的概念。[①] 与此同时，“数字城市”也随之应运而生，它是以构建信息空间这一虚拟平台，并把城市的信息通过转化为数字的形式加载该平台上。[②] 国外的数字化城市管理的研究主要包括：（1）政府管理数字化。目前，电子信息设备的加入，不仅可以降低人力成本，还将提高业务处理效率。信息数据库的建立能够整合海量的政务信息，为领

① 王均，周德军，鲁学军．美国“数字地球”进展［J］．测绘技术装备，2000（2）：4－7.

② Jaesoo Jang, Hyungmin Lim. Ubiquitous－City Integrated Authentication System（UCIAS）［J］. Journal of Intelligent Manufacturing, 2014（4）：347－355.

导制定行政决策方案和政府部门处理有关事务提供高效的信息和技术支持。[①]（2）城市管理数字化。20 世纪 90 年代末期，发达国家就已经掀起了“数字化城市”“数字化社区”和“数字化家庭”的浪潮。如，美国多数城市，陆陆续续地推出了实施“数字化城市”的建设；新加坡更是在“智能化城市”中推行了建设实践，即公民可实现在网络申报税收，也可对各种选举进行投票等。美国罗格斯大学以及韩国成均馆大学的专家、学者们对世界上几十个城市的数字治理发展水平进行研究，对实用性、安全性等指标因素进行了对比，分析了发达国家和发展中国家在数字治理方面的差异。[②]（3）公共服务数字化。如英国政府所推出的“游牧项目”为该方面典型案例。各个地区及政府部门的工作人员可通过携带具有无线连接功能的电脑或移动终端设备等工具或手机短信的方式，在各类场合中，提供时便利的公共服务，增进与公民的互动沟通同时，还可将移动技术与卫星定位系统、地理信息系统、全天视频监控系统间相结合，以提高城市管理的效率和服务质量。[③]

（二）国内的研究概述

近年来，着眼于城市领域，国内学者对数字化城市管理进行了相关研究。综合国内的研究现状，目前具有代表性的研究成果有：（1）数字城市政府管理模式的研究。[④] 戴伟在《数字化城市管理模式探讨》中提出我国数字化城市管理运行过程中存在投入及运行的成本过高、系统的实用性较弱和人员处置合理化等问题。并提出应建立多元化的投资管理机制，科学的评价考核标准等对策。[⑤]（2）探讨数字化城市管理的系统建设。王洪深等在《基于 SaaS 模式的数字化城市管理系统应用研究》中，对数字化城市管理系统应用展开了深入研究，来降低政府实现信息化的应用成本，促进政府部门和运营企业间双赢的局面。[⑥] 在数字化城市管理新模式中，王丹在《数字化城市管理新模式实现中的空间数据建设》文章中指出，空间数据在提升新模式的实用性方面具有相当重要的保障和支撑效

---

① 杨宏山，严岩．城市绩效管理模式比较研究——以北京市 DUM 模式与美国巴尔的摩市 CitiStat 项目为例［J］. 城市管理与科技，2010（5）：40 – 43.

② Anonymous. Survey Ranks Cities by E – Governance. Information Management Journal. 2007（1）：16.

③ 蒋晓青．桂林市数字化城市管理系统［J］. 数字技术与应用，2018（3）：96 – 98.

④ 高永兴．论数字城市政府管理理论［J］. 科技进步与对策，2017（7）：25 – 26.

⑤ 戴伟．数字化城市管理模式探讨［J］. 商，2012（21）：132.

⑥ 王洪深，胡环宇，胡晓彤，吴江寿．基于 SaaS 模式的数字化城市管理系统应用研究［J］. 地理信息世界，2017（2）：83 – 88.

果。[①]（3）各城市数字化城市管理取得的成果与绩效。杨宏山在《数字化城市管理的制度分析》一文中总结道，数字化城管能够使城市管理从传统的粗放管理走向精细管理，从而提高了城市管理效率。[②]

三、数字化城市管理评价指标与评价模型的构建

（一）评价指标体系的构建

建立数字化城市管理评价指标体系是将管理的目标进行量化分析，清晰地找出城市数字化管理的不足之处，从而更好地完善和改进不足之处。在分析影响构建城市数字化管理相关因素的基础上，将指标体系设计为法律法规体系等七个方面为一级指标，法律规范制度等28个要素为二级指标，具体见表1。

表1　　数字化城市管理指标评价体系

目标	一级指标	二级指标
构建城市数字化管理评价指标体系	法律法规体系 $B1$	法律规范制度 X_1
		管理运行规范 X_2
		原体系协作力 X_3
		政策支持度 X_4
	资源信息共享 $B2$	信息系统建立 X_5
		管理技术信息化 X_6
		应急联动指挥 X_7
		数字城管 X_8
	系统安全及维护 $B3$	监督检查机制 X_9
		系统更新与安全 X_{10}
		网络维护 X_{11}
		信息平台拓展 X_{12}

① 王丹，李海明，田飞．数字化城市管理新模式实现中的空间数据建设［J］．地理信息世界，2016（4）：11－16.

② 杨宏山．数字化城市管理的制度分析［J］．城市发展研究，2015（1）：109－113.

续表

目标	一级指标	二级指标
构建城市数字化管理评价指标体系	管理体系 B4	管理制度与方法 X_{13}
		组织机构权威化 X_{14}
		闭环管理流程 X_{15}
		科学评价体系 X_{16}
		管理责任体系 X_{17}
	技术整合 B5	制定技术标准 X_{18}
		创新技术应用 X_{19}
		专业技术融合 X_{20}
		新技术引进 X_{21}
	设施完善程度 B6	基础设施完整度 X_{22}
		监督设备覆盖率 X_{23}
		优化配套设施 X_{24}
	群体影响力 B7	公众支持率 X_{25}
		市民参与度 X_{26}
		专业人员培养 X_{27}
		高素质管理团队 X_{28}

资料来源：笔者整理。

（二）评价模型的构建

本研究中对数字化城市管理的研究采用 AHP - Fuzzy 分析方法，将定量与定性分析较好的相结合起来，解决数字化城市管理评价相关问题。

1. AHP - Fuzzy 综合评判方法的特点

层次分析法（AHP），是一种多准则决策实用性评价方法，鉴于其能够把各种与复杂问题相关的因素更加条理化、清晰化，使其深受研究学者的青睐。模糊综合评价方法对评价事物的各个指标因素的好坏做出合理的级别划分。以最佳的方式解决了模糊的、难以进行定量分析的问题。将两种方法有效地结合起来，使得分析的结果具有说服力。

2. AHP - Fuzzy 评价模型的构建

（1）构建判断矩阵。对权重的确定将邀请 m 个具有相关专业知识背景的专家进行打分，将待评价的指标进行两两比较，采用 1 ~9 标度法。

（2）计算各因素指标权重并进行一致性查验。

对判断矩阵 $B=\begin{pmatrix} b_{11} & b_{12} & \cdots & b_{1n} \\ b_{21} & b_{22} & \cdots & b_{2n} \\ \cdots & \cdots & \cdots & b_{3n} \\ b_{m1} & b_{m2} & \cdots & b_{mn} \end{pmatrix}$，

归一化处理判断矩阵的列向量，$\overline{b_{ij}}=\dfrac{b_{ij}}{\sum\limits_{i=1}^{m} b_{ij}}$；

将上述判断矩阵相加，$\overline{W_{ij}}=\sum\limits_{j=1}^{n}\overline{b_{ij}}$；

归一化处理 $\overline{W}$ 矩阵，计算出判断矩阵特征向量 $\lambda_{\max}=\sum\limits_{i=1}^{n}\dfrac{(BW_i)}{nW_i}$；

进行一致性检验 $CI=\dfrac{\lambda_{\max}-n}{n-1}$，

计算一致性比率 $CR=\dfrac{CI}{RI}$，当 $CR\leqslant 0.1$ 时，说明该判断矩阵符合一致性检验标准，得出其具有一致性。

（3）进行综合评判。确立评价对象的词语 $V=\{$好，较好，中等，一般，差$\}$，即评价级别，每个分级可对应一个模糊子集。赋值后的评语集为 $V=\{85, 75, 65, 55, 45\}$。

利用所建立的评语集由专家对单个因素评判，得到指标层各因素的模糊评价矩阵 R，可得各评价因素指标 C_{ij}的判断矩阵可表示为：

$$R=\begin{bmatrix} r_{11} & r_{12} & \cdots & r_{1j} \\ r_{21} & r_{22} & \cdots & r_{2j} \\ \vdots & \vdots & \ddots & \vdots \\ r_{i1} & r_{i2} & \cdots & r_{ij} \end{bmatrix}$$

其中，r_{ij}表示评估指标 b_{ij}的隶属度。

将各个指标权重结果与模糊矩阵进行相关变化 $B_{Ri}=R_i\times W_i$，得到单个指标评估结果 B_{Ri}。

通过整个评估结果与权重的换算公式可得 $T=W\times B_R$。

利用上一步骤中得到的数据 T 与评语集分数对应分数进行计算可得，$Score=T\times V^T$。

四、锦州市数字化城市管理实证分析

（一）锦州市数字化城市管理现状

根据调查显示，截至 2017 年，锦州市已全部完成 13816 条小街巷的改造工作，总投资额为 5 亿元；在“双百行动”中拆除了大型的广告牌共 119 块，全市的 35 个占道市场均已顺利完成相应的整改任务；交通管理中提出的二次过街方法使得机动车路口的整体通行效率有所提高约 30%；同时，在实现数字城管过程中共采集了 5 大类和 93 小类包括 229146 个城市管理的部件，真正实现了城市管理的数据全方位掌握和城市管理所属区域无盲区的概念。同时，为积极推进锦州市数字化城市管理工作进程的不断完善，进而实现市、区和部门三方面联动的网格化管理这一新格局，自 2015 年 11 月起，锦州市组建了领导小组为全面打造数字化城市管理中心做准备。目前，锦州市依据管理指挥中心这一平台，加快了智慧城管网格的划分的落地工作，智慧城管基础工作的夯实，形成了以市、区为主体将街道和社区相继融合管理体系。据了解，指挥中心在实行监管过程中还共享了公安机关在 4000 个重要道路路段视频监控资源，加快推进无盲区、全天候和全时段的城市管理目标的实现。

（二）锦州市数字化城市管理综合评价分析

1. 数据收集

本文的调查对象包括了政府工作人员、高校的学者、数字通讯公司工作人员、社会公众等，共发出 300 份调查问卷，获得有效调查问卷 264 份，整理可得各指标重要程度打分，经多次评选可得如下判断矩阵。

$$B=\begin{pmatrix} 1 & 3/7 & 2/5 & 2/5 & 3/8 & 2/5 & 4/5 \\ 7/3 & 1 & 3/8 & 7/2 & 3/5 & 4/9 & 5/6 \\ 5/2 & 8/3 & 1 & 9/2 & 7/3 & 5/2 & 7/9 \\ 5/2 & 2/7 & 2/9 & 1 & 1/5 & 3/5 & 6/5 \\ 8/3 & 5/3 & 3/7 & 5 & 1 & 5/3 & 5/8 \\ 5/2 & 9/4 & 2/5 & 5/3 & 3/5 & 1 & 9/7 \\ 5/4 & 6/5 & 9/7 & 5/6 & 8/5 & 7/9 & 1 \end{pmatrix}$$

$$B_1 = \begin{pmatrix} 1 & 1/6 & 3/8 & 7/5 \\ 6 & 1 & 7/6 & 5 \\ 8/3 & 6/7 & 1 & 7 \\ 5/7 & 1/5 & 1/7 & 1 \end{pmatrix} \quad B_2 = \begin{pmatrix} 1 & 3 & 1/3 & 1/7 \\ 1/3 & 1 & 1/5 & 1/8 \\ 3 & 5 & 1 & 1/6 \\ 7 & 8 & 6 & 1 \end{pmatrix}$$

$$B_3 = \begin{pmatrix} 1 & 9/7 & 6/5 & 7/5 \\ 7/9 & 1 & 4/3 & 8/5 \\ 5/6 & 3/4 & 1 & 3/5 \\ 5/7 & 5/8 & 5/3 & 1 \end{pmatrix} \quad B_4 = \begin{pmatrix} 1 & 6/5 & 8/7 & 3/5 & 6/5 \\ 5/6 & 1 & 6/5 & 3/7 & 1/5 \\ 7/8 & 5/6 & 1 & 4/5 & 4/9 \\ 5/3 & 7/3 & 5/4 & 1 & 7/3 \\ 5/6 & 5 & 9/4 & 3/7 & 1 \end{pmatrix}$$

$$B_5 = \begin{pmatrix} 1 & 9/4 & 3/5 & 4/7 \\ 4/9 & 1 & 2/5 & 6/5 \\ 5/3 & 5/2 & 1 & 7/6 \\ 7/4 & 5/6 & 6/7 & 1 \end{pmatrix} \quad B_6 = \begin{pmatrix} 1 & 3/2 & 7/5 \\ 2/3 & 1 & 8/5 \\ 5/7 & 5/8 & 1 \end{pmatrix}$$

$$B_7 = \begin{pmatrix} 1 & 3/7 & 5/9 & 7/5 \\ 7/3 & 1 & 5/2 & 7/5 \\ 9/5 & 2/5 & 1 & 3/2 \\ 5/7 & 5/7 & 2/3 & 1 \end{pmatrix}$$

2. 权重及隶属度确定

通过相关计算公式运算，可得各指标均通过一致性检验，各要素指标权重汇总见表2。

表2 各级指标权重汇总

准则层	权重	指标层	权重
法律法规体系 $B1$	0.0638	法律规范制度 X_1	0.1019
		管理运行体系 X_2	0.4538
		原体系协作力 X_3	0.3739
		政策支持度 X_4	0.0704
资源信息共享 $B2$	0.1220	信息系统建立 X_5	0.0924
		管理技术信息化 X_6	0.0470
		应急联动指挥 X_7	0.1918
		数字城管 X_8	0.6687
系统安全及维护 $B3$	0.2575	监督检查机制 X_9	0.2970
		系统更新与安全 X_{10}	0.2789

续表

准则层	权重	指标层	权重
系统安全及维护 B3	0. 2575	网络维护 X_{11}	0. 1935
		信息平台拓展 X_{12}	0. 2305
管理体系 B4	0. 0817	管理制度与方法 X_{13}	0. 1796
		组织机构权威化 X_{14}	0. 1132
		闭环管理流程 X_{15}	0. 1388
		科学评价体系 X_{16}	0. 3057
		管理责任体系 X_{17}	0. 2626
技术整合 B5	0. 1804	制定技术标准 X_{18}	0. 2281
		创新技术应用 X_{19}	0. 1701
		专业技术融合 X_{20}	0. 3431
		新技术引进 X_{21}	0. 2587
设施完善程度 B6	0. 1436	基础设施完整度 X_{22}	0. 4176
		监督设备覆盖率 X_{23}	0. 3332
		优化配套设施 X_{24}	0. 2492
群体影响力 B7	0. 1509	公众支持率 X_{25}	0. 1775
		市民参与度 X_{26}	0. 4017
		专业人员培养 X_{27}	0. 2389
		高素质管理团队 X_{28}	0. 1818

资料来源：笔者整理。

本文通过问卷调查法对调查对象进行调查，共发出 300 份调查问卷，获得有效调查问卷 264 份，通过问卷结果整理得隶属度结果如表 3 所示。

表 3　　隶属度汇总

准则层	标准层	评语集				
		优秀	良好	中等	一般	差
法律法规体系 B1	法律规范制度 X_1	0. 1965	0. 3321	0. 3461	0. 1236	0. 0017
	管理运行体系 X_2	0. 0963	0. 1356	0. 2485	0. 3426	0. 1770
	原体系协作力 X_3	0. 0768	0. 1625	0. 3326	0. 3567	0. 0714
	政策支持度 X_4	0. 3062	0. 2618	0. 2162	0. 1584	0. 0574

续表

准则层	标准层	评语集				
		优秀	良好	中等	一般	差
资源信息共享 B2	信息系统建立 X_5	0.4420	0.3160	0.1320	0.0650	0.0450
	管理技术信息化 X_6	0.1160	0.2620	0.3010	0.2640	0.0570
	应急联动指挥 X_7	0.2265	0.1325	0.3586	0.1200	0.1624
	数字城管 X_8	0.2536	0.2453	0.1985	0.2469	0.0557
系统安全及维护 B3	监督检查机制 X_9	0.0635	0.1356	0.2143	0.3564	0.2302
	系统更新与安全 X_{10}	0.2156	0.1365	0.3564	0.1194	0.1721
	网络维护 X_{11}	0.2265	0.1325	0.3586	0.1200	0.1624
	信息平台拓展 X_{12}	0.0680	0.3651	0.2100	0.2211	0.1358
管理体系 B4	管理制度与方法 X_{13}	0.1350	0.1685	0.2315	0.3282	0.1468
	组织机构权威化 X_{14}	0.0657	0.1132	0.2206	0.4482	0.1523
	闭环管理流程 X_{15}	0.1081	0.0618	0.1854	0.5986	0.0461
	科学评价体系 X_{16}	0.1000	0.0618	0.1798	0.5404	0.1180
	管理责任体系 X_{17}	0.1413	0.0942	0.1180	0.5004	0.1461
技术整合 B5	制定技术标准 X_{18}	0.0396	0.1009	0.1910	0.6011	0.0674
	创新技术应用 X_{19}	0.1905	0.1011	0.1303	0.4882	0.0899
	专业技术融合 X_{20}	0.0200	0.0743	0.1124	0.6011	0.2022
	新技术引进 X_{21}	0.1012	0.1236	0.2797	0.4888	0.0067
设施完善程度 B6	基础设施完整度 X_{22}	0.1435	0.0730	0.1916	0.5393	0.0461
	监督设备覆盖率 X_{23}	0.0905	0.0618	0.2022	0.4882	0.1573
	优化配套设施 X_{24}	0.1148	0.0730	0.2155	0.5124	0.0843
群体影响力 B7	公众支持率 X_{25}	0.1302	0.0730	0.2564	0.5337	0.0067
	市民参与度 X_{26}	0.1046	0.0792	0.1522	0.5674	0.0561
	专业人员培养 X_{27}	0.1708	0.0955	0.2191	0.4501	0.0573
	高素质管理团队 X_{28}	0.1965	0.3321	0.3461	0.1236	0.0017

资料来源：笔者整理。

3. 评价结果分析

根据上文各指标隶属度结果，利用模糊综合评价公式 $T = W \times R$ 计算可得。

$$B_{R1} = W_1 \times R_1$$

$$= (0.1019 \quad 0.4538 \quad 0.3739 \quad 0.0704) \times \begin{pmatrix} 0.1965 & 0.3321 & 0.3461 & 0.1236 & 0.0017 \\ 0.0963 & 0.1356 & 0.2485 & 0.3426 & 0.1770 \\ 0.0768 & 0.1625 & 0.3326 & 0.3567 & 0.0714 \\ 0.3062 & 0.2618 & 0.2162 & 0.1584 & 0.0574 \end{pmatrix}$$

$$= (0.1140 \quad 0.2128 \quad 0.1894 \quad 0.1314 \quad 0.0784)$$

$$B_{R2} = W_2 \times R_2 = (0.2593 \quad 0.1537 \quad 0.3143 \quad 0.1745 \quad 0.0839)$$

$$B_{R3} = W_3 \times R_3 = (0.1385 \quad 0.0948 \quad 0.1370 \quad 0.1198 \quad 0.0621)$$

$$B_{R4} = W_4 \times R_4 = (0.1144 \quad 0.0826 \quad 0.1924 \quad 0.5057 \quad 0.1421)$$

$$B_{R5} = W_5 \times R_5 = (0.0745 \quad 0.0711 \quad 0.1103 \quad 0.2286 \quad 0.2524)$$

$$B_{R6} = W_6 \times R_6 = (0.1187 \quad 0.0397 \quad 0.0477 \quad 0.0735 \quad 0.0287)$$

$$B_{R7} = W_7 \times R_7 = (0.1417 \quad 0.0656 \quad 0.1340 \quad 0.1647 \quad 0.0119)$$

记 $R = (B_{R1} \quad B_{R2} \quad B_{R3} \quad B_{R4} \quad B_{R5} \quad B_{R6} \quad B_{R7})$，

$$T = W \times R = (0.1358 \quad 0.1044 \quad 0.1587 \quad 0.1792 \quad 0.0727)$$

根据公式计算出锦州市数字化城市管理得分如下：

$$S = T \times V^T$$

$$= (0.1358 \quad 0.1044 \quad 0.1587 \quad 0.1792 \quad 0.0727) \times (95 \quad 85 \quad 75 \quad 65 \quad 55)^T = 69.31$$

通过计算可知，锦州市数字化城市管理指标体系评价值为69.31，处于中等偏上水平，说明锦州市数字化城市管理尚有一定改进空间。同时通过计算各一级指标得分可知，法律法规体系得分为55.595分，资源信息共享得分为55.976分，系统安全及维护得分为74.085分，技术整合得分为68.979分，设施完善程度得分为59.097分，设施完善程度得分为54.584分，群体影响力得分为66.448分。

五、锦州市数字化城市管理存在的问题分析

近年来，锦州市委、市政府各级领导高度重视城市环境的整治和城市管理工作，锦州市的城市面貌焕然一新，城市环境得到了显著的改善，城市管理的标准连续提升，在数字化城市管理方面获得了显著的成绩。然而与国内其他先进城市相比，锦州市的数字化城市管理还存在着差距，主要表现在以下三个方面。

（一）适用性和覆盖范围的问题

锦州数字化城市管理系统已经建成三年多，投资总额大约为2000万元。由

于该系统的运作、维护和使用尚未列入各级政府的预算，设备的维护、保养及软件的开发均已不在保修期的范围内。基于各项业务缺乏资金补给，截至目前，还没有能够和相关专业公司签署新的维护合同，因此，在运行数字化城市管理系统方面具有很大的风险。该系统从锦州应急管理办公室引入视频监控，但是系统仅具有用于城市管理和行政执行的实时控制功能。对城市设施和维护、城市外观的维护和城市外观的改善以及对环境卫生的清洁、景观的覆盖等进行了分析。数字化管理平台在各个区域的结构并不乐观，无法全部覆盖各个区域。

（二）信息采集员队伍的问题

数字化城市管理信息采集方面的建设在数字城市管理系统的开发中起着不可或缺的作用。目前，锦州市尚未确定自己的信息收集队伍建设，人员质量参差不齐，差异很大。这样，不仅增加了城市管理调度和指挥的难度，而且影响了数字城市管理的全面发展。主要表现为：第一，城市监督指挥中心没有建立完善的自己的信息收集监督队伍，各地区建立的信息收集队伍的人员素质也存在较大差异。因此，这将导致统计结果的偏差，很难客观、全面地反映这一问题；第二，一些信息采集器不能满足工作的要求。对平台的主要性能操作不熟练，设定的案例标准把握不定，任务调度不准确，导致错误，出现无效的案例档案；问题处理效率不高，导致部分文件超时，以及由于措施不当或实施不当等一些疑难问题的处理不完整。

（三）绩效考评的难题

锦州数字化城市管理每月以公告的方式公布评价结果，但评价结果并没有纳入各类绩效考核的环节里，应对绩效考核结果优秀的部门实施奖励，绩效考核结果优秀的部门如果没有够得到奖赏，则该部门的工作积极性就得不到发挥。绩效考核不好的部门如果很少被指名批评和惩罚，这使得一些部门对市级监督指挥中心发现的一些问题关注度不够，不能及时处理和反馈，一些问题甚至没有被受理，导致城市数字化城市管理进程推进相当缓慢。此外，政府系统的内部监督机制为数字城市管理系统的绩效评价提供数据参考，数字城市管理的绩效评价中缺乏外部监督，数字城市管理系统无法从内外两个方面来理解和把握。

六、完善锦州市数字化城市管理的对策建议

（一）深化数字化城市管理制度的革新和宣传工作

为了在锦州市更深一步地发展和推广数字化城市管理，数字化城市管理的内涵和重要性需要得到城市各级高层领导的支持和重视。这使他们认识到数字化城市管理在建设服务型政府、整合政府资源、开展政务公开等方面发挥着巨大的作用，从而增强了人们的责任感和使命感。要使群众更好地理解，就要做好全方位、多角度的宣传报道工作，开展宣传材料发放、现场专家讲座等各种宣传活动，大力宣传数字化城市的建设，推动数字化城市管理朝社会化的方向迈进。加强数字化城市管理，进而可以提高政府相关部门的工作效率，增强了各级部门和社会公众认同数字化城市管理、参与数字化城市管理的意识，使数字化城市管理深入人心，家喻户晓，使每一个人都能参与数字化城市管理，支持数字化城市管理，积极推动数字化城市建设。

（二）加快完善数字化城市管理的法律法规建设工作

目前，由于新的运行机制和新方法缺乏立法依据，首先，有必要加快立法工作，通过法律的形式来确定新的机制和方法。其次，数字化城市管理将逐渐扩展到别的还未建立数字城市管理的地区（城市）。因此，迫切需要出台一些统一的政策来指导各地区的工作。数字化城市管理信息采集的过程比较容易受到一些违法、违规人员的影响和阻挠，甚至一些不安全因素可能会危害到信息采集人员的人身安全。因此，加强数字化城市管理方面的法律、法规建设工作，保障信息收集人员和信息收集工作的切身安全也是迫在眉睫。

（三）调整完善数字化城市管理工作体制

在总结住房和城乡建设概况等工作的基础上，建议对锦州数字化城市管理体制进行调整，分别建立城市数字化城市管理指挥中心和监督中心。市级管理监督中心应是市政府直属的单位，市级数字化城市管理指挥中心是市行政执法部门的内部组织。市级指挥中心接收到市监察中心传递的信息后，按构成部分的类别接

管岗位。各区级指挥协调中心及相关市政单位，根据案件档案的分类，将问题分配给各业务部门处理，并及时将处理结果发送给市指挥协调中心，经信息采集相关人员检查后，综合评价结果将由系统自动生成。

（四）保障数字化城市管理资金需要，完善信息平台

数据信息系统维护、设备更新、人工费用等数字化城市管理的运营成本相对较高的问题，要求要提高数字化城市管理水平，首先要提供资金支持。因此，首先应该建立科学合理的资金配置、定量、绩效分配的维护体系，部分工程也可采用现代融资模式，如 PPP 模式。其次，要考虑数字城市管理系统的可扩展性和兼容性，为保证锦州数字城市管理系统向锦州智能城市系统的顺利过渡留出发展空间。此外，有必要对具有城市管理功能的各政府部门的信息数据资源进行梳理，对现有的有效信息数据资源进行分析和整合，并建立完善的电子政务系统、各类城市管理服务系统等信息平台。将其引入数字城市管理信息平台系统，构建信息共享平台，实现城市管理各职能部门之间、政府与公众、政府与企业之间的信息数据资源共享。

（五）加强数字化城市管理的队伍建设

针对锦州市数字城市管理信息队伍存在的问题，提出应由锦州市数字化城市管理监督中心调整信息收集队伍的建设模式，实现全市信息收集队伍的统一管理。根据划分网格，可以合理分配信息采集器的数量，提高信息采集的效率，提高监控效果。根据实际情况，可以保留原有的信息采集员，以满足数字城市管理的要求。目前，数字城市管理系统的应用要求我们合理配备专门的技术人才，培养技术骨干，形成系统的临时人才替换机制，避免人员因素对整个工作的过度影响。同时，要加强信息采集人员和信息平台人员的培训，提高他们的工作技能和专业水平，处理工作流程的熟练度。

（六）建立精细化的城市管理考核评价体系

建立起由精细化城市管理外部评价体系和内部评价体系，组成的科学有效的评价体系。精细化城市管理外部评价体系就是源自公众、社会媒体以及更高层次的政府评价，内部评价体系则由数字城市管理信息平台自身自动生成的。精细化城市管理考核评价的目的是解决城市管理各部门的动力机制问题，杜绝无效劳动

和浪费，使城市建设管理持续改进，改变城市管理中“有人见、无人办”的局面和“多做少做没区别”的局面。同时，加强信息采集、管理和系统人事奖罚制度。定期举行数据分析和审查会议，并将结果张贴在媒体网站上，供公众监督，实施城市精细化管理。

参考文献

[1] 王均，周德军，鲁学军．美国“数字地球”进展［J］．测绘技术装备，2000（2）：4－7.

[2] 杨宏山，严岩．城市绩效管理模式比较研究——以北京市 DUM 模式与美国巴尔的摩市 CitiStat 项目为例［J］．城市管理与科技，2010（5）：40－43.

[3] 蒋晓青．桂林市数字化城市管理系统［J］．数字技术与应用，2018（3）：96－98.

[4] 高永兴．论数字城市政府管理理论［J］．科技进步与对策，2017（7）：25－26.

[5] 戴伟．数字化城市管理模式探讨［J］．商，2012（21）：132.

[6] 王洪深，胡环宇，胡晓彤，吴江寿．基于 SaaS 模式的数字化城市管理系统应用研究［J］．地理信息世界，2017（2）：83－88.

[7] 王丹，李海明，田飞．数字化城市管理新模式实现中的空间数据建设［J］．地理信息世界，2016（4）：11－16.

[8] 杨宏山．数字化城市管理的制度分析［J］．城市发展研究，2015（1）：109－113.

[9] Jaesoo Jang，Hyungmin Lim. Ubiquitous－City Integrated Authentication System（UCIAS）［J］. Journal of Intelligent Manufacturing，2014（4）：347－355.

[10] Anonymous. Survey Ranks Cities by E－Governance. Information Management Journal，2007（1）：16.

政策扩散视角下的特色小镇发展研究[①]

张蔚文[②]　卓何佳[③]

摘　要：自2016年7月住房和城乡建设部（以下简称住建部）、国家发展和改革委员会（以下简称发改委）与财政部联合发布《关于开展特色小镇培育工作的通知》以来，缘起于浙江省的特色小镇热潮席卷全国，其中特色小镇培育政策在全国层面的扩散起到了很大的作用。截至2017年12月，中央及各地方政府累计出台40项特色小镇纲领性文件。本文基于政策扩散理论，分析了全国特色小镇政策的扩散现状和政策结果，发现扩散过程符合"S型"扩散曲线、空间邻近效应及各地区政策内容上存在相似性。这一过程是典型的"吸纳—辐射"政策扩散过程，即上级政府"认可"地方实践后向全国范围推广，而学习、竞争、强制和模仿是推动特色小镇政策在全国扩散的四种机制。同时，在这四种机制的共同作用下，特色小镇政策在短短三年内迅速扩散到全国范围，必然导致了一些问题的出现，如对特色小镇内涵理解存在差异；特色产业同质化倾向严重；特色小镇创建和培育数量惊人；考核标准缺少个性化；扶持政策呈现"两极化"等。针对以上问题，本文最后提出进一步厘清特色小镇内涵、因地制宜制定差别化政策、避免重蹈"开发区热"覆辙、尽力营造市场化政策环境等政策优化建议。

关键词：特色小镇　政策设计　政策扩散　新型城镇化

---

①　基金项目：国家自然科学基金项目"城市群视角下特色小镇促进城乡协调发展的机制和路径研究"（批准号：71874156）。

②　张蔚文：教授、博士生导师、浙江大学公共管理学院副院长、浙江大学新型城镇化研究院副院长、浙江省特色小镇研究会执行会长。

③　卓何佳：浙江大学公共管理学院博士研究生。

Research on the Development of Characteristic Towns from the Perspective of Policy Diffusion

Zhang Weiwen　Zhuo Hejia

Abstract: Since the MOHURD, NDRC and MOF jointly issued the Document No. 147 in July 2017, the craze of the Townships with Distinctive Characteristics (TDCs) originated from the Zhejiang Province has swept over the country, and the diffusion of cultivation policies in the Zhejiang Province has played a significant role. By December 2017, the central ministries and the local governments have published 40 guiding documents about TDCs. Based on the policy diffusion theory, this paper analyzes the diffusion status quo and policy results of the TDCs cultivation policy in China. It is found that the diffusion process is consistent with the "S – type" diffusion curve, and has spatial proximity effect with similar policy contents between different local governments. This process is a typical policy diffusion process of "absorption-radiation", in which the superior government "approves" local practice and promotes it nationwide. Learning, competition, coercion and imitation are the four mechanisms that promote the diffusion of TDCs policies throughout the country. Meanwhile, with the combined action of these four mechanisms, the policies spread rapidly across the country in just three years. Such a rapid process will inevitably lead to the emergence of a number of issues, such as the comprehension gaps of the TDCs connotation, the industry homogeneity, the surprising number of TDCs incubated, the lack of personalized assessment criteria, and the polarizations of supporting policies. Some suggestions are put forward to solve the above flaws on policy design including, clarifying the meanings of TDCs, developing differentiated policies according to local conditions, avoiding falling into the same old trap of the Development Zones, and creating a suitable policy environment for market mechanisms.

Key words: townships with distinctive characteristics (TDCs), policy design, policy diffusion, new-type urbanization

一、引　　言

特色小镇是浙江省新型城镇化建设的创新实践，也是供给侧结构性改革的最新试验。“特色小镇”这一概念最早可以追溯到 2014 年 11 月，由时任浙江省省长李强在参观杭州市云栖小镇时提出。随后，在 2015 年 1 月，特色小镇建设目标被写入浙江省政府工作报告。同年 4 月，浙江省颁布了《浙江省人民政府关于加快特色小镇规划建设的指导意见》，明确了浙江省特色小镇建设的总体要求、创建程序和政策措施，确定了“申报—审核—考核—验收”的培育流程。在两个月后，浙江省第一批 37 个特色小镇创建名单正式公布。

浙江省建设特色小镇的创新思路获得中央领导的高度肯定，2016 年 7 月，住建部、国家发改委、财政部联合颁布《关于开展特色小镇培育工作的通知》，这标志着缘起于浙江省的这一轮“特色小镇”创建正式上升为一项全国性的政府工作。之后，积极培育特色小镇的政策行为在全国各地扩散。

特色小镇培育作为一种缘起于地方政府的政策创新，在正式进入政策议题的两年时间内，扩散效应显著。截至 2017 年 12 月 31 日，从中央到地方，各级政府共颁布特色小（城）镇指导性或纲领性政策文件 39 项①，其中，中央各部委 10 项，浙江省和江苏省两省各 2 项，其余省份除青海省，山西省、新疆维吾尔自治区和河南省等 4 省（区）尚未形成独立政策文件外，各 1 项。在中央部委发布的 10 项政策文件中，住建部主导发文 3 项，国家发改委主导 3 项，另外 4 项分属体育总局、原农业部（2 项）和林业局。此外，工信部、原国家旅游局虽然都没有就特色小镇建设颁布专门的、独立的政策文件，但在其“十三五”发展规划里都涉及创建特色小镇的内容。总而言之，开展特色小镇创建已成为各级党委政府当前的一项重要工作内容。

与此同时，由特色小镇热潮的兴起所带来的巨大商机，吸引了包括房地产、金融、新闻媒体、移动通信、互联网、培训等在内的各类企业的关注，纷纷参与到特色小镇的建设中。其中，房地产企业的热情最为高涨。碧桂园公司于 2016 年 8 月推出科技创新智慧生态小镇计划，并规划未来 5 年将投入千亿元，按照不低于森林城市的建设标准开发多个科技小镇②。2016 年 11 月，华夏幸福公司正式对外发布特色小镇战略，开始布局城市化“产业新城 + 产业小镇”双产品线③。2016 年 12 月，绿城房地产集团有限公司创始人宋卫平与中国工程院院士陈剑平联手打造的“蓝城农业小镇”面世，计划“做 100 个农镇，辐射带动 1 万个小镇，改变 2 亿 ~3 亿人的生活④。”而就在同月，华侨城公司宣布要构建 100 座具有中国传统民俗文化的特色小镇⑤。但如此高涨的热情也引起了社会各界的

① 指导性文件或纲领性文件指的是政府、政党、社团根据自己在一定时期内的任务而规定的奋斗目标和行动步骤，将对后续工作的开展起到指导作用。由于本文的研究对象为全国范围内特色小镇政策文件，所以研究对象包括了所有中央部门所颁布所有特色小镇政策文件，以及各省级地方政府或有关部门所出台的名为指导意见或工作方案的政策文件，不包括通知类文件。

② 中国新闻网．碧桂园启动产城融合战略，千亿布局“科技小镇”［EB/OL］．［2016 - 8 - 11］．http：//www. chinanews. com/cj/2016/8 - 11/7968762. shtml.

③ 新华网．华夏幸福产业特色小镇战略正式发布［EB/OL］．［2016 - 11 - 5］. http：//news. xinhuanet. com/info/201611/05/c_135807701. htm? from = singlemessae.

④ 陈丽丹．十年百镇万亿蓝城绘就理想生活小镇蓝图［EB/OL］．［2016 - 11 - 5］. http：//tsxz. zjol. com. cn/system/2016/12/26/021407497. shtml.

⑤ 东方财富网．华侨城要构建 100 座特色小镇—段先念的“塔山战役”［EB/OL］．［2017 - 1 - 10］. http：//finance. eastmoney. com/news/1373，20170110701517752. html.

担忧，若房地产企业不改变原本的“售房后走人”的开发模式，特色小镇建设难免背离其政策设计初衷。

对于特色小镇这一新生事物，中央政府一方面高度重视并充分肯定其对经济转型升级、城乡一体化发展和新型城镇化建设的重要意义；另一方面，针对目前已现端倪的“任务工程”“房地产化”“重形轻魂”等不当倾向，又深表担忧。为此，国务院高层领导专门做出过“谨防部分特色小镇出现走样异化倾向”的批示，国家部委相关部门负责人也在一些公开场合发表过类似批评意见①。尽管如此，地方政府、相关企业、媒体对特色小镇建设的热情依然未减。不可否认，从中央部委到地方各级党委政府纷纷出台的各项政策性指导意见，在一定程度上起到了推波助澜的作用。

从本质上来说，特色小镇是驱动产业转型升级的一个新平台，是城市转型向产、城、人、文高度融合发展的一种新模式。因此，特色小镇政策其实是一类高度综合的产业政策或区域政策，它决定着特色小镇的选址、产业发展和功能定位，进而影响一个区域内的土地、财政等核心生产要素的配置，最后对该区域的经济、社会、生态等各方面发展产生重大影响。可见，政策设计起着至关重要的引导作用，契合区域产业链生命周期特征和其他相关特征的政策设计，可以成功引导区域实现产业升级，并带动整个经济和社会转型；相反，不当的政策设计可能误导产业发展方向，错配资源要素，带来效率损失，并最终危害区域经济和社会发展。

鉴于此，本文在全面搜集和梳理中央及各地方政府特色小镇相关政策的基础上，采用政策文本量化分析方法，刻画全国层面特色小镇政策的扩散过程及特征，揭示特色小镇政策扩散背后的微观运行机制，试图挖掘目前特色小镇发展过程中出现的不当倾向背后的逻辑，即是否存在政策设计缺陷？会导致什么样的后果？为回答上述问题，后文安排如下：第二部分从时空、主体及内容三个维度对特色小镇政策扩散的基本特征进行描述；第三部分对特色小镇的运作载体、产业定位、建设数量、考核标准、扶持政策等政策扩散过程中的核心问题进行考察，评估其科学性和合理性；最后一部分是对政策设计优化的建议。

二、特色小镇政策扩散现状

（一）特色小镇建设发展回顾

特色小镇是浙江省政府突破城镇化发展体制机制制约和资源环境约束的积极

① 新华网．部分特色小镇现“房地产化”倾向［EB/OL］．［2017－3－14］．http：//news. xinhuanet. com/house/2017－3－14/c_1120621001. html.

探索。在浙江省对于特色小镇创建的顶层设计付诸实践前，浙江省已有地方自发形成了这种新型的集聚空间，并在推进新型城镇化、助推产业升级，发挥块状经济优势上起到了积极作用，如玉皇山南基金小镇经历了旧城区、文化产业园区到基金小镇的发展过程。基于前期大量的调研，浙江省政府在 2015 年 4 月出台《关于加快特色小镇规划建设的指导意见》，并于同年 6 月公布了第一批省级特色小镇创建名单。由于从申请到公布的时间不足两个月，各申报主体几乎没有时间进行前期包装等工作，所以最终入选的 37 个特色小镇一定程度上反映了省政府谋划的格局以及对未来培育出的小镇的期待值。同时，省政府定下了 3 年创建 100 个左右特色小镇的指标，并出台相应的要求和优惠措施，这极大激发了下级政府的建设热情，希望在下一轮申报过程中胜出。在“放水养鱼”的氛围中，浙江省特色小镇第二次申报前后，“特色小镇现象”在浙江省得到快速扩散。其中，以玉皇山南基金小镇、梦想小镇、云栖小镇等为代表的小镇在短时间内迅速发展。吸引了社会各界的关注。

浙江省特色小镇的成功引起了中央政府的高度关注，先后多次派调研组到浙江进行实地调研，总结与提炼这一模式存在的问题及发展经验。2015 年 5 月，习近平同志在考察浙江时，高度肯定了特色小镇的发展；并在中央经济工作会议上，以梦想小镇、云栖小镇、黄酒小镇等为例讲述特色小镇。同年 9 月，中财办副主任刘鹤到浙江调研特色小镇并撰写报告，这份报告在 11 月得到习近平同志、李克强总理、时任张高丽副总理的重要批示①。在经历了一年多的实地调研与政策酝酿后，住建部、国家发改委、财政部在 2016 年 7 月联合发布的《关于开展特色小镇培育工作的通知》，将特色小镇政策提升至全国层面。中央其他部委也相继出台推动特定产业类型小镇建设的指导性意见，进一步细化了特色小镇的分管渠道。与此同时，各地方政府也积极回应上级政府的政策呼吁，纷纷出台相应的政策法规以推动特色小镇的建设。

已积累一定实践经验的浙江省成为各地区学习参观的榜样，但与浙江省所推广的“非镇非区”发展模式有所不同，《关于开展特色小镇培育工作的通知》中所提及的特色小镇，更强调以建制镇为主体进行申报与建设，这对各地政府造成了困惑。因此，在 2016 年 10 月，国家发改委《关于加快美丽特色小（城）镇建设的指导意见》进一步明确特色小（城）镇包括特色小镇和特色小城镇两种类型。虽然在这一时期，中央及各地区关于特色小镇的建设范围等尚未达成共识，但强调“生产、生活与生态相融合”的新型空间开发模式如“星火燎原”之势

① 人民网，特色小镇的起源和探索历程［EB/OL］.［2016－10－24］. http：//history. people. com. cn/n1/2016/0912/c393599－28710443. html.

在全国范围铺开。住建部在2016年10月及2017年8月先后公布两批共403个全国特色小镇名单。

随着“特色小镇热”的发展，如“任务工程”“房地产化”“重形轻魂”等问题在实践中逐渐显现，鱼龙混杂现象严重，这使中央政府及各地区政府开始反思目前政策中的不足。2017年4月，国家发改委派遣8个调研组奔赴全国各地，实地考察特色小镇发展现状，总结特色小镇建设经验与教训。2017年12月，国家发展改革委联合原国土资源部、环保部、住建部联合印发实施了《关于规范推进特色小镇和特色小城镇建设的若干意见》（以下简称《若干意见》），对目前特色小镇建设中存在的误区进行矫正。在此期间，各地方政府也通过规范特色小镇申报流程，细化特色小镇评价标准等方式来引导特色小镇的健康发展，如表1所示。

表1　全国层面特色小镇建设进程中关键性事件

时间	具体事件
2015年4月	浙江省政府发布《关于加快特色小镇规划建设的指导意见》
2015年6月	第一批浙江省省级特色小镇创建名单公布，共37个特色小镇入选
2016年7月	住建部、发改委、财政部联合发布《关于开展特色小镇培育工作的通知》
2016年10月	国家发改委《关于加快美丽特色小（城）镇建设的指导意见》 住建部公布首批全国特色小镇名单，共127个小镇入选
2017年4月	国家发改委派遣8个调研组奔赴全国各地，实地考察特色小镇发展现状
2017年8月	住建部公布第二批全国特色小镇名单，共276个小镇入选
2017年12月	国家发改委同国土部、环保部、住建部联合印发实施了《关于规范推进特色小镇和特色小城镇建设的若干意见》

资料来源：笔者整理。

总体而言，特色小镇政策通过“地方政策创新—上级采纳—推广实行”的过程在全国层面推广，是一种典型的“吸纳—辐射”扩散模式[①]。在中国这样的“巨型社会”中，难以单纯依靠中央政府力量调控全社会发展[②]，因此，在实践中，作为公共政策扩散的行动主体，地方政府在公共政策创新和探索中具有较大的空间。其中，行政级别相对较高，创新空间相对较大的省级政府常常是自下而上的吸纳辐射公共政策扩散模式的首创主体，如首倡特色小镇的浙江省政府。

① 周望．政策扩散理论与中国“政策试验”研究：启示与调适［J］．四川行政学院学报，2012（4）：43－46.

② 王沪宁．集分平衡：中央与地方的协同关系［J］．复旦学报（社会科学版），1991（2）：27－36.

（二）特色小镇政策扩散的时空演进过程

全国特色小镇的建设进程与各级政府的政策引导行为紧密关联。在各级政府将特色小镇建设提上公共议程时，往往会预先出台一个统领性政策，作为一类政策行为起始的信号。例如2015年4月，浙江省人民政府出台的《关于加快特色小镇规划建设的指导意见》，标志着特色小镇建设在浙江省从政策理念的酝酿传播阶段正式进入落地操作阶段。因此，为研究政策行为在各地方政府间的扩散，笔者关注了中央部委及省级政府层面出台加快特色小镇培育建设的纲领性文件的时间节点，作为政策创新转移的标志。

1. 政策扩散的时间考察

目前，各界普遍认为这一轮特色小镇热潮缘起于浙江省，浙江省人民政府于2015年4月公布的《关于加快特色小镇规划建设的指导意见》，正式开启了“生产、生活、生态相融合”特色小镇建设的新篇章。浙江省政府所采纳“申报—审核—考核—验收”的特色小镇政策套餐（见图1）也被中央及各地政府广泛采用，同年5月与12月，西藏自治区与海南省也先后出台了各自的特色小镇指导意见。其中，西藏自治区结合自身实际情况，主要以发展特色小城镇为主，而海南省跟浙江省一样，更侧重打造产业类的特色小镇，也指出特色小镇是以产业为核心的独立于行政单元区划的空间平台。

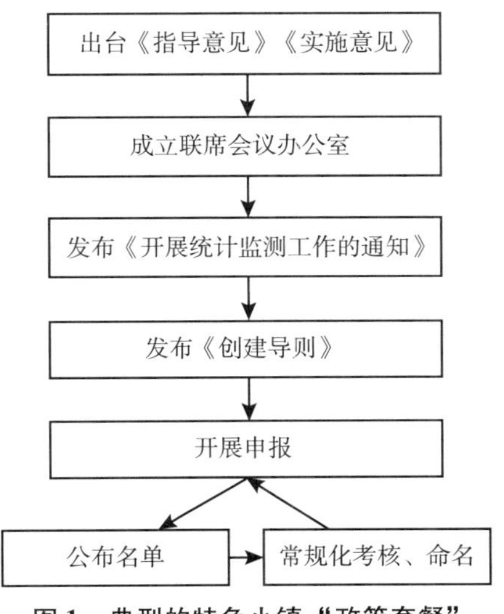

图1　典型的特色小镇“政策套餐”

资料来源：笔者整理。

如图 2 所示，特色小镇政策在时间上呈现出“S 型”特征，即经历了扩散缓慢期、快速扩散期、扩散平稳期三个基本阶段。经历了为期 1 年的政策试点阶段，特色小镇政策于 2016 年 1 月进入了政策颁布的密集期。2016 年 1 月至 2017 年 7 月间，中央及各地方政府累计出台了 33 份特色小镇纲领性文件，平均每月出台 1.6 份。其中，2016 年 12 月是小镇政策文件出台高峰期，每周至少有 1 份新的文件面世。其中，上海市的发文时间跟国家发改委《关于实施“千企千镇工程”推进美丽特色小（城）镇建设的通知》一致，湖北省和江西省也在同一天出台文件，而江苏省则抢在 2016 年最后一个工作日开启特色小镇建设。而在 2017 年 8 月后，特色小镇政策出台速度明显减缓，这也说明了中央及各地政府对特色小镇建设热情逐渐回归理性。

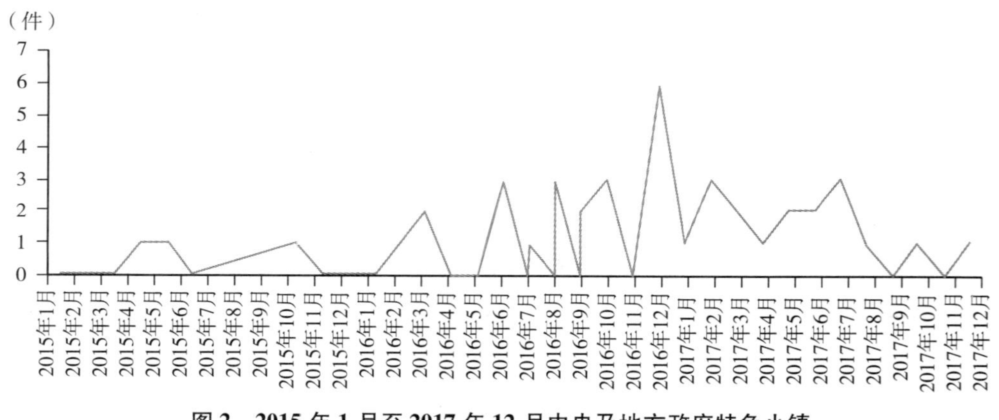

图 2　2015 年 1 月至 2017 年 12 月中央及地方政府特色小镇政策文件出台数量分布

资料来源：笔者整理。

正如朱旭峰（2014）对政策扩散典型模式的图像化所提及，许多政府创新的扩散实例并不完全遵从正态分布的“S 型”曲线扩散模式，扩散曲线可能因为外部的压力呈现陡峭的“S 型”或“R 型”①。在特色小镇政策的扩散情形中，各省级政府往往是因为来自上级及同级政府的压力，在短时间内对这一议题的注意力迅速增长，故集中出台同质化的纲领性政策，但这些政策往往不具有过于细致化和强制化的条款。这给政策执行主体对政策内涵的具体落实留下了弹性空间，并通过激励条款激发自下而上的创新动力，但同时也导致后续系列问题的出现。

① 朱旭峰，张友浪．地方政府创新经验推广的难点何在——公共政策创新扩散理论的研究评述［J］．人民论坛·学术前沿，2014（17）：63－77.

2. 政策扩散的空间和层级考察

除了时间维度之外，地理空间维度也是政策扩散过程考察的一个重要视角。按照中国地理空间按照传统习惯分成东部、中部、西部等 3 个部分，并整理成表 2，可以初步显现出“东部—西部—中部”的扩散轨迹，基本符合政策扩散的临近效应，但直辖市、经济发达省份等之间的“领导—跟进”模式并不明显。

由于得天独厚的自然条件，东部地区在发展中一直处于领先地位，也最先感受到人口红利消失所带来产业转型升级的压力。因此，特色小镇发源于以块状经济闻名的浙江省，并迅速在福建、江苏等东部省份推广。而在上一发展时期处于相对落后位置的西部省份也对特色小镇展示出极大的热情。从某种意义上来说，特色小镇为西部地区创造了“弯道超车”的机会。但有意思的是，在这一轮政策扩散中，中部地区保持了相对冷静的态度。

表 2　　特色小镇政策在全国层面扩散过程

政策采纳时间	政策采纳省（区、市）数量		
	东部地区	中部地区	西部地区
2015 年 4 月	浙江省	—	—
2015 年 5 月	—	—	西藏自治区
2015 年 10 月	海南省	—	—
2016 年 2 月	—	—	贵州省
2016 年 3 月	浙江省	—	—
2016 年 6 月	福建省	—	重庆市
2016 年 7 月	—	—	甘肃省
2016 年 8 月	辽宁省、河北省	安徽省	—
2016 年 9 月	山东省	内蒙古自治区	—
2016 年 10 月	天津市	—	—
2016 年 12 月	上海市、江苏省	—	湖南省、湖北省、江西省
2017 年 2 月	江苏省	—	四川省、陕西省
2017 年 3 月	—	吉林省	云南省
2017 年 4 月	—	—	宁夏回族自治区
2017 年 5 月	北京市	—	—
2017 年 6 月	广东省	—	—
2017 年 7 月	—	—	广西壮族自治区
2017 年 8 月	—	黑龙江省	—

资料来源：笔者整理。

此外，层级关系也是影响政策扩散的重要原因。在特色小镇政策的早期实践中，从中央到地方，特色小镇主管部门不尽相同，而主管部门的不同造成其对特色小镇的理解、扶持政策等方面都存在差异。在中央层面，国家发改委和住建部是指导特色小镇建设的两个主要部门，财政部、中国农业发展银行、国家开发银行、光大银行等机构也先后参与了几份文件的联合发布。此外，原农业部、国家体育总局、原国家林业局都曾主导过关于培育特定类型特色小镇（如农业小镇、体育小镇等）的文件。国家发改委在与住建部联合发文后，国家发改委单独出台相关文件以特意区分“特色小镇”和“特色小城镇”两个概念。而后，在2017年12月，《若干意见》明确主导部门由住建部变为国家发改委。

为了配合中央政府工作的开展，在地方层面，省人民政府办公厅是主要发文机构。宁夏回族自治区、广西壮族自治区、四川省三省采取省委和省政府联合发文的形式；天津市、湖南省、江苏省、陕西省、广东省等五省（市）的发改委对特色小镇建设与发展起到了明显的统筹和管理作用，仅有吉林省、海南省两省特色小镇文件由住建厅发布；而贵州省的发文单位最为特别，是贵州省100个示范小城镇建设工作联席会议办公室。

发文单位的不同间接导致了在特色小镇实际建设运营管理中，各部门权责模糊，管理机构多样，既有沿用传统产业园区“管委会”“指挥部”模式，也有政企建立合资公司负责小镇运营。当然，镇区人民政府或特色产业主管部门直接负责特色小镇日常建设管理是最为常见的，但同时也说明了目前特色小镇建设中市场与政府的关系尚未厘清。

3. 政策扩散的内容考察

从特色小镇政策试点到大范围推广经历了不到三年的时间，而2016~2017年是政策的高发期。如此短的时间内，地方政府难以完全理解特色小镇政策的内涵，更难以对其进行适当的调整与创新，因此强调“特色”的特色小镇的政策文件却缺乏地方特色，甚至出现了某省匆忙出台以小城镇为建设主体的文件后，才发现“非镇非区”的特色小镇模式更适合当地的情况。

总体来说，以高端要素集聚地，创新创业新平台为建设目标的特色小镇，成为政府治理模式转变的试验田，产业转型升级的新引擎，因而其也被视为继经济特区、开发区、产业园区后城镇化的新实践。而如此之“新”的特色小镇对政府来说，无疑是一项全新的挑战与机会。“小镇、特色、建设、产业、小城镇、规划、政府、设施、培育、创新”是小镇权重最高的热词①（如图3所示），也是

① 利用图悦在线词频分析工具，我们对十四万余字的特色小镇政策文本（含标题）进行了词频分析，图悦在线词频分析工具由谷尼国际软件提供技术支持，通过TF-IDF方法对文本进行分析的网络平台工具，见：http://www.picdata.cn/。

特色小镇建设实践中的重点与难点。

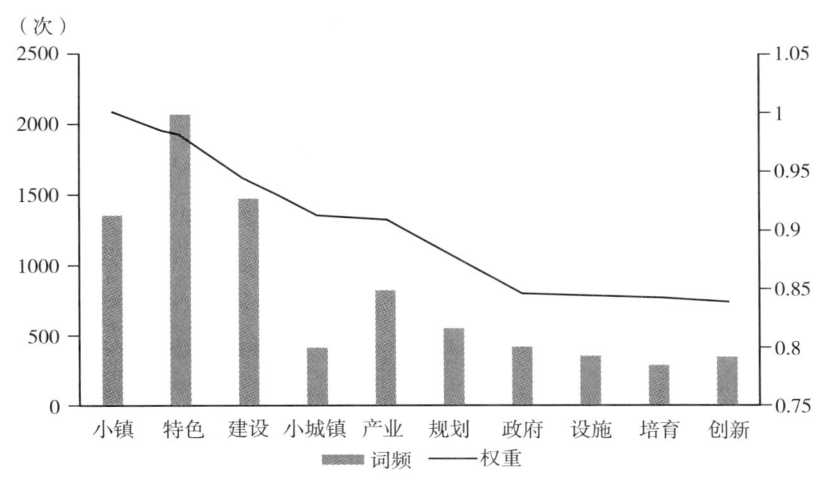

图 3　特色小镇政策文本热词词频与权重

资料来源：笔者整理。

与传统的开发模式不同，特色小镇在对产业提出成为“单打冠军”要求的同时，强调对人们生活质量的改善与提高，关注自然环境的保护与人文环境的营造，并通过投资要求等手段避免其沦为房地产项目。这些必然对规划与治理提出了新的要求：在规划方面，“规划先行”是特色小镇建设的基本原则，除需要建筑设计规划以打造风格鲜明的小镇形态外，以产业规划与融资规划为代表的“内核”规划也是缺一不可。但在具体实践中，小镇建设运营主体对“内核”规划关注甚低，这也与极少数的规划设计单位能够提供这类规划有关。而在治理方面，如何厘清政府与市场之间的关系是困扰各地特色小镇建设与运营的难题，虽然在政策文本中明确指出特色小镇的运营模式是“以政府为主导，企业为主体，市场化运作”，但在具体操作中各地政府、企业之间并未达成共识。

（三）政策扩散过程及机制分析

通过前文对全国层面特色小镇培育政策的宏观描绘，可以大致判断，特色小镇建设在全国的扩散是一个省级政府创新实践，中央部委牵头引领、各地政府积极回应的高效率、齐频率、稳定产出率的系统性、全局性创新试验，是典型的具有中国特色的“吸纳－辐射”过程①（见图4）。

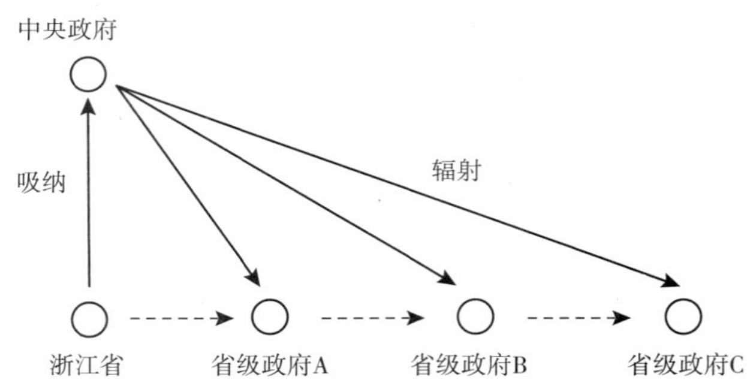

图4　特色小镇政策“吸纳－辐射”政策扩散过程

资料来源：笔者整理。

这一过程主要分为两个阶段：第一阶段是上级政府“吸纳”下级政府政策试验的成果。只有政策实验被上级政府“认可”后，才能够在全国范围内进行推广。特色小镇政策在浙江省成功落地后，引起了中央政府的高度关注。中央政府通过听取地方政府工作汇报、派遣调研组实地考察、组织专家论证等方式对特色小镇政策进行评估，并进行相应的整合和调适。于是，在2016年7月，住建部、国家发改委与财政部联合发布《关于开展特色小镇培育工作的通知》，这标志着浙江省特色小镇实践得到了中央政府的承认。第二个阶段是将吸纳、整合后的政策方案进行“辐射”式的推广。不同于“一蹴而就式”的全面铺开，采用“辐射”式的方法，从上自下地逐步替换和更新旧有政策，有利于上级政府灵活掌握扩散的范围、进度安排等，增强新政策的“可控性”。在特色小镇实践中，政策扩散遵循了“东部—西部—中部”的扩散轨迹。在此期间，中央政府一直密切关注着新政策在各地施行的实际效果，并总结经验得失，不断修正和调整原有方案，如国家发改委先后出台的《关于加快美丽特色小（城）镇建设的指导意见》和《若干意见》。

与其他政策扩散过程一样，学习、竞争、强制和模仿是驱动特色小镇政策扩散的四种机制②。而地方官员在其中扮演的主体作用不可忽视③，具体体现在：一是地方官员相信不同地区存在相似性，如政治结构、人口规模等，从而出现简单的模仿，造成政策“水土不服”现象频发。二是特色小镇建设的成功案例引起

① 周望．政策扩散理论与中国“政策试验”研究：启示与调适［J］．四川行政学院学报，2012（4）：43－46.

② Marsh D，Sharman JC. Policy diffusion and policy transfer，Policy Studies，2009（3）：88－269.

③ Karch A. Emerging Issues and Future Directions in State Policy Diffusion Research［J］. State Politics & Policy Quarterly，2007（1）：54－80.

了社会各界的关注，其在短时间内（3～5 年特色小镇建设期与官员任期相吻合）所可能创造的政治绩效是有目共睹的。因此，出于绩效的考虑，部分地方官员决定追随这些政策，即政策复制和政策学习现象的出现，这或许能够推动政策的“再创新”。三是在竞争心理的作用下，地方政府会选择实行特色小镇政策，但这可能导致的问题是部分地方政策操之过急，盲目乐观。

三、特色小镇政策扩散过程中存在的问题

正如前文所论述的，出于模仿、学习、竞争、强制等心理作用，地方政府选择实行特色小镇政策。但在短短三年中，特色小镇政策在全国范围内扩散，必然导致了一些问题的出现。

（一）对特色小镇内涵理解不一致

《关于开展特色小镇培育工作的通知》提出，原则上以建制镇为单位开展特色小镇建设，而国家发改委的相关文件巧妙地使用了“特色小（城）镇”这一表述方法，强调可以有特色小镇和特色小城镇两种小镇形态，并明确指出：“特色小镇主要指聚焦特色产业和新兴产业，集聚发展要素，不同于行政建制镇和产业园区的创新创业平台”“特色小城镇是指以传统行政区划为单元，特色产业鲜明、具有一定人口和经济规模的建制镇”[①]。而原农业部、原国家林业局等也根据其农业小镇和森林小镇的具体要求，认为特色小镇是以垦区或林场为单位。

在地方层面，重庆市、内蒙古自治区、宁夏回族自治区、广西壮族自治区[②] 4 省（区、市）以建制镇为主要培育对象，这与中西部地区发展现状及配合国家级特色小镇申报要求有关。而西藏自治区、贵州省、辽宁省等 3 省则在政策文件中直接说明其工作重点在于发展特色小城镇和特色乡镇。上海市、江西省、福建省、湖北省、广东省和黑龙江省 6 省（市）则完全遵循国家发改委相关文件的提法，认为特色小镇的内涵应包括特色小镇与特色小（城）镇两种。其余 14 个省（区、市）的特色小镇内涵均沿袭了浙江省所提出的“非镇非区”概念。可见，在全国范围内，“非镇非区”类特色小镇模式更为地方政府所认可。

建设载体不一致折射出的本质，是对特色小镇内涵理解的不一致。虽然不必

---

① 住房和城乡建设部．住房和城乡建设部、国家发展和改革委员会、财政部《关于开展特色小镇培育工作的通知》［EB/OL］．［2016－7－1］．http：//www．mohurd．gov．cn/wjfb/201607/t20160720_228237．html．

② 在《广西壮族自治区人民政府办公厅关于培育广西特色小镇的实施意见》中指出，该省主要以建制镇（乡）、产业园区、现代农业核心示范区、特色旅游集聚区等为载体开展特色小镇培育和建设。

强求单一形态或模式，但顶层设计在对特色小镇内涵理解上的不一致性或多或少给基层实践带来一些困惑。例如某省为了不在特色小镇建设工作上落伍，仓促出台指导意见，明确按建制镇形态建设，但之后到浙江省考察后发现“非镇非区”形态更适合当地，无奈木已成舟，若强行更改相当于是对之前工作的自我否定，只好“硬着头皮”朝着不认可的方向走。又如东部某特色小镇既是“非镇非区”省级特色小镇创建名单中的一员，又申报中了住建部“第一批中国特色小镇”，但在实践中却很难两者兼顾。又如西部某重点镇由于体量大，本来并不适合做特色小镇，被不懂特色小镇内涵的领导好心按上了创建特色小镇的帽子，无奈“头太大、帽子太小”，反而束缚它施展手脚。

（二）特色小镇产业同质化倾向较严重

特色小镇的“特色”主要体现在产业上，因此，打造特色鲜明、产业生态链完整、培育具有行业竞争力的“单打冠军”，是小镇建设的根本所在。然而，从政策文本来看，各地政府对特色小镇产业选择偏好单一，同质化倾向严重。

总体而言，新兴产业和历史经典产业是各地特色小镇产业定位的两大类选择。新兴产业尚处于培育和发展阶段且地区差异尚未形成，所以较容易出现一哄而上的现象。根据对现有政策文本分析发现，新一代信息技术、高端装备制造、大健康（生物制药、健康养老等）、节能环保、文旅、金融这六大类特色产业最受地方政府青睐，其中，又以文旅类一枝独秀，最为集中（如图5所示），而这些产业恰恰又是国家鼓励发展的新兴战略产业。因此，为促进这类小镇发展，地方政府通常会给予其放宽建设期、降低投资额（金融、互联网为主）等优惠，这导致金融类和互联网类等特定类型的特色小镇成为各地投资建设的热点，同质化倾向严重。

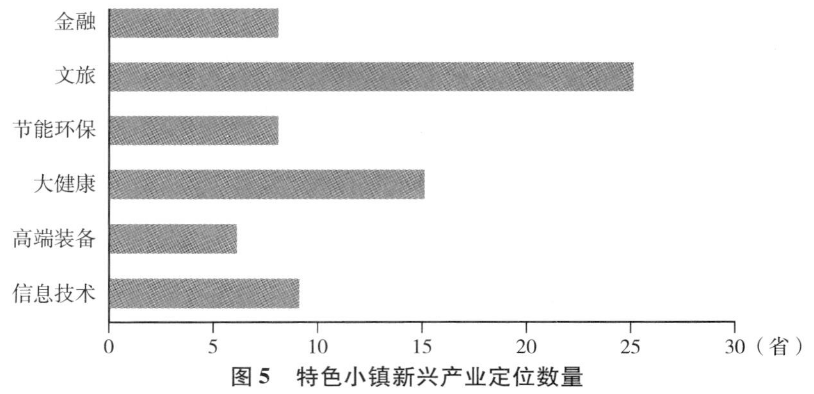

图5 特色小镇新兴产业定位数量

资料来源：笔者整理。

相较而言，由于历史经典产业的选择主要受地理、气候、历史积淀等因素的影响，因而地方特色相对鲜明，如浙江省的黄酒和丝绸，安徽省的制墨，山东省的造纸业等。但随着现代技术的发展和社会的进步，人们对部分传统产品的需求在逐渐降低，传统行业如何适应并融入现代生活是制约这类特色小镇发展的关键因素。与新兴产业类特色小镇相比，传统产业类特色小镇在建设和发展中还存在着产值较低，缺少有效投资等问题，如浙江省的磐安江南药镇、善琏湖笔小镇、东阳木雕小镇均曾因投资额不足在2015年或2016年考核中被警告[①]。

（三）特色小镇创建和培育数量惊人

《关于开展特色小镇培育工作的通知》的建设目标是“到2020年，培育1000个左右各具特色、富有活力的休闲旅游、商贸物流、现代制造、教育科技、传统文化、美丽宜居等特色小镇”。但事实上，除北京市、上海市、福建省、吉林省、甘肃省、宁夏回族自治区6省（区、市）未明确规定创建特色小镇目标数量外，加总其余省（区、市）的拟建设省级及以上特色小镇总数为1600个，若再加上省级以下的特色小镇创建数，数量甚为惊人。仅以浙江省为例，省级特色小镇创建目标为100个[②]，但根据各地公开发布的特色小镇建设实施意见、十三五规划纲要以及政府文件中的数字统计，全省11个地级市三年内计划培育和创建的省、市、县各级特色小镇数量已超过500个。

在全国总计1600个省级及以上特色小镇创建数中，分区域而言，东部沿海地区拟建设完成500个，而中西部地区拟建设完成的特色小镇数则高达1100个。其中，西藏自治区、天津市拟建设特色小镇数量分别为20个和30个，是所有省份中目标数量最少的，也是最为理性的；目标创建数最多的是广西壮族自治区，拟建设130个自治区级以上的特色小镇（其中30个全国特色小镇，100个自治区级特色小镇）[③]，这超过了浙江省、江苏省、广东省等发达地区所设定的100个特色小镇的目标。

而调研发现，特色小镇创建数量呈井喷式发展中，无论是地方政府还是企业，为数不少是冲着特色小镇的扶持政策去的，特别是土地指标倾斜政策。

---

① 新蓝网．被警告和降格小镇今天被“约谈”都谈了些啥？［EB/OL］．［2016－6－15］．http：//n. cztv. com/news/12097235. html.

② 王沪宁．集分平衡：中央与地方的协同关系［J］．复旦学报：社会科学版，1991（2）：27－36.

③ 广西壮族自治区人民政府．广西壮族自治区人民政府办公厅关于培育广西特色小镇的实施意见［EB/OL］．［2017－7－21］．http：//www. gxzf. gov. cn/html/31062/20170721－634907. shtml.

（四）特色小镇考核标准欠多样化[①]

纵观全国特色小镇政策文件，除上海市、江西省、西藏自治区等个别省（市、区）建立了完整的考核标准外，绝大部分地区参考了浙江省的考核标准，略欠多样性，主要分为建设面积、投资标准、建设标准、创建周期等几个维度。

在建设面积方面，山东省、江苏省、湖北省、陕西省、福建省、河北省、广西壮族自治区、云南省、甘肃省、天津市10个省（区、市）都复制了浙江省所制定的规划面积3平方公里、建成区面积1平方公里的考核标准。在投资标准方面，除个别省份有一些个性化标准外，如广西壮族自治区采用单位面积投资额作为评价标准[②]，云南省通过引入企业的规格来判断投资是否达标[③]，绝大部分省份笼统规定了在3～5年内需要完成的投资额，从10亿～50亿元不等。为了避免特色小镇出现“房地产化”倾向，浙江省、江苏省、湖北省、辽宁省、江西省等5个省（区、市）明确指出所有固定资产投资不包含住宅或商业综合体项目，剩余省份并未做出明确规定。

在环境建设标准上，浙江省、江苏省、湖北省、陕西省、福建省、河北省、江西省、广西壮族自治区、云南省、甘肃省等10个省（区、市）均提出按照3A级景区标准打造特色小镇。其中，陕西省、河北省、广西壮族自治区、云南省等4省提出旅游风情类小镇以4A级标准进行建设，其余6省均以5A级标准打造旅游小镇。

在创建周期上，浙江省明确提出3年周期，对加快发展地区（落后地区）可适当放宽至5年。之后，无论是中央（政府）还是地方（政府）出台的特色小镇政策文件基本都沿用这一标准。所以，对2016年开始在全国推广的特色小镇而言，2020年是检验其成果的关键年份。住建部、国家发改委及财政部、原农业部、原国家体育总局、山东省、四川省、广东省、湖南省等出台的17份文件也把特色小镇建设完成时间设置为2020年。

---

① 对于特色小镇的内涵，各省份之间存在差异。特色小（城）镇与浙江省特色小镇之间的行政级别和架构存在差异。这里主要针对浙江语境下的特色小镇进行探讨。

② 广西壮族自治区政府在相关文件中明确指出：“特色小镇原则上按1～3平方公里面积进行建设，原则上轻资产型（生态、文化、旅游等）社会投入要达到8亿元/平方公里以上，重资产型（工业、贸易等）社会投入要达到16亿元/平方公里以上。”

③ 云南省政府要求每个特色小镇必须有与投资规模相匹配的、有实力的投资建设主体。创建全国一流特色小镇的，原则上要引入世界500强、中国500强或在某一产业领域公认的领军型、旗舰型企业。

（五）特色小镇扶持政策呈现“两极化”

为了保证特色小镇良性健康的发展，各省（区、市）政策文本中也涵盖了土地、财政、融资、组织、人才五个方面的扶持政策。总体而言，全国特色小镇扶持政策存在两极分化趋势，一是以广东省为代表的高度灵活型的扶持政策。这类政策给予各地市较高的自主度，通篇多使用适当、倾斜、合理等模糊词汇。二是以云南省为代表的豪放型扶持政策。以云南省为例，其拟在 3 年内建设 100 个特色小镇，凡纳入创建名单的特色小镇，除享受“三免两减半”的税收政策外，2017 年，省财政每个安排 1000 万元启动资金，重点用于规划编制和项目前期工作。2018 年底考核合格，创建全国一流、全省一流特色小镇的，省财政每个分别给予 1 亿元、500 万元奖励资金，重点用于项目贷款贴息。2019 年底验收合格，创建全国一流、全省一流特色小镇的，省财政每个分别给予 9000 万元、500 万元奖励资金，重点用于项目贷款贴息①。不仅于此，云南省发改委每年还将从省重点项目投资基金中筹集至少 300 亿元以支持特色小镇建设（称为“资本金”）。在土地政策方面，2017 ~2019 年，云南省将省级单列下达的 3 万亩建设用地指标专门用以推动特色小镇建设②。如此“慷慨”的财政和土地政策倾斜，一旦失败，必然会对其他领域投资造成影响。

四、特色小镇政策优化建议

（一）进一步厘清特色小镇内涵

上述政策文本分析结果显示，从中央政府到地方政府，特色小镇主管部门各异，对特色小镇的内涵理解上存在分歧，建设载体也不尽相同，凡此种种，使得地方政府对于如何创建特色小镇有点无所适从。而造成这幅乱象的其中一个关键因素是混淆了以“非镇非区”为载体的特色小镇和以“建制镇”为载体的特色小城镇。虽然国家发改委相关文件已经指出特色小镇存在上述两种形态，但除了

① 来源：春城晚报．云南省启动“创镇”计划力到 2019 年建 20 个全国一流特色小镇［EB/OL］.［EB/OL］［2016 -4 -5］. http：//xw. kunming. cn/a/2017 -4/5/content_4575771. htm.

② 中华人民共和国环境保护部 . 2006 年土地状况［EB/OL］.［2007 - 6 - 5］. http：//www. mec. gov. cn/hjzl/trhj/201605/t20160526_347125. shtml.

在文本一开始给出两者的不同定义外，后续文本表述中并没有分类给出指导意见，而是完全统在一起表述，这显然还是没有能够明确区分两类小镇的差异。而实际上两类小镇的建设还是应该有本质区别的，“非镇非区”类特色小镇的规划面积和核心建设面积一般控制在3平方公里和1平方公里，而以住建部公布的第一批共计127个“建制镇”类特色小镇为例，平均行政区域面积为295.28平方公里，两类小镇的规模差异如此之大，很难遵循同一个指导意见进行操作。因此，有必要进一步厘清两类特色小镇之间的差异，避免特色小镇建设工作走偏。

（二）因地制宜制定差别化政策

鉴于产业是特色小镇的核心，而成为“行业单打冠军”是特色小镇发展的目标。因此，地方政府在制定小镇相关政策时，需充分考虑经济发展水平以及本地产业自身的发展周期和所处阶段，根据不同类型特色小镇的核心功能、区域地位、产业定位、生态和人文禀赋等方面制定差异化政策。政策设计是为实现特色小镇的战略定位服务的，政策支持体系的构成、政策实施机制的构建、政策工具的组合搭配等必须与特色小镇的特征相匹配。政策支持与特色小镇“个性化”特征的匹配度增强必将显著促进特色小镇的良性健康发展。

（三）避免重蹈“开发区热”覆辙

还在持续发酵的这股特色小镇热潮，不由得令人想起自20世纪80年代初开始的“开发区热”以及由此导致的地区间恶行竞争、城市“摊大饼”、土地利用效率低下等问题。2003年，国务院开展了以清理开发区为重点的土地市场治理整顿行动，到2006年，各类开发区数量由2003年的6866个减少到1568个，规划面积也由清理之初的3.86万平方公里压到9949平方公里①，上述两项压缩比例分别达到了77.2%和74.2%。特色小镇建设一定要避免重蹈“开发区热”覆辙，否则，可能又有一批“空镇”“鬼镇”会横空出世。在如何防患于未然这一问题上，政策的引导作用至关重要。

（四）尽力营造市场化政策环境

“创新”是推动特色小镇建设与发展的内核，它对新兴产业的培育与传统产

① 广西壮族自治区人民政府．广西壮族自治区人民政府办公厅关于培育广西特色小镇的实施意见［EB/OL］．［2017－7－21］．http：//www.gxzf.gov.cn/html/31062/20170721－634907.shtml.

业的升级起到关键性作用，这与我国经济新常态时期的发展需求与长远战略目标相吻合。政府政策有助于推动创新，但市场对创新起着更重要的拉动作用，是创新的最终试金石，也是特色小镇的筛选器。换而言之，特色小镇的成功与否是市场选择的结果。因此，特色小镇政策设计应充分尊重市场规律，尽力营造适合市场机制发挥作用的政策环境，不计成本、过于豪放的支持政策不仅不利于小镇发展，更会导致严重的资源错配，降低投资效率。

五、结　论

随着特色小镇实践的开展与深入，其快速扩散过程中存在的苗头性、倾向性和潜在性的问题逐渐暴露，引起了社会各界的广泛关注。2017 年 12 月，国家发改委联合原国土资源部、环保部、住建部联合印发实施的《若干意见》，对政策实践中存在的问题进行调控。这一文件的出台标志着特色小镇概念内涵、发展路径、管理机制等相关问题在中央层面已基本形成共识。

此外，《若干意见》还释放了一个清晰的信号，即国家发改委自此正式成为特色小镇建设的牵头主管部门，而特色小镇也正式成为新型城镇化工作中的重要一环。在《若干意见》中明确提出，国家发改委将充分发挥推进新型城镇化工作部际联席会议机制的作用，加强对各地区的监督与评估，以期实现“严控政府债务风险”“严控房地产化倾向”“严格节约集约用地”“严守生态保护红线”的目标。随后，国家发改委印发《关于实施 2018 年推进新型城镇化建设重点任务的通知》（以下简称《通知》），进一步明确将加强对特色小镇的监督检查评估和规范纠偏，实行动态淘汰的创建达标制度，这说明了中央政府开始有意识地对特色小镇政策扩散过程进行调空，减缓其扩散速度。

《若干意见》以及随后《通知》的出台也向社会释放了一个积极的信号，特色小镇管理工作政出多门、无所适从的局面将被打破。在中央政府的引导下，地方政府层面的特色小镇建设也开始回归理性，政策扩散速度也进入了平稳衰退阶段。越来越多的政府或企业开始意识到不同地区、不同类型的特色小镇有其自身发展规律和阶段特征，盲目照搬照套考核要求或制定规章制度反而会制约小镇的良性健康发展。从目前的实践情况来看，作为对特色小镇建设开发行为的规范，考核机制的确存在打乱小镇自身建设节奏的风险。因此，如何构建合宜的考核机制，使之在发挥引导规范作用的同时，避免“千镇一面”的“流水线产品”出现，成为亟待研究的问题。从这个意义上来说，市场才是特色小镇成功与否的最终筛选器。政府所设定的考核标准并不应以筛选赢家为目标，而应通过大方向上的引导，确保更多小镇能够通过市场的最终检验。因此，从竞争力、发展潜力等维度引入市场筛选机制，对特色小镇进行考核才是值得借鉴的。

值得注意的是，《若干意见》的颁布也对已出台的各类特色小镇指导意见或政策造成了冲击。虽然在后续的《通知》中明确提出“省级人民政府要强化主体责任，调整优化特色小镇实施方案、创建数量和配套政策”，但是对已经在开工建设的“伪特色小镇”、已落实的财税优惠及土地指标等政策红利该如何调整或处理并没有给出明确的意见，对地方政府来说，这无疑是一道“难题”。

总体而言，特色小镇的建设热潮在中央政府及地方政府两个维度都在逐渐回归“冷静”，特色小镇政策扩散进入了平稳时期。但必须清醒意识到，骤热骤冷都不是好事情。作为浙江省经济发展到特定阶段的产物，以及促进产业转型升级、破解城乡二元结构、推动新型城镇化的重要尝试，特色小镇并不完全是因为政策的出台才出现，也不能够因为政策的调整而被搁置。其实，“特色小镇”只是个名称或是载体，是推动新型城镇化的众多方式中的一种，因地制宜、选择合适的发展模式，才是助推社会转型升级、全民共享发展成果的关键所在，这也正是特色小镇所承载的最重要的意义。当然，特色小镇作为一项新生事物，仍处于发展的初期阶段，如特色小镇在整个城市群体系中将发挥何种作用、对区域协同发展会造成什么影响、政府与市场的关系在特色小镇这一“非镇非区”的空间中会被如何重新定义等问题都值得被讨论与研究。

参考文献

[1] 中国新闻网．碧桂园启动产城融合战略，千亿布局“科技小镇”［EB/OL］．［2016－8－11］. http：//www. chinanews. com/cj/2016/8－11/7968762. shtml.

[2] 新华网．华夏幸福产业特色小镇战略正式发布［EB/OL］．［2016－11－5］. http：//news. xinhuanet. com/info/201611/05/c_135807701. htm？ from = singlemessae.

[3] 陈丽丹．十年百镇万亿蓝城绘就理想生活小镇蓝图［EB/OL］．［2016－11－5］．http：//tsxz. zjol. com. cn/system/2016/12/26/021407497. shtml.

[4] 东方财富网．华侨城要构建 100 座特色小镇—段先念的“塔山战役”［EB/OL］．［2017－1－10］. http：//finance. eastmoney. com/news/1373，20170110701517752. html.

[5] 新华网．部分特色小镇现“房地产化”倾向［EB/OL］．［2017－3－14］. http：//news. xinhuanet. com/house/2017－3－14/c_1120621001. html.

[6] 人民网，特色小镇的起源和探索历程［EB/OL］．［2016－10－24］. http：//history. people. com. cn/n1/2016/0912/c393599－28710443. html.

[7] 周望．政策扩散理论与中国“政策试验”研究：启示与调适［J］．四川行政学院学报，2012（4）：43－46.

[8] 王沪宁．集分平衡：中央与地方的协同关系［J］．复旦学报：社会科学版，1991

(2): 27 -36.

[9] 朱旭峰，张友浪．地方政府创新经验推广的难点何在——公共政策创新扩散理论的研究评述 [J]. 人民论坛·学术前沿，2014 (17): 63 -77.

[10] 住房城乡建设部．住房城乡建设部、国家发展改革委、财政部《关于开展特色小镇培育工作的通知》[EB/OL]. [2016 -7 -1]. http: //www. mohurd. gov. cn/wjfb/201607/t20160720_228237. html.

[11] 新蓝网．被警告和降格小镇今天被“约谈”都谈了些啥？[EB/OL]. [2016 -6 -15]. http: //n. cztv. com/news/12097235. html.

[12] 广西壮族自治区人民政府．广西壮族自治区人民政府办公厅关于培育广西特色小镇的实施意见 [EB/OL]. [2017 -7 -21]. http: //www. gxzf. gov. cn/html/31062/20170721 -634907. shtml.

[13] 中华人民共和国环境保护部．2006 年土地状况 [EB/OL]. [2007 -6 -5]. http: //www. mep. gov. cn/hjzl/trhj/201605/t20160526_347125. shtml.

[14] Marsh D, Sharman JC. Policy diffusion and policy transfer, Policy Studies, 2009 (3): 88 -269.

[15] Karch A. Emerging Issues and Future Directions in State Policy Diffusion Research [J]. State Politics & Policy Quarterly, 2007 (1): 54 -80.

缓解成都市城市养老压力的新举措：引导城市老人到新农村综合体休闲健康养老[①]

刘灵辉[②]　蔡宁芝[③]　王家辉[④]

摘　要：截至2017年底，成都市60岁及以上老年人口达到303.98万人，占总人口的21.18%。未来成都市老龄人口在户籍人口中的比例将大幅度提升，养老压力巨大，传统养老模式不再适应时代发展的需要。近年来，四川省提出了促进农村社会转型、生产方式转变、生活质量提升、生态环境保护和“产村相融、成片推进”的新农村建设主导模式。新农村综合体成为成都市新农村建设的重要标志。本文尝试探讨将城市养老压力与新农村综合体的资源相结合，提出将城市老人到“小组微生”新农村综合体休闲健康养老的构想，并分析了该构想的可行性与配套对策建议，以期引导城市养老产业向城市周边新农村综合体转移，达到缓解城市养老压力、培育农村产业新业态、助力乡村振兴战略实现等多重目标。

关键词：老年人口　传统养老模式　“小组微生”新农村综合体　休闲健康养老　成都市

A New Measure to Alleviate the Pressure of Urban Pension in Chengdu：Guiding the Urban Elderly to New Rural Complex for Leisurely and Healthily Caring

Liu Linghui　Cai Ningzhi　Wang Jiahui

Abstract：By the end of 2017，the number of the aged 60 and over in Chengdu reached 3. 0398 million，accounting for 21. 18% of the total population. In the future，the proportion of the elderly population in Chengdu will be greatly increased，and the pressure on the aged care will be great，and

---

①　基金项目：四川省软科学资助项目“成都市‘小组微生’新农村综合体承接城市养老产业转移研究”（编号：2017ZR0176）；教育部人文社科项目“新型城镇化背景下产城融合发展的实现路径研究”（编号：18XJC790021）.

②　刘灵辉：博士、电子科技大学公共管理学院副教授；研究方向为土地制度与政策、土地资源经济。

③④　蔡宁芝，王家辉：电子科技大学公共管理学院研究生。

the traditional pension model will no longer meet the needs of the times. In recent years, Sichuan Province has proposed a new rural construction leading model to promote rural social transformation, transformation of production methods, improvement of quality of life, ecological environmental protection, and "integration of business and villages." The new rural synthesis has become an important symbol of the construction of a new countryside in Chengdu. This paper tries to explore the combination of urban pension pressure and the resources of the new rural synthesis, and proposes the assumption that the urban elderly will go to the "Group Micro-pastoral Ecological" new rural synthesis for leisurely and healthily care, and analyze the feasibility and the supporting countermeasures, in order to guide the urban aged industry to the new rural synthesis, achieve multiple goals such as alleviating the pressure of urban pension, cultivating new forms of rural industry, and helping to realize the strategy of rural revitalization.

Key words: elderly population, traditional pension mode, "small-scale, group-type, micro-rural, ecological" new rural complex, leisure and health care, Chengdu

一、成都市老龄化的现状与未来预测

（一）成都市老龄化情况现状

老龄化城市是指65岁以上人口占城市人口总数7%以上或者60岁以上人口占城市人口10%以上，14岁以下人口占城市人口的30%以下，年龄中位数为30岁以上的人口类型的城市。老龄人口比率指的是65岁以上人口在总人口中所占的比率。根据联合国（UN）的报告书基准，4%的老龄人口比例称为青年社会，4%～7%的比例称为壮年社会，7%～14%的比例称为老龄化社会，14%～21%的比例称为老龄社会，21%以上称为超老龄社会。

2017年成都市位列国内新一线城市榜首，在国际权威城市评级机构全球化与世界级城市研究小组（Globalization and World Cities Study Group and Network，GWC）最新的世界城市评级报告中，成都市在全世界位列第100位，国内排名紧随北、上、广、深和天津市之后。成都市是西部地区重要经济中心、科技中心、文创中心和对外交流中心，是继北京市、上海市、天津市、广州市、重庆市之后第六座被定位为国家中心城市的城市。同时，成都市也是中国十大最具幸福感城市之一，社会和谐、环境优美、文化多样、人文丰富、包容性强。因此，吸引了各地人才到成都市工作、安家，成都市的老年人口也随之增加。根据《成都市2017年老年人口信息和老龄事业发展状况报告》数据显示，截至2017年底，成都市户籍人口1435.33万人，其中，60岁及以上老年人口303.98万人，占总人口的21.18%。按15~64岁劳动年龄人口，抚养0~14岁少儿人口计算，全市少儿抚养系数为19.90%；按15~64岁劳动年龄人口，抚养65岁及以上人口计算，赡养系数为20.57%①。

根据历年数据统计得出，成都市60岁以上老人从2005年的157.49万人增长到2017年的303.98万人，同期，占户籍人口的比重从14.86%增长到21.18%，年均增长率6.16%；65岁以上老人从2009年的137.52万人增加到2017年的210.18万人，同期，占户籍人口的比重从12.07%增长到14.64%，年均增长率6.25%。由此可见，成都市老年人口基数大，增长速度快，养老压力逐年递增（见表1）。

表1　2005~2017年成都市60岁及65岁以上老人、户籍人口情况

项目	2005年	2006年	2007年	2008年	2009年	2010年	2012年	2013年	2014年	2015年	2016年	2017年
户籍人口（万人）	1059.69	1082.03	1103.40	1112.28	1139.62	1149.06	1173.34	1187.74	1210.40	1227.73	1398.92	1435.33
60岁以上的老人（万人）	157.49	164.77	173.43	177.76	196.82	202.5	223.04	235.58	249.28	259.88	299.52	303.98
占户籍人口比（%）	14.86	15.23	15.72	15.97	17.27	17.62	19.01	19.83	20.60	21.17	21.41	21.18
增长率（%）	—	4.62	5.26	2.50	10.72	2.89	10.14	5.62	5.82	4.25	15.25	1.49
65岁以上人数（万人）	—	—	—	—	137.52	140.82	151.71	158.12	167.68	175.13	202.74	210.18
占户籍人口比（%）	—	—	—	—	12.07	12.26	12.93	13.31	13.85	14.26	14.49	14.64
增长率（%）	—	—	—	—	—	2.40	7.73	4.22	6.04	4.44	15.77	3.67

资料来源：笔者整理。

① 成都市2017年老年人口信息和老龄事业发展状况报告［EB/OL］. http：//www.cdllb.org.cn/llwgzw/llxw/2018-05/22/content_aa2aed89575c4ded89c7575f76fa0599.shtml，2018-5-22.

（二）成都市与其他城市的老龄化情况对比

与全国其他大城市比较来看，2016 年成都市老年人口数量与北京市相近，北京市 60 岁以上老年人口达到 329. 2 万人，老龄化比例达到 24. 10%。上海市与成都市户籍人口相近，但上海市市老龄化比例达到 31. 60%，远远超过成都市的水平。深圳市市的老龄化比例达到 31. 20%，这主要是由于深圳市是年轻人涌入的活力城市，常住人口为 1190. 84 万人，而户籍人口 384. 52 万人，故而，按照户籍人口来计算老龄化率，达 32. 30%，呈现数值偏高，如果按照常住人口来计算老龄化率，仅为 10. 08%。广州市、天津市、重庆市的老龄化水平类似成都市，广州市户籍人口只有成都市户籍人口的 62. 23%，60 岁以上老年人口也接近成都市的一半。天津市的老龄化水平也很高，户籍人口比成都市少但老龄化比例高。重庆市由于人口基数大，所以老龄化比例小于成都市。通过对比中国相同类型的国家中心城市老龄人口数据，成都市的老龄化程度较为严重，改善这种现状对于城市经济发展、社会治理、环境保护、提升老年人生活幸福感都有着极其重要的作用和必要性（见表 2）。

表 2　　2016 年北京市、上海市、广州市、深圳市、天津市、重庆市、成都市老龄化程度对比

项目	北京	上海	广州	深圳	天津	重庆	成都
60 岁以上老人（万人）	329. 2	457. 79	154. 61	120	243. 9	704. 74	299. 52
占户籍总人口的（%）	24. 10	31. 60	17. 76	31. 20	23. 35	20. 76	21. 41
户籍总人口（万人）	1365. 9	1449. 98	870. 49	384. 52	1044. 53	3394. 66	1398. 92

资料来源：中央人民政府网，天津市老龄办公布津城老年人口最新统计数据，新华网；上海市统计局上海市人口老龄化现状和预判；2016 年广州市老年人口和老龄事业数据手册；重庆市民政局。

（三）成都市未来老龄人口预测

根据成都市 12 年的老年人口数据，本文采用三种人口预测模型对成都市 2020 年、2025 年、2030 年老年人口数量和占总户籍人口比进行了预测，取其平均数作为最终预测结果。这三种预测模型分别是灰色 GM 预测模型、BP 神经网络预测模型、线性回归预测模型。

1. 灰色 GM 预测模型

灰色预测法是一种对含有不确定因素的系统进行预测的方法。灰色系统是介于白色系统和黑色系统之间的一种系统。灰色系统内一部分信息已知，一部分信息未知，灰色系统能够对系统的发展变化进行全面的观察分析，并做出长期预测。灰色预测具有所需数据量比较少，预测精度较高，计算简便，检验方便，适用于中长期预测的优点。成都市老年人口数量就是一个灰色系统，老年人口数量就是一个灰色量，已知一部分年份老年人口数量，预测未来老年人口数量（见图 1）。

通常 GM 表示为 GM(n, h)。当 $n=h=1$ 时即构成了单变量一阶灰色预测模型。下面根据 2008～2017 年的成都市老年人口数据，构建 GM(1, 1) 模型，预测成都市未来老年人口。

首先，构造累加生成序列，设原始数据序列为：

$$X^{(0)}=[x^{(0)}(1),\ x^{(0)}(2),\ x^{(0)}(3),\ \cdots,\ x^{(0)}(n)]$$

$X^{(0)}$ 分别为 2008～2017 年成都市 60 岁以上老年人的数量（177.96，196.82，202.50，223.04，235.58，249.28，259.88，299.52，303.98）

设 $X^{(1)}$ 为 $X^{(0)}$ 的一次累加序列：

即：$\begin{cases} x^{(1)}(1)=x^{(0)}(1) \\ x^{(1)}(k)=x^{(1)}(k-1)+x^{(0)}(k),\ k=2,\ \cdots,\ n \end{cases}$

得

$$X^{(1)}=[x^{(1)}(1),\ x^{(1)}(2),\ x^{(1)}(3),\ \cdots,\ x^{(1)}(n)]$$

构造数据矩阵 B 和数据向量 Y：

$$B=\begin{bmatrix} -\frac{1}{2}(x^{(1)}(1)+x^{(1)}(2)) & 1 \\ -\frac{1}{2}(x^{(1)}(2)+x^{(1)}(3)) & 1 \\ \cdots & \cdots \\ -\frac{1}{2}(x^{(1)}(n-1)+x^{(1)}(n)) & 1 \end{bmatrix}$$

$$Y_N=[x^{(0)}(2),\ x^{(0)}(3),\ \cdots,\ x^{(0)}(n)]^T$$

计算 $\hat{\alpha}=\begin{bmatrix} a \\ u \end{bmatrix}=(B^TB)^{-1}B^TY$ 得出 GM(1, 1) 模型参数 a、u。

根据预测公式，计算 $\hat{X}^{(1)}(k)$

$$\hat{x}^{(1)}(k+1)=\left(x^{(1)}(1)-\frac{u}{a}\right)e^{-ak}+\frac{u}{a}$$

于是累减生成 $\hat{X}^{(0)}(k)$ 序列

$$\hat{x}^{(0)}(k+1)=\hat{x}^{(1)}(k+1)-\hat{x}^{(1)}(k)$$

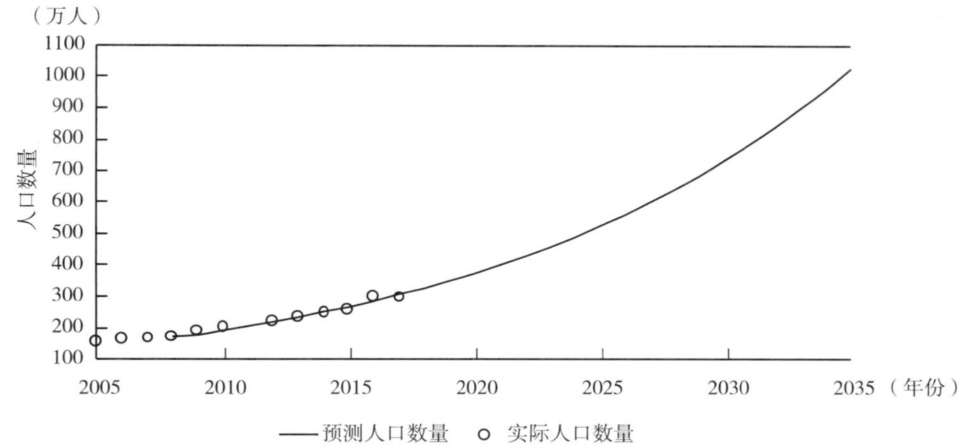

图 1　成都市 60 岁以上老人灰色 GM 预测结果

资料来源：笔者整理。

2. BP 神经网络预测模型

基于 BP 神经网络的时间序列预测模型与传统模型不同的是：该模型只需以历史数据作为输入，通过抑制与激活神经结点，自动决定影响性能的参数及影响程度，自动形成模型，无需进行模型假设，再加上神经网络对复杂的非线性系统具有曲线拟核能力，预测能力强，预测结果精度高，所以是合适的对比检验模型。

P 为输入样本矢量集；T 为对应的目标样本矢量集。输入样本：

$$P=[2006\quad 2007\quad 2008\quad 2009\quad 2010\quad 2012\quad 2013\quad 2014\quad 2015\quad 2016\quad 2017]$$

（年份归一化后的数据）

$$P=[0.2006\quad 0.2007\quad 0.2008\quad 0.2009\quad 0.2010\quad 0.2012\quad 0.2013\quad 0.2014\quad 0.2015\quad 0.2016\quad 0.2017]$$

输出样本观测值（对应 2006 ~ 2017 年的总人口归一化后的数据）：

$$T=[0.164\quad 0.170\quad 0.177\quad 0.195\quad 0.204\quad 0.214\quad 0.224\quad 0.235\quad 0.247\quad 0.260\quad 0.299\quad 0.303]$$

采用神经网络模型进行运算，系统仿真产生输入数据的收敛结果（见图 2）。

3. 线性回归模型

回归分析方法，是研究要素之间具体的数量关系的一种强有力的工具，能够建立反映地理要素之间具体的数量关系的数学模型。线性回归模型计算过程中简单方便，只要采用的模型和数据相同，通过标准的统计方法可以计算出唯一的结果，数据结果清晰准确。

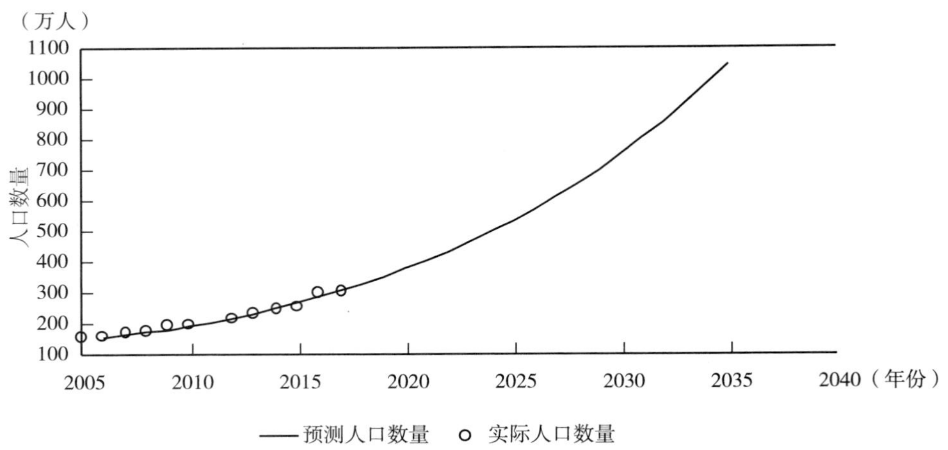

图 2　成都市 60 岁以上老人 BP 神经网络预测

资料来源：笔者整理。

下面笔者建立一元线性回归模型 $Y = a + bX$ 进行老年人口数量预测。

Y 为成都市 60 岁以上人口数，单位：万人，X 为年份。试建立它们之间的一元线性回归模型并对其进行显著性检验（见图 3）。利用 Excel 软件，进行回归分析，得到一元线性回归方程，如下：

$$Y = 12.149X - 24221$$

相关系数：$R^2 = 0.9653$

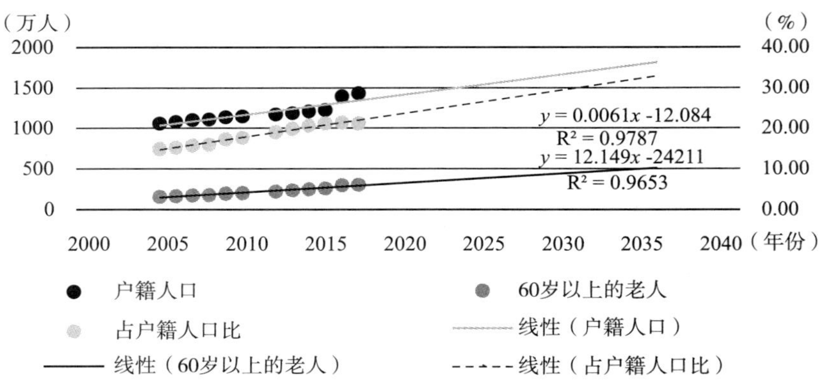

图 3　成都市 60 岁以上老人线性回归预测结果

资料来源：笔者整理。

根据灰色 GM 模型、BP 神经网络模型、线性回归模型分别预测出 2020 年、

2025 年、2030 年的 60 岁以上的城市老人数量（见表 3），为了避免单一模型预测可能出现的数据不准确的问题，本文采用三种模型预测结果的平均数作为结果。因此，可以得到成都市 2020 年、2025 年、2030 年 60 岁以上老年人的数量分别为 361.26 万人、503.27 万人和 665.42 万人，占户籍人口的比例分别为 24.59%、30.94%、37.48%。

表 3　基于三种模型的未来成都市 60 岁以上老人数量预测结果　单位：万人

项目	灰色 GM 模型	BP 神经网络模型	线性回归模型	平均数
2020 年老年人口数量（占户籍人口比）	375.8（24.66%）	378.01（25.30%）	329.98（23.8%）	361.26（24.59%）
2025 年老年人口数量（占户籍人口比）	525.5（29.45%）	532.85（33.47%）	451.47（29.9%）	503.27（30.94%）
2030 年老年人口数量（占户籍人口比）	734.8（35.16%）	749.25（44.34%）	512.22（32.95%）	665.42（37.48%）

资料来源：笔者整理。

二、成都市传统养老模式所面临的问题与挑战

（一）家庭养老问题与挑战

传统家庭养老是把“在家养老”与“子女养老”相结合，子女与父母共同居住在家里照顾与赡养老人。有父在，儿女不轻言分家，“多世同堂”就是天伦之乐。家庭养老一直以来在中国都有着主导地位。然而，随着人口总体数量上升，社会人口的流动性增强，“80 后”“90 后”年轻人的三代人共同生活的家庭观念开始变淡。家庭结构正日趋核心化和小型化，“421”型家庭结构日益增多，家庭规模缩小到平均每户 3.02 人。家庭养老情况的变化体现在以下四个方面。

第一，“养儿防老”“多子多福”的传统家庭观念正在被打破。由于经济快速发展，都市生活节奏快，城市子女婚嫁、工作流动等原因，陪伴、照顾年迈老人的时间变少。据了解，我国老年空巢家庭率已达半数，其中独居老人占老年总

数约 10%，仅与配偶居住的老人占 41.9%，大中城市空巢率达 70%[①]。

第二，成都市老人在家庭养老的环境差。老年人居住环境建设落后，特别是农村老年人存在住所不适老的问题，58.7% 的城乡老年人认为住房存在不适老的问题。地面没有防滑设计，卫生间没有安全扶手，没有老年人专用浴室，卫生间缺少通风换气设施，房屋墙面不防潮、防火，厨房设施安全性不够，楼道、走廊、电梯口没有设置座椅供老年人休息等。生活在城市的老人更是受到空气污染、噪声污染、光污染等因素的影响。

第三，家庭养老无法满足老年人的精神需求。在家养老的老年人更多的是希望从儿女身上获取家庭的温馨与情感慰藉。但由于儿女工作繁忙、照顾孩子而不能顾及老人的生活，生病不在身边，缺乏子女的关心，缺少与子女之间的沟通让老人感到十分孤独与无助，缺少精神慰藉，在家抑郁而终，这是最凄惨的晚年生活。家庭养老的心灵慰藉作用无法发挥。

第四，家庭养老不再能满足当今老人养老的个性化需求。经济的快速发展，社会安全福利增多，我国现阶段大多数城市老人知识水平较高，有退休金、个人养老金、一定的积蓄和赡养费，经济承受能力强，客观上促进了城市老年人追求自己想要的晚年生活的权力。

（二）机构养老现状与问题

机构养老是社会化养老的一种，是指以社会机构为养老地，依靠国家资助、亲人资助或者老年人自备的形式获得经济来源，有专门的养老机构，如福利院、养老院、托老所等，统一为老年人提供有偿或无偿的生活照料与精神慰藉，以保障老年人安度晚年的养老方式。机构养老一般是接纳年龄较大（一般在 75 岁以上）孤寡或独居老人、或有特定疾病需要特殊照顾的老年人。

1. 床位数供需不平衡

截至 2017 年底，成都市共有养老机构 480 家，床位总数 11.4 万张（含筹建），床位数占老年人口比例为 3.8%，其中，国办养老机构 29 家，床位数 0.84 万张；农村敬老院 170 家，床位数 2.49 万张；公建民营养老机构 13 家，床位数 0.28 万张；民建民营养老机构 268 家，床位数 3.04 万张。全年建成社区养老院 67 家，床位 0.51 万张（见表 4）。全市共建成城乡社区日间照料中心 2414 个，其中，城市 1478 个，农村 936 个。2017 年，完成为困难家庭失能老人和 80 周岁

① 周丛笑．中国家庭发展报告（2015 年）：一半老人“空巢”生活［EB/OL］．http：//www．xinhuanet．com/edu/2015－05/14/c_127800298．htm，2015－5－14．

以上老人提供居家养老服务 6.68 万人。经过资料对比，成都市养老机构和床位都逐年提升①。

表 4　　2017 年成都市养老机构和城乡照料中心数量

项目	国办养老机构	农村敬老院	公建民营养老机构	民建民营养老机构	社区养老院	城乡日间照料中心	总数
农村（家）	—	—	—	—	—	936	—
城市（家）	—	—	—	—	—	1478	—
数量（家）	29	170	13	268	67	2414	—
床位数（万张）	0.84	2.49	0.28	3.04	0.51	4.24	11.4

资料来源：笔者整理。

按照 2015 年 8 月成都市发展和改革委员会等八个政府部门联合颁布的《养老服务业“加强规划引导，实施品牌战略，带动相关产业发展”的实施方案》，成都市将于 2020 年形成“9064”养老服务格局，即 90% 的老年人选择居家养老，6% 的老年人选择社区养老，4% 的老年人选择机构养老。2015 年《成都市人民政府关于加快养老服务业创新发展的实施意见》指出在 2020 年，成都市养老床位达到 13.5 万张以上，每千名户籍老年人拥有床位 45 张以上。然而，截至 2017 年底，成都市每千名户籍老人拥有床位大约在 38 张，成都市共有养老机构 480 家，床位总数 11.4 万张（含筹建）。从总体上看，成都市每百个老年人所拥有的养老机构床位数较低，大约在平均每百名老年人 3 张左右，这一比例与发达国家每百名老年人 5 ~ 7 张的床位数相比有较大的差距（见表 5）。

结合本文表 3 成都市 60 岁以上老人数量预测结果，2020 年，成都市户籍老年人总人口约为 361.26 万人，届时，成都市居家养老的老人将达到 325.13 万人，社区养老的老年人数量将达到 21.68 万人，机构养老的老年人数量达到 14.45 万人。随着家庭养老功能的减弱，部分原本选择居家养老的老年人也将探寻其他的养老模式，机构养老院的床位需求会持续上升，供需矛盾将更明显。

① 成都市 2017 年老年人口信息和老龄事业发展状况报告［EB/OL］. http：//www.cdllb.org.cn/llwg-zw/llxw/2018 -05/22/content_aa2aed89575c4ded89c7575f76fa0599.shtml，2018 -5 -22.

表 5　　发达国家、全国、成都市现在以及 2020 年的每千名老年人拥有床位数情况　　单位：张

发达国家每千名老年人拥有床位数	全国平均每千名老人拥有床位数	现在成都市每千名老年人拥有床位数	计划 2020 年成都市每千名老年人床位数
50～70	27.5	37.5	45 以上

资料来源：笔者整理。

如果在 2020 年实现每千名老年人拥有 45 张床位的目标，预测 2020 年成都市老年人人数为 361.26 万人，那么，到 2020 年的机构养老床位数应为 16.26 万张，那么与计划的目标床位数相比，计划数仍然缺 2.76 万张。由此可知，该"实施意见"计划在 2020 年实现的每千名老年人拥有 45 张床位的目标，局限在现如今老年人数不变的前提下，即保持 2017 年的约 304 万老年人，这是不实际的，该实施意见存在缺少预测远见的问题（见表 6）。

表 6　　现阶段成都市床位数的缺口情况　　单位：万张

现阶段成都市户籍老人拥有床位数	计划 2020 年成都市户籍老人拥有床位数	到 2020 年计划户籍老人拥有床位数缺口	到 2020 年与发达国家标准户籍老人拥有床位数相比的缺口
11.4	13.5	2.1	2.33～3.26

资料来源：笔者整理。

2. 专业养老医疗护理人员不足

截至 2017 年，成都市现有老年病医院 11 家，老年病门诊 208 个。全市组建家庭医生团队 2175 个，家庭医生 9812 人，签约 151 万余名老年人。社区管理 60 岁以上严重精神障碍患者 1.78 万人。老年医疗护理从业人员 4595 人（其中医师 957 人，护士 1855 人，护工 1783 人），同比增长约 6.4%①。虽然专业护理人员的数量在逐年提升，但与庞大的失能老人和高龄老人数量相比仍然不够，没有达到 1∶5 的目标水平（一名护理人员照顾五名老人）。根据走访的养老服务机构，从业者下岗职工和农村务工人员占到了 74%，大专及以上学历的人员仅占 20%，其中具有专业护理技能的更是只有 8% 左右，而且 40 岁以上人员占到了 64%②。

① 成都市 2017 年老年人口信息和老龄事业发展状况报告［EB/OL］. http：//www.cdllb.org.cn/llwg-zw/llxw/2018-05/22/content_aa2aed89575c4ded89c7575f76fa0599.shtml，2018-5-22.

② 袁忻忻，李倩，黄灿，彭菲，王邵扬．我国养老服务产业存在的问题及其对策［J］．管理观察，2017（1）：189-192.

从业人员职业化建设滞后、服务水平低，严重影响了服务内容的扩展和服务质量的提高，难以满足老年人高层次要求①。有些养老机构里50～60岁的老人照顾70～80岁的老人，医疗护理知识不足，在心理安抚和精神关怀上严重不到位。

3. 医养分离

养老院中的老年人大部分是生活技能缺失（失能）的老年人，现阶段大多数养老机构，既不能满足老年人的养老诉求，也不能满足老年人基本医疗需求，造成入住率低，床位空置率高，养老院面临沉重的生存发展压力。而一些硬件条件较好的养老院、护理院，却是一床难求。医疗和养老机构分离很大程度上源于医疗机构可实行医保，而养老机构则不能，致使许多患病老人把医院当成养老院，成了“常住户”，老人“押床”现象频发，加剧了医疗资源的紧张，使真正需要住院的人住不进来。这种情况造成了资源浪费，既给老年人造成过多的医疗支出，也给养老院安排陪护人员造成很大的压力。

（三）社区养老现状与问题

社区养老是指以居住在社区内的老年人作为服务对象，整合社区公共资源、基层政府组织、协调家庭与社区的关系，为辖区老人提供生活帮助、家政服务、精神慰藉等服务的养老模式。社区养老使得老年人既可以接受家庭养老也可以接受社区养老服务，这种养老模式结合了家庭养老和机构养老的优点。

根据成都市民政局的调查，目前社区养老服务设施点位分布零星，社区养老服务的优势是建立在能够有效协调与整合社区养老资源的基础上，从而缓解养老服务资源紧缺的问题。但是在现实中，服务资源分散化问题却制约了社区养老服务的发展。服务资源分散化表现为：一方面，当前我国部分养老资源被不同程度地分散在各社区之中，社区之间缺少联系机制，服务资源分散化，信息平台沟通不畅，导致各种养老资源不能在各社区间的共享、对接与流动，而只能服务于自身社区内部的老人，造成社区内资源配置不合理；另外，缺少统一的服务标准，同时缺少监督与监管，不便于对社区养老情况进行反馈与改进；服务内容、服务形式、服务程度没有清晰明确的规章制度，服务大多比较随意；其次，社区养老服务人员并不都是接受过专业培训的工作人员，大多数年龄偏大，专业知识不足，道德素养还需要提高；再次，社区养老基础设施薄弱。由于起步晚、经济落后，社区养老服务工作相对落后，缺乏建立完善的养老服务设施的条件，老年人

① 武赫．人口老龄化背景下我国养老产业发展研究［D］．吉林大学，2017.

需要的休闲运动场地不够、设施老化、不齐全。

三、缓解成都市城市养老压力的新举措——引导城市老人到“小组微生”新农村综合体休闲健康养老

（一）“小组微生”新农村综合体概况

四川省推进新型城镇化发展战略中，提出加快建设“兴业、家富、人和、村美”的幸福美丽新村。在成都市推进统筹城乡升级版的部署中，提出要按照“三体现一方便”（体现田园风貌、体现新村风格、体现现代生活、方便农民生产）的要求，坚持“宜聚则聚、宜散则散”和“四态合一”（业态、生态、文态、形态）的理念，在城镇规划区外特别是基本农田保护区、水源涵养地、山区旅游点，结合当地实际，按照“小规模、组团式、微田园、生态化”（简称“小组微生”）的要求，成片的推动新农村综合体建设，以此作为四川省幸福美丽新村建设的主要方式。

新农村综合体是“以一定的聚合空间为基础，将村落民居、产业发展、基础设施、公共服务、社会建设等生产生活要素集约配置在一起，聚居适度、产业优化、功能完善、城乡融合、环境优美、管理民主、社会和谐的农村新型社区，是新村建设的高级形态”①。它依赖于传统乡村社会经济、历史、文化等本土资源要素，具有乡土性、综合性、整体性交互协同的动态特征。新农村综合体是一个集生产、生活、生态于一体的综合空间系统和基于产业结构功能变迁与地域结构优化调整而形成的综合性村社新型社会形态和组织形态②。新农村综合体本质上就是特色小镇，其基本内容也是把村落民居、产业发展、基础设施、公共服务、社会建设等生产生活要素集约配置，形成聚居适度、产业优先、功能完善、城乡融合、环境优美、管理民主、社会和谐的农村新型社区③。

“小组微生”是“小规模、组团式、微田园、生态化”的简称。其中，“小规模”是指缩小村庄规模，将村民人数控制在 100～300 人，“组团式”是指将

① 《中共四川省委办公厅四川省人民政府办公厅关于加快建设新农村综合体的意见》。

② 翟坤周，周庆元．新农村综合体的内涵特征、体系框架与建设策略——四川新农村综合体建设的实践反思［J］．现代经济探讨，2014（4）：47－52.

③ 国家发改委．西部的特色小镇样板——新农村综合体［EB/OL］．http：//www. chanyeguihua. com/2563. html.

村庄分成几个小组，每个小组 20～30 户左右，便于集中管理，“微田园”是指在村民的房前屋后修建小花园、小菜园等，“生态化”是指新村修建时，根据当地自然环境，因地制宜进行新村规划，保留原有自然风貌。根据成都市政府官方统计显示：从 2012 年开始，截至 2016 年 4 月，成都市共推进“小组微生”新农村综合体建设 123 个，总投资 58.1 亿元，超过 2 万户、约 8 万人入住新居。成都市在 2016 年新启动 100 个“小组微生”新农村综合体建设，并预计到 2025 年将建成“小组微生”新农村综合体 500 个以上①。

（二）“小组微生”新农村综合体承接城市养老产业的可行性

第一，新农村综合体位于城市一小时经济圈内，地理位置合适、交通方便、附近旅游资源丰富，田园风景优美。驱车一小时左右就可以到达养老目的地，减少了长时间坐车身体上和心理上的痛苦和麻烦；因此，新农村养老综合体方便的地理位置使得城市老年人愿意前往，不会有出行负担感。成都市新农村综合体的旅游资源相当丰富，比如：成都市花香果居 3A 级景区、檀木绿色蔬菜基地、新都区百草园、凯木河湿地公园。成都市还创建了四个全国农业旅游示范点：郫县友爱镇农科村、成都市红砂村花乡农居、成都市龙泉驿区兴龙镇万亩观光果园、都江堰市青城红阳猕猴桃绿茶基地。这些自然资源为城市老人观赏自然风光，感受乡村生活，提升养老生活质量提供了客观物质条件。所以地理位置和旅游资源都使得新农村综合体承接城市养老产业成为可能。

第二，庞大的市场需求为新农村综合承接城市养老产业提供现实需要。一方面，城市养老窘境迫使老年人探寻新的养老模式。现如今家庭结构趋于小型化、核心化、空巢化，呈现“4－2－1”的“倒三角”型家庭结构，家庭养老功能减弱。结合人口预测数据，2020 年，成都市户籍老年人总人口约为 361.26 万人，届时，成都市居家养老的老人将达到 325.13 万人，社区养老的老年人数量将达到 21.68 万人，机构养老的老年人数量达到 14.45 万人。老龄人口不断增加，城市各项资源渐趋饱和，传统养老模式压力巨大，部分原来选择传统养老方式的老年人将探求新的养老方式。而新农村综合体位于“城市一小时经济圈”所处地理位置方便、交通通达性高、基础设施设备齐全、自然风光好，到乡村休闲养老有益于老年人身心健康。另一方面，我国大多数老年人来自农村，或者年轻时有“上山下乡”的经历，大部分儿时青春记忆是在农村度过，对于农村，老年人有特殊的情怀，这里是他们梦开始的地方，也希望是人生最后的落脚地。

① 邓启运．关于成都市“小组微生”新农村综合体建设的探索与思考［J］．财讯，2016（18）：9－9.

第三，社会经济的稳定发展以及消费观念的不断改变为新农村综合体承接城市养老产业提供了物质基础。随着我国经济的稳定发展，居民生活水平的提高，国民可支配收入的增加，社会保障系统的不断完善，老年人对生活环境和生活质量的追求明显提升。并且老年人对消费观念的变化，部分老年人愿意用自己积攒下来的资金来享受舒适、惬意的老年生活。同时，由于年龄的增长对未来的不确定性也在提高，老年人面对已知的死亡、疾病、情感上的孤独更加愿意将自己能够支配的收入用来体验一个向往的养老生活，享受老年生活的安逸。这种经济收入的提高和消费观念的改变，都使得新农村综合体的建设成为可能。

第四，政府的政策支持为新农村综合体承接城市养老产业提供政策保障。为贯彻落实党的十八届三中全会和四川省委第十届四次全会精神，进一步建立、健全城乡统筹发展体制机制，建设幸福、美丽新农村。中共四川省委办公厅印发了《创新幸福美丽新村建设机制专项改革方案》的通知。其以农村满意为标准，以农民增收为核心，着力打造体现田园风光、地域特色、乡村情趣、民俗风情的幸福、美丽新村。加快形成城乡一体化发展新格局。构建新型农业经营体系，培育壮大新型农业经营主体，推动主导产业规模化。推广“小规模、组团式、微田园”规划建设模式。成都市人民政府办公厅关于“小组微生”新农村综合体建设也发布了指导意见，全面贯彻党的十八大和十八届三中全会精神，落实四川省委“三大发展战略”，把小规模、组团式、生态化的新农村综合体建设作为当前统筹城乡改革发展，新型城镇化建设和新农村建设的重点工作。加强公共服务和社会管理设施建设，进一步加快转变农民生产、生活方式，促进农民持续增收和农民持续发展，建设兴业、家富、人和、村美的美丽新村。

四、新农村综合体承接城市养老产业建设建议

（一）完善新农村综合体医疗配套设施与服务

从“第四次中国城乡老年人生活状况抽样调查”调查结果得知，医疗服务是当今老年人最在意的一类服务需求。要让老年人住得安心、住得放心就必须健全新农村综合体医疗配套设施与服务。第一，每一个养老综合体内部都应该设置医务室、卫生服务站、医疗卫生中心、医疗服务机构，主要设置针对老年人的疾病科目，加强中医、护理学、药学等这类科目建设，新农村综合体内部的“医院”作用不同于城市医院，养老综合体的“医”重点放在健康管理、长效护理、失能

康复上，是为了保证老年人身体功能稳定。同时加强老年人的医疗护理设施建设。使老年人日常生病能够得到医治，非日常疾病能够逐渐好转，帮助老年人做康复治疗，减轻病痛。第二，每个综合体的医疗卫生中心应为每位老年人建立健康档案，定期体检，跟踪每一位老年人身体变化情况，更新后做好备份，卫生中心的专管人员还应对每份健康档案的记录规范性进行检查、内容逻辑性检查，查缺补漏，以提高档案质量。第三，加大新农村医疗卫生投入，政府制定出台相关优惠政策，加大补贴力度，吸引医学院毕业生到农村服务就业。提高基层医疗服务人员水平，注重人才专家的培养和引进。聘请专家到新农村医疗机构进行培训开讲座。畅通人才引进渠道；加强就业后的再学习。不断提升新农村医务人员的整体水平。第四，加强智慧医疗建设，利用现代通信技术，大数据、云计算使老年人在家里面就可以获得用药指导、医疗建议；促进科技创新成果推广应用到老年人医疗服务中来。同时加强农村环境卫生综合治理，加强地区疾病防护工作，提倡强身健体的文化氛围。

（二）加强新农村综合体适老化环境设计

1. 地理位置、道路交通设计适老化

首先，新农村养老田园综合体分布在城市边缘、城郊接合地区，位于“成都市 1 小时经济圈”，老年人随时可以往返城市中心和养老田园。在交通方面，要整修、平整新农村田园道路，科学设置和设计交通标识，在布局好每一条前往养老田园综合体的道路的基础上，开设专门的老年人往返班车，这不仅方便老年人搭乘专车入住养老综合体，还有利于把普通乡村旅游客与老年人分开，避免拥挤，保护老年人人身财产安全。其次，养老综合体内部各个部分都要方便老年的使用、出入。包括各个建筑之间位置适宜，不能过远也不能过近，尽量保证老年人住房采光好，同时也不能太晒；各个购物区、护理区、社团区、休闲娱乐、运动健身的场地位置之间要设计连接通道、路径，为了避免因为风雨天气影响老年人日常生活，应设计凉亭、风雨连廊连接各个配套设施。半封闭半场开的空间形式也有利于老年人自由使用各个配套设施，并且与自然环境充分接触。再次，各种配套服务设施散落于每个地块，并保证各个组团对配套服务设施的直线可达性，尽量避免穿越其他组团，为每一个组团内的老年人生活提供方便快捷的服务。最后，供电、污水垃圾处理地、旅行游客集散地要与老年人生活活动的地方隔开，保证老年人安全、健康的生活环境。

2. 满足老年人个性化需求

老年产品和服务应根据老年人口年龄结构变动和老龄人口生理和心理需求的

变化而变化。随着社会进步和经济发展水平提高，老年人在满足基本生存需求之后，对生活质量有着更高的追求，消费观念发生了巨大的变化。因此养老田园综合体提供的养老产品与服务应该满足老年人更高水平的需要。同时，这种需求产品与服务应该是不断发展的。低龄老年人由于身体机能还没有完全退化衰弱，生活中康复类产品使用较少，更喜欢老年兴趣课程，需要休闲娱乐产品（比如象棋、电脑、收音机），中高龄老年人身体条件更差，需要的康复类产品更多，比如轮椅、制氧机、氧气袋、颈椎牵引器，同时心灵上更渴望得到关心，需要配置智能机器人或者服务人员陪伴老人聊天、化解孤独。老年产品和生产企业应该根据人口年龄结构变动和老龄人口需求的转变不断调整企业战略目标，牢牢地把握老年身体、心理变化带来的产品升级需求，充分进行市场调研，满足老年人的实际需求。

（三）以田园风光为底色，注重当地特色

城市养老与农村养老的最大区别就是环境，我们倡导的新农村养老环境应该是在干净整洁、规整有序的基础上，保护生态环境，打造符合生态的养老休闲产业。既能护理养老又能休闲旅游。“小组微生”新农村综合体打造的休闲健康养老综合体一定是绿色发展，是以田园为生活空间，保留乡村特色，以休闲健康养老为活动目标，探寻一种回归自然、享受生命、修身养性、度假休闲、健康身体、护理治疗、颐养天年的生活方式。这意味着，在新农村综合体尊重当地的现有格局，依山就势，不盲目拆老街区，传承当地传统农居文化：不盲目盖高楼、不盲目复制城市建筑摹本，保持当地宜居尺度。注重不同地方的人文特色，因地制宜打造不同主题的养老综合体。比如，以“四季花海”为主题的综合体、以溪流、果林为主题的综合体、以自然遗产、少数民族风貌为主题的综合体等。这些综合体的建立都体现了政策对特色小镇提出的文保规划、环保规划、风貌规划、产业规划的多规合一要求。强调生态系统保护、修复、利用，重视历史文化特色发掘与传承，培育特色鲜明的产业形态，尊重传统人文风光。

（四）扩大养老服务人才队伍，提高行业服务水平

尊重知识，重视人才。如果新农村综合体内的养老产业还固守以前落后低端管理思想，那养老综合体的发展举步维艰。养老服务人才和医疗人才同样重要，他们在老年人生命的后期都发挥着不可磨灭的作用。由于年龄增长、身体衰弱，

部分老年人难免对自己感到无助与失落，通过他们定期探访老年人，关注老年人心理变化，提供心灵慰藉，安抚老年人负面情绪，同时对于孤寡老人而言，他们就像老人的子女一样陪伴老人走到生命的尽头，料理后事。因此，我们要大力培育这类人才，树立一个良好的人才培养与发展氛围。第一，提高养老产业从业人员收入水平和社会保障待遇，建立起基于工龄、岗位和职称相结合的工资增长机制。第二，健全职业准入标准，贯彻落实养老护理员职业资格证制度，开展从业人员职业培训和资格认证工作，严格按照养老护理国家标准，规范服务人员市场，鼓励从业人员持证上岗，定期开展继续教育工作。第三，建立不同层次的养老服务教育机构，统筹部署我国高等教育和职业教育学科专业设置，开设对应养老服务专业课程，培育不同等级、层次、类型的专业型人才，加强队伍建设。

（五）调动社会资源丰富养老产品和服务

养老综合体的建设离不开政府、企业、农民这三大主体，发挥三者的主体作用，整合中央与地方的养老资源，健全市场化运作机制，促使主体主动投入、积极参与，各尽其能、形成建设合力。

政府重点负责政策引领和规划引导，在发展过程中不断完善政策规划、查漏补缺、因势利导，壮大社会各界对田园养老产业的支持力量，对在田园养老综合体内养老民营机构政府应给予税收优惠、贷款、宣传等各方面的支持，除了政府财政资金支持，同时要推动政府和社会资本多合作，发挥财政资金的杠杆作用，撬动金融和社会资本的投入，拓宽养老田园综合体建设的融资渠道，营造有利于养老综合体发展的外部环境。加强养老服务行业顶层设计。目前我国的养老市场还是政府定价为主，市场定价为辅，新农村养老综合体应该充分发挥民营企业的市场力量，加强市场定价机制的作用，同时政府对于养老产品与服务市场发挥监督作用，促使养老产业的定价合理化。提升市场化水平和规模。新农村养老产业发展离不开民营企业、村集体组织、农民合作组织，要发挥这些主体的作用，鼓励其创新，鼓励改进管理方式、更新发展模式、支持其绿色发展，充分发挥他们在合作运营中的优势。民营企业要树立企业发展战略，推出的产品具有实用性，考虑到老年人的身体健康水平、消费心态等。其次，当地农民要不断学习，提升自身素质，了解新农村养老发展趋势，了解城市文化，鼓励农民学习养老知识，鼓励就近就业，促进农村的第一产业、第二产业、第三产业协同发展。

五、结论与讨论[①]

目前，主流的观念、学界观点以及政府战略都以快速城镇化为目标，努力实现进城农民完全融入城市、转变为市民以提高城镇化率，考虑的问题是如何让进城的农民更好地在城市安家落户，而把城市人口向乡村转移视为“逆城市化”加以否定和排斥。而城市老人到新农村综合体休闲健康养老同样是人口由城向乡的转移，那么，这一行为是否应该得到支持和鼓励，是值得思考和探讨的问题。

城乡二元经济结构造就了差异极大的两种社会经济格局，农村和城市相互独立地保持各自的运行和发展，各自主要依托自身的资源解决内部所面临的养老问题，那么，富裕起来的农民可以选择到城市养老机构或者社区进行养老，有条件、有需求城市老人是否可以到农村进行休闲健康养老，利用农村的部分资源解决城市老人的养老问题，这是否会挤占本已稀缺的农村资源。

城市老人到新农村综合体休闲健康养老会面临着农村医疗条件差、配套建设用地指标来源、住房个性化需求的满足等瓶颈和障碍，如果这些问题得不到妥善的解决，那么，城市老人到新农村综合体休闲健康养老的构想仅仅会停留在遐想阶段或自发无序状态，在中国大都市边缘区的新农村根本形不成承接城市养老产业转移这一新的经济增长点。

参考文献

[1] 成都市2017年老年人口信息和老龄事业发展状况报告［EB/OL］. http：//www.cdllb.org.cn/llwgzw/llxw/2018－05/22/content_aa2aed89575c4ded89c7575f76fa0599.shtml，2018－5－22.

[2] 周丛笑．中国家庭发展报告（2015年）：一半老人“空巢”生活［EB/OL］. http：//www.xinhuanet.com/edu/2015－05/14/c_127800298.htm，2015－5－14.

[3] 袁忻忻，李倩，黄灿，彭菲，王邵扬．我国养老服务产业存在的问题及其对策［J］. 管理观察，2017（1）：189－192.

[4] 武赫．人口老龄化背景下我国养老产业发展研究［D］. 吉林大学，2017.

[5]《中共四川省委办公厅四川省人民政府办公厅关于加快建设新农村综合体的意见》.

[6] 翟坤周，周庆元．新农村综合体的内涵特征、体系框架与建设策略——四川新农村综合体建设的实践反思［J］. 现代经济探讨，2014（4）：47－52.

---

① 刘灵辉．城市老人农村休闲健康养老意愿的影响因素研究——以成都市“小组微生”新农村综合体为例［J］. 西南交通大学学报（社会科学版），2018（5）：58－65.

［7］国家发改委：西部的特色小镇样板——新农村综合体［EB/OL］. http：//www. chanyeguihua. com/2563. html.

［8］邓启运．关于成都市“小组微生”新农村综合体建设的探索与思考［J］. 财讯，2016（18）：9－9.

［9］刘海玲，王二博．“休闲人”假设与快乐管理［J］. 理论与现代化，2005（S1）：42－43.

［10］刘灵辉．城市老人农村休闲健康养老意愿的影响因素研究——以成都市“小组微生”新农村综合体为例［J］. 西南交通大学学报（社会科学版），2018（5）：58－65.

［11］Finlayson Marcia. Changes predicting long-term care use among the oldest-old. The Gerontologist. 2002.

竞赛获奖作品

城市公共服务设施对住宅价格影响的空间差异——以武汉市为例

姜奕帆[①]　陈钟铭[②]　李星颖[③]

摘　要：当今住宅价格越来越受到周边公共服务设施的影响，这种影响是多种设施共同作用的结果，而传统研究多关注某一种设施对周边住宅价格的影响。本文以武汉市全市4245个住宅小区为样本，利用特征价格模型和POI数据，比较了公共服务设施对主城区和远城区住宅价格影响的区域差异。研究发现：①武汉市的公共服务设施已经不同程度上资本化到住宅价格当中，公共服务设施对不同区域的住宅价格会产生异质性影响。主城区居民更关注住宅周边是否有优质的基础教育设施和良好的自然环境，而远城区居民更希望住宅周边能提供良好的人文环境、便捷的医疗服务以及轨道交通。②公共服务设施对远城区住宅的影响程度要高于主城区，意味着武汉市的公共服务设施分布存在着空间上的不均衡，远城区的公共服务设施建设有较大提升空间。③只有通过购买主城区住宅才能享受更好的教育、医疗和交通服务的现象强化了高收入人群的社会经济地位。要加快促进公共服务均等化，使不同收入人群在其居住地都能享受到优质的公共服务，那么将会加剧社会阶层分化和贫富差距。

关键词：公共服务设施　住宅价格　特征价格模型　POI数据　空间差异

Spatial Differences in the Impact of Urban Public Service Facilities on Housing Prices: A Case Study in Wuhan

Jiang Yifan　Chen Zhongming　Li Xingying

Abstract: Nowadays, housing price is more and more affected by the surrounding public service facilities, which is the result of the joint action of various facilities. While traditional research fo-

---

① 姜奕帆：中南财经政法大学公共管理学院区域经济学硕士研究生。
② 陈钟铭：中南财经政法大学公共管理学院区域经济学硕士研究生。
③ 李星颖：中南财经政法大学公共管理学院人口学硕士研究生。

cuses on the impact of a certain facility on the surrounding housing price. This paper takes 4，245 residential districts in Wuhan as samples，compares the regional differences of the impact of various public service facilities on the housing price between the main urban area and the remote urban area using the hedonic price model and POI data. The study found that the public service facilities in Wuhan city have been capitalized into the housing price to different degrees，and the public service facilities have heterogeneous effects on the housing price in different areas. The residents in the main urban area are more concerned about whether there are good basic education facilities and good natural environment around the houses，while the residents in the far urban area hope that surroundings can provide good cultural environment，convenient medical services and rail transit. The influence of public service facilities on remote urban area housing price is higher than that of the main urban area，which means that the distribution of public service facilities in Wuhan is unbalance. Compared with the main urban area，the construction of public service facilities in remote urban area lags behind. Every high-earning person can enjoy better education，medical and transport services by buying houses in the main urban area. We should accelerate the equalization of public services，effectively meet the needs of urban residents for public services，and enable people in different income levels to enjoy high-quality and perfect public services close to them.

Key words：public service facilities，housing prices，hedonic price model，POI data，spatial differences

一、引　言

随着我国城市化进程的加快，城市房地产建设和公共服务设施建设都迎来了高速发展时期。住宅供给的增加，使得消费者在购房时有更多的选择。但是，不断上涨的住宅价格使得消费者在购房时更加慎重。在考虑能否负担住宅价格的同时，越来越多的消费者考虑住宅周边的配套设施是否与其价格相适应，或者根据自己对公共服务设施的偏好来选择住房。最先研究公共服务设施与住宅价格关系的学者是查尔斯·蒂布特（Charles Tiebout）.①，他从“用脚投票”的理论出发，分析了城市中教育设施、医疗设施、交通设施对房地产市场的影响，提出了公共品资本化概念。

由于我国城市化进程起步较晚，公共服务设施建设存在着城郊之间的差异，主城区的公共服务设施较为完善，而远城区的公共服务设施建设则滞后于主城区。这就使得主城区的住宅价格往往较高，中低收入群体难以负担过高的房价，

① Tiebout C. M.. A Pure Theory of Local Expenditures［J］. Journal of Political Economy，1956（5）：416－424.

导致这部分消费者选择在远离市中心的区域购房，而高收入群体愿意也有能力在主城区居住。因此，住宅价格的区域差异在一定程度上反映了公共服务设施的空间差异和社会阶层的空间分异。那么，究竟是何种公共服务设施对住宅价格产生了影响？公共服务设施在不同区域对住宅价格的影响有何不同？反映出什么样的现象？本文将利用武汉市住宅小区的数据对这些问题进行研究。

二、文献综述

在 C. 蒂布特（C. Tiebout）提出公共品资本化的概念之后，国外学者选择对不同公共服务设施进行更加深入的研究。在研究教育设施对住宅价格的影响时，因为学生家长为了让孩子获得更好的教育，更愿意选择到好学校的周边居住，所以已有研究注重学校质量对周边住宅价格的影响。一些学者主要从学生人均支出[①]、教育的投入产出比[②]以及学生的学业成绩[③④⑤]等角度进行衡量，认为学校质量对住宅价格有正向影响。另一些学者关注较多的设施是公共交通设施，主要包括以地铁为代表的轨道交通以及快速公交系统。约翰·D. 本杰明（John D. Benjamin）[⑥]、J. D. 本杰明（J. D. Benjamin.）[⑦]、D. P. 麦克米伦（D. P. Mc Millen）[⑧] 等人认为，便捷快速的公共交通设施，能够节约居民的通勤时间，降低通勤成本，从而使得沿线住宅的价格上升。但 D. H. 盖茨拉夫（D. H. Gatzlaff.）[⑨] 和 D. B. 汉斯（D. B. Hess）[⑩] 得出不同的结论，他们发现轨道交通没有对住宅

---

① Oates W. E.. The Effects of Property Taxes and Local Public Spending on Property Values: An Empirical Study of Tax Capitalization and the Tiebout Hypothesis [J]. Journal of Political Economy, 1969 (6): 957 - 971.

② Clark D. E., Herrin W. E.. The Impact of Public School Attributes on Home Sale Prices in California [J]. Growth & Change, 2000 (3): 385 - 407.

③ Jud G. D., Watts J. M.. Schools and Housing Values [J]. Land Economics, 1981 (57): 459 - 470.

④ Haurin D. R., Brasington D.. School Quality and Real House Prices: Inter-and Intra-metropditan Effects [J]. Journal of Housing Economics, 1996 (4): 351 - 368.

⑤ Brasington D., Haurin D. R.. Educational Outcomes and House Values: A Test of the value added Approach [J]. Journal of Regional Science, 2006 (2): 245 - 268.

⑥ John D. Benjamin, G. Stacy Sirmans. Mass Transportation, Apartment Rent and Property Values, The Journal of Real Estate Research, 1996 (12): 1 - 8.

⑦ Benjamin J. D., Sirmans G. S.. Mass Transportation, Apartment Rent and Property Values [J]. Journal of Real Estate Research, 1996 (1): 1 - 8.

⑧ Mc Millen D. P., Mc Donald J.. Reaction of House Prices to A New Rapid Transit Line: Chicago's Midway Line, 1983 - 1999 [J]. Real Estate Economics, 2004 (3): 463 - 486.

⑨ Gatzlaff D. H., Smith M. T.. The Impact of the Miami Metrorail on the Value of Residences near Station Locations [J]. Land Economics, 1993 (1): 54 - 66.

⑩ Hess D. B., Almeida T. M.. Impact of Proximity to Light Rail Rapid Transit on Station - Area Property Values in Buffalo, New York [J]. Urban Studies, 2007 (5): 1041 - 1068.

价格产生显著影响。除了教育设施和公共交通设施以外，还有学者还注意到了医院[①]和城市绿地[②③④]对周边住宅价格的影响，研究发现医院会对住宅价格产生负向影响，而城市绿地会显著提升周边住宅的价格。在考虑公共服务设施对住宅价格的差异化影响时，J. 齐茨（J. Zietz）[⑤] 认为应将住宅分为高端住宅和低端住宅，公共服务设施对不同层次的住宅影响不同，房地产高端市场与低端市场存在分割性。S. 马尔佩齐（S. Malpezzi）[⑥] 则从购房者的角度考虑，认为不同收入群体在购房时所考虑的公共服务设施存在差异。

值得注意的是，国外学者在研究公共服务设施对住宅价格的影响时，西方国家的城市化水平已经较为发达，公共服务设施分布较为均衡。另外，越来越多的西方城市出现了城市郊区化，甚至是逆城市化现象。高端住宅或高收入人群往往分布或居住在市郊，反而一些低收入人群拥挤地居住在城市中心的公寓中。虽然这些现象与我国当前的情况有所出入，但国外学者的研究方法和思路仍然值得借鉴。

国内学者在研究公共服务设施对住宅价格的影响时，主要使用特征价格模型[⑦]，选择教育设施、医疗设施、交通设施和公园绿地进行研究。尽管国内外学者都关注学校的质量对住宅价格的影响，但是，由于国外不存在学区制度以及重点学校的评级方式，使得国内学者在衡量方法上与国外学者存在差异。国内学者们多用是否为重点学校[⑧⑨⑩]、到重点学校的距离[⑪]、学区质量评定[⑫]、学校排

---

① Huh S. , Kwak S. J. . The Choice of Functional Form and Variables in the Hedonic Price Model in Seoul [J]. Urban Studies, 2014 (7): 989 - 998.

② Garrod G. , Willis K. . The amenity value of woodland in Great Britain: A comparison of economic estimates [J]. Environmental & Resource Economics, 1992 (4): 415 - 434.

③ Tyrväinen L. , Miettinen A. . Property Prices and Urban Forest Amenities [J]. Journal of Environmental Economics & Management, 2000 (2): 205 - 223.

④ Nicholls S. , Crompton J. L. . The impact of greenways on property values: evidence from Austin, Texas. [J]. Journal of Leisure Research, 2005 (3): 321 - 341.

⑤ Zietz J. , Zietz E. N. , Sirmans G. S. . Determinants of House Prices: A Quantile Regression Approach [J]. Journal of Real Estate Finance & Economics, 2008 (4): 317 - 333.

⑥ Malpezzi S. . Hedonic Pricing Models: A Selective and Applied Review [J]. Wisconsin - Madison CULER working papers, 2002 (10): 67 - 89.

⑦ 明珂，侯学英. 基于特征价格模型的住宅特征对于房地产价值影响研究综述 [J]. 商业经济，2017 (12): 101 - 104.

⑧ 毛丰付，罗刚飞，潘加顺. 优质教育资源对杭州学区房价格影响研究 [J]. 城市与环境研究，2014 (2): 53 - 64.

⑨ 于涛，于静静. "就近入学" 下的住宅价格分析——学区房中的教育资本化问题 [J]. 中国房地产，2017 (6): 3 - 13.

⑩ 董藩，董文婷. 学区房价格及其形成机制研究 [J]. 社会科学战线，2017 (1): 43 - 51.

⑪ 吴宜嘉，张洪. 小学资源对住宅价格的影响研究——以昆明市为例 [J]. 中外建筑，2015 (3): 90 - 91.

⑫ 张珂，张立远，朱道林. 城市基础教育资源对住宅价格的影响——以北京市海淀区为例 [J]. 教育与经济，2018 (1).

名①、学校评分评级②③④⑤等方法来衡量教育设施质量对住宅价格的影响。除了前两种衡量方法，其他方法都基于主观评定，没有统一的标准。国内学者对医疗资源的关注并不多，主要的文献都是以三甲医院为研究对象，发现住宅小区到医院的距离会对住宅价格产生影响，但结论有所不同。彭保发⑥研究发现离医院越近住宅价格越低，斯子文⑦与张志峰⑧进一步得出住宅小区到医院的距离与住宅价格呈三次函数关系的结论。研究交通设施的影响时，考虑到地铁建设投资大、带动能力强等特点，已有研究多以某条或某几条特定的地铁线路为影响因素，选择沿线的住宅小区作为样本，用到最近站点的距离表示其对住宅价格的影响⑨⑩⑪⑫⑬⑭。相比地铁的影响范围，城郊轻轨⑮、城际铁路⑯、高铁⑰等交通设施对住宅价格的影响范围更广，会使得不同区域的住宅价格发生变化。相比国外学者对城市绿地的研究，国内学者更加关心城市大型景观中心对周边住宅价格的影

① 石忆邵，王伊婷．上海市学区房价格的影响机制［J］．中国土地科学，2014（12）：47－55.

② 温海珍，杨尚，秦中伏．城市教育配套对住宅价格的影响：基于公共品资本化视角的实证分析［J］．中国土地科学，2013（1）：34－40.

③ 郑磊，王思檬．学校选择、教育服务资本化与居住区分割——对“就近入学”政策的一种反思［J］．教育与经济，2014（6）：25－32.

④ 徐梦洁，张周青．城市教育设施对住房价格的影响——以南京市为例［J］．开发研究，2015（5）：99－104.

⑤ 刘润秋，孙潇雅．教育质量“资本化”对住房价格的影响——基于成都市武侯区小学学区房的实证分析［J］．财经科学，2015（8）：91－99.

⑥ 彭保发，石忆邵，单玥，等．上海市三甲医院对周边地区住房价格的空间影响效应分析［J］．地理科学，2015（7）：860－866.

⑦ 斯子文，石忆邵．三甲医院对人口分布及房价影响的研究——以复旦大学附属儿科医院为例［J］．经济地理，2013（10）：74－81.

⑧ 张志峰．重点医院对周边住宅价格影响的实证分析［J］．统计与决策，2016（21）：106－109.

⑨ 李旭伟，王红平，孙海玲．城市轨道交通对土地增值效应研究——以郑州市轨道交通一号线一期工程为例［J］．城市发展研究，2014（9）.

⑩ 刘康，吴群，王佩．城市轨道交通对住房价格影响的计量分析——以南京市地铁1、2号线为例［J］．资源科学，2015（1）：133－141.

⑪ 徐涛，张明．地区发展条件对轨道交通线路溢价效应的影响——以武汉市为例［J］．城市问题，2016（9）：48－57.

⑫ 刘蓓佳，刘勇．基于Hedonic模型的城市轨道沿线房价特征分析［J］．西南大学学报（自然科学版），2016（8）：83－89.

⑬ 吴良国，易华莹．城市轨道交通效应及住宅价格影响因素研究——以武汉地铁4号线为例［J］．宏观经济管理，2017（S1）：39－41.

⑭ 韩永超，陈春，沈昊婧．基于特征价格模型的重庆轨道交通对沿线房价的影响研究——以轨道3号线为例［J］．价格月刊，2017（1）：6－10.

⑮ 苏亚艺，朱道林，郑育忠，等．轨道交通对城郊之间房价梯度影响研究——以北京西南部为例［J］．资源科学，2015（1）：125－132.

⑯ 黄晓冰，梁秋萍，陈忠暖，等．城际轨道交通对所经城镇住宅价格影响的空间效应研究——以广珠城际铁路中山段站点为例［J］．现代城市研究，2015（6）：26－31.

⑰ 何里文，邓敏慧，韦圆兰．武广高铁对住宅价格影响的实证分析——基于Hedonic Price模型和微观调查数据［J］．现代城市研究，2015（8）：14－20.

响，例如著名风景区、城市森林公园①和高尔夫球场②。这些研究均认为，城市的公园绿地会对住宅价格产生正向的影响。

目前国内学者研究公共服务对住宅价格影响的区域差异时，更多的是从宏观的角度出发，比较的是省与省之间或者市与市之间的差异。王洪卫③用公共支出结构来衡量公共服务设施的建设水平，研究了我国 30 个省（区、市）的住宅价格差异，发现公共支出结构系数每提高 1 个单位，住宅价格相应上涨 5.1%；类似地，张雅淋④也从省际的角度出发，对地方公共财政支出与房地产价格的关系进行分区研究，研究结果表明东、中、西三个地区政府的公共财政支付每增加 10%，相应地区的住宅销售价格上升 7.9%、7.3% 和 5.7%。相比省际差异的研究，城市之间差异的研究更加深入。黄燕芬⑤以我国 35 个大中城市为研究对象，检验了不同地区基本公共服务水平对区域内商品住宅价格的影响，结果显示基本公共服务水平对所在地区内商品住宅价格有显著影响；陈淑云⑥则用城市公共财政支出与各地区人口总数的比值来衡量该地区公共服务供给水平，比较了公共服务对我国 286 个地级及以上城市房价的影响。

综上，现有的研究多聚焦在某一类特定的公共服务上，而不同社会经济条件的居民需要的是不同的"一揽子公共服务"⑦，有必要充分考虑多种公共服务设施对住宅价格的影响。此外，学者很少从城市内部的角度来考虑公共服务设施对住宅价格影响的空间差异。基于此，本文选取武汉市住宅小区作为研究对象，以 POI 大数据为支撑，选取教育设施、医疗设施、公共交通设施、文化设施、公园和休闲娱乐设施作为住宅价格的影响因素，根据不同公共服务设施的特点选择合适的量化方式，综合分析其对不同区域住宅价格的影响。

---

① 陈庚，朱道林，苏亚艺，等．大型城市公园绿地对住宅价格的影响——以北京市奥林匹克森林公园为例［J］．资源科学，2015（11）：2202－2210.

② 曾媛，张洪．昆明市高尔夫球场对周边住宅房价的影响——基于特征价格模型［J］．经济研究导刊，2015（26）：93－94.

③ 王洪卫，韩正龙．公共支出结构与房价走势：基于经济分权背景的分析［J］．商业研究，2015（10）：73－81.

④ 张雅淋，吴玲．地方公共支出与房地产价格关系研究——基于省际面板数据的实证分析［J］．南京财经大学学报，2015（5）：72－78.

⑤ 黄燕芬，李怡达，余华义．不同地区基本公共服务水平对商品住宅价格的影响研究——基于 35 个大中城市面板数据的分析［J］．中国物价，2014（10）：42－45.

⑥ 陈淑云，唐将伟．公共服务供给不均等加剧了国内房价分化吗？——基于我国 286 个地级及以上城市面板数据的实证［J］．经济体制改革，2017（4）：181－187.

⑦ 田艳平．国外城市公共服务均等化的研究领域及进展［J］．中南财经政法大学学报，2014（1）：50－59.

三、描述性分析

（一）研究区域概况与数据来源

武汉市是国家中心城市①，同时也是长江经济带的核心城市，经济基础较好，城市建设发展迅速。2017 年，武汉市土地成交金额 1555.24 亿元，比 2016 年同期增长 45%②；同年，政府用于民生领域的支出达 1257.9 亿元，增长 14.4%③，推动科、教、文卫等公共服务不断发展。武汉房地产市场活跃，城市建设稳步推进，为本文研究提供了一个良好的环境。本文以武汉市 13 个市辖区为研究区域，包括江岸区、江汉区、硚口区、汉阳区、武昌区、洪山区、青山区 7 个中心城区，东西湖区、蔡甸区、江夏区、黄陂区、新洲区、汉南区 6 个远城区。2018 年 4 月武汉市住宅小区二手房均价为 19664 元，比去年同期上涨 18.68%，各市辖区的二手房均价见表 1。

表 1　　武汉市各市辖区 2018 年 4 月二手房均价　　单位：元/平方米

辖区名称	均价	辖区名称	均价
江岸区	23824	东西湖区	14989
江汉区	21467	蔡甸区	10984
硚口区	19546	江夏区	13544
汉阳区	16367	黄陂区	11317
武昌区	25104	新洲区	7242
洪山区	18517	汉南区	8285
青山区	19615	—	—

资料来源：笔者整理。

本文住宅价格以及建筑特征数据来自房天下网站（wuhan.fang.com），城市公共服务设施数据来源于武汉市 POI（point of interest）数据。POI 是兴趣点的英

① 国家发改委．国家发展改革委关于支持武汉建设国家中心城市的复函［R］．2016－12－14.
② 搜狐财经．2017 年武汉市房地产市场分析报告［OL］．www.sohu.com/a/221114373_498867.
③ 万勇．武汉市政府工作报告［C］．2018－1－10.

文缩写，是一种新型空间点状地理数据，每一条数据都代表真实地理实体，包括名称、地址、经纬度、类别等信息[①]。由于数据来源的限制，传统的研究多从地图上或者通过实地考察来获取公共服务设施的信息，所收集到的数据可能存在遗漏；或者用虚拟变量简单地考虑某种服务设施的有无，降低了研究的精细程度。与传统数据相比，POI 数据具有数据量大、覆盖面广、识别精度高等优点[②]，可以一次性获得城市中所有公共服务设施的信息，从而极大程度上保证了数据获取的完整性。经过重新归类、去重等处理后，共获得 546285 条武汉市 POI 数据。

（二）研究方法与变量选取

1. 特征价格模型

本文选择特征价格模型来进行研究，该模型已广泛应用于房地产领域。特征价格模型是以 K. J. 兰卡斯特（K. J. Lancaster）[③] 提出的消费者理论为理论基础，他认为住宅具有异质性，并包含一系列的特征。消费者购买住宅，实际上是将住宅特征转化为对自己的效用，所能获得的效用取决于住宅特征的质量和数量。S. 罗森（S. Rosen）[④] 在此基础上提出了基于商品特征的市场供需均衡模型，并形成现在研究所使用的特征价格模型的一般形式。该模型将住宅的市场价格分解为不同住宅特征的特征价格，表示为 $P=f(L, S, N)$，其中 P 表示住宅价格（Price），L 表示住宅的区位特征（location），S 为住宅的自身建筑特征（specific），N 表示住宅的邻里特征（neighborhood），特征价格表示消费者对所增加的住宅特征的边际支付意愿。本文所研究的公服务设施便属于邻里特征的范畴，消费者根据公共服务设施对自己的效用来选择住宅，公共服务设施越完善的住宅，消费者的边际支付越高，因此住宅价格也就越高。特征价格模型包括线性函数、对数函数、半对数函数三种形式，经过多次计算和反复比较，本研究选取半对数函数形式进行模型设定：

$$\ln P = a_0 + \sum a_i x_i + \varepsilon \tag{1}$$

其中 P 为住宅价格，x_i 为住宅的特征要素，a_0 和 a_i 为待估系数，ε 为误差项。

---

① 陈蔚珊，柳林，梁育填．基于 POI 数据的广州零售商业中心热点识别与业态集聚特征分析［J］．地理研究，2016（4）：703－716.

② 浩飞龙，王士君，冯章献等．基于 POI 数据的长春市商业空间格局及行业分布［J］．地理研究，2018（2）.

③ Lancaster K. J.. A New Approach to Consumer Theory［J］. Journal of Political Economy，1966（2）：132－157.

④ Rosen S.. Hedonic Prices and Implicit Markets：Product Differentiation in Pure Competition［J］. Journal of Political Economy，1974（1）：34－55.

2. 变量选取

根据特征价格模型并结合研究需要，文本选取住宅小区 2018 年 4 月的二手房[①]均价作为因变量 P，共收集到 5211 个样本数据。相比新开盘项目，二手房周边的配套设施相对完善，而且其价格的市场化程度更高[②]，能够较好地反映公共服务设施对住宅价格的影响。住宅建筑特征选取建筑年龄、绿化率、容积率、物业费，这些特征变量一定程度上能反映出住宅小区的整体情况。结合住宅小区均价和建筑特征变量，剔除数据缺失的样本，最终得到 4245 个住宅小区样本数据。

区位特征方面，已有文章多选取环线位置或是到城市中心 CBD 的距离作为变量。考虑到武汉是一个多中心发展的城市，参考何建华[③]对武汉市多中心发展格局的研究，选取江汉路和洪山广场作为城市中心，以住宅小区到最近城市中心的距离作为区位特征变量。

邻里特征变量主要考虑公共服务设施，包括教育设施、医疗设施、公共交通设施、文化设施、休闲娱乐设施和公园绿地。根据过往研究，不同类型的教育设施对周边住宅价格的影响程度不同。由于学区制度的存在，使得购房者更愿意在周边有重点中小学的小区购买住宅，因此本文通过设置虚拟变量来考察重点中小学对住宅价格的影响；其他教育设施包括幼儿园、重点高中和大学，这些设施不受学区制度的影响，本文用数量来表示这 3 类教育设施，从而体现获得这些公共服务机会的多少。本文将医疗设施分为卫生服务中心、综合医院和三甲医院。三甲医院的医疗服务水平高，居民在患病时更愿意到三甲医院看病，本文用各住宅小区到最近三甲医院的距离来衡量其对住宅价格的影响。卫生服务中心和综合医院则用数量来表示。在选择公共交通设施变量时，考虑到住宅小区周围可能有多种交通方式和多条交通线路，居民出行时有许多的选择，因此本文分别用住宅小区周边的公交站点数量和地铁站点数量来表示公共交通设施对住宅价格的影响。

在 POI 数据的分类中，文化设施一级分类下包含图书馆、博物馆、美术馆等 6 个二级分类，休闲娱乐设施包含电影院、KTV、体育馆等 4 个二级分类。在选取变量时，本文认为这些设施对居民的效用是相同，不单独考虑这些二级分类设施对住宅价格的影响。将文化设施、休闲娱乐设施作为特征变量进入模型，以各二级分类设施的数量总和进行表示。公园设施以住宅小区周边公园的数量来进行表示（见表 2）。

---

① 考虑到别墅这一类型的住宅价格较高，但多远离城市中心，可能会对分析结果造成影响，因此本文的二手房剔除了独栋别墅、联排别墅等样本，只保留普通住宅样本。

② 苏亚艺，朱道林，郑育忠，等．轨道交通对城郊之间房价梯度影响研究——以北京西南部为例［J］. 资源科学，2015（1）：125 - 132.

③ 何建华，高雅，李纯．武汉市多中心发展格局演变研究［J］. 国土与自然资源研究，2017（6）：1 - 7.

表 2　　变量描述

特征变量		变量名称	变量描述	预期符号
建筑特征		建筑年龄 x_1	2018 减去住宅小区建成年份	-
		绿化率 x_2	住宅小区绿化率	+
		容积率 x_3	住宅小区容积率	+
		物业费 x_4	住宅小区物业费	+
区位特征		到城市中心距离 x_5	住宅到江汉路或洪山广场的距离	-
邻里特征	教育设施	幼儿园 x_6	住宅小区周边 1 千米范围内的幼儿园个数	+
		重点小学 x_7	住宅小区周边 1 千米范围内是否有重点小学，虚拟变量	+
		重点初中 x_8	住宅小区周边 1 千米范围内是否有重点初中，虚拟变量	+
		重点高中 x_9	住宅小区周边 1 千米范围内的重点高中个数	+
		大学 x_{10}	住宅小区周边 1 千米范围内的大学个数	+
	医疗设施	卫生服务中心 x_{11}	住宅小区周边 1 千米范围内的卫生服务中心个数	未知
		综合医院 x_{12}	住宅小区周边 1 千米范围内的综合医院个数	未知
		三甲医院 x_{13}	住宅小区到最近三甲医院的距离（千米）	-
	公共交通	公交站点 x_{14}	住宅小区周边 1 千米范围内的公交站点个数	+
		地铁站点 x_{15}	住宅小区周边 1 千米范围内的地铁站点个数	+
	文化设施 x_{16}		住宅小区周边 1 千米范围内博物馆、科技馆、图书馆、展览馆、美术馆、文化宫个数总和	+
	公园 x_{17}		住宅小区周边 1 千米范围内公园的个数	+
	休闲娱乐 x_{18}		住宅小区周边 1 千米范围内 KTV、电影院、音乐厅、综合体育馆个数总和	+

资料来源：笔者整理。

3. 数据收集

对于用设施数量来表示的变量，本文综合考虑小学 500 米服务半径、中学 1000 米服务半径①以及 15 分钟内居民的步行可达的最远距离②，选取住宅小区周围半径 1000 米的区域为变量数据收集范围。将 POI 数据中住宅小区和公共服务

① 根据《城市普通中小学校校舍建设标准》。

② 杨林川，张衔春，洪世键，等．公共服务设施步行可达性对住宅价格的影响——基于累积机会的可达性度量方法［J］．南方经济，2016（1）：57－70.

设施的地理坐标导入 ArcGIS 软件，对每一个住宅小区以 1000 米为半径做缓冲区（buffer）分析（见图 1），再使用相交（intersect）功能，得到各住宅小区周边公共服务设施数据（见表 3）。其他用距离来衡量的变量，则使用 ArcGIS 软件中的邻近（near）工具进行距离的测算。

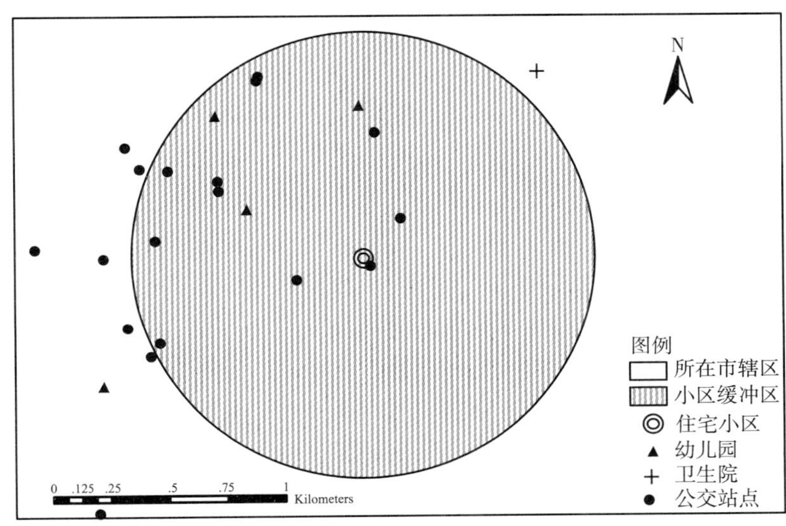

图 1　缓冲区分析

资料来源：笔者整理。

表 3　公共服务设施 POI 数据汇总　　单位：个

设施名称	数量	设施名称	数量
幼儿园	1688	三甲医院	32
重点小学	41	公交站点	5605
重点初中	33	地铁站点	266
重点高中	42	文化设施	543
大学	148	公园绿地	238
卫生服务中心	555	休闲娱乐	1189
综合医院	255		

资料来源：笔者整理。

4. 现状描述

（1）武汉市各区房价分布。武汉市房价在城郊之间存在较大的差异，主城区的住宅价格均价明显高于远城区的住宅价格。住宅价格最高均价主要在江汉区、江岸区和武昌区，平均价格超过 21000 元。其次是硚口区、青山区和洪山区，均价在 16000 ~ 21000 元之间。主城区中仅有汉阳区房价较低，与远城区的东西湖区以及江夏区房价处于 11000 ~ 16000 元之间。远城区中的蔡甸区、汉南区、黄陂区和新洲区的房价最低，与主城区的江汉区等的住宅均价存在明显的差距。

（2）武汉市公共服务设施分布。武汉市公共服务设施呈现从主城区向远城区逐渐减少的趋势，远城区的公共服务设施滞后于主城区。武汉市各级教育设施分布，幼儿园也密集分布于各主城区，各城区之间差异显著，远城区呈不均匀分布状态，黄陂区、新洲区和江夏区的某些区域出现集聚的情况；重点小学、重点初中以及重点高中多集中分布在主城区，远城区的教育设施明显滞后于主城区，优质教育设施零星分布。武汉市高等教育院校数量众多，且集中分布于武昌区、江汉区、洪山区以及江夏区靠近主城区的地带。

在医疗设施方面，区域之间也存在较大的差异。各级别的医疗卫生机构在硚口区、江汉区、江岸区和武昌区等主城区密集分布，而洪山区、青山区和汉阳区等主城区的医疗设施数量和分布等与江汉区等区域存在一定的差距。远城区各级别的医疗卫生机构分布较为稀疏，某些远城区出现在集聚的现象，且以卫生院为主。就医疗设施来说，三甲医院主要分布在主城区，远城区中仅在黄陂区、新洲区、江夏区各分布一家，在蔡甸区分布两家；除主城区以外，综合医院主要分布在主城区向远城区过渡的地区；卫生院在城郊分布较为均匀。

公共交通设施分布，武汉市公共交通便利，公交站点最密集的区域为主城区，其次是主城区与远城区交界处。与主城区相比，远城区的公交站点分布较为稀疏，主要集中在主干道，离中心城区越远，公交站点越少，公交线路越单一。远城区之间也存在较大的差异，东西湖区的公交站点分布最为密集，而新洲区的公交线路比较单一，公交服务发展较为滞后。与公交相比，武汉市的轨道交通建设仍处在快速发展时期，目前地铁站点数量还不多，主要分布为主城区，远城区的地铁站点较少，只有某些近郊的区域分布有地铁站点。

主城区的公园分布密集，数量众多，仅在青山区和洪山区的部分区域分布稀疏，远城区的公园数量少，分布较为稀疏。文化娱乐设施数量由主城区向远城区递减；种类上，主城区各类文化娱乐设施较为齐全，而远城区则以文化设施为主。

四、实证分析

（一）描述性分析及共线性检验

将收集到的住宅小区均价和影响住宅价格的特征变量输入到Stata14软件中，进行描述性分析（见表4）。由于特征价格模型是计量模型，若各变量之间存在共线性，则计量结果会出现偏差。本文利用VIF（方差膨胀因子）检验18个特征变量之间的多重共线性，VIF越大，表示共线性越严重。当0 < VIF < 10时，认为各变量之间不存在多重共线性，利用Stata14软件计算得到18个特征变量的平均VIF为1.75，VIF最大值为3.95（见表5）。因此可以认为，各个变量之间不存在多重共线性。

表4　描述性分析

变量名称	平均值	标准差	最小值	最大值
均价	18084.08	6016.008	2327	70935
建筑年龄	14.59176	7.405126	1	38
绿化率	0.327456	0.063931	0.0035	0.96
容积率	2.796511	1.846581	0.12	36
物业费	1.084766	0.890186	0.1	13
到城市中心距离	8.765563	7.963065	0.089282	68.08131
幼儿园	7.440754	4.435642	0	28
重点小学	0.279859	0.448982	0	1
重点初中	0.274205	0.446165	0	1
重点高中	0.391048	0.787039	0	5
大学	0.607303	1.178704	0	9
卫生服务中心	2.683157	2.312469	0	12
综合医院	1.456537	1.515645	0	8
三甲医院	3.324011	4.445736	0.033635	51.4297
公交站点	13.37479	6.47588	0	47

续表

变量名称	平均值	标准差	最小值	最大值
地铁站点	1.279388	1.143008	0	7
文化设施	3.313545	4.284192	0	28
公园绿地	0.969611	1.307295	0	9
休闲娱乐	6.745347	7.341503	0	53

资料来源：笔者整理。

表5　　　　方差膨胀因子

变量名称	VIF	变量名称	VIF
到城市中心距离	3.95	物业费	1.6
三甲医院	2.93	综合医院	1.52
建筑年龄	2.01	重点小学	1.5
幼儿园	1.85	地铁站点	1.45
卫生服务中心	1.8	休闲娱乐	1.4
重点初中	1.76	公园绿地	1.29
公交站点	1.69	大学	1.21
重点高中	1.69	容积率	1.14
文化设施	1.62	绿化率	1.13
Mean VIF		1.75	

资料来源：笔者整理。

（二）回归分析

本文采用最小二乘法（OLS）进行回归分析，模型一为分析公共服务设施对全市4245个住宅的影响，模型二、模型三分别对主城区3457个住宅小区和远城区788个住宅进行回归分析（见表6）。

模型一以全市范围内的住宅小区为样本，共有11个特征变量对住宅价格产生了显著影响。住宅建筑特征中的建筑年龄、绿化率和物业费三个变量均在1%的水平上显著，建筑年龄和容积率对住宅价格产生负向影响，绿化率则产生正向影响。区位特征变量与住宅价格呈负相关关系，到城市中心的距离越远，住宅价格就越低。在本文考虑的公共服务设施中，重点小学、重点高中、卫生服务中心、三甲医院、地铁站点、公园绿地这几个变量显著影响住宅价格，均在1%的水平上显著。其中，卫生服务中心和三甲医院对住宅价格产生负向影响，除此以外，其余特征变量都对住宅有正向影响，能够使得住宅价格上升。公交站点对住宅价格的影响程度较小，在10%的水平上显著，与住宅价格呈正相关关系。综上，武汉全市住宅小区的特征价格模型为：

$$\ln P = 9.829 - 0.00498x_1 + 0.455x_2 + 0.046x_4 - 0.0285x_5 + 0.0322x_7 + 0.0175x_9 - 0.00662x_{11} - 0.00919x_{13} + 0.0013x_{14} + 0.0109x_{15} + 0.0266x_{17} + \varepsilon \quad (2)$$

模型二分析主城区住宅价格的影响因素。与模型一相比，共有4个特征变量发生了变化。综合医院成为影响住宅价格的特征变量，在10%水平上显著，对住宅产生了负向影响。此外，三甲医院、地铁站点两个变量不再显著，从模型中移除。公交站点的显著性水平上升，模型二中为5%显著性水平。调整后得到武汉市主城区住宅小区的特征价格模型：

$$\ln P = 9.95 - 0.00693x_1 + 0.41x_2 + 0.367x_4 - 0.0294x_5 + 0.0438x_7 + 0.024x_9 - 0.0114x_{11} - 0.0056x_{12} + 0.00231x_{14} + 0.0217x_{17} + \varepsilon \quad (3)$$

考虑武汉市远城区的住宅小区，模型三中的变量发生较大变化。建筑年龄变量不再显著，从模型中移除。教育设施中，幼儿园和大学对远城区的住宅价格产生显著影响，且都在1%的水平上显著。所有的医疗设施特征变量都进入模型，均对住宅价格产生影响，其中卫生服务中心、三甲医院与住宅价格呈负相关关系，综合医院则呈正相关关系。公共交通设施中，地铁站点成为住宅价格的影响因素，意味着小区周边地铁站点越多，住宅价格也就越高，而公交站点不再显著。休闲娱乐设施进入模型，成为影响远城区住宅价格的影响因素，其对住宅价格产生负向影响。由此得到武汉市远城区住宅小区的特征价格模型：

$$\ln P = 9.303 + 0.619x_2 + 0.668x_4 - 0.015x_5 + 0.0147x_6 + 0.0802x_{10} - 0.0158x_{11} + 0.0249x_{12} - 0.0103x_{13} + 0.0736x_{15} + 0.0527x_{17} - 0.00433x_{18} + \varepsilon \quad (4)$$

表6 回归分析

变量名称	模型一（全市）	模型二（主城区）	模型三（远城区）
建筑年龄	-0.00498***	-0.00693***	2.14e-05
绿化率	0.455***	0.410***	0.619***
容积率	-0.000430	-0.00232	6.50e-05
物业费	0.0460***	0.0367***	0.0668***
到城市中心距离	-0.0285***	-0.0294***	-0.0150***
幼儿园	0.000371	-0.00160	0.0147***

续表

变量名称	模型一（全市）	模型二（主城区）	模型三（远城区）
重点小学	0.0322***	0.0438***	0.0210
重点初中	-0.00612	-0.00893	0.0227
重点高中	0.0175***	0.0240***	0.0137
大学	0.00396	-0.000519	0.0802***
卫生服务中心	-0.00662***	-0.0114***	-0.0158**
综合医院	0.000219	-0.00560*	0.0249**
三甲医院	-0.00919***	-0.00185	-0.0103***
公交站点	0.00130*	0.00231**	-0.00121
地铁站点	0.0109***	-0.000463	0.0736***
文化设施	0.000811	0.00150	-0.0120
公园绿地	0.0266***	0.0217***	0.0527***
休闲娱乐	-6.50e-05	-0.000124	-0.00433**
Constant	9.839***	9.950***	9.303***
Observations	4245	3457	788
Adj. R^2	0.600	0.275	0.574

资料来源：笔者整理。

（三）公共服务设施影响的区域差异

由于文本采用的特征价格模型为对数形式，因此，方程中各特征变量的回归系数需经过转换才可得到最终的半弹性系数。转换公式为价格半弹性系数 $\theta = e^{a_i} - 1$（见表7）。从表7中可以发现，影响不同区域住宅价格的公共服务设施存在异质性，不同收入群体对住宅周边的公共服务设施的偏好各有不同。

表7　　半弹性系数

公共服务设施	半弹性系数	
	主城区	远城区
幼儿园	—	0.01481
重点小学	0.04477	—

续表

公共服务设施	半弹性系数	
	主城区	远城区
重点高中	0.02429	—
大学	—	0.0835
卫生服务中心	-0.01134	-0.01568
综合医院	-0.00558	0.02521
三甲医院	—	-0.01025
公交站点	0.00231	—
地铁站点	—	0.07638
公园绿地	0.02194	0.05411
休闲娱乐	—	-0.00432

注：因重点初中、文化设施对主城区住宅和远城区住宅的影响均不显著，故没有在此表中显示。
资料来源：笔者整理。

教育设施方面，主城区住宅受到重点小学和重点高中的影响。周边有重点小学的主城区住宅，其价格会上升4.48%；主城区住宅周边每增加1所重点高中，会使住宅价格上升2.43%。而对远城区住宅产生影响的教育设施为幼儿园和大学，住宅周边每增加1所幼儿园、大学，其住宅价格分别上升1.48%和8.35%。由此看出有能力居住在主城区的高收入群体偏好优质的基础教育资源，而远城区居民则愿意住宅周边有更多的幼儿园和大学。这种现象反映出城市的教育资源存在着空间上的不均衡。优质的基础教育资源主要分布在发展较早、人口密集的主城区，社会经济地位较高的居民愿意也有能力使自己的孩子获得更好的教育，因此周边有优质基础教育设施的住宅更受青睐。相比基础教育设施，幼儿园和大学的空间分布比较均衡，在远城区也有较多的分布。幼儿园可以为儿童提供学前教育，并且给没有时间照看孩子的家庭提供一个托管场所；大学开放式的校园，为周边的住宅提供娱乐健身的场所以及良好的人文环境。由此看出尽管远城区缺少优质基础教育设施，但是居民仍希望为孩子创造良好的教育氛围。

医疗设施对不同区域住宅价格的异质性影响主要体现在综合医院和三甲医院上。与优质教育设施分布相似，三甲医院主要分布在城市的中心区域。三甲医院周边交通便利，主城区居民到三甲医院都有较好可达性，因此三甲医院并没有对主城区的住宅价格产生影响；同时，相比三甲医院，综合医院和卫生服务中心的医疗服务水平依旧不高，在住宅周边过多设立，反而会因为卫生、人员流动等问题而降低居民的居住意愿，因此对主城区住宅产生了负面影响，分别会使住宅价格下降 0. 56% 和 1. 13% 。而远城区的住宅离最近的三甲医院的距离减少 1 千米，其住宅价格会上升 1. 03% ，说明远城区居民愿意为提高优质医疗服务的可达性支付更高的价格。考虑到远城区缺少优质的医疗资源，使得综合医院成为远城区居民主要的就医场所，因此远城区住宅周边每增加 1 所综合医院，会使住宅价格增加 2. 52% 。

公共交通设施中的公交站点会对主城区住宅产生影响。相比地铁站点，主城区的公交建设起步早，公交站点分布广，能够到达的地点更多，住宅周边有更多的公交站点意味着居民在出行时有更多的选择，能享受到较好的公交服务。尽管公交站点影响了住宅价格，但影响程度不大，住宅周边增加 1 个公交站点，住宅价格仅上升 0. 23% 。而对于远城区居民来说，住宅周边地铁站的数量是影响他们购房的重要因素。考虑到远城区的居民存在着职住分离的情况：工作地点在主城区，居住地点在远城区，需要频繁地使用公共交通来进行通勤，快速准时的地铁成为他们出行的重要选择。另外，地铁建设投资大，带动能力强，远城区有地铁站点的区域往往是今后发展的热点区域。因此远城区住宅周边增加 1 个地铁站点，会使住宅价格上升 7. 64% 。

除了上述三种公共服务设施外，休闲娱乐设施也产生了异质性影响。远城区住宅周边每增加 1 个娱乐休闲场所，住宅价格就会下降 0. 43% 。分析其原因，是因为远城区休闲娱乐设施集中的地方往往是附近区域的活动中心，其噪声和人流量会对周边居民造成负面影响，反而使得住宅价格下降。而主城区休闲娱乐产业发达，设施分布比较均衡，因此没有对主城区住宅价格产生影响。

公园绿地同时对主城区和远城区的住宅产生了正向影响，但影响程度不同。公园绿地往往意味着良好的自然环境，居民都愿意在有良好环境的小区居住。公园绿地对远城区住宅的影响更大，周边增加 1 所公园，住宅价格就会上升 5. 41% ；而主城区住宅则上升 2. 19% 。

五、结论与政策建议

（一）结论

本文使用特征价格模型，选取武汉市 13 个市辖区内的 4245 个住宅小区作为样本，以武汉市 POI 数据作为支撑，研究城市公共服务对住宅价格的影响。研究结果发现以下三个方面。

第一，武汉市的公共服务设施已经不同程度上资本化到住宅价格当中，公共服务设施对不同区域的住宅价格会产生异质性影响。主城区居民更关注住宅周边是否有优质的基础教育设施和良好的自然环境，而远城区居民更希望住宅周边能提供良好的人文环境、便捷的医疗服务以及轨道交通。

第二，公共服务设施对远城区住宅的影响程度要高于主城区，说明武汉市的公共服务设施分布存在着空间上的不均衡，同时意味着远城区的公共服务设施建设存在较大的提升空间。

第三，只有通过购买主城区住宅才能享受更好的教育、医疗和交通服务的现象强化了高收入人群的社会经济地位。若不加快促进公共服务均等化，使不同收入人群在其居住地都能享受到优质的公共服务，那么将会加剧社会阶层分化和贫富差距。

（二）政策建议

优化城市功能空间结构，提升基本公共服务的公平性和高级公共服务的效率性将是城市空间管理的重要课题。随着新型城镇化的发展，流动人口的大量涌入，城郊一体化和城市群建设的推进，住房的刚性需求将保持增长态势。同时城市空间和经济结构转型，建成区扩大、发展要素更加多元，城市空间的功能性更加突出。房价的空间分异性将成为城市购房者考量的重要因素。随着人民生活质量的提升，优质的公共服务逐渐成为居住需求的一部分，尤其是金融、医疗、教育和文化等。这其中公共服务配置差异同功能空间差异的叠加效应，会进一步加剧房价的分异格局，促使其内部房价分化呈加剧趋势，将会推动优质公共服务区房价的上涨。因此，对于城市房价的调控，除传统货币、限购及土地政策外，还应注重不同功能空间公共服务的均衡化，尤其是医疗、金融和教育服务。

公共服务水平的差异主要是由于区域间经济发展水平不平衡造成的。经济发达的主城区拥有雄厚的公共财政资金、合理的公共服务供给机制、完善的公共服务配套，因此吸引了大量人口的迁入，人口的迁入增加了居民住房的需求，从而提升了经济发达地区的房价水平。经济发展水平相对较缓慢的远城区，因缺乏足够的公共财政收入，最基本的公共服务需求无法得到保障，与之配套的公共服务设施也不健全，基本公共服务供需矛盾突出。为满足群众广泛的公共服务需求，全面推进基本公共服务均等化，关键是提升落后地区的经济发展水平，统筹区域经济协调发展。可以从以下两点出发制定相关政策。

（1）加大对低收入地区的财政转移支付力度，提升公共财政支出水平，有条件的地区也可以采取跨区域合作的方式，变之前的资金输入为知识、技术的输入，从本质上提高远城区的经济发展水平；地方政府要安排相应资金，加强对远城区的财政倾斜力度，支持贫困地区提高基本公共服务能力，提升基本公共服务薄弱环节供给水平。

（2）地方政府要积极改善地区金融环境，充分利用金融组织贷款等有效融资形式，创新投融资机制，拓宽政府筹资渠道，增强基本公共服务投入水平。

各个地方政府受限于经济发展水平和国家政策倾向性的差异，提升基本公共服务水平的出发点和动机并不一致。一些地方政府着眼于地方经济和财政收入，忽视了基本公共服务的长期和长远发展。为此，各级政府应从满足新形势下广大人民群众的基本公共服务需求出发，坚持经济发展与改善民生并重，不断加大对基本公共服务工程及事业的投入，全面推进教育、文化、医疗、卫生等基础性公共服务水平，改善城乡人民居住环境，不断提高居民生活质量和幸福指数，促进房地产市场的健康、平稳发展。

参考文献

[1] 明珂，侯学英．基于特征价格模型的住宅特征对于房地产价值影响研究综述［J］．商业经济，2017（12）：101－104.

[2] 毛丰付，罗刚飞，潘加顺．优质教育资源对杭州学区房价格影响研究［J］．城市与环境研究，2014（2）：53－64.

[3] 于涛，于静静．"就近入学"下的住宅价格分析——学区房中的教育资本化问题［J］．中国房地产，2017（6）：3－13.

[4] 董藩，董文婷．学区房价格及其形成机制研究［J］．社会科学战线，2017（1）：43－51.

[5] 吴宜嘉，张洪．小学资源对住宅价格的影响研究——以昆明市为例［J］．中外建筑，2015（3）：90－91.

[6] 张珂，张立远，朱道林．城市基础教育资源对住宅价格的影响——以北京市海淀区为例［J］．教育与经济，2018（1）.

[7] 石忆邵，王伊婷．上海市学区房价格的影响机制［J］．中国土地科学，2014（12）：47－55.

[8] 温海珍，杨尚，秦中伏．城市教育配套对住宅价格的影响：基于公共品资本化视角的实证分析［J］．中国土地科学，2013（1）：34－40.

[9] 郑磊，王思檬．学校选择、教育服务资本化与居住区分割——对"就近入学"政策的一种反思［J］．教育与经济，2014（6）：25－32.

[10] 徐梦洁，张周青．城市教育设施对住房价格的影响——以南京市为例［J］．开发研究，2015（5）：99－104.

[11] 刘润秋，孙潇雅．教育质量"资本化"对住房价格的影响——基于成都市武侯区小学学区房的实证分析［J］．财经科学，2015（8）：91－99.

[12] 彭保发，石忆邵，单玥，等. 上海市三甲医院对周边地区住房价格的空间影响效应分析 [J]. 地理科学，2015 (7)：860 - 866.

[13] 斯子文，石忆邵. 三甲医院对人口分布及房价影响的研究——以复旦大学附属儿科医院为例 [J]. 经济地理，2013 (10)：74 - 81.

[14] 张志峰. 重点医院对周边住宅价格影响的实证分析 [J]. 统计与决策，2016 (21)：106 - 109.

[15] 李旭伟，王红平，孙海玲. 城市轨道交通对土地增值效应研究——以郑州市轨道交通一号线一期工程为例 [J]. 城市发展研究，2014 (9).

[16] 刘康，吴群，王佩. 城市轨道交通对住房价格影响的计量分析——以南京市地铁 1、2 号线为例 [J]. 资源科学，2015 (1)：133 - 141.

[17] 徐涛，张明. 地区发展条件对轨道交通线路溢价效应的影响——以武汉市为例 [J]. 城市问题，2016 (9)：48 - 57.

[18] 刘蓓佳，刘勇. 基于 Hedonic 模型的城市轨道沿线房价特征分析 [J]. 西南大学学报（自然科学版），2016 (8)：83 - 89.

[19] 吴良国，易华莹. 城市轨道交通效应及住宅价格影响因素研究——以武汉地铁 4 号线为例 [J]. 宏观经济管理，2017 (S1)：39 - 41.

[20] 韩永超，陈春，沈昊婧. 基于特征价格模型的重庆轨道交通对沿线房价的影响研究——以轨道 3 号线为例 [J]. 价格月刊，2017 (1)：6 - 10.

[21] 苏亚艺，朱道林，郑育忠，等. 轨道交通对城郊之间房价梯度影响研究——以北京西南部为例 [J]. 资源科学，2015 (1)：125 - 132.

[22] 黄晓冰，梁秋萍，陈忠暖，等. 城际轨道交通对所经城镇住宅价格影响的空间效应研究——以广珠城际铁路中山段站点为例 [J]. 现代城市研究，2015 (6)：26 - 31.

[23] 何里文，邓敏慧，韦圆兰. 武广高铁对住宅价格影响的实证分析——基于 Hedonic Price 模型和微观调查数据 [J]. 现代城市研究，2015 (8)：14 - 20.

[24] 温海珍，卜晓庆，秦中伏. 城市湖景对住宅价格的空间影响——以杭州西湖为例 [J]. 经济地理，2012 (11)：58 - 64.

[25] 刘恒慧，曾忠平. 武汉东湖风景区对周边住宅价格影响的研究 [J]. 资源开发与市场，2013 (6)：585 - 589.

[26] 陈庚，朱道林，苏亚艺，等. 大型城市公园绿地对住宅价格的影响——以北京市奥林匹克森林公园为例 [J]. 资源科学，2015 (11)：2202 - 2210.

[27] 曾媛，张洪. 昆明市高尔夫球场对周边住宅房价的影响——基于特征价格模型 [J]. 经济研究导刊，2015 (26)：93 - 94.

[28] 王洪卫，韩正龙. 公共支出结构与房价走势：基于经济分权背景的分析 [J]. 商业研究，2015 (10)：73 - 81.

[29] 张雅淋，吴玲. 地方公共支出与房地产价格关系研究——基于省际面板数据的实证分析 [J]. 南京财经大学学报，2015 (5)：72 - 78.

[30] 黄燕芬，李怡达，余华义. 不同地区基本公共服务水平对商品住宅价格的影响研

究——基于35个大中城市面板数据的分析［J］. 中国物价，2014（10）：42-45.

［31］陈淑云，唐将伟. 公共服务供给不均等加剧了国内房价分化吗？——基于我国286个地级及以上城市面板数据的实证［J］. 经济体制改革，2017（4）：181-187.

［32］陈蔚珊，柳林，梁育填. 基于POI数据的广州零售商业中心热点识别与业态集聚特征分析［J］. 地理研究，2016（4）：703-716.

［33］浩飞龙，王士君，冯章献，等. 基于POI数据的长春市商业空间格局及行业分布［J］. 地理研究，2018（2）.

［34］何建华，高雅，李纯. 武汉市多中心发展格局演变研究［J］. 国土与自然资源研究，2017（6）：1-7.

［35］杨林川，张衔春，洪世键，等. 公共服务设施步行可达性对住宅价格的影响——基于累积机会的可达性度量方法［J］. 南方经济，2016（1）：57-70.

［36］Tiebout C. M.. A Pure Theory of Local Expenditures［J］. Journal of Political Economy，1956（5）：416-424.

［37］Oates W. E.. The Effects of Property Taxes and Local Public Spending on Property Values：An Empirical Study of Tax Capitalization and the Tiebout Hypothesis［J］. Journal of Political Economy，1969（6）：957-971.

［38］Clark D. E.，Herrin W. E.. The Impact of Public School Attributes on Home Sale Prices in California［J］. Growth & Change，2000（3）：385-407.

［39］Jud G. D.，Watts J. M.. Schools and Housing Values［J］. Land Economics，1981（57）：459-470.

［40］Haurin D. R.，Brasington D.. School Quality and Real House Prices：Inter-and Intrametropolitan Effects［J］. Journal of Housing Economics，1996（4）：351-368.

［41］Brasington D.，Haurin D. R.. Educational Outcomes and House Values：A Test of the value added Approach［J］. Journal of Regional Science，2006（2）：245-268.

［42］John D.. Benjamin，G. Stacy Sirmans. Mass Transportation，Apartment Rent and Property Values，The Jouranl of Real Estate Research，1996（12）：1-8.

［43］Benjamin J. D.，Sirmans G. S.. Mass Transportation，Apartment Rent and Property Values［J］. Journal of Real Estate Research，1996（1）：1-8.

［44］Mc Millen D. P.，Mc Donald J.. Reaction of House Prices to A New Rapid Transit Line：Chicago's Midway Line，1983-1999［J］. Real Estate Economics，2004（3）：463-486.

［45］Bowes D. R.，Ihlanfeldt K. R.. Identifying the Impacts of Rail Transit Stations on Residential Property Values［J］. Journal of Urban Economics，2001（1）：1-25.

［46］Gatzlaff D. H.，Smith M. T.. The Impact of the Miami Metrorail on the Value of Residences near Station Locations［J］. Land Economics，1993（1）：54-66.

［47］Hess D. B.，Almeida T. M.. Impact of Proximity to Light Rail Rapid Transit on Station-Area Property Values in Buffalo，New York［J］. Urban Studies，2007（5）：1041-1068.

［48］Huh S.，Kwak S. J.. The Choice of Functional Form and Variables in the Hedonic Price

Model in Seoul [J]. Urban Studies, 2014 (7): 989 - 998.

[49] Garrod G., Willis K.. The amenity value of woodland in Great Britain: A comparison of economic estimates [J]. Environmental & Resource Economics, 1992 (4): 415 - 434.

[50] Tyrväinen L., Miettinen A.. Property Prices and Urban Forest Amenities [J]. Journal of Environmental Economics & Management, 2000 (2): 205 - 223.

[51] Nicholls S., Crompton J. L.. The impact of greenways on property values: evidence from Austin, Texas [J]. Journal of Leisure Research, 2005 (3): 321 - 341.

[52] Zietz J., Zietz E. N., Sirmans G. S.. Determinants of House Prices: A Quantile Regression Approach [J]. Journal of Real Estate Finance & Economics, 2008 (4): 317 - 333.

[53] Malpezzi S.. Hedonic Pricing Models: A Selective and Applied Review [J]. Wisconsin - Madison CULER working papers, 2002 (10): 67 - 89.

[54] Lancaster K. J.. A New Approach to Consumer Theory [J]. Journal of Political Economy, 1966 (2): 132 - 157.

[55] Rosen S.. Hedonic Prices and Implicit Markets: Product Differentiation in Pure Competition [J]. Journal of Political Economy, 1974 (1): 34 - 55.

生态环境与城市交通互动关系研究——以云南昆明为例

夏春红[①] 李 燕[②]

摘 要：随着中国城市化进程，城市交通系统随之高速发展。交通运输带来经济增长的同时，也带来了一系列环境问题，如何使得城市生态和城市交通协同一致，可持续发展成为当前关注的焦点。本文对生态环境与城市交通的互动关系进行研究，从两个方面：相关性与协调性。首先，通过对国内外文献的梳理，构建出一套具有可操作性的生态环境和城市交通的指标评价体系，计算权重和综合得分。其次，采用 Pearson 相关性分析，对生态环境与城市交通的相关关系进行研究；采用耦合模型，对生态环境与城市交通的协调关系进行研究。最后，以昆明市为研究对象，对其 2007～2016 年的生态环境和城市交通发展进行分析。研究结果表明：①昆明市生态环境与城市交通之间的相关系数为 0.686，存在较强相关性；②十年间昆明市生态环境与城市交通的耦合协调度经历了高度磨合—轻度协调—中度协调的过程。基于可持续发展理论，本文就昆明市情提出相关建议措施，为昆明市早日建成高原湖滨生态宜居城市，成为云南省生态城市建设树立起典范提供借鉴参考。

关键词：生态环境　城市交通　协调性　相关性

Research on the Interaction between Ecological Environment and Urban Transportation——Taking Kunming, Yunnan as an example

Xia Chunhong　Li Yan

Abstract: With the urbanization process in China, the urban transportation system has developed rapidly. While transportation brings economic growth, it also brings a series of environmental problems. How to make urban ecology and urban transportation synergistic, sustainable development

---

① 夏春红：云南省大学建筑与规划学院城市管理硕士研究生。
② 李燕：云南省大学建筑与规划学院副教授、博士、硕士生导师。

has become the focus of current attention. This paper studies the interaction between ecological environment and urban transportation from two aspects: relevance and coordination. Firstly, through the combing of domestic and foreign literatures, a set of operational evaluation system for ecological environment and urban traffic is constructed, and the weights and comprehensive scores are calculated. Secondly, Pearson correlation analysis is used to study the correlation between ecological environment and urban transportation. Coupling model is used to study the coordination relationship between ecological environment and urban transportation. Finally, Kunming City is taken as the research object to analyze the ecological environment and urban transportation development during the decade from 2007 to 2016. The results show that: ①the correlation coefficient between Kunming's ecological environment and urban traffic is 0.686, and there is a strong correlation; ②in the past ten years, the coupling and coordination degree between Kunming's ecological environment and urban traffic has experienced a high degree of integration, light coordination and the process of moderate coordination. Based on the theory of sustainable development, this paper proposes relevant measures for Kunming City, and provides a reference for Kunming to build an ecologically livable city on the plateau as soon as possible.

Key words: ecological environment, urban transportation, coordination, correlation

城市是政治、经济、文化的中心，是人们生产生活的重要活动场所，也是社会进步的动力源泉。城市与农村相比，孕育着更多的商业机会和发展机遇，能够为个人、企业和组织等提供更广阔的发展空间。因此，城市化进程不可避免地加剧了某些城市的人口膨胀，如中国北京市、上海市、广州市和深圳市等城市人口已超过千万。

城市交通系统是城市社会活动、经济活动和文化活动的重要基础，承担着物质运输、人口流动和信息传递等职能。作为交通运输综合系统的关键环节，它能否健康发展关系到一座城市乃至一个国家的发展前景。因此，世界各国纷纷关注城市交通问题，它的良性发展对于应对气候变化带来的城市问题具有重要的现实意义。在我国，随着城镇化进程不断加快，交通问题日益凸显。交通问题最直接的表现：在城市土地承载力有限的条件下，汽车保有量急剧上升导致城市交通严重堵塞、交通事故频发和通勤时间增加等。与此同时，城市交通发展带来的环境问题愈发严重，如空气环境、声环境、居住环境均受到不同程度影响。可见，城市交通与生态环境相互依存，相互影响。

在全世界共同协商解决城市交通污染问题的背景下，1996 年世界银行（World Bank）率先提出“可持续交通运输”的概念，认为合理的交通运输系统需要依赖于良好的城市环境，这样既能促进城市经济的增长，也能推动整个社会的可持续发展①。对于我国而言，可持续发展的交通运输理念尤为重要。随着全国机动化水平的逐步提升，带来经济增长的同时也带来了严重的环境污染问题。根据世界银行调查报告：全球空气污染最严重的20个城市有10个在中国，中国城市空气中悬浮的微粒和硫的含量目前是世界最高的②。

如何在城市发展过程中建立一个可持续交通运输系统，衡量可持续交通运输系统的水平，已成为当前不容忽视的重要课题之一。国外对可持续交通系统评价研究，既有从政府、居民和环境三个角度出发制定了一套城市交通系统评价标准，以柏林和鹿特丹为研究对象进行评估，为政策制定者提供决策建议③，也有运用专家评分系统针对城市交通可持续运行情况进行综合评分，系统包括经济、社会、生态和地理四个准则层④。迈凯特·罗杰（Mackett Roger）对英国14个地区进行城市公共交通系统运行情况调研，结果表明：阻碍城市交通可持续发展的原因在于快速增加的私家车量，所以城市要不断完善公共交通系统来减少甚至替代私家车的出行量，从而达到保护环境，节约资源的目的⑤。对于我国关于城市交通运行与环境之间的关系的研究与国外基本一致，多数侧重于将生态环境作为城市低碳交通系统综合评价体系中的一项子指标⑥⑦⑧，运用层次分析、变异系数等数理分析方法进行实证研究，或是通过定性方式对生态环境和城市交通的关系进行阐述，为我国城市走绿色低碳交通之路提供理论依据⑨⑩⑪⑫。

因此，本文以昆明市为研究对象，首次对其十年的生态环境与城市交通的变化进行历时研究，得出两者相关性，分析两者在十年变迁中的耦合性，为昆明市的可持续交通运输规划和管理提供参考，建立一个安全、经济、环保的城市交通运输系统。

---

① 张生瑞．公路交通可持续发展系统分析与评价［D］．西安：长安大学，2002.

② 刘纯旭．城市大气污染赋值对策研究［J］．黑龙江科技信息，2014：6.

③ Ludema，M. W. Urban transport system bench marking［J］. WIT Transactions on the Build Environment，2006：223－231.

④ Bougromenko，V. An expert system for sustainable urban and regional transport development［J］．Proceeding of the Conference on Traffic and Transportation Studies，2002：1369－1376.

⑤ Mackett Roger，Edwards Marion. Expert system to advise on urban public transport technologies［J］．Computers，Environment and Urban Systems，1996：261－273.

⑥ 贾健民．城市低碳生态交通系统综合评价体系研究［D］．济南：山东大学，2013.

⑦ 周鹏．大连市城市交通与环境可持续发展评价体系的研究［D］．大连：大连理工大学，2010.

⑧ 李理．城市交通绿色低碳发展评价研究［D］．长沙：长沙理工大学，2014.

⑨ 何玉宏．城市绿色交通论［D］．南京：南京林业大学，2009.

⑩ 何海波，左丹．论现代城市交通与环境互动关系［J］．黑龙江科技信息，2009：78.

⑪ 王松亚．论城市交通与环境协调发展［J］．环境科学，2014：100.

⑫ 周民良，周群．绿色交通体系与生态城市建设：逻辑与思路［J］．江海学刊，2010（2）：137－142.

一、研究过程与方法

（一）构建指标体系

PSR（press state response）概念模型最早由经济合作与发展组织（Organization for Economic Co-operation and Development，OECD）于20世纪90年代提出，稍后又被欧洲环境局（EEA）所发展，至今已成为判断环境状态和环境问题因果关系的有效工具。该模型旨在对某个区域内生态建设情况与整体环境发展前景之间的关系进行多维度分析，确保每一阶段都能够制定出符合实情的政策和便于落实的措施。本文在生态压力、生态状态和生态响应三个准则层的基础上，又细分出15个要素层，其中生态压力方面主要考虑人类生产生活日所必需的自然资源禀赋量，划分为城市水资源总量、城市供气总量（城市液化气供气总量和城市人工煤气供气总量）、城市天然湿地面积和城市农作物播种面积4个要素层；生态状态方面主要考虑在资源存量和环境承载力有限的情况下，人类活动所引起的环境变化，划分为城市污水排放总量、城市空气质量到达良好以上的天数、人均公园绿地面积、农药使用量和生活垃圾清运量5个要素层；生态响应方面主要侧重于在城市化进程中政府、社会和个人对于环境治理方面可量化的正向指标：造林总面积（包括人工造林和飞机播种面积）、环境保护投资额、生活垃圾无害化处理率、工业固定废物处理率、建成区绿化率和城市污水处理率。

对于城市交通系统的指标构建，在参考相关文献的基础上，将从三个方面进行详细分析：交通运输能力、交通基础设施和交通污染。交通运输能力主要是旅客和货物的运输量与周转量以及交通规模（机动车保有量和机动车驾驶员数量）来反映；在交通基础设施建设方面，主要包括通车里程数、城市人均道路面积、交通运输用地、城市修建的桥梁数量和道路照明盏数5个要素；城市交通污染通过交通噪声状况、SO_2、NO_2、PM_{10}和空气质量综合指数来反映（见表2）。

（二）计算权重与综合得分

1. 数据的无量纲化

由于选取的子指标具有不同的属性，无法使其在“同一起跑线”上进行权重对比，因此需要对采集到的数据进行标准化处理，即通过数学方式来降低或抵消原始变量量纲对评价结果的影响。本文通过极差法对不同性质的指标进行处理，公式如下：

正向指标标准化：
$$X'_{ij} = \frac{X_{ij} - X_{ij\min}}{X_{ij\max} - X_{ij\min}} \quad (1)$$

负向指标标准化：
$$X'_{ij} = \frac{X_{ij\max} - X_{ij}}{X_{ij\max} - X_{ij\min}} \quad (2)$$

其中，X'_{ij}为标准化的指标值；X_{ij}为原始值。正向指标相当于激励作用，故正向指标的值越大结果越好；负向指标相当于阻碍作用，故负向指标的值越小结果越好。

2. 综合集成赋权法

在指标评价体系中，每一个要素层背后代表着研究区域的每一个现实状况。因此，通过计算每一个要素层的指标权重，直观地判断出不同指标对研究结果的影响程度。目前，确定权重地方法主要有两类：一是人为主观赋值，如德尔菲法、层次分析法。权重大小与赋权者的知识层次、认知水平、理解能力等息息相关，具有较强的主观色彩，缺乏一定的客观性；二是通过不同类型的数学公式客观赋值，如主成分分析法、熵权法、变异系数法。权重大小只与所记载的数据相关，而缺乏考虑现实中的主观因素。

本文在构建评价指标体系的过程中，注重评价体系的综合性，希望通过指标权重客观地反映出研究区域的现状，也能考虑到人为因素对研究结果的影响。因此，笔者将主客观赋值法相结合（层析分析法和熵权法），取两者权重的平均值作为最终的指标权重。

其中，层次分析法（AHP）的具体计算步骤：①建立两层的阶层结构；②建立两两比较的判断矩阵，并且根据判断矩阵的标度对两者之间的重要性进行对比；③进行层次因素单排序数据的计算，算出判断矩阵的最大特征根 $\lambda_{\max}$；④进行一致性检验，只有当一致性比率小于 0.1 的时候，才能接受判断矩阵；若不满足条件，则需要修正判断矩阵，直至满足条件；⑤计算相同模型的特征值的平均值，即为权重值。

关于熵权法的概述：在信息论中，对于不确定性往往采用熵来进行度量。其中，信息量与熵呈现一种反比关系，即人们掌握的信息量增多，不确定性就会减小，熵也随之减小。从而根据这个特性，指标的离散程度可以用熵值来判断，即指标的离散程度越大，该指标对综合评价的影响（权重）越大。具体计算过程如下：

①若有 j 个待评定项目，i 个评价指标，便形成原始评价矩阵 $R = (X_{nm})_{i*j}$，则

$$P_{nm} = \frac{X'_{nm}}{\sum_{n=1}^{j} X'_{nm}} \quad (3)$$

②计算第 m 个指标的熵值 e_m,

$$e_m = -k\sum_{n=1}^{j} P_{nm} \cdot \ln p_{nm} \tag{4}$$

③最后计算第 m 个指标的熵权 Z_m,

$$Z_m = (1 - e_m)/\sum_{n=1}^{i}(1 - e_j) \tag{5}$$

3. 线性加权法

通过确定生态环境与城市交通的各个指标权重之后，根据线性加权综合得分公式，即可计算出每一年各自的得分情况。此后，根据数值大小，对其十年的生态环境与城市交通进行纵向对比。公式如下：

$$W = \sum_{i=1}^{n} W_{ij}X'_{ij} \tag{6}$$

其中，W 表示每一年昆明市生态环境或城市交通的综合得分，W_{ij} 表示各指标的综合权重，X'_{ij} 表示极值化的各指标值。

（三）运用 Pearson 相关系数分析相关性

Pearson 相关系数本质上是统计学方法中的一种线性相关系数，通常用来衡量定距变量间的线性关系。这里用来衡量生态环境与城市交通两个变量间的线性相关关系，对样本相关系数估计。给定 $X=(x_1, x_2, x_3, \cdots, x_n)$，$Y=(y_1, y_2, y_3, \cdots, y_n)$ 两个样本，则 X 与 Y 之间的 Pearson 相关系数为：

$$r = \frac{\sum_{i=1}^{n}(x_i - \bar{x})(y_i - \bar{y})}{\sqrt{\sum_{i=1}^{n}(x_i - \bar{x})^2 \sum_{i=1}^{n}(y_i - \bar{y})^2}} \tag{7}$$

其中，$\bar{x}$、$\bar{y}$是各自的样本平均值，x_i、y_i 分别为两样本的变量值。Pearson 相关系数 r 的绝对值越大，表示因变量与自变量的相关程度越高。

（四）运用耦合模型进行协调性分析

1. 耦合度模型

“耦合”一词来源于物理学，是一个量度值，反映两个及其两个以上的物体相互依赖、相互依存的程度。耦合度计算公式：

$$C = \left[\frac{W_1 \times W_2}{(W_1 + W_2)^2}\right]^{1/2} \tag{8}$$

其中，W_1 为生态环境水平的综合得分，W_2 为城市交通的综合得分，C 为两个系统的耦合度值，其范围：$C \in [0, 1]$。

2. 耦合协调度模型

由于耦合度只能说明生态环境系统与城市交通系统两者之间关系的强弱，无法反映出两者之间是否同步发展，其协调程度是多少，因此需要引入耦合协调度模型。耦合协调度计算公式：

$$R = \sqrt{C \times T},\ T = \alpha \times W_1 + \beta \times W_2 \tag{9}$$

其中，R 为耦合协调度，T 为系统间综合协调指数，α 和 β 为待定系数且 $\alpha + \beta = 1$。本文认为，生态环境与城市交通对于新型城镇化道路中城市健康发展具有同等重要的作用，故取 $\alpha = \beta = 0.5$。

3. 耦合协调度等级类型

耦合协调度模型反映生态环境和城市交通的协调发展程度，本文在借鉴权威期刊文献①②和咨询相关专家意见基础上，对生态环境与城市交通的耦合协调度进行区间划分，见表 1。

表 1　　耦合协调度等级划分标准

序号	协调度区间	协调等级	序号	协调度区间	协调等级
1	0. 000 ~0. 100	极度拮抗	6	0. 501 ~0. 600	中度磨合
2	0. 101 ~0. 200	中度拮抗	7	0. 601 ~0. 700	高度磨合
3	0. 201 ~0. 300	轻度拮抗	8	0. 701 ~0. 800	轻度协调
4	0. 301 ~0. 400	濒临磨合	9	0. 801 ~0. 900	中度协调
5	0. 401 ~0. 500	轻度磨合	10	0. 901 ~1. 000	高度协调

资料来源：笔者整理。

二、实证分析

昆明市地处云南省中部，是云南省会所在地，在《昆明市城市总体规划（2011 ~ 2020）》中，昆明市更新了城市发展的目标，试图将昆明市建设成为中国面向西南开放的门户城市和重要的区域性国家交通枢纽、信息枢纽，使昆明市成为融历史人

① 毕国华，杨庆媛，刘苏．中国省域生态文明建设与城市化的耦合协调发展［J］．经济地理，2017.

② 杨主泉，张志明．基于耦合模型的旅游经济与生态环境协调发展研究——以桂林市为例［J］．西北林学院学报，2014（3）：262 –268.

文和自然风光于一体的高原湖滨生态宜居城市。因此，昆明市生态环境与城市交通协调发展在全省城市文明建设中起标杆性作用，是“美丽云南省”建设的重要组成部分。

（一）数据来源

笔者通过查阅《云南省年鉴》《昆明市统计年鉴》《昆明市环境公报》对生态环境和城市交通方面的相关数据进行记录分析，从而保证数据来源的可靠性和研究结果的真实性。

（二）昆明市生态环境和城市交通的指标权重

根据整理完成的数据，按照上述层次分析法（AHP）和熵权法的计算公式（见表2）进行计算，便可得到昆明市生态环境和城市交通的指标权重。

表2　　生态环境和城市交通的指标权重

目标层	准则层	要素层	单位	属性	AHP	熵权法	综合权重
昆明市生态环境评价指标体系	生态压力 0.403	城市水资源总量	亿立方米	正	0.174	0.061	0.118
		城市液化气供气总量	万立方米	负	0.057	0.063	0.060
		城市人工煤气供气总量	万立方米	负	0.041	0.063	0.052
		城市天然湿地面积	万公顷	正	0.054	0.064	0.059
		农作物播种面积	万公顷	正	0.165	0.064	0.115
	生态状态 0.313	城市污水排放量	万吨	负	0.028	0.062	0.045
		城市空气质量达到优良天数	天	正	0.113	0.064	0.089
		人均公园绿地面积	平方米/人	正	0.122	0.063	0.093
		农药使用量	吨	负	0.015	0.064	0.040
		生活垃圾清运量	万吨	负	0.034	0.062	0.048
	生态响应 0.284	造林面积	万公顷	正	0.079	0.054	0.067
		环境保护投资额	万元	正	0.025	0.061	0.043
		生活垃圾无害化处理率	%	正	0.010	0.064	0.037
		工业固定废物处理率	%	正	0.009	0.063	0.036
		建成区绿化率	%	正	0.022	0.064	0.043
		城市污水处理率	%	正	0.053	0.064	0.059

续表

目标层	准则层	要素层	单位	属性	AHP	熵权法	综合权重
昆明市城市交通评价指标体系	运输能力 0.318	旅客运输量	万人次	正	0.039	0.062	0.051
		货物运输量	万吨	正	0.050	0.063	0.057
		旅客周转量	万人公里	正	0.058	0.062	0.060
		货物周转量	万吨公里	正	0.039	0.062	0.051
		机动车保有量	万辆	正	0.025	0.063	0.044
		机动车驾驶员数量	人	正	0.050	0.063	0.057
	基础设施 0.320	公路通车里程数	公里	正	0.104	0.062	0.083
		人均道路面积	平方米/人	正	0.059	0.063	0.061
		交通运输用地	万公顷	正	0.092	0.062	0.077
		桥梁数	座	正	0.041	0.062	0.052
		道路照明盏数	盏	正	0.033	0.063	0.048
	交通污染 0.362	交通噪声	分贝	负	0.060	0.062	0.061
		SO_2	毫克/立方米	负	0.040	0.063	0.052
		NO_2	毫克/立方米	负	0.128	0.062	0.095
		PM_{10}	毫克/立方米	负	0.065	0.062	0.064
		空气质量综合指数	毫克/立方米	正	0.118	0.063	0.091

注：本表因四舍五入将数字保留至小数点后3位，故各级权重与实际值略有偏差，但在实际计算过程中均运用实际值。

资料来源：笔者整理。

（三）昆明市生态环境与城市交通互动关系的研究结果及其分析

1. 计算结果

根据计算公式，参照表1得出：2007～2016年10个时间节点的昆明市生态环境和城市交通的相关性和协调性关系进行量化（见图1）。

2. 昆明市生态环境与城市交通综合得分情况

根据图1可知，十年间昆明市的生态环境综合得分（W_1）在波动中缓慢上升。生态环境综合得分从2007年0.424增加到2016年0.688，虽然平均每年以4.96%递增，但是在2008～2009年和2011～2013年两个时间段里，生态环境不容乐观，呈下降趋势。昆明市生态环境综合得分不能保持连续性增长，其主要原因在于：①十年间，昆明市城镇化率从59.1%（2007年）上升到71.05%（2016年），伴随城市人口数量急剧增加，城市生活中的污水排放量、垃圾生活

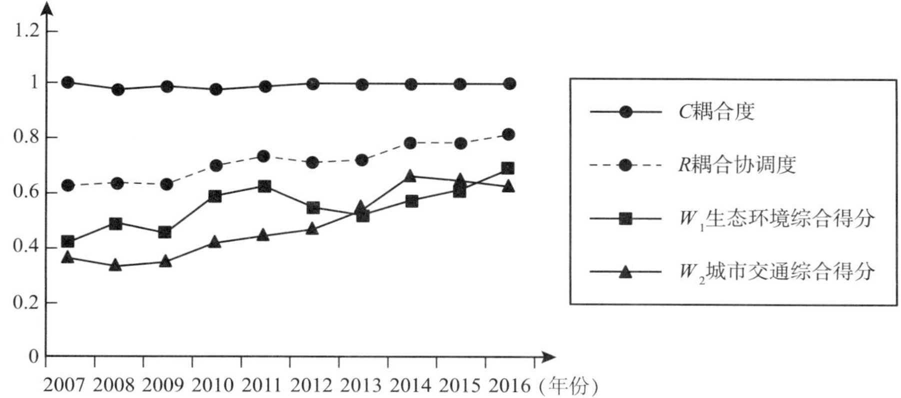

图 1　昆明市生态环境与城市交通的耦合协调度发展测算结果

资料来源：笔者整理。

清运量等随之上升。在现有的技术条件下，昆明市的生活垃圾无害化处理和城市污水处理水平有限，无法完全对其进行无污染处理，导致环境质量下降；②天然湿地被誉为“大地的肾脏”“天然水库”和“天然的物种库”，具有调节气候、净化水体、保护生物多样性等重要功能，但是昆明市的天然湿地面积伴随着城市的发展，平均每年以 0.82% 速度减少；③昆明市地处云贵高原，环境承载力不足，具有较强的脆弱性。一旦植被、水体和土壤等遭到破坏，短期内很难恢复，不利于城市可持续发展。纵观昆明市城市发展史，在建设发展时期，由于政府、企业和居民缺乏生态文明理念，单一地追求经济增长，忽视了生态环境的重要性。在长期生产生活中，大量污水未经处理直接排放到滇池流域，导致水体富营养化，破坏自净能力。昆明市“先污染后治理”的发展道路，生态环境深受严重影响。从 2013 年起，昆明市生态环境综合得分呈直线上升趋势，预计生态环境发展前景一片光明。主要得益于全社会对生态文明理念认识程度的不断加深，由过去单一追求经济增长转变成为全面发展。党的十八大明确指出：“建设生态文明，是关系人民福祉、关乎民族未来的长远大计。”此后，昆明市政府开始采取一系列强而有力的环保措施，全面贯彻落实“五位一体”总布局。在经济方面，加大了环境保护投资力度，从 2007 年的 427727 万元增加到了 2016 年 1595800 万元，为积极开展各项生态举措提供坚实的物质基础；在城市建设方面，大量新建城市公园，美化城市环境。截至 2016 年，昆明市人均公园面积达到 10.93 平方米/人；在城市交通方面，重视轨道交通发展，设置专项资金修建地铁，缓解地面交通压力等。

昆明市城市交通相对于生态环境而言，城市交通综合得分（W_2）不断递增，整体发展态势良好。尤其在 2008 ~ 2014 年，城市交通综合得分从 0.329 上升到

0.661。数值增长的背后反映出着昆明市交通运输和交通基础设施建设能力的不断进步，如2007年道路照明盏数由52000盏急剧上升到2016年160617盏、2007年货物运输量由12853.9万吨增加到2016年28504吨等。同时，通过查阅相关年鉴，可知2007~2016年昆明市人均GDP从22578元增加到64162元，城镇居民可支配收入从12083元增加到36729元。由此可知，城市经济实力的增强，为城市交通网络的完善提供了可靠的资金来源，而城市交通的不断更新又进一步促进了城市经济的发展，因此，两者形成了良性循环，相互促进。然而，在昆明市城市交通评价指标体系中，不容忽视“城市交通污染”这个版块，其权重占比高达0.36，位居第一，严重制约着昆明市绿色交通运输系统的构发展。通过对交通噪音、空气污染成分及空气质量综合指数三个要素层的对比分析，可知汽车尾气排放的污染成分（SO_2，NO_2 和 PM_{10}）是影响城市生态环境的主因，因此昆明市未来城市交通发展中应适当控制燃油汽车的购买量，鼓励和支持绿色新能源汽车的发展。

3. 昆明市生态环境与城市交通的相关性分析

对于生态环境与城市交通之间的相关关系，笔者通过SPSS22.0对昆明市生态环境（W_1）和城市交通（W_2）进行Pearson相关性检验和相关系数的测算，发现生态环境与城市交通两大系统在置信度为0.01时相关系数达0.686。根据相关性衡量标准（见表3），说明两者之间存在强相关。

表3　相关系数与相关性

相关系数范围	相关性
[0.8~1]	极强相关
[0.6~0.8)	强相关
[0.4~0.6)	中等程度相关
[0.2~0.4)	弱相关
[0~0.2)	极弱相关

资料来源：笔者整理。

为了进一步论证两者之间的内在关联度，证实结果可信。通过SPSS22.0对昆明市生态环境（W_1）和城市交通（W_2）进行T检验，得出结果：自由度等于9，T等于2.431，查阅T检验临界值表，可知生态环境与城市交通之间存在显著关系。因此，昆明市生态环境与城市交通两大系统之间相互依赖，相互影响。

由于城市交通系统包含公共交通和私人交通两个部分，与生态环境系统不同的相关性，故需分块阐述相关关系（见图2）。一方面，公共交通与生态环境两者存在正向相关关系。完善的城市公共交通服务系统，为居民提供多样的出行方式，如搭乘地铁、公共汽车或共享单车等，从而减少人们对燃油汽车的购买量和使用量，改善城市大气环境和声环境质量。与此同时，随着全社会对生态环境重视度的提升，在对生态文明建设指标进行量化评估中，汽车尾气的排放量、燃油量、交通噪音等，都会被考虑在评价体系之中，促使政府大力发展公共交通，使得生态环境与公共交通共同向好发展。另一方面，私人交通与生态环境两者存在反向相关关系。在交通道路承载力有限的条件下，私家车的数量的不断上升，造成城市交通拥堵，空气质量下降、雾霾等城市环境问题。随着世界各国对可持续发展理念的认识和践行程度的不断加深，未来城市进程中会逐步控制私家车的出厂量和使用量，限制私人交通系统的发展①。

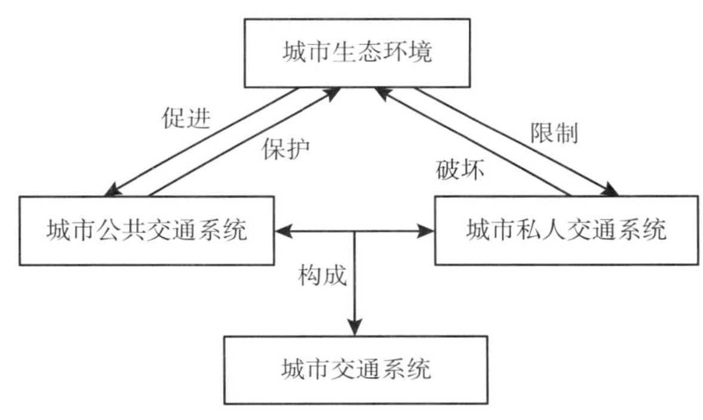

图 2　生态环境与城市交通相关关系

资料来源：笔者整理。

4. 昆明市生态环境与城市交通的协调性分析

根据图 1 可知：昆明市的生态环境与城市交通是一个耦合交互的系统。①关于耦合度，在 2007 ~ 2017 年的 10 年间，耦合度虽然有轻微波动的现象，但数值始终保持在 0. 80 以上，甚至在 2013 年、2015 年和 2016 年间耦合度高达 0. 99。由此可见，昆明市生态环境与城市交通相互依赖程度较高；②关于耦合协调度及其类型，在 2007 ~ 2010 年的四年间，昆明市城市交通与生态环境的耦合协调发展处于轻度磨合阶段，平均提升幅度为 12. 02%。2011 年之后，昆明市城市交通与生态环境的耦合协调发展开始进入协调阶段，2011 ~ 2016 年的平均提升幅度为 11. 69%。十年间，昆明市城市交通与生态环境的耦合协调度介于 0. 624 ~ 0. 812 之间，经历了高度磨合、轻度协调和中度协调三个阶段。整体而言，昆明市生态

① 新华社. 胡锦涛在党的十八大报告中提出：大力推进生态文明建设［EB/OL］. http：//www.gov.cn/ldhd/2012 - 11/08/content_2260053. htm，2012 - 11 - 08/2018 - 8 - 25.

环境与城市交通的耦合协调度呈上升趋势，两者同步发展。其主要在于：①轨道交通的修建与运营缓解了地面交通压力。近年来，昆明市政府围绕城区总体规划，修建了地铁一号线、二号线、三号线和六号线。同时，伴随着城市共享单车和新能源共享汽车的出现，昆明市城市管理综合执法局设置专门岗位进行管理，为居民出行提供便捷服务，从而减少汽车尾气的排放量，改善城市空气质；②昆明市城市基础配套设施伴随着城市扩张，进行同步建设。如在呈贡大学城附近建立高校教师住宅区，一定程度上缓解了职住分离的情况；昆明市政府进行搬迁，政治中心从老城区转移到呈贡新区，一定程度上减轻了老城区土地承载的压力；③昆明市重视绿色交通系统的发展。自 2008 年以来，昆明市开始重视慢行交通系统的发展，制定绿色交通策略，并于 2010 年成为全国步行和自行车交通系统示范项目的示范城市之一，鼓励市民步行、自行车、公交、地铁出行，控制私家车出行量，取得良好效果。

三、相关建议

要从根本上解决城市交通发展带来的生态环境问题，形成生态环境与城市交通两个系统之间永续的良性互动，需要政府、社会和居民三方形成合力，共同建成绿色交通发展系统。

首先，就其政府而言，①在进行城市总体规划时，一方面对于城市绿地面积必须要划定严格范围，禁止破坏城市湿地、公园和森林等；另一方面，超前考虑未来城市人口容量和交通发展趋势，综合设计出多种出行方式，避免日后发生大规模城市交通重建重修的情况；②合理规划城市功能分区，配备相应的基础服务设施和绿化面积，尽可能缩短居民通勤距离和出行时间，解决职住分离问题；③支持新能源汽车行业的发展，出台一系列税收减免、补贴等政策措施。而对燃油汽车的购买和出行进行严格管控，如征税、限号。同时，政府应给予地铁运营商和公交公司专款支持，促使其不断完善城市交通网络运行系统。

其次，就其社会而言，①汽车厂商要积极响应国家生态文明建设的号召，重视汽车生产科技的发展，大力研发和推广新能源汽车，逐步减少传统汽车的生产量；②地铁和公交公司根据市民需要，优化交通路线，提高公共交通工具的内部舒适性，同时适当减免乘客搭乘公共交通出行的费用，以此吸引更多市民乘坐公共交通出行；③城市管理者划定共享单车和共享汽车的停车范围，进行相关区域内专人专职管理，严厉惩罚乱停乱放行为，支持共享经济的发展。

最后，就其城市居民而言，①树立低碳生活的环保意识。在日常出行中，尽可能选择步行、骑行、搭乘公交、地铁等环保方式出行，减少私家车使用频率；②在汽车购买方面，选择新能源汽车，减少汽油使用量等。

四、结　论

本文以昆明市为实证研究对象，对其生态环境与城市交通互动关系进行定性分析，得出两者具有较强的相关性。同时，在 2007 ~ 2016 年，两者之间的耦合协调度经历了高度磨合—轻度协调—中度协调三个阶段。基于可持续发展理论，分别从政府、社会和居民三个层面，为昆明市建立可持续发展的交通系统提出切实可行的建议。

参考文献

[1] 张生瑞．公路交通可持续发展系统分析与评价［D］．西安：长安大学，2002.

[2] 刘纯旭．城市大气污染防治对策研究［J］．黑龙江科技信息，2014（11）：6.

[3] 贾健民．城市低碳生态交通系统综合评价体系研究［D］．济南：山东大学，2013.

[4] 周鹏．大连市城市交通与环境可持续发展评价体系的研究［D］．大连：大连理工大学，2010.

[5] 李理．城市交通绿色低碳发展评价研究［D］．长沙：长沙理工大学，2014.

[6] 何玉宏．城市绿色交通论［D］．南京：南京林业大学，2009.

[7] 何海波，左丹．论现代城市交通与环境互动关系［J］．黑龙江科技信息，2009：78.

[8] 王松亚．论城市交通与环境协调发展［J］．环境科学，2014：100.

[9] 周民良，周群．绿色交通体系与生态城市建设：逻辑与思路［J］．江海学刊，2010（2）：137 – 142.

[10] 毕国华，杨庆媛，刘苏．中国省域生态文明建设与城市化的耦合协调发展［J］．经济地理，2017.

[11] 杨主泉，张志明．基于耦合模型的旅游经济与生态环境协调发展研究——以桂林市为例［J］．西北林学院学报，2014（3）：262 – 268.

[12] 新华社．胡锦涛在十八大报告中提出：大力推进生态文明建设［EB/OL］. http：//www. gov. cn/ldhd/2012 – 11/08/content_2260053. htm，2012 – 11 – 8/2018 – 8 – 25.

[13] Ludema，M. W. Urban transport system bench marking [J]. WIT Transactions on the Build Environment，2006：223 – 231.

[14] Bougromenko，V. An expert system for sustainable urban and regional transport development [J]. Proceeding of the Conference on Traffic and Transportation Studies，2002：1369 – 1376.

[15] Mackett Roger，Edwards Marion. Expert system to advise on urban public transport technologies [J]. Computers，Environment and Urban Systems，1996：261 – 273.

餐饮外卖垃圾：治理困局及对策创新

张　岩①

摘　要：随着互联网行业的不断发展，餐饮外卖这种既省时又省力的营销行业也逐渐发展起来，但是餐饮外卖给人们带来便利的同时，其产生的垃圾也引发了一系列的环境问题。为了餐饮外卖行业能够绿色可持续发展，减少餐食外卖垃圾对环境造成的压力，本文通过实地调查，总结了以北京市丰台区为代表的餐食外卖垃圾的现状及治理困局，并提出了创新性的对策建议。

关键词：餐饮外卖　垃圾治理　环境污染　回收系统

Governance Dilemma and Countermeasures Innovation of Take-away Food

Zhang Yan

Abstract: With the continuous development of the Internet industry, food and beverage take-out, a time-saving and labor-saving behavior, has gradually developed. But food and beverage take-out brings not only convenience, but also a series of environmental problems caused by its garbage. In order to make the restaurant take-out industry green and sustainable development, and reduce the pressure of food take-out garbage on the environment, this paper summarizes the status quo and management dilemma of food take-out garbage represented by Fengtai District of Beijing, and puts forward innovative countermeasures and suggestions.

Key words: food and beverage takeout, garbage disposal, environmental pollution, recycling system

近年来，餐饮外卖行业的飞速增长，极大地方便了人们的生活，同时却又在一定程度上制造了更多的环境问题。外卖垃圾所带来的生态隐患引发了社会担忧。本文基于对北京市丰台区的实地调研，介绍了餐饮外卖垃圾的现状与危害，

---

① 张岩：首都经济贸易大学财政税务学院研究生。

分析了治理餐饮外卖垃圾的困境，并在借鉴餐饮外卖垃圾治理经验的基础上，提出了餐饮外卖垃圾治理的创新对策。

一、餐饮外卖垃圾的现状及危害

（一）餐饮外卖垃圾的现状

1. 外卖垃圾产生速度惊人

根据美团外卖、饿了么、百度外卖等外卖平台公司公布的数据，这三家外卖平台的每天订单量大概在2000万单左右，按照每单外卖用1个塑料袋，每个塑料袋0.06平方米计算①，每天所用的塑料袋可覆盖120万平方米，约占168个足球场。

外卖业务量的爆发造成了餐盒的过量使用。有环保组织研究分析了100个外卖订单发现，平均每单外卖会消耗3.27个一次性塑料餐盒/杯。按照中国互联网订餐平台发布的数据，意味着，每天使用的塑料餐盒超过6500万个，外卖垃圾的生产速度惊人。

2. 外卖垃圾难以回收

外卖垃圾不仅是塑料餐盒，还可能包括各种塑料制品、纸制品、剩饭残羹等。事实上，不只是餐盒，外卖送餐使用的塑料袋、塑料餐具、塑料外包装等，都属于塑料垃圾。普通塑料餐盒和餐具的主要成分是聚丙烯，塑料袋主要成分是聚乙烯，均是不可降解的普通塑料。

而在回收环节，满是油污的餐盒很少有人进行整理和回收。塑料垃圾与餐厨垃圾“混搭”，给外卖垃圾回收带来不少麻烦。

3. 外卖垃圾分布地点集中

据不完全统计，丰台区共有写字楼1300多栋，高楼林立，工作繁忙，叫外卖变成了最方便、快捷的解决吃饭问题的方法。但是，外卖垃圾的处理方式却成问题。

根据职业情况进行分析，发现学生和写字楼职员外卖使用频率大约在一周一次左右。丰台区学生及写字楼职员将外卖的垃圾大多数随其他垃圾扔掉，具体见图1、图2。

① 张枫逸．“外卖垃圾”回收义务需立法明确［J］．资源再生，2016（5）：51.

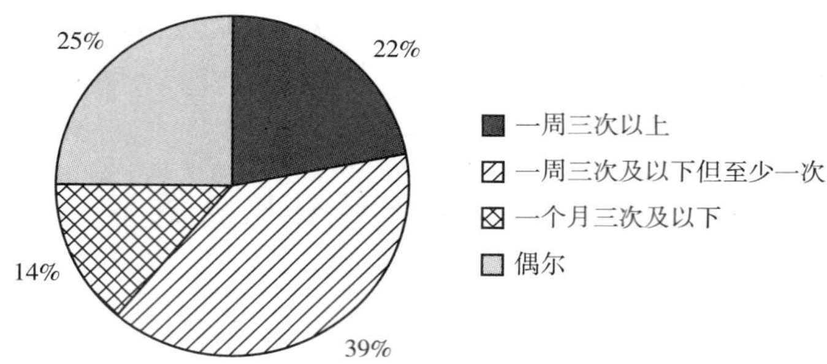

图 1 丰台区学生和写字楼职员外卖使用频率

资料来源：笔者整理。

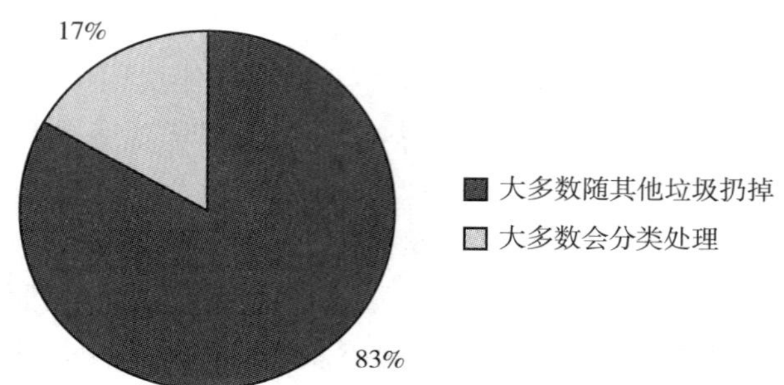

图 2 丰台区学生及写字楼职员外卖垃圾处理方式

资料来源：笔者整理。

（二）餐饮外卖垃圾的危害

1. 土地污染

"外卖垃圾"如一次性餐盒、塑料袋等，大多是由石油中提炼的聚苯乙烯原料加上发泡剂，加热发泡而成①。直接就把餐盒扔掉，塑料垃圾与餐厨垃圾"混搭"，进入垃圾处理系统，最终作为普通垃圾进行焚烧或填埋，对土地、河流造成严重的污染。

2. 空气污染

由于外卖包装质量不一，而且一般夹杂着生活垃圾，回收利润低，所以现在对于它们的处理主要就是填埋和焚烧。焚烧则会产生有毒有害气体，对大气环境产生不利影响。在垃圾填埋之前，一般也会对体积较大的塑料垃圾简单焚烧，会

① 林学钦．白色污染乎？垃圾资源乎？——一次性泡沫塑料餐盒的治理和回收再利用［J］．厦门科技，2001（5）：22－24.

产生大量废气排放。这种影响随餐品外卖业的发展而越来越严重。

二、治理餐饮外卖垃圾的困局

（一）餐饮外卖包装带来更多垃圾

1. 外卖包装无统一标准

客观上讲，使用塑料餐盒适合中餐油水多的特点，容易被消费者接受。餐盒等外卖包装成本不高，商家和消费者都能接受。尽管大多数塑料餐盒都印有可回收物标识，可以通过垃圾回收的流程，实现资源的再利用，但外卖餐盒回收价值也并不高。无论是垃圾回收企业，还是城市的垃圾处理系统，都对回收塑料制品无能为力。在各方的无视中外卖在大行其道，外卖垃圾横行霸道。

2. 外卖餐盒可降解材料少

外卖包装主要包括餐盒、餐具和包装袋。餐盒主要分为泡沫塑料餐盒、纸质餐盒、普通塑料餐盒等几大类。调查发现，外卖包装中，PP 塑料餐具最多，其次是纸质餐盒，可降解材料很少，具体请见图 3。

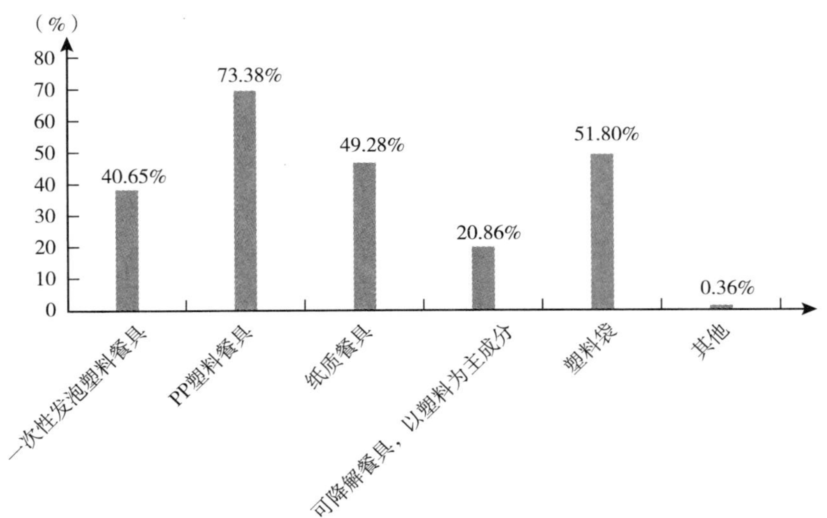

图 3　北京市丰台区外卖使用者收到的外卖包装餐盒情况

资料来源：笔者整理。

（二）外卖垃圾回收渠道不畅

当前外卖垃圾普遍存在回收难的问题，外卖垃圾中的一次性筷子、塑料袋、发泡餐盒基本处于无人回收的状态，透明的塑料餐盒虽然可以回收，但回收量也很少。

目前，我国还没有形成完整的回收体系，塑料餐盒作为低附加值回收物，难以进入再生资源回收渠道。即便消费者主动将塑料垃圾分类，由于回收体系不完善，环卫车在运垃圾时，也有可能把各类垃圾混在一起拉走。

（三）送餐企业政策试行效果不理想

日前，美团点评和饿了么纷纷开始试行“无需餐具”服务，顾客可以在外卖平台 App 下单页面上，添加“无需餐具”选项。美团外卖甚至启动“青山计划”，设立首席环保官一职，鼓励用户参与“自备餐具”活动，减少筷子、餐巾纸等一次性餐具的使用。同时为承诺使用“环保餐盒包装”的餐饮企业，点亮环保标识，邀请消费者和专业机构对承诺使用“环保餐盒包装”的餐饮企业进行监督。但据了解，试行效果并不十分理想。一些商家对于放不放筷子的问题，则抱着“宁可信其要、也不信其不要”的心态。

三、治理餐饮外卖垃圾的经验借鉴

目前，其他国家虽然没有外面垃圾的处理措施，但是他们有着晚上的包装物回收的处理措施，如果我们将其借鉴到我国外卖垃圾的处理办法中，使得包装物资源回收再利用。

（一）日本境内鼓励回收站，包装再生利用

在亚洲地区，日本在包装绿色化方面的表现非常突出。日本不仅制定并实施《包装再生利用法》，还致力于回收体系的建设，鼓励在境内建立大量的回收站，消费者将包装废弃物进行分类后，日本的收运系统将分类完的包装废弃物通过定时回收、集合中转等方式，运输至专门的处理中心进行再循环、再制造处理①。

① 李琪，胡欣宇．基于标准化包装设计的我国快递包装回收机制探讨［J］．商场现代化，2017（4）：66－67.

（二）德国立法、立标强制回收，有利循环和追责

在法律、法规中明确各方责任，以有利于废弃物循环和追责，德国在此方面的做法十分突出。20 世纪 90 年代，德国出台《包装废弃物管理办法》，提出包装废弃物管理应按照“减量化、再利用、再循环、最终处置”的顺序进行，并设定了不同包装废弃物的回收目标和时限，强制性要求包装生产商、销售商对包装回收共同负责。该办法还制定了包装废弃物从收集到最终处置的量化标准，使包装处理的每个环节都有具体标准可依。德国还出台《包装回收再生利用法》，要求除了包装生产商外，从事运输、代理、批发商、零售的企业也必须负责回收包装物①。

（三）法国建立垃圾回收系统，责任分工明确

法国建立了一套涉及生产者、零售商、消费者、回收者的回收系统，组建了废弃物回收机构，回收机构均由生产及制造厂商作为其股东，法国在此机制中另外引入了保证人，这样能够保证回收机构有完备的监督机制以及公允性②。

在垃圾回收系统中，各个环节紧密相扣，各级之间都签订了协议书及约定书，责任分工明确，所以这些垃圾回收系统都具有很好的内部控制效果，为相关行业所产生的包装废弃物的高度回收提供了很好的保证。

四、治理餐饮外卖垃圾问题的创新对策

党的十九大在报告中提出“加快生态文明体制改革，建设美丽中国”的要求。如何治理好餐饮业外卖垃圾这只“可怕的怪物”，需要政府、外卖企业、消费者多方联动，共同打赢这场环境保卫战。

（一）从源头入手，及时预防外卖垃圾的污染问题

1. 质监部门应制定和规范餐饮业外卖包装标准

质监部门应制定和规范餐饮业外卖包装标准，倡导推动建立垃圾分类体系，

① 常俏．快递包装的“绿色难题”［J］．中国物流与采购，2016（14）：50＋52.

② 赵宝元，施凯健，孙波．国外包装废弃物回收系统的比较分析及启示［J］．生态经济，2009（3）：103－106.

将有回收价值的餐饮业外卖垃圾分类处理、有效利用。建立收回处理补贴机制，对垃圾处理企业进行补贴。实施强制源头分类政策，遵循污染者付费原则，实施生产者延伸责任制，激励污染者减少废弃物产出，同时用资源回收收入弥补垃圾管理社会成本。

同时各市场监管单位要协同加强监督，严格执行有关包装标准和环境指标，加大惩处教育力度，加强对外卖企业的规范和监督，推进外卖垃圾的减量和转型。对外卖包装材料减量化、资源化作出约束性规定，按照“谁污染谁治理”的原则，在外卖中加收垃圾处理费，让商家、平台、消费者为外卖垃圾回收处理埋单。

2. 增强对消费者使用外卖产生垃圾后的分类处理意识

大力宣传促进消费者树立健康良好的消费理念和垃圾回收意识，培养居民素质，从源头上做好垃圾分类与回收物的处理。例如，根据外卖的使用人群，要求外卖企业在其订购软件中，发布环保相关的标语，以提醒订购者。再者在居委会学校写字楼以公益的方式大力宣传。

借鉴国际普遍采用的垃圾回收押金制度，创新回收渠道。消费者购买外卖时先支付部分押金给平台，待用餐完毕后，将外卖餐盒送至自助回收机器或人工回收点。平台确认后，将押金退还消费者，以此促进消费者树立健康良好的消费理念和垃圾回收意识。

3. 对外卖销售企业及回收企业奖惩并重

树立环保理念，承担环保责任。寻求外卖配送包装和方式上的创新。可以对相关企业的科技研发进行补贴，研发可降解环保餐盒。开展类似商家返点的活动，引导消费者自觉减少一次性餐具的使用。推出环保餐具、可回收餐具等。

建立公众参与的针对外卖销售企业及回收企业的环境影响评价机制。对外卖企业可能给环境质量造成的影响进行调查、预测和估价，并提出相应的处理意见和对策。对评分高的企业予以一定的奖励，反之，给予一定的惩罚。

加强分类回收和资源化处理。将外卖垃圾处理作为推进垃圾分类管理的突破口。在学生和上班族相对集中的区域，有针对性地开展外卖垃圾分类回收，待初步实现分类收集后，再指定专业公司进行统一回收处理。

（二）从下游治理，加强餐饮外卖的垃圾处理管理

1. 加强外卖集中区的垃圾回收管理

建立废弃塑料等再生资源的回收补贴机制。有两种方式可借鉴：一种是欧洲模式，通过政府采取强制性的政策，对可再生资源的回收处理进行补贴；另一种

是日本模式，通过培养国民素质，从源头上做好垃圾分类。

实施强制源头分类政策，遵循污染者付费原则，实施生产者延伸责任制，激励污染者减少废弃物产出，同时用资源回收收入弥补垃圾管理社会成本。

针对塑料等低附加值可回收物的分类回收，目前国内部分城市也制定了一些措施，如建立基金发放补贴、处罚违规对象等。在具体实施中，还需要继续探索解决产业链条补贴前置、处罚对象无法确定、回收物统计监管成本高、投入资金过多等问题。

2. 加强回收站的管理

提升回收人员的环保意识和素质，增加垃圾站所能服务区域的范围，提高垃圾回收人员处理餐饮外卖垃圾的能力，提高及时辨别其材质的能力。

同时，强化废旧商品回收的环境保护。按照环境保护的有关规定，严格执行环境影响评价制度，加大监管力度，加强对回收、运输、处理、利用各环节的环境风险防范和污染防治，依法查处污染环境的企业①。

对新建的废旧商品回收站点、分拣中心和集散市场要按照设计要求进行建设，完善污染防治设施，严格收集和处理废弃物，防止二次污染，开展质量管理体系和环境管理体系认证及清洁生产审核。

（三）提倡创新外卖包装方式

要加强对外卖企业的规范和监督，最主要的思路是寻求外卖配送包装和方式上的创新。可以对相关企业的科技研发进行补贴对其进行奖励，对可降解产品减免税收，使公众获得更加方便环保的替代产品。降低环境压力，主要思路是选用取代塑料一次性使用制品，以及外卖配送包装和方式上的创新创造。

选择短时间内容易自然降解的包装材料，也是一种增加环境友好度的方式，如纸浆餐盒，但这一类包装的成本往往比一般餐盒要高，被普遍使用还需要时间。

除了包装材料本身外，建议品牌外卖企业把餐盒做得更为精致，让顾客用餐之后舍不得丢掉，洗干净后重复利用，也是吸引复购和环保的方式。例如一些小玻璃罐，由于颜值可观，可以将其清洗干净后的包装用来做收纳或者装饰。

（四）加强垃圾治理最后的制度管控

对于外卖餐饮企业、消费者、垃圾处理部门等各方责任主体的行为，终归要

---

① 陕西省人民政府办公厅关于建立完整的先进的废旧商品回收体系的意见［N］. 陕西省人民政府公报，2012（12）：44－48.

靠制度来规范。政府和相关部门需适时出台政策措施，或制定相应的法律法规，妥善协调不同主体之间的职责与权益关系，将遏制和治理外卖污染纳入制度化、法治化轨道。公共政策应当通过正向激励措施，推动餐饮外卖、消费等各方主体提升环保意识、树立健康消费理念，做出遏制外卖污染、有利环境保护的选择。

五、结　语

餐饮外卖垃圾及其引发的环境污染问题，需要各个方面共同努力解决。政府要肩负起引导和监管责任，应在国家层面上制定包装废弃物管理条例，界定包括外卖垃圾在内的各类包装设计、生产、流通、回收、处理、利用链条上各相关方的责任，并严格规范个人、企业和政府行为。

参考文献

[1] 张枫逸. “外卖垃圾”回收义务需立法明确 [J]. 资源再生，2016 (5)：51.

[2] 林学钦. 白色污染乎？垃圾资源乎？——一次性泡沫塑料餐盒的治理和回收再利用 [J]. 厦门科技，2001 (5)：22－24.

[3] 李琪，胡欣宇. 基于标准化包装设计的我国快递包装回收机制探讨 [J]. 商场现代化，2017 (4)：66－67.

[4] 常俏. 快递包装的“绿色难题” [J]. 中国物流与采购，2016 (14)：50＋52.

[5] 赵宝元，施凯健，孙波. 国外包装废弃物回收系统的比较分析及启示 [J]. 生态经济，2009 (3)：103－106.

[6] 陕西省人民政府办公厅关于建立完整的先进的废旧商品回收体系的意见 [N]. 陕西省人民政府公报，2012 (12)：44－48.

组织与交流

娄成武同志在 2018 年中国城市管理学科发展年会上的致辞①

娄成武

Speech at the 2018 China Urban Management Discipline Development Annual Meeting

Lou Chengwu

大家上午好!

今天很荣幸能够在城市管理学科发展年会上，代表教指委（教育部高等学校公共管理类学科教学指导委员会的简称）对大会的召开表示热烈的祝贺，预祝大会取得圆满成功!

城市管理学科发展由来已久，可以说历经艰辛，由当初的 7 所学校，发展到 17 所学校办的本科，现在是 60 多所学校。可以说，进步速度之快是前所未有的，但是也反映出了很多新的问题。

高等教育是培养人才的，培养人才是高校的宗旨。人才培养一定符合国家经济、社会发展的重大需求。满足这些需求，是对家长负责、对社会负责，也是对孩子们的未来负责。

城市管理究竟应该向哪个方向发展，人才应该怎样培养，最后他们能够得到国家和社会的认可，而且为国家和社会的发展做出贡献，这是摆在从事本科生教育的高校老师、领导面前亟待解决的迫切问题。

全国都在关注城市管理专业学科，这个专业从申报到最后批准，我是历经了全部的过程。

我当教指委主任 15 年来，经历了公共管理学科下面 20 多个专业本科生专业的批准和建设。但是在这个过程中，有些专业办的特别好，深受社会的欢迎，有些并不理想，后来虽然试办，试办后经实践证明是不成功的。

我们要培养的是社会急需的人才，人才要为社会服务。如果我们的高等教

① 此文系时任教育部高等学校公共管理类学科教学指导委员会主任楼成武教授在 2018 年中国城市管理学科发展年会上，代表教指委的致辞。

育不是面向社会的需求，那就不是对社会负责，不是对学生负责，也不是对家长负责。

所以说，国家发展是千变万化的，公共管理学科也是日新月异，社会不断涌现出新的事物，是否需要办个专业，希望大家共同思考。

第二届西南地区城市管理学科发展与人才培养研讨会综述

澜　清[①]　李　珺[②]　阮明阳[③]

A Summary of the Second Symposium on Urban Management Discipline Development and Talent Cultivation in Southwest China

Lan Qing　Li Jun　Ruan Mingyang

2018 年 4 月 21 日，第二届西南地区城市管理学科发展与人才培养研讨会在昆明学院召开。本次会议由中国区域科学协会城市管理专业委员会主办，昆明学院社会管理学院承办。来自首都经济贸易大学、华东理工大学、重庆大学、青岛科技大学、电子科技大学等 10 余所高校和《城市管理与科技》杂志等媒体的 30 余位专家学者集聚一堂，就我国城市管理的前沿问题各抒高见，共商城市管理学科未来的发展路径。

开幕式由社会管理学院院长何杰教授主持。昆明学院马银海副校长到会致辞，马银海副校长指出，虽然经过了数千年的探索，人类对城市本质和发展规律的认识仍然极其有限，特别是与城市管理密切相关的领域，为数众多的课题有待我们去破解。结合昆明市和昆明学院的实际情况，马银海副校长期待本次会议的各项成果，能为昆明市建设区域性国际中心城市的目标贡献有益的参考，能助力昆明学院加快建成区域性一流应用型本科院校，能推动昆明学院城市管理专业在人才培养和学术研究两方面实现跨越式发展。马银海副校长希望能通过本次会议，增进城市管理学术界，特别是西南地区城市管理专业的高校合作与学术交流。

首都经济贸易大学王德起教授、华东理工大学纪晓岚教授、青岛科技大学刘广珠教授、《城市管理与科技》杂志社王新社长和重庆大学陈永进教授做了大会主旨报告。参会各高校专家学者对城市发展问题和城市管理学科建

① 澜清：昆明学院社会管理学院讲师、博士。
② 李珺：昆明学院社会管理学院副教授、社会学硕士、城市管理教研室主任。
③ 阮明阳：昆明学院社会管理学院副教授、博士。

设进行充分的讨论。

一、国家战略与顶层设计

在党的十九大和第十三届全国人民代表大会召开后的时代大背景下，我国城市发展面临全新的格局，如何面对这一新机遇与新挑战，王德起教授题为《新时代·新要求·新思维——新形势下城市管理的发展思考》的主旨报告，为我们提供了极其有益的个人见解。王德起教授首先强调，今日城市管理的具体决策，必须建立在对党和国家高屋建瓴的顶层设计的精准领会之上，结合地方实际让党和国家的精英决策落地生根。目前，我国处于党的十八届三中全会提出的六大改革进程之中，处于全面建成小康社会的决胜阶段，这一伟大的新时代为我们提出了六大要求：更加遵循市场起决定性作用等规律、更加注重绿色发展和生态文明建设、更加推进改革开放和创新驱动、更加注重治理能力现代建设、更加注重集中统一领导与指挥、更加强调以人民为中心的根本宗旨。我国现在已经进入城市社会，城市需要进行人本供给侧管理，在不同层次和要求上满足城市居民日益增长的各方面需求。国家引领下的城市群建设，取得了举世瞩目的伟大成就，长江中下游、京津冀、珠江三角洲和成渝城市群规模俨然，极大地推动了地方社会经济发展。但同时，也出现了一些不能也不应该回避的负面问题，交通拥堵、污染严重、房价高昂、经济发展区域不平衡等问题，这些问题在相当程度上阻碍了我国城市的良性发展，是今后城市管理研究和实践必须予以解决的问题。

王德起教授指出，必须以国家战略新框架为基本思路，从开放、绿色、共享、协调四个方面，充分发挥创新思维，是解决上述城市问题的可靠路径。幸运的是，已经有现成的实例可资我们借鉴。京津冀域市群从产业协同、规划协同、交通协同、城乡协同、科技协同、金融协同、市场协同、信息协同、生态协同和环境协同等十个方面进行协同发展；北京、天津、河北，三省市发展定位准确、分工明晰，有望一举解决当前的大城市病。党中央国务院的雄安新区建设规划更加宏伟壮丽，新区空间布局科学，城市规模合理，功能定位精准，兼具智慧化管理与优质绿色生态环境建设，充分体现出党和国家对新时代城市建设的深刻洞见和卓越智慧。王德起教授强调新形势下的城市管理需要整合生态、资源和环境的力量，需要政府、市场和公民的共同努力，才能使城市健康、可持续地发展。

纪晓岚教授的主旨报告题目是《新时代城市管理学科发展的思路与对策》，纪晓岚教授着重指出，新时代的城市管理职能创新应落脚在满足城市居民在物质、精神和公共服务三方面的需求变化。对应于城市管理在市政管理、环境管理、交通管理、应急管理和城市规划实施管理等五方面的主要职责，城市管理的职能创新将重点体现在五个方面：管理类职能创新，包括居住区、商业区、公共空间的停车管理，拆违与环境治理、执行处罚条例和烟花爆竹管理等；服务类职能创新，包括合理设置快递点、小区外卖服务、共享单车管理、老年人需求服务引导等；治理类职能创新，包括志愿者管理、社会团体与社会组织管理、广场舞管理、特大活动与节日活动的组织与管理等；安全类职能管理，包括对各类营销诈骗手段的防范与控制、节假日景区旅游活动的管理、消除娱乐公共空间安全隐患，如手扶电梯、地铁、商业区电梯、高铁和旅游景点公厕前后门小孩丢失；教育类职能创新，包括依法治国与以德治国相结合、法制教育、城市管理条例的宣传与普及、科普教育等。

在进行城市管理职能创新的同时，纪晓岚教授论述了新时期城市管理面临的问题。首先，是中央政府对城市化的效果难以评估、对各相关部委的统筹协调也较为困难。其次，地方政府需要建立综合协调的治理机构；提供公共服务的质量和能力亟待提升；需要加强监督、监管和风险预警职能；加大懂城市、会管理的专业化干部队伍建设。再次，企业在城市管理中的职责不容忽视，地方政府必须引导企业建构诚信体系和建立消费者投诉监督体系，必须明确企业参与城市管理的社会责任和基本义务，不能放任企业以不择手段的单一市场盈利为目的。第四，在城市管理中，既要强调公民的权利，又要强调公民的义务。应尽快实行城市居民诚信体系建设，具体对每位市民的行为进行诚信记录和公益活动的记录。只有中央政府、地方政府、企业和市民形成多元一体的合作治理模式，以合作共赢，互惠互利为原则，构建相互信任机制，才是城市管理难题的根治之法。

纪晓岚教授总结了四点新时代城市管理学科发展的思路与对策。第一，要加强顶层设计，包括学科发展、专业发展和人才培养及就业去向三方面的顶层设计。第二，需要思考城市管理学科发展定位是什么；如何发挥国家层面的城市管理智库作用；如何影响国家的决策和服务地方经济。第三，需要回应国家对城市管理人才队伍建设的需求，回应如何实现城市管理人才队伍的专业化和职业化建设，以及回应如何加快城市管理的学科发展与人才培养。第四，应加强对城市管理工作的职能定位和专业化职业化研究。

二、地方实践与市情民情

刘广珠教授的报告题目为《城市管理体制改革与创新》，报告归纳比较了当前我国城市管理的三种模式。刘广珠教授在发言中以历史学的眼观追述了城市管理现状的起源。20 世纪 90 年代初期，我国处于改革开放的初期，城市管理部门从事的还只是一些单一的市容市貌方面的法律职权。不久之后，随着市场经济的飞速发展，人口流动加剧、失业人员猛增，大量人员在街头摆摊设点。这时我国的政府职能转变和行政体制改革工作尚未完全到位，行政处罚权仍旧分属于各政府职能部门，每一具体职能部门都组建了各自的行政执法队伍，来对其所管辖的区域和范围进行分头执法。因此，建立和实施一套全新的城市管理模式，是当时城市发展的迫切需要。1996 年 5 月 17 日，国务院颁发了《国务院关于贯彻落实〈中华人民共和国行政处罚法〉的通知》（以下简称《通知》），该《通知》正式将《中华人民共和国行政处罚法》中第十六条的内容概括为相对集中行政处罚权制度。国务院的这一举措标志着相对集中行政处罚权管理体制的正式诞生。同一时期，国务院决定建立城市管理领域相对集中行政处罚权管理体制，新设立的城市管理综合执法部门集中了原来多个部门的部分或全部行政处罚权，对当时社会上出现的问题进行有针对性的管理。此后，国务院不断发布和颁发了针对城市管理的决定和通知，表现出党和国家对城市管理的高度重视，相对集中行政处罚权管理模式如雨后春笋般在全国范围内普及开来。

当前我国不同城市根据自身的实际情况采用了不同的城市管理模式，刘广珠教授将其归纳为三种模式。第一，城市管理委员会模式，如北京、杭州、成都、武汉、广州、长春和重庆等城市。第二，城市管理局模式，如哈尔滨、济南、南京、青岛、宁波、西安和深圳等城市。第三，多头管理模式，如厦门市同时设立多个部门分管城市管理工作；沈阳市、大连市在设立城市管理部门同时设立城市建设管理局；天津市、上海市在设立城市管理部门同时设立负责管理市容市貌的部门。

王新同志的主旨发言题目是《北京市背街小巷环境整治提升的实践与思考》。2017 年 4 月 10 日，北京市政府正式发布《首都核心区背街小巷环境治理提升三年（2017 ~2019）行动方案》，由此拉开了向背街小巷的脏乱差城市病开战的序幕。这次战役以习近平同志视察北京重要讲话精神为指导，立足北京市的文化传统和市情，战役目标为“十无一创建”。“十无”的具体要求为：违建拆除、治理开墙、立面整饰、牌匾规范、地面整修、设施完好、绿化成景、架空线规范、卫生整洁和文明有序。“一创建”为：开展以公共环境好、社会秩序好、道德风尚好、同创共建好、宣传氛围好为主要内容的文明街巷创建活动，打造一批文明示范街巷。

王新同志指出，整治实施至今刚满一年，成绩明显，很多背街小巷的面貌焕然一新，不仅原来的脏乱差得以根治，还使世界古都风貌得以恢复，历史文化遗产得以发扬光大。王新社长最后总结，只要以习近平同志新时期社会主义思想为指南，充分考虑具体城市的历史传统和现状，调动城市居民的积极性，发动市民积极参与，政府与居民紧密合作，建立进行治理与维持治理成果的长效机制，就没有城市管理中不能解决的问题。

陈永进教授的主旨发言题目是《基层公务员政策执行力对政务诚信行为的影响》。政策执行是政策发挥作用的关键，国务院早在2006年就对政策执行情况高度重视。但是在中央到地方、地方到基层的政策执行过程中存在“上有政策，下有对策”现象，严重影响了政策的执行效果与政府公信力。陈教授通过研究政策执行力对政务诚信行为的影响，提出了三点提升政策执行力的建议。第一，培养政策执行主体（即基层公务员）需要培养政策理论修养，提高政策理解水平、准确把握政策执行方向和执行力度。第二，提高政策执行主体政治价值观，使其政治价值观与政策的价值追求和精神追求相吻合，遵循用权理念上的道德准则，树立正确的绩效观，在依法行政的思想下以正确的态度执行政策。第三，提高政策执行行为能力，需要根据时代、社会的变化，不断学习新的管理能力、解决问题能力，更新知识结构，与时俱进。在基层公务员的选拔任用中，也应根据工作岗位侧重差异——直接接触和间接接触群众，分类选拔、培训合适的人才。

三、教学改革与人才培养

广西民族大学的冯贵霞博士做了题为《创新创业教育改革背景下民族地区城市管理本科专业建设思路探析》的发言。冯贵霞博士的发言分为三个部分，首先，当前城市管理专业所面临的机遇与挑战。冯贵霞博士认为有三重机遇：人才培养理念及模式的转型，以复合型人才为培养目标；深化实践教学课程化改革与创新，需要我们建立维系实践教学长效机制、丰富实践教学资源、搭建实践教学平台；“协同共赢”育人模式构建，校政企社联合培养。同时，也面临着三重挑战：师资和教学硬件上的挑战；课程设计与实践教学的挑战；本科人才培养思维的挑战。特别是将创新创业教育的理念融入城市管理专业教学及课程设计中的难度较大，以及引导学生转变思维观念——从只看个人创业盈利转向个人与社会、城市、国家共赢——的方法。其次，当前民族地区城市管理本科专业建设面临的问题，问题主要体现在生源素质及地区思维差异对学科发展及教学模式的影响、专业教育与职业发展、师资力量薄弱与教学硬件的匮乏三个方面。再次，问题解决的建议。（1）在培养计划建设上，要在本科教学中注重运用创新教学方式方法、维持学生对学术课程的兴趣、创作与城市管理相关的创业/创意课程大纲。在人才培养上，仿照产学研一体化，构建校政企社协同共育；设置以学生自主选择研究问题为核心的开放互动式教学体系；建立大学与政企社的长期合作模式。（2）要加强师资建设，统筹调配师资力量，发展专业指导老师及兼职导师；整合相关师资和学术资源，在教学上打通城市规划、城市建设、城市管理等相关专业课程。（3）同时，基地建设不可或缺，依托学校学科优势及研究平台打造特色。在大背景和小圈子下进行突破性发展，将大城管与城管行政执法制度改革相结合；将乡村振兴、特色城镇化建设、特色小镇、城市社区治理融入其中。在平台孵化上，发挥学科优势，努力建设民族学、民族地区公共管理博士点；构建和完善学科平台，或可采用政企社共建平台。在教学中需要整合本校临近学科优势资源，如 MPA 教育教学资源等。（4）在教材及实验室建设中需要因地制宜地推进，编撰城市管理案例公共教材和特色教材、民族地区城市管理的案例，形成特色教材；不盲目注资实验室平台，以能用、会用、用好，教学实践效果的可达性评估为前提。民族地区城市管理专业人才培养方案的修订方向：整合国家战略，服务地区发展建设，结合学生需求。同时要扩大专业宣传，增进社会支持：承办少数民族地区干部培训等。最后，塑造民族地区城市管理本科专业人才培养特色模式。应该明确民族地区城市管理的主要培养方向，公共事业 + 基层行政。师资建设应以“双能”（学术型与技能型）教师为主要培育目标、努力进行“双进”“双培”（基地、基层与高校，基地精英、基层干部与专业教师互动）建设。培养模式应以实践动手能力培养为核心，建立“社会调研 + 集中实习”模式，在学生中树立“点子创造价值不止于金钱”的意识。

昆明学院社会管理学院副教授阮明阳博士做了题为《新时期昆明市城市社区建设的“四社联动”基层治理模式研究——以五华区丰宁街道办事处为例》的发言。发言指出，从城市治理的视角看，昆明市丰宁街道具有四大特征：第一，老旧型社区，“老昆明”居民比例高、老龄化严重；第二，单位型社区，居民对原所属单位有强烈的依附情结，随着单位制的解体和城市化运动的崛起，居民的社区归属感弱化；第三，重建型社区，一些社区在城市化进程中伴生着单位破产改制而重生，如文创园区的新建，村改居以及城市化原发的住宅商品化；第四，城中村社区，部分社区是“城中村”，居住有较高比例的外来人口，这些居民“自愿隔离”自成一体，与社区的其他部分联系较少。

由于这些治理难题的存在，丰宁街道与昆明学院社会管理学院在 2016 年 4 月达成合作意向，由社会管理学院提供智力支持，以期从零散的社区工作中总结经验模式，并寻求社区治理的新路径。之后，双方通过合作，完成了丰宁街道综合服务中心的框架搭建，街道社区居民的需求评估，社会组织的项目申报及运行。截止到 2016 年 12 月 22 日，丰宁街道“四社联动”平台正式启动，共历时半年，社区治理工作初见成效。丰宁街道办事处和昆明学院社会管理学院联合探索了一种新的社区治理模式——丰宁模式。丰宁模式，是一套集“创建（依托政府（区或街道）建立民非性质的社区综合服务中心）、引入（引入社会组织和社工）、管理（实施项目化管理）、孵化（孵化社区社会组织和社区志愿者）和服务（服务社区居民）”为一体的创新基层社会管理模式。将“社区、社会组织、社工和社区志愿者”纳入项目化管理。模式的实体机构是丰宁街道办事处的“四社联动”运行平台：社区综合服务中心。该中心于2016年12月21日正式启动，中心性质为非营利性的独立法人的社会组织，力求打造依托丰宁街道办事处8个社区居委会的“1+3+N”模式的社区综合服务平台。目前该中心下辖“三站一基地”：党群工作服务站、社会工作服务站、志愿者工作站以及人才交流服务基地。中心服务人群以社区儿童青少年、妇女、老年人、贫困群体、残疾人以及外来人口等为主，秉持“助人自助”的社会工作理念，整合社区资源，为社区居民提供专业优质的服务。

中心的工作模式为项目化运作和“社工+”模式。“项目引领型”模式是破解社会工作与社区间关系迷局的一种有效途径，中心启动初期，共形成11个项目，其中社会组织申报5项，社区申报4项，社区、社会组织联合申报2项，拨付经费24.98万，开展各类活动200多次，受益人群近万人。“社工+”模式是将针对个体“增权赋能”工作方法上升到中观及宏观层面，注重对各个层次资源的动员和发掘。行政资源的引入：丰宁与五华区政府、各社区、各社会组织及昆明学院建立联协会议制度。社工资源的介入：在项目执行过程中，“中心”聘请邀请昆明学院社会管理学院的老师作为督导，为社工资源提供专业支撑。社区内部资源的挖掘：社工对社区工作的介入，形成志愿者提出需求、社区社工确定需求并根据需求制定服务方案，专业社工根据社区需求方案进行专业指导，确定社区服务方案符合项目发展目标，符合社区发展需求，并在服务过程中和服务结束后进行督导和跟进的动员工作模式。

丰宁模式还存在五点不足。第一，双工“联动”机制尚未建立；第二，社会资源引入不足；第三，志愿者学习能力不足；第四，部分社区居委会参与积极性不强；第五，居民服务社区的意识淡薄。针对这些不足，阮明阳博士提出了五点对策。第一，完善社区志愿者服务体系建设，构建双工联动机制；第二，继续引入和孵化社会组织，构建社区自治参与机制；第三，加强社会组织自身素质建设，培养专业化人才队伍；第四，加强“中心”的政策引导和支持；第五，寻求本土化、个性化社工服务。

重庆工商大学融智学院信息工程学院院长周启刚教授做了题为《智慧城市背景下基于空间大数据的城市管理人才培养模式探讨——以重庆工商大学融智学院城市管理专业为例》的发言。周启刚教授对融智学院城市管理专业的人才培养进行了具体介绍。在融智学院，城市管理属于信息工程学院下设的五个本科专业之一，五个专业中以土地资源管理专业为融智学院校级特色专业。借助这一专业优势，城市管理专业在人才培养中注重与城市土地资源利用和规划相结合，注重培养学生在城市管理中运用大数据和其他科技前沿方法的能力。学院通过建设“四位一体”的教学及科研团队，提升专业团队科矿水平，采用培养与引进相结合、内部培养与外聘相结合的办法。实际任课教师团队除本院专业教师外，还包括来自重庆市国土协会、巴南区规划局、国土局、重庆市农委、校企合作等单位的外聘专家。学院主要采用产教融合模式，努力将本科人才培养与企业需求和实际运用相结合。

最后，刘广珠教授和何杰教授分别代表中国区域科学协会城市管理专业委员会发言和昆明学院社会管理学院对大会做了总结。

第三届全国大学生城市管理竞赛成功举办全国大学生城市管理竞赛组委会

Successfully Holding of the 3rd National University Student Management Competition National College Student Management Competition Organizing Committee

中国区域科学协会城市管理专业委员会和全国城市管理专业教学指导委员会联合举办的第三届全国大学生城市管理竞赛，经过一年的准备，截至2018年8月31日，共收到来自北京大学、中国人民大学、浙江大学、中山大学、电子科技大学、四川大学、中央财经大学、华东理工大学、中南财经政法大学、云南大学等高校，来自我国澳门的澳门科技大学和台湾的铭传大学，共66所高校提交的337篇作品，其中本科生301篇、研究生36篇，经过初评和选拔赛，最后188篇作品进入决赛。

2018年10月12日进入决赛的作品代表队在首都经济贸易大学进行了现场决赛。通过作品代表队的现场陈述和答辩，评委现场打分，最终评出了第三届全国大学生城市管理竞赛本科生组一、二、三等奖和研究生组一、二等奖。一等奖作品的指导老师，获得优秀指导教师称号。

在2018年10月13日的2018中国城市管理学科发展年会上，宣布了获奖作品，并向获奖作品的代表队颁发了奖杯和证书。

第三届全国大学生城市管理竞赛具有以下四个特点。

第一，数量和质量较前两届比都有很大的提高。

第二，参赛的学校覆盖面广，参加的大学不但数量增加，而且覆盖的地区也更加广泛。

第三，包括我国大陆地区、澳门和台湾地区的66所高校都有作品参赛。

第四，竞赛增加了华北地区和中部地区选拔赛。

第三届竞赛成功举办，我们要感谢中国区域科学协会和城市管理专业委员会的大力支持，感谢竞赛团队所在高校的大力支持，感谢北京大学、首都经济贸易大学为竞赛所做的周到、细致的组织工作和后勤服务，感谢华北地区和中部地区选拔赛的组织和参与高校，感谢所有竞赛指导老师和参赛的同学们。

以下为第三届全国大学生城市管理竞赛一等奖和优秀组织奖名单（排名不分先后）

表 1　　第三届全国大学生城市管理竞赛一等奖（本科生组）

序号	学校	作品	学生
1	北京大学	主体融入多元善治：城市邻避冲突的有效治理体制探究	钟林睿、吴笑葳、刘占洋、李沅曦
2	中国人民大学	城市环卫行业的困境与出路——基于北京市环卫工人的调查研究	林筑、彭楠珺、冯德蕊、黄旭东、李佳颖
3	中国人民大学	城乡规划视角下传统乡镇产业集群发展困境——以河北邱县自行车产业为例	宋子元、王邦屿、陈华普、刘子璇、周琪
4	电子科技大学	新型社会关系下失地农民身份转换探究	庞莞菲、徐若水
5	电子科技大学	失落的“五朵金花”：乡村振兴国家战略下地方基层政府的角色和职能	陈雅玮、杜莹、谭西涵、昝金成、胡潇月
6	电子科技大学	城市居民迁移行为的影响研究：产业布局、大气污染和政策因素的作用机理	张伊焘、贺政凯
7	中山大学	规章条例或主体意识：居民垃圾分类行为的动员逻辑——基于广州某小区垃圾分类试点效果分析	郭宇轩、屈亭利、陈桂连、甘祺璇、杜联繁
8	四川大学	远亲何以不如近邻？——流动人口邻里关系与包容性城市建设的进路	结宇龙、刘春宝、高博雅、黄宁、李云帆
9	中央财经大学	共建共享，提质增效——北京商务区建成环境的整体性协调与提升	易行、张航宇、韦天宇、柯蔚青、张筱筠
10	中央财经大学	世界之都，长效之治——面向北京国际大事件的应急管理机制优化研究	陈琳、张涵睿、刘昌浩、韩孟杉、常韬文
11	中南财经政法大学	人才新政背景下高水平人力资本与经济发展质量：度量与机制	贾承琪、王运涛、贺飞菲、张信哲、李覃
12	中南财经政法大学	“抖音”平台下城市宣传效应评估与政策导向研究	雷晓蓉、杨雅婷、秦子妍、王雅琪、周智博

续表

序号	学校	作品	学生
13	首都经济贸易大学	中关村京津冀园区创新协同指数研究	杨皓然、尹欣妍、叶江涵、胡瑞芳、李璐
14	首都经贸大学	疏解整治下北京社区商业发展的“困”与“破”	马永会、苏乙拉、王馨慧、吴京津
15	首都经贸大学	背街小巷的环境缺陷及精细化治理创新	李红倩、徐牟晗、乔玥、刘畅、刘子嫣
16	上海海洋大学	特大城市社区居民脱域化生存及社区意识培育——以上海市浦东新区唐镇社区为例	刘方圆、樊田悦娇、余自勇
17	浙江工商大学	签而不约，家庭医生因何缺位——杭州市医养护一体化智慧签约服务实施现状与居民反馈调查	张应祺、张艺卓、徐锴、陈之愉、杨洁
18	华中科技大学	人工智能在政务服务中的应用探究——以广东省中山市为例	陈罗琦、龚婧毅、苏泊元
19	山东财经大学	快递包装“重生之谜”——以济南典型高校为例	张慧敏、杨璐、陈琛、高岳阳
20	山东财经大学	城市空闲土地多维形态识别、空间分异与更新模式	景晓曦、韩晓瑜、虎锦芳、李嘉鑫、邱松虎
21	山东财经大学	山东省济南市历下区社区卫生服务站服务质量评析及优化	姜冲、李馨蕊
22	山东财经大学	基于ArcGIS的社区卫生服务机构合理化布局研究－以济南市历下区为例	陈晓杰、赵子瑜、刘柄成、李苗、刘权莹
23	江西财经大学	高等教育财政支出推动城乡收入不平等了吗？	王磊
24	山东农业大学	暗室明治，别有“洞”天——不完全契约视角下山东省泰安市人防工程服务现状研究	陈咏晴、郭春瑶、郭童、张旭、王森
25	山东农业大学	“民营”如何“民赢”——泰安市公建民意模式下社区居家养老服务现状调查	王泰禹、宋雨晴、万紫千荟、刘燕强、王卫民
26	青岛科技大学	青岛市路内停车收费现状调研及提升策略研究	徐敏杰、于晓楠、张晶、王成成、宋海涛
27	青岛科技大学	青岛市“老漂族”生活现状调研	卢彦君、王琰、王焕秀、齐文

续表

序号	学校	作品	学生
28	浙江农林大学	关于城市公园管理绩效提升的对策研究	任巧霞、孔德金、毛嘉诚、王宇婷、余宇轩
29	浙江农林大学	被“侵占”的非机动车道：现状、问题与对策研究——以浙江省杭州市临安区石镜街为例	俞韩立、陈倩文、魏银弘
30	安徽师范大学	复合供给视角下城市公共文化服务体系建设研究——基于安徽合肥、铜陵、马鞍山三市的调查	巩星利、杨玉城、胡琼月、徐媛媛
31	福建师范大学	公共服务下的公交场站保障管理能力调查分析——以福州市为例	卢婧、庄婉真、李雯宇、林会海、毛志婷
32	福建师范大学	公共空间利益博弈下的老旧社区“绿色发展”研究——基于福州市五区老旧社区的实证调研	林泽宇、冯娜娜、潘燕芳、刘咏茵、林怡达
33	福建师范大学	刍议“新国标”下的电动车管理——基于福州市五城区电动车治理现状的实证调研	林一珊、刘如莹、庞引、尤思洁
34	河南城建学院	新制度背景下河南省农民工融入城市问题研究	刘江帅、魏思佳、张继州、王亚青、蔡尚佑
35	湖南商学院	凤凰古城文化传承与保护实践路径研究	龙炜琳、周宇、杨芷芊、刘子佳、彭展宏
36	湖南商学院	浏阳市宅基地“三权分置”改革的农户响应机理与实现途径探索	李溶栗、袁佳、何英豪、刘娟、陆峣
37	昆明学院	昆明市大学城流动摊贩引摊入市现状研究	陈宸、杨利杰、侯蕊芸、邓婉君、李秋颖
38	宁波工程学院	“厕所革命”背景下“互联网+厕所”需求与发展策略研究——基于宁波市的实证调查	裘柯尔、陈灵、诸葛雅玲、黄洁、沈文娅
39	长江大学	关于对上海市盲道现状及使用合理性的研究	陈语涵、张绍绮、周洲、卢祯辉、甘梦珍
40	重庆工商大学融智学院	“山地城市土地节约集约利用研究——以重庆市主城区为例”	唐滔、谢德龙、陈慧、李顺怡、刘莹
41	重庆工商大学融智学院	基于旅游容量对景区（节）假日舒适度的分析——以重庆市洪崖洞景区为例	王承晨、李卓、张艺、程钧

表 2　　第三届全国大学生城市管理竞赛一等奖（研究生组）

序号	学校	作品	学生
1	浙江大学	快速机动化背景下路内停车管理研究——以杭州市为例	金晗
2	华东理工大学	本土化背景下关于国内高龄体弱老人长期照顾者照护情况开展的实践与研究——以南京市L社区长期照顾者小组的实践为例	陈玮炜
3	上海理工大学	“悬空老人”何时才能“平稳落地”——上海市既有多层老住宅加装电梯现状调研	葛方欣、张琨、杨瑗嘉、王帅
4	中南财经政法大学	城市公共服务设施对住宅价格影响的空间差异——以武汉市为例	陈钟铭、姜奕帆、李星颖
5	首都经贸大学	餐饮外卖垃圾：治理困局及对策创新——基于北京市丰台区的调研	张岩、赵威桦、兰静洋、邱伊玲、周园园
6	首都经贸大学	北京经济技术开发区发展测度与提质增效研究	曹宁泽、何晶彦、庞晓庆、毛紫君
7	首都经贸大学	优化养老服务供给助推“夕阳红”——以北京市朝阳区为例	陆园园、董晓月、黄鑫、贺红红
8	首都经贸大学	城市垃圾分类中公众参与障碍研究——基于北京市东城区社区调研	张默、杨云鹏、安琪、陈帆、代晓娜
9	福建师范大学	“寻梦海丝，追忆漳瓷”——漳州市海丝古窑址保护的多元参与构建策略研究	陈曦、李艳真、陈兰兰、汤晓凤
10	山东财经大学	健康中国战略下的食品安全监管效果测度与监管模式重构研究——以山东省为例	赵胜利、张新颖、尚晓东、李晓婷、周广威
11	沈阳建筑大学	城市地下综合管廊运维管理平台构建研究	卢皓、张强、孙强、张立楠、佟琳
12	浙江农林大学	“最多跑一次”改革实证研究	徐一帆、施佳丹、陈孝凡、雷少伟李科
13	重庆工商大学	长江上游地区国际集装箱运输市场缘起、特征及展望——基于利益相关者视角	吴军、彭友
14	重庆工商大学	“重庆市江北区残疾人家庭无障碍改造项目”实施情况调查分析	赵雪琴、张莉莉
15	澳门科技大学	粤港澳大湾区城市旅游竞争力的实证研究	陈致远、武竞宇、麻睿
16	铭传大学	小区防灾工作推动规划与实务操作	莊惟钧、陈柔涵

第三届全国大学生城市管理竞赛优秀组织奖

北京大学、中南财经政法大学、首都经济贸易大学、电子科技大学、重庆工商大学、福建师范大学、山东农业大学、山东财经大学、浙江农林大学、福建工程学院、钦州学院、百色学院、重庆工商大学融智学院。

中国区域科学协会城市管理专业委员会简介

Introduction to the Urban Management Committee of China Regional Science Association

一、城市管理专业委员会

城市管理专业委员会是中国区域科学协会领导下的学术机构。中国区域科学协会（The Regional Science Association of China，RSAC），是由北京大学支持，经业务主管单位中华人民共和国教育部同意、中华人民共和国民政部登记的全国性学术团体，成立于1991年10月，由杨开忠教授倡导和组织创立。

城市管理专业委员会是中国区域科学协会中唯一挂靠北京大学的二级学会。

城市管理专业委员会致力于组织城市管理学科领域的专家学者，探索城市管理发展规律和专业人才培养模式，提高全国城市管理水平，促进学科建设发展。

城市管理专业委员会2017年、2018年连续两年被中国区域科学协会评为优秀专业委员会。

二、全国城市管理学科发展会议

自城市管理专业委员会成立以来，积极组织主办各项国内外学术研讨活动，推动了当前城市管理的学科发展。

（一）2006 年全国城市管理专业建设研讨会

2006 年 4 月 22 日，浙江农林大学（原浙江林学院）发起召开第一届“全国城市管理专业建设研讨会”，参会人员除了高校专家学者外，还有城市管理局、城市管理行政执法局、建设局等政府部门领导。

（二）2008 全国城市管理专业建设研讨会

2008 年 11 月 28～30 日，云南大学召开了第二届“全国城市管理专业建设研讨会”。来自北京、上海等高校学者和云南省住建厅领导出席了会议。

（三）2009 全国城市管理专业建设研讨会

2009 年 11 月 28 日，华东理工大学召开了第三届“全国城市管理专业建设研讨会”。

（四）全国首届城市管理专业学科年会

2010 年 5 月 22 日，由北京大学政府管理学院城市与区域管理系主办、中国人民大学公共管理学院、中央财经大学政府管理学院协办，以“面向 21 世纪的城市发展与城市管理”为主题的“全国首届城市管理专业学科年会”在北京大学召开。全国设有城市管理专业和学科点的高校近 60 名代表出席会议。

（五）2012 年城市管理专业建设年会

2012 年 10 月 27 日，在青岛科技大学举办第五届城市发展与创新国际学术研讨会暨 2012 年城市管理专业建设年会。会议首次邀请韩国城市管理学会和首尔市立大学专家学者参加会议。

（六）2014 城市管理专业学科发展研讨会

2014 年 11 月 15～16 日，在云南大学举办第六届新型城镇化与城市管理专业学科发展研讨会。

（七）中国城市管理学科发展暨北京大学城市管理专业建设十周年研讨会

2015 年 4 月 11 ~ 12 日，北京大学政府管理学院举办“中国城市管理学科发展暨北京大学城市管理专业建设十周年研讨会”，本次会议是在积极践行新型城镇化发展战略的大背景下，为加强全国城市管理学科之间的交流，推动我国城市管理学科迈向全新高度而举办的一次盛会。39 所高校和研究部门的城市管理学科负责人参加了会议。

（八）2016 中国城市管理学科发展年会

2016 年 11 月 26 日，城市管理专业委员会与浙江大学共同举办以“转型中国：城市管理学科的融合创新”为主题的“2016 中国城市管理学科发展年会”。本次会议吸引了将近 200 名来自国内外 53 所高等院校、科研机构以及政府部门的代表。浙江大学常务副校长任少波、中国区域科学协会副会长郝寿义、北京市城市管理委员会主任孙新军等嘉宾出席了大会。

（九）2017 中国城市管理学科发展年会

2017 年 9 月 23 日，在华东理工大学举办了中国城市管理学科发展 · 上海年会。本年会主题是“大数据时代的城市精细化管理：机制、模式与工具创新”，来自北京大学、浙江大学、中国人民大学、中山大学、重庆大学、四川大学、电子科技大学等 60 余所高校的专家、学者及学生共计 360 余人参加了大会。住房和城乡建设部城市管理监督局王胜军副局长、北京市城市管理委员会孙新军主任、上海市绿化和市容管理局邓建平局长等同志出席了会议。

（十）2018 中国城市管理学科发展年会

2018 年 10 月 13 ~ 14 日，在首都经济贸易大学举行 2018 中国城市管理学科发展年会。本年会主题是“新时代城市管理创新：理论、制度、文化与技术”。参会代表达 600 余人，分别来自高校、政府部门、科研机构、学术团体等 85 家单位。教育部高校公共管理类学科专业教学指导委员会主任、原东北大学副校长娄成武代表教指委、首都经济贸易大学校长付志峰代表承办单位、中国区域科学协会城市管理专业委员会主任陆军代表主办单位分别致辞祝贺，娄成武、孙新军等专家、领导做了主旨演讲。

三、地区城市管理学科发展会议

（一）山东省城市管理学科发展研讨会

2015 年 6 月 27 日，山东农业大学举办首届山东省城市管理专业院长、主任联席会暨城市管理学科发展研讨会。

2016 年 12 月 30 日，在山东工商学院召开了第二届山东省城市管理年会。

2017 年 12 月 24 日，青岛科技大学举办第三届山东省城市管理专业研讨会。

（二）沪、浙地区城市发展与城市管理人才培养模式创新研讨会

2016 年 4 月 23 日，在华东理工大学召开了沪浙地区“城市发展与城市管理人才培养模式创新研讨会”。来自北京大学、南开大学、中国人民大学、浙江大学、浙江财经大学等 17 所高校和科研院所的专家、学者参加了会议。

（三）东北地区城市管理会议

2016 年 6 月 18 日，由城市管理专业委员会、沈阳建筑大学管理学院和辽宁省土木建筑学会城市管理专业委员会共同主办的“首届东北地区城市管理论坛～城市管理的机遇与创新”在沈阳建筑大学举办，同时举办了城市管理名家讲坛和首届辽宁省研究生城市管理创新设计竞赛。来自全国 50 余所高校的城市管理领域专家、学者以及参加辽宁省首届研究生城市管理创新竞赛的各高校参赛师生达 300 余名参加了会议。

（四）华中地区首届城市管理专业学科建设研讨会

2016 年 7 月 3 日，由城市管理专业委员会和中南财经政法大学公共管理学院联合举办的“华中地区首届城市管理专业学科建设研讨会”在中南财经政法大学召开。来自华中地区及全国的 30 余名城市管理领域的专家、学者出席了会议。

（五）首届西南地区城市管理专业研讨会

2017年4月22日，在重庆工商大学南山书院举行了“首届西南地区城市管理学科发展与人才培养”研讨会，来自西南地区及全国高校的30余名专家、学者参加了会议。

（六）首届华北地区城市管理专业研讨会

2017年5月13日，由城市管理专业委员会主办、天津城建大学承办的“华北地区城市管理论坛：城市管理转型发展与人才培养——暨华北地区城市管理学科专业建设研讨会”在天津城建大学召开。来自北京大学、中国人民大学、华东理工大学、南开大学、首都经济贸易大学等全国20多所高校的50多名城市管理领域的专家、学者参加。

（七）华东地区城市管理学科建设研讨会

2018年6月30日，在宁波工程学院召开了华东地区城市管理学科建设研讨会，来自全国50余位专家、学者参加了会议。

四、海峡两岸城市管理论坛

2017年6月17日，城市管理专业委员会和中国台湾中华城市管理学会联合在中国台湾举办了首届海峡两岸城市管理论坛。共有近百位城市管理学者参会，其中，有来自北京市、上海市、重庆市、广东省、福建省、浙江省、江苏省、湖北省、山东省等9省（市）的23位学者。会后，论坛交流论文在中国台湾出版了《海峡两岸城市管理论文集》。

2018年8月25日，山东省青岛市举办了第二届论坛，50多位来自我国台湾和大陆的学者参加了会议。

城市管理学科发展研讨会的开展促进了理论与实践教学的进一步融合，明确了城市管理人才培养定位、为提高城市管理水平、推动专业发展提供了科学支持。

五、《城市管理研究》

北京大学政府管理学院和中国区域科学协会城市管理专业委员会主办的《城市管理研究》，由陆军教授主编，北京大学政府管理学院院长俞可平和中国区域科学协会会长、中国社会科学院城市发展与环境研究所副所长杨开忠担任学术顾问。

2016 年 4 月在华东理工大学举办了创建仪式，2016 年 11 月在浙江大学举办了首发仪式。《城市管理研究》主要包括专稿、理论视野、学科发展与专业建设、实践思考、竞赛获奖作品和组织与交流共六个专栏。

杨开忠会长为《城市管理研究》写了首发词，杨会长在首发词中对本系列专著给予了很高的期望，他说："我们很早就计划出版一个专门的、高层次的、综合性的、旗帜性的城市管理学术系列专著，现在总算是实现了。为了建立世界一流的中国城市管理学科，这样一个系列专著是必要的。在开启实现中华民族伟大复兴'中国梦'的形势下，这种必要性更加凸显了。""我们创立和出版这个系列专著就是要为城市管理研究、教育教学提供一个高层次、综合性、旗帜性的正式交流渠道和平台，通过正式的城市管理学术交流，从研究、教育教学两个方面帮助构建世界一流的中国城市管理学。"

六、全国大学生、研究生城市管理竞赛

（一）全国大学生城市管理竞赛

2016 年 11 月 25 日，在浙江大学成功举办了首届全国大学生城市管理竞赛，取得了很好的成效。

2017 年 9 月 22 日，华东理工大学成功举办第二届全国大学生城市管理竞赛。全国有 180 支队伍参赛。

2018 年 10 月 12 日，首都经济贸易大学举办第三届全国大学生城市管理竞赛。竞赛增加了华北地区和中部地区选拔赛。全国共有 337 支队伍参赛。

（二）全国研究生城市管理竞赛

2017 年 9 月和 2018 年 10 月第二届、第三届全国大学生城市管理竞赛中加入

了研究生组。

2017 年和 2018 年连续两年，城市管理专业委员会与辽宁省教育厅共同举办第二届和第三届辽宁省研究生城市管理创新设计竞赛。

全国大学生、研究生城市管理竞赛的举办，极大地推动了城市管理理论研究、实践探讨，提高了城市管理及相关专业的教学水平，同时也加强了城市管理人才队伍的培养，提高了学生关注社会问题的职业素养和学生运用专业知识及研究方法、发现问题、分析问题、解决问题的能力，提升了学生语言文字表达水平，推动了高校城市管理专业的建设。

七、广泛合作与交流

2013 年、2015 年、2017 年三次组织中国城市管理专家代表团到韩国首尔市立大学、高丽大学等高校参加中、韩城市管理大会。2016 中国城市管理学科发展年会，城市管理专业委员会副主任刘广珠教授与韩国城市管理协会主席宋锡辉教授代表双方签订了合作协议。

2017 年 12 月 16 日组织内地专家学者访问我国台湾铭传大学、逢甲大学、中国文化大学、东吴大学、亚洲大学等六所高校，并参加了中国台湾城市管理学会年会。

2018 年 5 月 10 日组织内地专家、学者访问我国香港中文大学、香港城市大学、香港浸会大学、澳门城市大学和澳门科技大学五所高校，组织了多场座谈会，向参访大学赠送了《城市管理研究》。

八、城市管理名家讲坛

城市管理专业委员会旨在将学者的理论研究、前沿观点同城市管理践行者的实践思考、现实工作融汇到一起，理论联系实际，在北京市、上海市、天津市、重庆市、辽宁省（沈阳市）、浙江省（杭州市、宁波市）、湖北省（武汉市）、湖南省（长沙市）、山东省（泰安市）等地举办了多期城市管理名家讲坛。

2018 年 7 月 20 日和 2018 年 9 月 21 日分别在沈阳建筑大学和中南财经政法大学举办了中国城市管理高峰论坛。